Max Haller
Die letzte Invasion

X-Texte zu Kultur und Gesellschaft

Editorial

Das vermeintliche »Ende der Geschichte« hat sich längst vielmehr als ein Ende der Gewissheiten entpuppt. Mehr denn je stellt sich nicht nur die Frage nach der jeweiligen »Generation X«. Jenseits solcher populären Figuren ist auch die Wissenschaft gefordert, ihren Beitrag zu einer anspruchsvollen Zeitdiagnose zu leisten.
Die Reihe X-TEXTE widmet sich dieser Aufgabe und bietet ein Forum für ein Denken ›für und wider die Zeit‹. Die hier versammelten Essays dechiffrieren unsere Gegenwart jenseits vereinfachender Formeln und Orakel. Sie verbinden sensible Beobachtungen mit scharfer Analyse und präsentieren beides in einer angenehm lesbaren Form.

Max Haller, geb. 1947, forscht an der Österreichischen Akademie für Wissenschaften (Wien). Er war Soziologieprofessor in Graz und Gastprofessor an mehreren Universitäten in Europa, den USA sowie Afrika. Der Soziologe war Mitbegründer des »International Social Survey Programme« und der »European Sociological Association«.

Max Haller
Die letzte Invasion
Der Ukrainekrieg im Lichte von Kants Friedenstheorie

[transcript]

Bibliografische Information der Deutschen Nationalbibliothek
Die Deutsche Nationalbibliothek verzeichnet diese Publikation in der Deutschen Nationalbibliografie; detaillierte bibliografische Daten sind im Internet über https ://dnb.dnb.de/ abrufbar.

© 2024 transcript Verlag, Bielefeld

Alle Rechte vorbehalten. Die Verwertung der Texte und Bilder ist ohne Zustimmung des Verlages urheberrechtswidrig und strafbar. Das gilt auch für Vervielfältigungen, Übersetzungen, Mikroverfilmungen und für die Verarbeitung mit elektronischen Systemen.

Umschlaggestaltung: Kordula Röckenhaus, Bielefeld
Umschlagabbildung: IherPhoto / iStock by Getty Images
Korrektorat: Hannah Bultmanns, Enger
Druck: Elanders Waiblingen GmbH, Waiblingen
https://doi.org/10.14361/9783839475423
Print-ISBN: 978-3-8376-7542-9
PDF-ISBN: 978-3-8394-7542-3
EPUB-ISBN: 978-3-7328-7542-9
Buchreihen-ISSN: 2364-6616
Buchreihen-eISSN: 2747-3775

Gedruckt auf alterungsbeständigem Papier mit chlorfrei gebleichtem Zellstoff.

Inhalt

Vorwort 9

Einleitung 19

Kapitel 1: Die schwierige Geburt der ukrainischen Nation 29
Die geographische Offenheit und Verwundbarkeit des Landes 30
Historisch verzögerte Herausbildung eines Nationalbewusstseins 32
Tragödien im 20. Jahrhundert: Erster Weltkrieg, Holodomor, Zweiter Weltkrieg und Holocaust 36
Die politisch-nationale Entwicklung bis zum Zerfall der Sowjetunion 38
Der wirtschaftlich-soziale Absturz im Transformationsprozess 40
Schlussbemerkung 44

Kapitel 2: (Westliche) Erklärungen und Narrative zu Putins Überfall auf die Ukraine 47
Kampf der Systeme und Kulturen? 48
Der Aufstand in der Ostukraine als »neuer Krieg«? 51
Der These von der »Zeitenwende« 53
Die (neo-)realistische Theorie der internationalen Beziehungen 56
Eine pazifistische Illusion Europas? 59
Russland als persistentes *evil empire* mit einer autoritätshörigen Bevölkerung 63

Kapitel 3: Immanuel Kants Theorie von Krieg und Frieden 71
Der historische Kontext und die Rezeption der Theorie von Kant 72
Voraussetzungen und notwendige Bedingungen für den Frieden 74
Die Interessensthese 75
Die Demokratiethese 76
Sind Demokratien wirklich friedlicher? 78

Publizität und die moralische Fundierung der Politik 80
Persönlichkeiten als Herren über Krieg und Frieden 81
Friedensförderung als eigenständige Aufgabe..................................... 83

**Kapitel 4: Putins Aufstieg, seine Netzwerke und
der großrussische Nationalismus... 87**
Putin verstehen heißt nicht, sein Handeln zu rechtfertigen. Nicht ein Vergleich mit
Hitler, sondern mit Stalin wäre angebracht... 88
Die Karriere: mysteriöser Aufstieg, akklamierter Start, autoritärer Sinneswandel 93
Die Ausschaltung der Demokratie: Der Überfall auf die Ukraine als Präventivschlag .. 98
Wie Macht korrumpiert: Zwei politische Zwillinge und ein Vorbild von Putin.......... 100
Der großrussische Nationalismus als Erbschaft des Sowjetimperiums? 103
Die Invasion der Ukraine als Reaktion auf die NATO-Osterweiterung.................111

**Kapitel 5: Wie der Westen eine welthistorische Chance für dauerhaften
Frieden in Europa vergab 115**
Eine einmalige Chance für die Schaffung eines friedlichen Europa
vom Atlantik bis zum Ural 116
Wiedervereinigung sofort – koste es, was es wolle. Ein Elefant im Porzellanladen 118
Angst in Mittelosteuropa: Charismatische politische Persönlichkeiten werfen ihr
Gewicht in die Waagschale 121
Politische Spaltungen und Grabenkämpfe in der Ukraine 123

**Kapitel 6: Der Stellvertreterkrieg – eine unerhörte Zumutung an die
Bevölkerung der Ukraine...129**
Typen von Kriegen und Lehren aus der Forschung zu ihrer Dauer und Beendigung... 130
Vom Abwehrkampf zum Abnützungs- und Stellungskrieg: Der Stellvertreterkrieg 135
Die verheerenden Folgen und das Scheitern der Stellvertreterkriege 141
Militärische Aufrüstung und Unterstützung der Ukraine
als imperiales Interesse der USA...146
Das EU-Narrativ: Die Ukrainer als Verteidiger der europäischen Werte 151
Die reservierte Haltung der Staaten des globalen Südens......................... 153
Die Player in der ukrainischen Elite:
Oligarchen und ein unerschrockener, dominanter Meister der Kommunikation 155
Die Hauptopfer des Krieges: Land und Bevölkerung der Ukraine 158
Schlussbemerkungen... 163

Kapitel 7: Der Krieg als gesellschaftlicher Katalysator
Einstellungen der ukrainischen Bevölkerung zu Krieg und Frieden und zur Zukunft
des Landes 165
Krieg bis zum Sieg über die Russen! Die kompromisslose Haltung
der Ukrainerinnen 166
Verhaltensindikatoren für die Einstellungen zum Krieg 173
Wie der Krieg Patriotismus, Demokratiebefürwortung und
Zukunftsoptimismus stärkte 174
Die Haltung der Eliten 178
Gründe für die Unterstützung von Kriegen durch die Bevölkerung 179
Schlussbemerkungen 182

**Kapitel 8: Verhandlungen als Wege aus der Sackgasse des militärischen
Patts und der politischen Selbstlähmung** 185
»Helft uns siegen!« – Warum es im Laufe des Ersten Weltkrieges keine ernsthaften
Friedensbemühungen gab 187
Das Scheitern der Friedensverhandlungen in Minsk und seine Ursachen 194
Aktuelle Aufrufe zu Friedensverhandlungen und die Reaktionen darauf 196
Die Notwendigkeit von Verhandlungen angesichts des militärischen Patts 203
Waffenlieferungen oder die Ukraine im Stich lassen? Eine falsche Alternative 206
Sieben Bedingungen für nachhaltige Waffenstillstands- und
Friedensverhandlungen 209
Kann Russland einem Waffenstillstand und Frieden zustimmen? 222
Schlussbemerkungen 225

**Kapitel 9: Globaler Ausblick: Reformideen für eine friedlichere Welt von
morgen** 229
Strategien und Institutionen zur Durchsetzung und Sicherung des Friedens 231
Abschaffung stehender Heere, Rüstungskontrolle,
Begrenzung des internationalen Waffenhandels 232
Selbstbestimmung, Unabhängigkeit und Sicherheit aller Nationen 239
Weiterentwicklung der repräsentativen Demokratie 243
Perspektiven für die Europäische Union: militärische Großmacht
oder Zivil- und Friedensunion? 245
Reform und Stärkung der Vereinten Nationen 251
Weltweite Interventionen der Großmächte als größtes Sicherheitsrisiko.
Plädoyer für eine globale Monroe-Doktrin 255

Eine internationale Sicherheitsordnung als realistische Perspektive
für die nächste Zukunft 259

Abschließende Bemerkungen 265

Literatur 273

Anmerkungen 297

Vorwort

Die Invasion Russlands in die Ukraine am 24. Februar 2022 hat Europa erschüttert und weltweit Bestürzung erregt. Vom deutschen Bundeskanzler Scholz als »Zeitenwende« tituliert, hatte er inzwischen tatsächlich globale wirtschaftliche, soziale und politische Auswirkungen. Dieser Überfall und der seither wütende Krieg können daher auch als Anlass dafür gesehen werden, sich grundlegende Gedanken über Kriegsgefahren und die Chancen der weltweiten Sicherung des Friedens heute zu machen. Betrachtet man Vorgeschichte und Verlauf dieser Invasion und des Krieges näher, eröffnen sich eine Reihe erstaunlicher, aber auch erschreckender Parallelen zu anderen Konflikten und Kriegen in Europa vom Ersten Weltkrieg bis zu den Jugoslawienkriegen. Ähnlich gefährliche Kriegsanlässe findet man auch in ganz anderen Teilen der Welt, wie etwa in dem höchst brisanten Konflikt zwischen China und Taiwan. Zum voll ausgebrochenen Staatenkrieg, der seit dem 22. Februar in der Ukraine herrscht, gibt es inzwischen eine Reihe von wissenschaftlichen und journalistischen Publikationen.[1] Auch ukrainische Sozialwissenschaftler haben umfangreiche Studien veröffentlicht, die allerdings meist nur in ukrainischer Sprache verfügbar sind.[2]

In der wissenschaftlichen Literatur finden sich vielfach Teile des hier vorgestellten Erklärungsansatzes.[3] Keiner davon scheint jedoch in der Lage zu sein, eine zusammenhängende Gesamtanalyse zu liefern, wie es ein auf Kants Kriegs- und Friedenstheorie aufbauender Ansatz ermöglicht. Besonders informativ und mit dem hier entwickelten Ansatz verwandt sind die Werke *Der Krieg gegen die Ukraine* von Gwendolyn Sasse (C. H. Beck 2022) und *Die chauvinistische Bedrohung* von Sabine Fischer (Ullstein 2023). Ebenfalls informativ, aber tendenziell einseitig (durch eine gewisse Verharmlosung Putins) sind die Werke *Wie der Westen den Krieg in die Ukraine brachte* von Bernd Abelow (Siland Press 2022) und *Putin – Herr des Geschehens?* (Westend 2023) des stark in den Medien präsenten Schweizers Jaques Baud. Zu nennen sind hier auch mehrere

Sammelwerke, so der Band *Die Ukraine im Krieg* (Hg. Heinz Gärtner, Lit-Verlag 2022), *Die Ukraine in Europa* (Hg. Franziska Davies, wbg 2023) und der von den ukrainischen Soziologen Volodymyr Paniotto und Anton Grushetsky herausgegebene Band *War and the Transformation of Ukrainian Society 2022–23* (ibidem Verlag 2024, im Erscheinen). Auch zeithistorische Werke sind relevant, wie *Ungleiche Brüder* von Andreas Kappeler (C. H. Beck 2017), *Geschichte der Ukraine* von Kerstin S Jobst (Reclam 2022), und *Ukraine. The Forging of a Nation* von Yaroslav Hrytsak, (sphere 2023). Viele Bücher legen den Fokus auf Russland. Hier sind Publikationen von Journalisten informativ, die von den Orten des Geschehens berichten oder länger dort lebten, wie die ZDF-Journalistin Katrin Eigendorf (*Putins Krieg*, Fischer TB, 2023), der Moskau-Korrespondent der Zeit Michael Thumann (*Revanche*, C. H. Beck 2023) oder die ORF-Korrespondenten Paul Krisai und Miriam Beller (*Russland von innen*, Zsolnay 2023). Besonders interessant sind Arbeiten von Akteuren, die selbst am politischen Leben in Russland teilnahmen, wie das Buch von Wadim Bakatin *Im Innern des KGB* (S. Fischer 1993), Verteidigungsminister von 1988–1990, und von Leonid Wolkow *Putinland* (Droemer Knaur 2023); er war Abgeordneter und Mitarbeiter von Alexei Nawalni und lebt jetzt in Litauen.

Viele Autorinnen fragen sich seit Anfang des Jahres 2024, wie und wann der Krieg enden könnte, und untersuchen, wie Kriege in der Geschichte in der Regel geendet haben. Aber in keiner dieser Publikationen wurde die grundsätzliche Frage von Krieg und Frieden thematisiert, die sich mit diesem Krieg wieder neu stellt. Manche der Analysen des Krieges und der Folgerungen, die daraus gezogen wurden, sind bei näherer Betrachtung wenig befriedigend. Denn letztlich laufen sie – so insbesondere die derzeit vorherrschende realistische Theorie der internationalen Beziehungen – nur auf eine Bestätigung der verhängnisvollen Entwicklung zu einem Neuen Kalten Krieg hinaus. In dieser Publikation wird ein alternativer Ansatz entwickelt. Seine Grundlage ist der bahnbrechende Aufsatz von Immanuel Kant von 1795 *Zum ewigen Frieden*. Dies ist nach Meinung des Verfassers kein bloß »philosophischer Entwurf« (wie sein Untertitel heißt), und noch weniger ein rein normatives ethisch-politisches Traktat. Vielmehr stellt der Aufsatz eine eminent sozialwissenschaftliche Analyse dar. Er orientiert sich zwar am grundlegenden Wert des Friedens, enthält aber auch soziologische Thesen zu den wichtigsten Kriegsursachen sowie von Strategien zur Sicherung des Friedens. Kants optimistische Sicht im Hinblick auf die langfristige Durchsetzung des Friedens ist kein weltfremder Idealismus, sondern basiert auf einem historisch-empirisch informierten Ansatz.

Diese Arbeit geht davon aus, dass es drei klar identifizierbare Ursachen für den Krieg in der Ukraine gibt: einen nach innen exkludierend-repressiven und nach außen aggressiven Nationalismus, das Machtstreben von Großmächten und politischen Führern und demokratische Defizite bzw. die zunehmende Unterminierung der Demokratie. Im Fall Russlands sind alle diese drei Aspekte eine toxische Verbindung eingegangen. Der Begriff des Chauvinismus (Sabine Fischer) mit seinen drei Aspekten von Nationalismus, Autokratie und Sexismus scheint dafür sehr treffend zu sein. Die Herrschenden in einem Staat wenden sich gegen Gruppen und Regionen, die sich an demokratischen Prinzipien orientieren und von ihrem Staat trennen wollen, weil dies ihre eigene Legitimität unterminieren, die Machtbasis schmälern und zu Aufständen und Reformbestrebungen im eigenen Lande anleiten könnte. Der Ukrainekrieg ist geradezu eine Replikation der Jugoslawienkriege: Zentralistisch-autoritäre Tendenzen führten damals zu Sezessionsbewegungen, die sich zunehmend radikalisierten und schließlich in militärische Auseinandersetzungen mündeten. Auch die lange Zeit mit Terror verbundenen Konflikte in Spanien um die Autonomie des Baskenlands und in Nordirland waren ähnlich motiviert. Die bis heute wiederkehrenden, wenn bis dato glücklicherweise nicht mit offener Gewalt verbundenen Konflikte um den Autonomiestatus von Schottland und Katalonien zeigen, dass diese Probleme selbst in Westeuropa noch nicht wirklich gelöst sind. Der aggressive Nationalismus wird besonders gefährlich, wenn er Großmächte erfasst, die häufig auch militärische Einsätze in Betracht ziehen. Eine eminente Gefahr für den Weltfrieden stellt der immer wieder erhobene Anspruch Chinas auf Taiwan dar, bei dem die Anwendung von Gewalt offen ausgesprochen wird. Ihm stehen die wiederholten Erklärungen amerikanischer Präsidenten gegenüber, Taiwan militärisch zu verteidigen. Es ist schwer zu sagen, was problematischer ist: dass amerikanische Präsidenten sich überheblich über Russland und China äußern (Obama stellte fest, Russland sei weltpolitisch als Regionalmacht heute unbedeutend, Biden nannte den chinesischen Präsidenten Xi Jinping einen Schurken), oder den russischen Diktator geradezu anhimmeln (wie es Trump tat). So wurde zu Recht argumentiert, dass Herabsetzungen von Russland und von Putin als Person mit eine Rolle für den Ausbruch des Ukrainekrieges spielten.

Damit ist schon angedeutet, dass aggressive nationalistische Tendenzen nach außen und nach innen auch in westlichen Ländern, insbesondere in den USA, zur Entstehung von neuen Spaltungen und Feindbildern beigetragen haben und damit auch zum neuen Kalten Krieg. Dies ist umso tragischer, als sich nach der Auflösung der Sowjetunion ein einmaliges Fenster für die Schaffung friedlicher Beziehungen in Europa vom Atlantik bis zum Ural aufgetan hatte. Nach Kant ist die Herstellung und Sicherung des Friedens eine eigenständige Aufgabe, die mehr verlangt als nur die Beendigung von Kriegen. Der Verlauf der Geschichte wird, wie zuletzt der Historiker Yuval Harari wieder feststellte, aber auch in hohem Maße durch Zufälle und chaotische Systemdynamiken bestimmt.[4] Komplexe Systemprozesse in der Natur, wie das Wetter, kann man nicht beeinflussen, wohl aber prognostizieren und dies umso besser, über je mehr Informationen wir darüber verfügen. Gesellschaften als Systeme zweiter Ordnung werden durch die Vorhersagen beeinflusst, die man über ihre Entwicklung macht. Die Zukunft können wir nicht vorhersagen, aber wir können Gestaltungsmöglichkeiten wahrnehmen, wenn wir unsere Mitwirkung in Rechnung stellen. Genau dies ist auch die Grundposition von Kant. In diesem Sinne stellt diese Publikation auch einen Versuch dar, nicht nur eine Erklärung für die Entstehung des Ukrainekrieges zu liefern, sondern auch konkrete Folgerungen für die notwendigen und möglichen Schritte zu einem Frieden aufzuzeigen.

Der Titel dieses Buches *Die letzte Invasion* ist in zweifachem Sinne zu verstehen. Zum einen ist dem Ukrainekrieg tatsächlich die bislang letzte Invasion eines europäischen (Groß-)Staates in ein Nachbarland vorausgegangen. In der Einleitung wird ein kurzer historischer Rückblick auf die wichtigsten derartigen Invasionen seit Beginn des 20. Jahrhundert gegeben. Er offenbart einige höchst erstaunliche Fakten, darunter vor allem die Tatsache, dass die Effekte dieser Invasionen vielfach völlig andere waren, als von den Urhebern intendiert. In mehreren Fällen führten sie zum Umsturz der jeweiligen Regimes, ja zum Untergang der betreffenden politischen Gemeinschaften. Der Rückblick auf die Ursachen und die Folgen dieser Invasionen bestätigt durchwegs die Kriegstheorie von Kant. Man kann den Buchtitel aber auch als eine auf die Zukunft gerichtete Frage verstehen: Wird der Überfall auf die Ukraine die letzte Invasion bleiben, die von einer europäischen Macht auf einen benachbarten Staat ausgeht? Ist es vorstellbar, dass es in ganz Europa (nicht nur in der Europäischen Union) keine Invasionen und Kriege mehr gibt? Das können wir heute natürlich nicht wissen. Aufgrund der folgenden Analysen sollen in den Schlussbemerkungen jedoch einige Überlegungen dazu angestellt werden.

Als Untertitel des Buches war zuerst vorgesehen: Die Tragödie der Ukraine. Von einer solchen kann man in dreierlei Hinsicht sprechen. Die Ukraine musste bereits zweimal im 20. Jahrhundert als Folge von Kriegen, Sowjetkommunismus und Nationalsozialismus unermessliches Leid durchmachen. Für den derzeitigen Krieg ist ohne Zweifel Putins Russland hauptverantwortlich; für die dabei begangenen Kriegsverbrechen (insbesondere die Verschleppung von Kindern) wurde gegen ihn zu Recht ein Haftbefehl des Internationalen Strafgerichtshofs erlassen. Aber auch westeuropäische Länder und vor allem die USA tragen Mitverantwortung. Sogar die Ukraine selbst kann nicht nur als Opfer gesehen werden. Eine Lösung des mit diesem Krieg verbundenen Konflikts scheint angesichts der Maximalforderungen der Kriegsparteien nahezu aussichtslos. Umso wichtiger erscheint es, aufzuzeigen, dass eine Weiterführung des Krieges verhängnisvoll wäre. Aus Kants Ideen können wir auch Strategien und Wege ableiten, wie solche und ähnliche Konflikte in der Welt von heute eingedämmt werden könnten. Man kann aus (erfolgreichen und gescheiterten) Bemühungen zur Friedensstiftung lernen – ebenso aus den Ursachen dafür, dass sie oft trotz einer höchst sinnlosen Fortführung eines Krieges nicht unternommen wurden.

Das Buch ist folgendermaßen gegliedert. Im ersten Kapitel wird ein Überblick über die Geschichte der Ukraine seit der Neuzeit und insbesondere im 20. Jahrhundert gegeben. Die Verzögerung und Probleme bei seiner Nations- und Staatsbildung und die dabei besonders schwierigen Beziehungen zu Russland bzw. zur Sowjetunion liefern einen wichtigen Beitrag zum Verständnis der heutigen Situation. Man könnte sagen, dass der von außen angeheizte Streit um die (verkürzte) Frage, ob die Ukraine eher Russland oder dem Westen zugehört, das Land geradezu zerrissen hat. Die hausgemachten Probleme der wirtschaftlichen, sozialen und politischen Entwicklung erschwerten auch die Lösung der nationalen Frage. Das zweite Kapitel präsentiert einige Erklärungen für den Einmarsch Putins in die Ukraine, die vor allem von Autoren in Amerika und Westeuropa entwickelt wurden. Demnach könnte man den Beginn der Auseinandersetzungen als Krieg zwischen Kulturen oder als »neuen Krieg« sehen. Vor allem aber, so die einflussreiche realistische Theorie der internationalen Beziehungen, wird er interpretiert als eine neue Form des internationalen Wettbewerbs der Großmächte um geopolitischen Einfluss. Dabei diagnostiziert man eine neue Form des jahrhundertealten russischen Imperialismus und sieht Russland als eine von Natur aus autoritäre, aggressive Großmacht. Das dritte Kapitel stellt die Theorie von Kant dar, die sowohl die Entstehung von Kriegen erklärt als auch Wege zur Friedenssicherung aufzeigt. Für ihn sind die Menschen von Natur aus böse; das Ziel einer philosophisch-soziologischen Analyse muss darin bestehen, auch die Ursachen für böses Verhalten zu erkennen.[5] Als zentrale Auslöser und Nutznießer von Kriegen sieht er wirtschaftliche, politische und militärische Interessen, als Hauptopfer die Bürgerinnen. Die entscheidenden Institutionen zur Verhinderung von Kriegen sind für ihn die Demokratie, das Völkerrecht und ein Völkerbund. Man kann sagen, dass der letztere in Form der UNO 1945 gegründet wurde. Zentral für Kants Theorie ist auch die Bedeutung der Publizität: der offenen Information der Bürger betreffend alle Fragen über Krieg und Frieden. Auch historische Persönlichkeiten müssen als sehr wichtig angesehen werden. Kapitel 4 befasst sich mit der Person Putins und weiteren Aspekten der russischen Politik, die entscheidend für den Überfall auf die Ukraine waren. Dazu gehören der nicht erst von Putin erfundene, neue großrussische Nationalismus und geopolitisch-imperialistische Interessen. Als Mittel zum Zweck baute Putin seine autoritäre Herrschaft kontinuierlich aus. Aber auch eine gespaltene Innenpolitik der Ukraine trug zum Konfliktausbruch im Donbass bei. Kapitel 5 zeigt, dass es in der ersten Hälfte der 1990er Jahre ein welthistorisches Zeitfenster für eine europäische Friedensordnung vom Atlantik bis zum Ural gegeben hat. Sie wurde vertan u.a. durch die Ungeduld politischer Führer in Deutschland und Zentraleuropa, die auf eine möglichst schnelle Wiedervereinigung und Westintegration drängten. Ihnen kamen konservativ-aggressive Kreise in den USA entgegen, die dann sehr rasch die Osterweiterung der NATO erreichten. Dass diese eine Mitursache für Putins kriegerische Aktionen war, lässt sich schwer bestreiten. Die Folgen auch im Westen – massive Verstärkung der militärischen Rüstung, Stärkung und Erweiterung der NATO – sind bekannt. In Kapitel 6 wird belegt, dass man beim Krieg in der Ukraine, der sich inzwischen zu einem Abnützungskrieg entwickelt hat, immer mehr von einem Stellvertreterkrieg zwischen dem Westen und Russland sprechen muss. Es erscheint als eine ungeheure Zumutung, dass die Ukraine für den Westen und für die »europäischen Werte« kämpfen soll: Zehntausende Ukrainer mussten ihr Leben lassen und werden es weiterhin müssen, Millionen von Frauen und Kindern sind geflüchtet, die Bevölkerungszahl schrumpft dramatisch und das ganze Land steht unter dem dauernden Terror von Luftangriffen. Als zwingende Folgerung daraus ergibt sich, dass sofortige Waffenstillstands- und Friedensverhandlungen das Gebot der Stunde sind. Kapitel 7 diskutiert, welche Vorgangsweise und Bedingungen dafür als notwendig erscheinen. Als zentral wird erachtet, von Maximalforderungen Abstand zu nehmen und nicht auf einem »gerechten«, sondern auf einen ehrenvollen Frieden hinzuarbeiten. In Kapitel 8 werden einige Folgerungen in Bezug auf die weltweite Beendigung von Kriegen und die Sicherung des Friedens herausgearbeitet. Mehrere Maßnahmen erscheinen dafür besonders wichtig: eine signifikante Begrenzung von Rüstungsproduktion und Waffenhandel, die Ausarbeitung von Strategien dafür, wie sich Großmächte zu kleinen Nachbarstaaten verhalten sollen und wie sich ethnisch-nationale Subgruppen friedlich von einem Staat trennen können, wenn sie es wollen. Sodann wird die zentrale Rolle friedenserhaltender Institutionen, wie der Vereinten Nationen und der Europäischen Union, diskutiert. Schließlich wird argumentiert, dass es Chancen zu global sicheren und friedlichen Beziehungen auch in einer Welt gibt, in der noch nicht alle Länder volle Demokratien geworden sind.

Der theoretische Hintergrund und Anlass für den Autor, dieses Buch zu schreiben, war das von ihm zur Zeit der Coronakrise verfasste Werk *Die revolutionäre Kraft der Ideen. Gesellschaftliche Grundwerte zwischen Interessen und Macht, Recht und Moral* (Springer 2022; eine überarbeitete und gekürzte Fassung erschien 2024 unter dem Titel *Radikale Werte. Die Interessen der Menschen und ihre gesellschaftlich-politische Durchsetzung*, Springer 2024). Darin nimmt der Grundwert des Friedens einen wichtigen Stellenwert ein. Eine Grundthese dieses Werkes – entwickelt im Anschluss an Kant – lautet, dass sich gesellschaftliche Grundwerte, wenn sie von Denkern einmal klar ausformuliert und von der breiten Bevölkerung anerkannt werden, früher oder später unwiderruflich durchsetzen. Darüber hinaus ist der Autor seit langem an den Themen der sozialen Ungleichheit und an Problemen ethnischer Konflikte und des Nationalismus interessiert. In seinem Werk *Ethnic Stratification and Socioeconomic Inequality around the World* (Ashgate 2015) untersuchte er, wie ethnische Differenzierung in einer Gesellschaft und sozioökomische Ungleichheit zusammenhängen. Es zeigte sich, dass ethnische Homogenität mit höherer Gleichheit, Heterogenität mit höherer Ungleichheit zusammenhängt. Durch entsprechende Institutionen (insbesondere föderalistische Verfassungen) kann dieser Zusammenhang jedoch außer Kraft gesetzt werden. Man kann es als tragisch bezeichnen, dass eine solche Verfassung in der Ukraine nicht gleich zu Beginn ihrer Unabhängigkeit 1991 verabschiedet wurde.

Der Autor hat auch persönliche Beziehungen zu Kolleginnen und soziologischen Institutionen in der Ukraine. In den Jahren 2006–2009 weilte er mehrfach an Universitäten in Lwiw, Kiew und Charkiw und beriet diese als *International Scholar* des *HESP Academic Programme* beim Aufbau soziologischer Studiengänge. Im Anschluss daran entwickelte er ein interdisziplinäres Forschungsprojekt zum Thema *The Ukraine – Working toward National Identity and Integration*. Dass dieses Projekt nicht finanziert wurde, erscheint aus heutiger Sicht besonders bedauerlich. Zu einer Auseinandersetzung mit der Kriegstragödie der Ukraine ist man als Autor in Österreich vielleicht besonders verpflichtet, weil die Geschichte der beiden Länder eng miteinander verknüpft ist.[6] Der westliche Teil der Ukraine (das damalige Galizien) gehörte von 1772 bis 1818 zur Habsburgermonarchie. In diesem Teil konnte sich erstmals eine ukrainische Nationalbewegung formieren. Im Ersten Weltkrieg stellte die Ukraine allerdings das schwer in Mitleidenschaft gezogene Frontgebiet zwischen der k.u.k. Armee und der russischen Armee dar. Seit 1991 ist Österreich einer der wichtigsten Investoren in der Ukraine, wobei österreichische Unternehmen große Gewinne einstreichen konnten. Um sich selber ein Bild von der Lage in der Ukraine heute zu machen, unternahm der Autor vom 21. bis 27. April 2024 eine kurze Reise in die Ukraine. In deren Rahmen führte er in Lwiw und Kiew ausführliche Gespräche mit Sozialwissenschaftlern und machte ein Dutzend offene Interviews mit Menschen aus verschiedenen Gruppen der Bevölkerung. Auf die Ergebnisse daraus wird insbesondere in Kapitel 7 Bezug genommen.

Den konkreten Anstoß zur Ausarbeitung dieser Monografie gaben zwei Vorträge, die der Autor beim Österreichischen Kongress für Soziologie in Wien am 4. Juli 2023 und bei der Tagung der Sektion Politische Soziologie und des Zentrums für Militärgeschichte und Sozialwissenschaften der Bundeswehr in Potsdam am 7. Juli 2023 halten durfte. Für die Einladung zu diesen Tagungen dankt er Alexander Bogner (Präsident der ÖGS), Nina Leonhard und Jasmin Siri (Vorstand der DGS-Sektion). Wichtige Anregungen erhielt er auch bei einem Vortrag am Landeskulturzentrum Linz, den er auf Einladung von Bernhard Hofer und Claudia Pass (Herausgeber von *Soziologie heute*) am 28. März 2023 halten konnte. Barbara Kuchler ist er zu Dank verpflichtet, weil sie ihm anbot, das Manuskript zu diesen Vorträgen in der Zeitschrift *Soziale Systeme* zu veröffentlichen. Von ihr und zwei anonymen Gutachterinnen dieser Zeitschrift erhielt der Autor sehr fundierte und detaillierte Anregungen. Für weitere wertvolle Kommentare zu den Vortragsmanuskripten dankt er den Kollegen Helmut Kuzmics und Josef Scheipl (Graz), Georg Aichholzer, Markus Kaindl und Stefan Malfèr (Wien), Anton Sterbling (Fürth) und Hermann Strasser (Duisburg). Militärstrategische Themen konnte er mit dem Kriegsbeobachter des Österreichischen Bundesheeres, Major Albin Rentenberger, besprechen. Besonders danken möchte der Autor schließlich den Kollegen in der Ukraine, die sich im April 2024 für ausführliche Gespräche bereit erklärten. In Lwiw waren dies Professor Yuryy Pachkovskyy und Dr. Oleh Demkiv von der Ivan Franko National University of Lwiw und Prof. Viktor Susak von der Ukrainian Catholic University; in Kiew waren es Forschungsdirektor Mykhailo Mishchenko vom Razumkov Center und Prof. Anton Grushetskyi, Direktor des Kyiv International Institute of Sociology (KIIS); Prof. Olga Kutsenko von der Taras Shevchenko National University of Kyiv, dzt. Technische Universität Berlin, lieferte wertvolle Hinweise auf Literatur und Forschungsberichte. Ein langes Gespräch konnte er auch mit Yurii Sheliazhenko, PhD, Dozent für Rechtswissenschaften und Geschäftsführer der Ukrainischen Pazifistischen Bewegung, führen. Dieser betonte vor allem, dass man den Ukrainekrieg aus einer längerfristigen, grundsätzlichen Perspektive im Sinne von Kant sehen müsse. Im Anschluss an dieses Gespräch entschied sich der Autor für den neuen Haupttitel *Die letzte Invasion* (der erste hatte gelautet *Vom Freiheitskampf zum Stellvertreterkrieg*).

Schlussendlich sind noch zwei Anmerkungen zu formalen Aspekten notwendig. Der erste betrifft die Frage der geschlechtergerechten Formulierungen. Der Autor sieht dieses Anliegen durchaus als legitim und wichtig an, findet aber auch alle vorgeschlagenen Formen entweder zu platz- und zeitraubend (etwa die Nennung der männlichen und weiblichen Formen) oder optisch-sprachlich befremdend (Kurzform mit Schrägstrichen, Doppelpunkt usw.). Er hat daher einen Weg gewählt, der zwar keine wirklich gerechte Aufteilung auf die jeweiligen Formen darstellt, aber sprachlich relativ einfach ist. Es wird versucht, soweit als möglich auf neutrale Formen auszuweichen und ansonsten ka abwechselnd nur die männliche oder weibliche Form zu verwenden. Die zweite Frage betrifft die Zitierung von Wikipedia-Artikeln. Wikipedia ist heute mit Abstand die größte Enzyklopädie, die es gibt und man findet zu fast allen Themen relativ informative Abhandlungen. Diese entsprechen zwar nicht unbedingt strengsten wissenschaftlichen Standards, aber die Wikipedia-Redaktion überprüft doch alle neuen Einträge kritisch. Die Wikipedia-Artikel werden jedoch nie als Belege für wichtige Thesen des Buches zitiert, sondern nur als Hinweise für die Leserinnen auf informative erste Einstiege in ein Thema.

Wien, Mai 2024

Einleitung

Am frühen Morgen des 24. Februar 2022 überschritten russische Truppen von über 100.000 Mann die Grenzen der Ukraine von Norden, Osten und Südosten. Die Bevölkerung von Kiew hörte in den frühen Morgenstunden Motoren- und Fluglärm, Schießereien und Explosionen, viele erstarrten in ihren Betten. Was wirklich passierte, erfuhren manche durch Telefonate mit Bekannten in weit entfernten Ländern.[1] Diese Invasion, die fast niemand in Europa erwartet hatte, war die jüngste in einer Reihe von mehreren Dutzenden anderen Invasionen, die seit Beginn der 20. Jahrhunderts von europäischen Großmächten in Nachbarstaaten durchgeführt worden waren. Es erscheint angebracht, sich die wichtigsten dieser kurz anzusehen. Es wird sich dabei nämlich zeigen, dass die russische Invasion in die Ukraine Charakteristika aufwies, die bereits bei vielen früheren Überfällen zu beobachten waren. Ein Hauptmerkmal all dieser Invasionen war, das sei schon hier vorweggenommen, dass sie vielfach zu völlig anderen Folgen führten als ihre Urheber damit intendiert hatten. Wir werden am Schluss der Einleitung die charakteristischen Merkmale derartiger Invasionen zusammenfassend darstellen.

Eine Invasion wird definiert als feindliches Einrücken von militärischen Einheiten in das Gebiet eines anderen Staates. Solche Invasionen können von sehr unterschiedlicher Art sein. Es kann sich um die mehr oder weniger kampflose Besetzung von relativ schwach besiedelten oder abgesicherten Territorien handeln, es kann aber auch eine riesige Armee beteiligt sein, wie beim Angriff von Nazi-Deutschland auf die Sowjetunion im Juni 1941, bei dem auf deutscher Seite die größte Armee aller Zeiten, über drei Millionen Soldaten, beteiligt waren.

Kein Zufall ist die Tatsache, dass auch die erste Invasion kurz vor Beginn des 20. Jahrhunderts von Russland durchgeführt wurde. Um seine neuen Interessen in Ostasien abzusichern, entsandte Russland, zum Missfallen Japans, Truppen in die Mandschurei und nach Korea und besetzte am 4. Dezember

1898 den Hafen Port Arthur im Gelben Meer (heute das chinesische Dalian). Russland glaubte sich militärisch vor allem aufgrund seiner Flotte in Ostasien den Japanern überlegen. Besonders interessant ist, was der aggressiv orientierte russische Innenminister Wjatscheslaw von Plehwe dazu äußerte: »Russland ist durch Bajonette, nicht durch Diplomatie entstanden und wir müssen die mit China und Japan strittigen Fragen mit Bajonetten entscheiden... Sie [er meinte den eher zögernden Kriegsminister] kennen die innere Lage Russlands nicht. Um die Revolution einzudämmen, brauchen wir einen kleinen siegreichen Krieg.«[2] Es war allerdings Japan, das den Krieg im Februar 1904 eröffnete. Er endete nach einer Reihe blutiger Schlachten am Land und zur See schon im Sommer 1905 mit einer schmählichen Niederlage Russlands. Dieser erste große Sieg einer aufsteigenden Macht der Dritten Welt wurde von Unabhängigkeitsbewegungen in Asien und im Osmanischen Reich als starke moralische Ermunterung gesehen. Schon im Krimkrieg (1853–1856) gegen das Osmanische Reich, bei dem der Kampf um die Festung Sewastopol eine Schlüsselrolle spielte, hatten die russischen Großmachtambitionen einen erheblichen Dämpfer erlitten. Die Niederlage gegen Japan delegitimierte die Zarenherrschaft und führte zur Revolution von 1905. Im Oktobermanifest musste der Zar bürgerliche Rechte und die Einrichtung eines Parlaments zugestehen.[3]

Die nächste Invasion war die verhängnisvollste des ganzen Jahrhunderts. Als Reaktion auf die Ermordung des österreichischen Thronfolgers Franz Ferdinand am 28. Juni 1914 in Sarajewo stellte Österreich-Ungarn Serbien, zu dem der Attentäter offenkundig enge Beziehungen hatte, ein Ultimatum mit kaum erfüllbaren Bedingungen. Nachdem man sich die Rückendeckung des Deutschen Reiches eingeholt hatte, erklärte Österreich-Ungarn Serbien den Krieg und marschierte im August 1914 in Serbien ein. Die Unterschrift unter die Kriegserklärung wurde vom greisen Kaiser Franz Josef I. nicht zuletzt durch die gezielte Falschmeldung erreicht, serbische Einheiten hätten an der Grenze zu Österreich Schüsse abgegeben. Die Invasion Serbiens war, zur Schande der großen, aber militärisch vergleichsweise schwachen Habsburger-Monarchie,[4] ein klarer Misserfolg. Sie war in dieser Hinsicht vergleichbar der Überschätzung der Militärmacht Russlands im Krimkrieg und im Krieg gegen Japan. Die Invasion Serbiens hatte jedoch die gravierende Konsequenz, dass in der Folge Russland Österreich-Ungarn den Krieg erklärte (was vorauszusehen war). Gleich darauf wurde eine Reihe weiterer Kriegserklärungen ausgesprochen, die auch Frankreich (als Verbündeten Russlands) und England mit dem britischen Commonwealth einbezogen, wodurch er zu einem Weltkrieg wurde. England hatte Deutschland den Krieg erklärt als Folge seines völkerrechtswidrigen Einmarsches in die neutralen Länder Luxemburg und Belgien und in die Niederlande. Die von der Wehrmacht begangenen Grausamkeiten unter der belgischen Bevölkerung verstärkten im Westen die Abscheu vor den Deutschen. Damit brach im August 1914 der Erste Weltkrieg aus – die Urkatastrophe des 20. Jahrhunderts, wie er seit dem US-Historiker und Diplomaten George F. Kennan von vielen bezeichnet wird.[5] Bei der österreichisch-ungarischen Kriegserklärung und Invasion von Serbien sind zwei Fakten besonders bemerkenswert und von aktueller Bedeutung. Zum einen die Tatsache, dass diese Kriegserklärung auch aufgrund innenpolitischer Probleme und eines Reformstaus erfolgte. Das politische Leben in der multinationalen Habsburgermonarchie war zuletzt immer häufiger mit heftigen Konflikten zwischen den Teilstaaten und Völkern verbunden, die nach mehr Autonomie bzw. Gleichberechtigung strebten. So sind nach Meinung der Historiker zwei Faktoren am relevantesten, wenn man die Kriegserklärung Österreichs verstehen will: Der erste war, dass es der Versuch einer inneren Herrschaftsstabilisierung der dominanten Eliten war, und der zweite, dass die Kriegserklärung das Ziel hatte, den Vielvölkerstaat auch international durch den Aufbau eines übernationalen Habsburg-Mythos zu stärken.[6] In diesem Zusammenhang ist die Begründung höchst relevant, die Kaiser Franz Josef I. (oder seine Schreiber) in seinem »Völkermanifest« zur Kriegserklärung lieferte. Darin wurde vor allem auf die Ehre der Monarchie verwiesen;[7] es hieß in einigermaßen schwülstiger Art: »Die Umtriebe eines hasserfüllten Gegners zwingen Mich, zur Wahrung der Ehre meiner Monarchie, zum Schutze ihres Ansehens und ihrer Machtstellung, zur Sicherung unseres Besitzstandes nach langen Jahren des Friedens zum Schwerte zu greifen.«[8]

Invasionen kleineren Ausmaßes gab es auch in den Jahren nach dem Ersten Weltkrieg, durch welche Russland bzw. die Sowjetunion, Polen, Rumänien und andere Länder die Grenzen der neuen Nationalstaaten in Mittelosteuropa revidieren wollten. Sie wollten damit Angehörige der eigenen ethnisch-nationalen Gruppe, die nun in anderen Ländern lebten, »heimholen« (etwa die Rumänen in Ungarn). Auf sie brauchen wir hier nicht näher einzugehen. Bemerkenswert ist, dass die hierbei angegriffenen, meist kleineren Staaten ihre Selbständigkeit, auch gegen die Sowjetunion, behaupten konnten. Besonders relevant ist in dieser Hinsicht der spätere »Winterkrieg« zwischen der Sowjetunion und Finnland vom November 1939 bis März 1940, in welchem sich die Sowjetunion Karelien und andere südfinnische Landesteile aneignen wollte. Zur Überraschung der Welt wurden die Truppen der Roten Armee von den clever und verbissen kämpfenden Finnen gestoppt, auch weil diese mit den landschaftlichen Bedingungen und den winterlichen Wetterverhältnissen besser vertraut waren. Letztendlich mussten die Finnen aber einem Ende des Krieges zustimmen und Gebiete abtreten. Wir werden auf diesen Krieg, dessen Beendigung als Modell für den Ukrainekrieg relevant ist, in Kapitel 8 zurückkommen.

Eine ganze Serie von Invasionen begann bald nach Hitlers Machtergreifung in Deutschland 1933. Er hatte ja bereits in seinem Pamphlet von 1924 *Mein Kampf* ein aggressives außenpolitisches Programm angekündigt, in dessen Rahmen Deutschland die Dominanz auf dem kontinentalen Europa erlangen sollte. Dies war allerdings bereits ein Ziel des Deutschen Reiches vor dem Ersten Weltkrieg gewesen.[9] Hitler wollte darüber hinaus jedoch ganz Osteuropa einschließlich der Sowjetunion erobern, um damit neuen »Lebensraum« für die Deutschen, die Hauptrepräsentanten der überlegenen arischen Rasse, zu schaffen.[10] Hitlers erste Invasion betraf Österreich. Nachdem sein Druck auf die Regierung in Wien, sich freiwillig dem Deutschen Reich unterzuordnen, gescheitert war und Bundeskanzler Schuschnigg für den 13. März 1938 eine Volksabstimmung über die Unabhängigkeit Österreichs angekündigt hatte, überschritten deutsche Truppen am Tag vorher die Grenze. Ob man in diesem Fall wirklich von einer Invasion sprechen kann, ist allerdings strittig. Die These, dass es sich um eine solche handelte, kann sich darauf stützen, dass der österreichische Bundespräsident Milas klar feststellte, man weiche der Gewalt. Neben den führenden österreichischen Politikern aller Parteien (mit Ausnahme der Nationalsozialisten) wurden nach dem Anschluss 50.000 bis 70.000 Personen verhaftet und in Gefängnisse bzw. Konzentrationslager geworfen.[11] Die auf den Straßen mobilisierte österreichische Bevölkerung begrüßte den Einmarsch Hitlers jedoch, zuletzt in einer großen Kundgebung am Heldenplatz in Wien, bei der Hitler triumphal »den Eintritt meiner Heimat in das Deutsche Reich« verkünden konnte (daher auch der Begriff »Anschluss«). Nur ein Land, Mexiko, protestierte gegen den Anschluss Österreichs beim Völkerbund. Eine weitere Tatsache ist, dass viele Österreicher als NSDAP-Mitglieder und auch in höheren zivilen und militärischen Führungspositionen an der Nazi-Herrschaft und ihren Verbrechen im Krieg und gegen die Juden aktiv beteiligt waren.[12] Unumstritten ist jedoch, dass Hitlers Besetzung von Tschechien, ebenfalls im März 1938, der Überfall auf Polen am 1. November 1939, die Besetzung Dänemarks und Norwegens im Frühjahr 1940 und der militärische Marsch durch die Benelux-Staaten im Zuge des Angriffs auf Frankreich völkerrechtswidrige, kriminelle Invasionen darstellten. Dies gilt auch für die Besetzung Ostpolens durch die Sowjetunion 1939, die diese parallel zu Hitlers Angriff auf Polen (und in Übereinstimmung mit diesem) durchführte. Die von Hitler ausgelösten Kriege forderten einen extrem hohen Blutzoll von 60 bis 80 Millionen Menschenleben (davon 27 Millionen Russen), führten zur Vertreibung von 25 bis 30 Millionen Menschen[13] und zur Verwüstung zahlreicher Städte in Europa und auf anderen Kontinenten, inklusive der durch Atombomben ausradierten Städte Hiroshima und Nagasaki in Japan. Die anfänglich noch überschaubaren, von den anderen europäischen Mächten tolerierten Invasionen in Nachbarländer Deutschlands führten letztendlich zu einer unglaublichen militärischen Auseinandersetzung und Katastrophe. Auch der Holocaust wurde erst im Rahmen des Krieges möglich. Für alle diese Verbrechen wurden nur sehr wenige (rund zwei Dutzend) Spitzenverantwortliche in den Nürnberger Prozessen verurteilt, obwohl dafür Tausende, wenn nicht Zehntausende in leitenden Funktionen beteiligt waren.[14] Hitler selbst und einige seiner engsten Mittäter begingen Suizid, was belegt, dass ihnen die Ungeheuerlichkeit ihrer Taten voll bewusst war. Keine andere Invasion der Weltgeschichte hatte so schreckliche Folgen auch für ihre Urheber selbst.[15]

Seit dem Zweiten Weltkrieg war es vor allem die Sowjetunion, die durch völkerrechtwidrige Invasionen in andere Länder hervorgetreten ist. Die ersten davon waren die relativ »einfachen« Besetzungen der ungarischen Hauptstadt Budapest 1956 und der tschechoslowakischen Hauptstadt Prag 1968. Ihr Zweck war, die dort an die Macht gekommenen, reformorientierten liberalen Regierungen abzusetzen. Die sowjetischen Eliten fühlten sich von diesen Entwicklungen bedroht, da sie das kommunistisch-sowjetische Machtsystem grundsätzlich in Frage stellten und Reformbewegungen auch in Russland selbst hätten anstoßen können. Die Besetzung von Budapest war allerdings mit schweren, eine Woche lang andauernden Kämpfen verbunden. Hunderte Aufständische, darunter Ministerpräsident Imre Nagy und Verteidigungsminister Pál Maléter, wurden hingerichtet, Zehntausende interniert und Hunderttausende flüchteten in den Westen.[16] In Prag wurde nach Aufforderung durch den KP-Vorsitzenden Alexander Dubcek auf bewaffneten Widerstand verzichtet. Stattdessen gab es einen zivilen Widerstand, der allerdings auch Dutzende Todesopfer forderte.[17] Der Westen hielt sich aus diesen Ereignissen völlig heraus, da die Welt noch in die Einflusszonen der Großmächte aufgeteilt war. In Kapitel 4 wird argumentiert, dass der Überfall Putins auf die Ukraine geradezu eine exakte Replikation der Invasionen in Ungarn und in der Tschechoslowakei darstellte.

Von anderer Art war die Invasion der Sowjetunion in Afghanistan Anfang Dezember 1979. Ihr Ziel war die Unterstützung der dort an die Macht gekommenen kommunistischen Partei gegen die islamistischen Mudschaheddin. Letztere wurden dagegen von den USA und anderen (insbesondere arabischen) Ländern unterstützt, womit sich der Afghanistan-Krieg zu einem typischen Stellvertreterkrieg ausweitete. Afghanistan wurde jedoch von den Russen selbst zunehmend als Bürde empfunden, da sie nie in der Lage waren, das Land voll zu beherrschen und die Macht der dortigen Kommunisten zu konsolidieren. Aber erst Gorbatschow machte ab 1985 mit dem Abzug ernst, der dann durch das Genfer Abkommen von 1989 besiegelt wurde. Damit war jedoch innerhalb Afghanistans keineswegs Sicherheit und Frieden gesichert. Vielmehr gingen die Kämpfe zwischen Regierungstruppen und den Mudschaheddin in einen über zehnjährigen Bürgerkrieg über. In diesem konnten zunächst die Mudschaheddin und später die noch radikaleren Taliban die Macht an sich reißen.[18] Die Intervention der Sowjetunion war also ein völliger Misserfolg; ein Buch dazu trägt den Untertitel *Das sowjetische Vietnam*.[19] Zumindest zu erwähnen ist hier (obwohl es sich dabei nur um außereuropäische Mächte handelt), dass das Gleiche den USA passierte, die ab 2001 in Afghanistan intervenierten um die Taliban und die Terrormiliz al-Quaida auszuschalten. Auch sie mussten zwanzig Jahre später in schmählicher Weise abziehen.[20]

An den geschilderten historischen Fakten können wir zehn Charakteristika der typischen Ursachen, des Verlaufs und der Folgen von Invasionen in Europa seit Beginn des 20. Jahrhunderts erkennen. Man sieht schon auf den ersten Blick, wie ähnlich der russische Einmarsch in die Ukraine den meisten früheren Invasionen war.

(1) Die Invasionen werden in aller Regel von autokratischen Herrschern oder autoritären Führern großer Mächte in Gang gesetzt. Der wirtschaftliche Aufstieg des Deutschen Kaiserreiches hatte schon gegen Ende des 19., Anfang des 20. Jahrhunderts zu einem weithin unterstützten Expansionsdrang geführt. Demnach sollte die wirtschaftliche Stärke Deutschlands auch in einer entsprechend gewichtigen politischen und militärischen Weltrolle zum Ausdruck kommen.[21] Die Letztentscheidung für die Kriegserklärungen von Österreich-Ungarn und des Deutschen Reiches lag 1914 noch eindeutig in den Händen der Kaiser, die als absolute Herrscher von Gottes Gnaden gesehen wurden. So wurde über Franz Josef I. festgestellt: »Der Wille des Kaisers ist der Wille des Staates.«[22] Auch Deutschland war vor 1914 von der Staatsform her noch weit von einer Demokratie entfernt.[23] Im Laufe des Weltkrieges verschob sich die Macht in Deutschland immer mehr zum Militär und seinen autoritären Führern Ludendorff und Hin-

denburg. Alle späteren Invasionen wurden von totalitären Herrschern, wie Hitler und den sowjetischen Führern von Stalin bis Breschnew, ausgelöst.
(2) Häufig erfolgten Invasionen in benachbarte Länder um von inneren Problemen abzulenken. Dies konnten ethnisch-nationale Konflikte sein (wie in der k.u.k. Monarchie). Meist waren es aber soziale und politische Konflikte, die oft von sozioökonomischen Problemen ausgelöst worden waren.
(3) Die Herrschenden der angreifenden Staaten bestritten in Tat und Wort, dass es bei der Invasion um einen Krieg geht. Dies kann geschehen, indem die Invasion ohne Kriegserklärung durchgeführt wird (so beim Angriff von Nazi-Deutschland auf die Sowjetunion); indem man den Krieg als Verteidigungsaktion oder Präventivschlag deklariert; oder schließlich, indem man überhaupt abstreitet, dass es sich um einen Krieg handle. Typisch für die Invasionen ist, wie für wohl alle Kriege, dass man die Verantwortung für die Auslösung dem Feind zuschreibt. Schon im Ersten Weltkrieg versuchte Kanzler Bethmann-Hollweg die Schuld am Krieg Russland zuzuschreiben.[24]
(4) Die angegriffenen Staaten erwiesen sich trotz ihrer Unterlegenheit im Hinblick auf Größe und Einwohnerzahl erstaunlich widerstandsfähig. Sie konnten oft scheinbar übermächtige Invasoren aufhalten oder zurückschlagen. Der Kriegstheoretiker Carl von Clausewitz hat dazu schon 1832 festgestellt, dass die Mittel auch kleiner Staaten für einen Verteidigungskrieg »unendlich groß« sind.[25] Dies ist nicht nur deshalb der Fall, weil sie ihr eigenes Territorium viel besser kennen als der Feind, sondern vor allem deshalb, weil sie einen Verteidigungskrieg führen und ihr Kampfeswille viel höher ist.
(5) Die Invasionen verlaufen zunächst vielfach komplikationslos, weil sie von anderen Großmächten mehr oder weniger akzeptiert werden. Dafür kann man zwei Paradebeispiele nennen. Das erste war das Münchner Abkommen von 1938, in welchem die englischen, französischen und italienischen Regierungschefs (Chamberlain, Daladier, und Mussolini) Hitler einen Blankoscheck zur Besetzung des Sudetenlandes ausstellten (er besetzte dann gleich ganz Tschechien). Das zweite war der Nichtangriffspakt zwischen Hitler und Stalin vom 24. August 1939, bei dem in einem geheimen Zusatzprotokoll die gemeinsame Besetzung und Aufteilung von Polen vereinbart wurde.
(6) Auch innerhalb der angegriffenen Staaten gab es oft soziale und politische Spannungen und Konflikte, welche ein Eingreifen von außen förderten.

Nicht selten wurden von einzelnen Parteien andere Mächte sogar zu Hilfe gerufen; häufig wurde dies von den letzteren auch nur behauptet.
(7) Der angestrebte Erfolg der Invasionen wurde vielfach nicht erreicht, es gab vor allem am Beginn oft spektakuläre Misserfolge. Im Laufe der Zeit erhöhten sich die Kosten für den Angreifer oft massiv und standen in keinem Verhältnis mehr zu möglichen Gewinnen.
(8) Die Invasionen sind häufig sogar ein Schuss ins eigene Knie. Sie trugen bei zu einer Delegitimierung der Herrschenden, lösten politische Unruhen aus und führten nicht selten sogar zu Revolutionen und zum Sturz der politischen Führer und Machteliten, wenn nicht gar zu einer Umwälzung des ganzen politischen Systems.
(9) Wenn ein Großstaat einen signifikanten Wandel in seinem Verhalten zu Nachbarstaaten vollzog, war dies in aller Regel mit einer internen Aufweichung des autoritären Systems und Ansätzen für eine Demokratisierung verbunden. Dies war offenkundig der Fall in Deutschland und Japan, die sich seit 1945 zu starken Demokratien entwickelten und (zumindest noch vor ein bis zwei Jahrzehnten) Beteiligung an militärischen Aktionen definitiv ausschlossen.
(10) In all diesen Prozessen spielten einzelne Führer und einflussreiche politische Persönlichkeiten eine ausschlaggebende Rolle. Der greise Kaiser Franz Josef I. wurde zu seiner Kriegserklärung durch den aggressiven General Conrad und eine Clique junger, ehrgeiziger Beamter angestachelt; die ausschlaggebende Bedeutung der Persönlichkeit Hitler für den Zweiten Weltkrieg und den Holocaust steht außer Frage; Umgekehrt ist auch die positive Rolle von Gorbatschow für den fundamentalen Wandel der sowjetischen Außenpolitik ab 1985 unbestreitbar.

Wir können diese Überlegungen mit einem Hinweis und einer Frage abschließen. Zum Ersten kann man sagen, dass alle hier genannten Faktoren und Prozesse für Invasionen und weitergehende militärische Aktionen weitgehend der Theorie des Krieges entsprechen, wie sie Kant in seinem berühmten Essay *Zum Ewigen Frieden* 1795 entworfen hat. Ihre Grundthese lautet, dass Kriege in erster Linie von wirtschaftlichen, politischen und militärischen Eliten ausgelöst werden, das Volk dadurch jedoch nur Nachteile hat. Daraus folgt, dass Demokratien weniger bellizistisch sind und keine Kriege gegeneinander führen. Tatsächlich wurden alle vorher dargestellten Invasionen in Europa seit 1900 von Führern autoritärer Systeme ausgelöst. Diese Theorie wird in Kapitel 3 systematisch dargestellt. Zum Zweiten erhebt sich die Frage, ob die Invasion Russlands in die Ukraine auch in Zukunft die letzte ihrer Art in Europa bleiben wird. Dazu kann man allgemein schon hier feststellen, dass dies der Fall sein könnte, wenn die wichtigsten vorgenannten kriegstreibenden Faktoren wegfallen; dies betrifft vor allem diktatorische Herrscher und autoritäre politische Systeme. Eine fundiertere Antwort darauf, ob dies tatsächlich möglich und vielleicht sogar zu erwarten ist, soll nach der Analyse des Ukrainekrieges in den abschließenden Betrachtungen gegeben werden.

Kapitel 1: Die schwierige Geburt der ukrainischen Nation

> Sterb ich, so begrabt auf einem Kurhan mein Gebeine
> mitten in der weiten Steppe meines Lands Ukraine,
> dass ich Felder schau, des Dnjepr steile Uferrande,
> dass ich höre, wie der Wilde braust durch Steppenlande!
> Wie er stolz aus der Ukraine fern ins Meer, ins blaue,
> wälzen wird das Blut der Feinde – Felder, Berg und Aue,
> alles will ich froh dann lassen, nur zu Gott, dem Einen,
> betend fliegen. Doch bis dahin – Freunde, kenn ich keinen!
> *Taras Schewtschenko (1814–1861), ukrainischer Nationaldichter*[1]

Die tragischen Ereignisse in der Ukraine seit 2012 können nicht verstanden werden, wenn man nicht einen Blick wirft auf ihre Geschichte, geographische Lage und die topographischen Gegebenheiten des Territoriums, auf welchen sie sich herausgebildet hat. Diese beiden Faktoren hängen mit der ethnisch-kulturellen Vielfalt und Verwundbarkeit des Landes von außen zusammen. Sie sind mit eine Ursache dafür, dass die Geschichte der Ukraine im 20. Jahrhundert mit großen Tragödien und inneren Spaltungen verknüpft war, für welche meist intervenierende ausländische Mächte die Verantwortung trugen[2]. Nach dem Soziologen Yuri Pachkovsky von der Ivan Franko-National Universität von Kiew gleicht die Ukraine mit ihren historischen Traumata im Verlauf der Geschichte einem verwundeten Vogel, der gegen alle Widrigkeiten dafür kämpft, höher und höher zu steigen.[3] Zwar wurde bereits 1917 ein unabhängiger Staat Ukraine ausgerufen, diesen vereinnahmte schon 1919 die Sowjetunion mit Gewalt. In deren Rahmen wurden durch einen forcierten Ausbau der Schwerindustrie und die Kollektivierung der Landwirtschaft einer autonomen und autarken wirtschaftlichen Entwicklung des Landes Fesseln angelegt. So war der Transformationsprozess von der sowjetischen Kommandowirtschaft und ihrem autoritären Einparteiensystem zu einer Marktwirtschaft und Demokratie für die Ukraine ungleich schwieriger als für die meisten anderen Nachfolgestaaten der Sowjetunion. Dazu kam, dass auch der Prozess der Nationsbildung im Innern noch nicht wirklich abgeschlossen war und im Grunde bis heute nicht ist, wie die Autoren eines umfassenden Bandes zu diesem Thema konstatieren.[4] So stand die erstmals unabhängige Ukraine seit 1991 vor extrem schwierigen wirtschaftlichen, sozialen und politischen Problemen. Auch von der ukrainischen Politik wurden selbst Entscheidungen getroffen, die ihrer Stabilität im Innern und ihrer Sicherheit nach außen – in diesem Falle vor allem im Verhältnis zu Russland – abträglich waren. Betrachten wir all diese Aspekte in der gebotenen Kürze.

Die geographische Offenheit und Verwundbarkeit des Landes

Die Geographie stellt eine entscheidende Mit-Determinante der politischen und gesellschaftlichen Entwicklung von Ländern dar, wie zuletzt der britische Journalist Tim Jordan in seinem Bestseller *Die Macht der Geographie* aufgezeigt hat. Gebirge und Wüsten, große Flüsse und Meere stellen für Großmächte und für ganze Kulturen Rahmenbedingungen dar, die ihrer Ausbreitung Grenzen setzen. Daher versuchen sie, meist durch Eroberung oder Beherrschung der kleineren Länder in der Nachbarschaft, eine Sicherheitszone um sich herum zu schaffen. So haben Großstaaten wie Russland, China, aber auch die Vereinigten Staaten von Amerika, erst durch Unterwerfung, Kolonisierung oder auch Kauf großer Randgebiete und ganzer Nachbarländer ihre heutige Ausdehnung erreicht. Für kleinere Staaten können geographische Barrieren einen Schutz vor Aggressionen von außen bilden. So sind Spanien und Italien durch die Pyrenäen und Alpen im Norden, durch das Mittelmeer im Süden umgrenzt, die skandinavischen Länder durch Ost- und Nordsee von Kontinentaleuropa und den expansiven Mächten dort getrennt, Alpenländer wie Österreich und Schweiz können sich durch ihre gebirgige Landschaft besser verteidigen. Die Ozeane verhindern, dass sich ein die ganze Welt umspannendes Imperium herausbilden kann.[5]

Wichtig ist auch der Faktor Größe. Wenn man Russland nicht mitzählt, ist die Ukraine mit ihren gut 600.000 km² knapp nach Frankreich das zweitgrößte Land Europas. Was dieses Land jedoch von den meisten anderen Staaten Europas unterscheidet, ist die Tatsache, dass es fast keine natürlichen Grenzen hat: Mit Ausnahme des Asowschen Meeres und eines Teiles des Schwarzen

Meeres im Süden und einem kurzen Abschnitt der Karpaten im Westen verlaufen alle Landesgrenzen auf de facto flachen Ebenen. Von den über 2000 Kilometer langen Grenzen sind gut drei Viertel mehr oder weniger offen. Der größte Strom Dnjepr, der nördlich von Kiew aus Belarus (Belarus) kommt, durchfließt das Land nach Südosten, macht dann bei den Städten Dnipropetrowsk und Saporischja eine Biegung nach Südwesten und mündet bei Odessa ins Schwarze Meer. Er stellte jedoch nie eine Barriere dar. (Die aktuelle Frontlinie des Krieges verläuft allerdings nicht weit vom unteren Flussverlauf). Das bedeutet, dass es höchst schwierig ist, dem Eindringen feindlicher Truppen erfolgreichen Widerstand entgegenzusetzen und das Land als Ganzes zu sichern. Auch dies war eine Ursache dafür, dass die Ukraine im Laufe der Geschichte der letzten fünfhundert Jahre die meiste Zeit von stärkeren Mächten aus seiner Nachbarschaft besetzt und dabei aufgeteilt wurde.

Die ukrainisch-russische Geschichte beginnt mit dem sagenhaften Volk der Rus, einem Bund ostslawischer Stämme, die von den Warägern (Wikingern) beherrscht wurden. Diese betrieben von der Ostsee bis zum Byzantinischen Reich rege wirtschaftliche Tauschbeziehungen. Etwa um 800 bis 900 n. Chr. wurde Kiew gegründet, das eine wichtige Rolle im Handel zwischen Mittel- und Westeuropa und dem großen und sagenhaften, kurz vor der Jahrtausendwende verschwundenen Reich der Chasaren[6] spielte. Um die Jahrtausendwende entwickelte sich Kiew unter Jaroslaw dem Weisen zu einer kulturellen Metropole. Die Rus blieben aber noch länger eine lockere Koalition von Stämmen, die Menschenjagd auf Ostslawen betrieben und diese auf byzantinischen und persischen Sklavenmärkten verkauften.

Bereits um diese Zeit (1187), also sehr früh, taucht der Begriff Ukraine auf. Er bezeichnete das westliche, galizisch-wolhynische Land und bedeutet Grenzland.[7] Um 1240 fand ein historisches Ereignis statt, der Überfall des mongolischen Stammes der *Goldenen Horde*, deren ungeheuer großes Reich sich von Osteuropa bis nach China erstreckte; die Goldene Horde beherrschte das östliche Europa bis zum 15. Jahrhundert. Seit dieser Zeit verstand sich die Ukraine als ein Grenzland zwischen der Steppe und den Nomaden im Osten und den sesshaften Europäern im Westen. In der frühen Neuzeit erlangte Polen-Litauen die Oberherrschaft über die westlichen und nördlichen Teile der heutigen Ukraine, die östlichen Teile gerieten unter die Herrschaft der aufsteigenden Großmacht Russland, der Süden und die Krim unter osmanischen Einfluss. Mit Iwan III. (1462–1505) entstand ein russischer Einheitsstaat. Er ließ sich »Zar aller Russen« nennen und heiratete eine byzantinische Prinzessin. So konnte sich sein Nachfolger Iwan IV. (»Der Schreckliche«) nach dem Fall von Byzanz an die Osmanen zum Nachfolger der byzantinischen Kaiser krönen. Ab nun beanspruchte Moskau den Titel »Das Dritte Rom«: Staatsmacht und (orthodoxe) Kirche gingen eine enge Verbindung ein. 1648 erfolgte im Südosten der Ukraine die Gründung eines relativ unabhängigen Kosakenstaates, des Hetmanats, der von der Ukraine heute als wichtiger historischer Vorläufer angesehen wird. Das diesem Kapitel als Motto vorangestellte Gedicht des ukrainischen Nationaldichters Taras Schewtschenko bezieht sich auf diesen Staat. Ende des 17. Jahrhunderts geriet die Ukraine mit Ausnahme des westlichen Teils, der zum Habsburgerreich kam, großteils unter die Herrschaft der russischen Zaren. Diese besiedelten und russifizierten den Süden, etwa durch Gründung von Odessa. Mitte des 19. Jahrhunderts entstand, ausgehend vom österreichischen Galizien (wo es liberalere Gesetze für Presse und Kultur gab) die ukrainische Nationalbewegung. Im Ersten Weltkrieg geriet die Ukraine zwischen die Fronten, allerdings erfolgte 1917 die Ausrufung der ersten unabhängigen Republik Ukraine. Sie konnte aber nicht alle heutigen ukrainischen Gebiete zusammenfassen und wurde 1921 von der Roten Armee besetzt und der Sowjetunion eingegliedert. Eine Folge der Beherrschung der Ukraine durch fremde Mächte war, dass die ethnische Zusammensetzung ihrer Bevölkerung bis heute sehr heterogen ist. Vor allem das Verhältnis zwischen dem Ukrainischen und Russischen birgt ein hohes Konfliktpotential.[8] Betrachten wir diesen auch für den Russland Ukraine-Krieg zentralen Aspekt ihrer Nationsbildung näher.

Historisch verzögerte Herausbildung eines Nationalbewusstseins

Der Begriff der Nation wird verwendet, um Staaten zu bezeichnen, die einen relativ hohen Grad der Integration und Stabilität aufweisen und Legitimität besitzen. Von einer Nation kann man sprechen, wenn sich die Bevölkerung mit ihr identifiziert; aber auch eine große ethnische Gruppe, die Autonomie oder sogar einen eigenen Staat beansprucht (etwa die Katalanen, theoretisch auch die Kurden), kann man als (Sub-)Nation bezeichnen. Eine Nation ist definiert durch einen Namen, eine gemeinsame Geschichte und meist auch eine eigene Sprache und Religion; entscheidend ist jedoch der Willen der Bevölkerung, in einer eigenen politischen Gemeinschaft zu leben.[9] In Westeuropa erfolgte die Bildung der Nationen von oben, durch staatliche Einigung (so in Frankreich), in Deutschland und Italien, angestoßen durch die Napoleonischen Kriege, im Laufe des 19. Jahrhunderts. In Osteuropa geschah dies erst historisch verzögert, zum Großteil nach dem Zerfall des Habsburgerreiches, Ende des Ersten Weltkriegs. Die Konsolidierung der nationalen Identität der Ukraine erfolgte noch später, nach dem Ersten Weltkrieg. Politisch wurde sie wirklich erst gegen Ende des 20. Jahrhunderts erreicht, mit der Trennung von der Sowjetunion und der Unabhängigkeitserklärung 1991.[10]

Wenn man die Geschichte der ukrainischen Nationsbildung betrachtet, muss man mit dem alten Reich der Kiewer Rus beginnen.[11] Im Krieg Russlands gegen die Ukraine seit 2022 spielt dieses Reich für Putin eine wichtige legitimatorische Rolle, wobei er allerdings eine verzerrte Sicht davon verbreitet. Das Kiewer Reich umfasste von der Jahrtausendwende bis ins 14. Jahrhundert zentrale Teile der heutigen Staaten Ukraine, Belarus und den europäischen Teil von Russland. Daher behauptet Putin die Ukraine sei ein integraler Teil der »Russischen Welt« (*Russki Mir*). In der zweiten Hälfte des 16. Jahrhunderts trennten sich jedoch die Geschicke der drei Länder. Nun wurde der Gegensatz zwischen dem Westeuropa zugewandten Westen und dem Russland näherstehenden Osten folgenreich. Das Gebiet der Ukraine kam unter die Herrschaft des Großfürsten von Litauen, das westliche Galizien unter polnische Herrschaft. Dadurch kam die Ukraine, anders als Russland, das unter der Herrschaft der mongolischen *Goldenen Horde* verblieb, unter westlichen Einfluss. Viele Adelige traten zum Katholizismus über, auch die ukrainische orthodoxe Kirche unterstellte sich teilweise der katholischen Oberhoheit. So erlangten lateinische, polnisch-katholische Traditionen im Westen und slawisch-orthodoxe Traditionen im Osten starken Einfluss. Dazu kam, dass im russischen Bereich die Rolle der orthodoxen Kirche immer auch als Sache des Staates, nicht nur des Individuums, gesehen wurde.[12] Im 17. Jahrhundert bildeten sich, wie bereits erwähnt, im Südosten kriegerische Kosakenverbände, die 1648 einen Volksaufstand gegen die polnische Herrschaft organisierten. Sie errichteten einen eigenen Staat (das sog. *Hetmanat*), in welchem den Bauern relative Freiheit gewährt wurde. In den nachfolgenden Kriegen zwischen Polen und Russland wurde die Ukraine geteilt: der Teil östlich des Dnjepr fiel an Russland, der westliche an Polen. Ein Kosakenaufstand gegen Russland wurde niedergeschlagen und der Osten allmählich russifiziert. In der ukrainischen Unabhängigkeitsbewegung und im nationalen Geschichtsbewusstsein, das generell sehr bedeutsam ist,[13] spielt der Kosakenmythos eine wichtige Rolle. In der ukrainischen Nationalhymne (*Noch sind der Ukraine Ruhm und Freiheit nicht gestorben*) aus dem Jahr 1861 endet jede der drei Strophen mit dem Refrain: »Seele und Leib werden wir für unsere Freiheit opfern, und wir werden zeigen, dass wir zum Kosakengeschlecht gehören«. Auch in Westeuropa war der Begriff Ukraine zu dieser Zeit bereits geläufig. In der Folge der Teilungen Polens im 18. Jahrhundert kam der westliche Teil, Galizien, an Österreich, während die Russen ihre Herrschaft weiter ausdehnen konnten. Sie bauten den Südosten der Ukraine zu einem starken Schwerindustriegebiet aus, Kiew und das neugegründete Odessa zu Wirtschafts- und Handelszentren; diese Regionen wurden als Neurussland bezeichnet. In sie wanderten Migranten aus Polen, Russland, Deutschland und anderen Ländern ein. Diese Teile wurden in der Folge stark russifiziert, nur im Westen (dem österreichischen Galizien) wurde das Ukrainische anerkannt und im öffentlichen Leben verwendet.

Der Großteil der ukrainischsprachigen Bevölkerung im Westen und Zentrum der Ukraine waren kleine, vielfach leibeigene Bauern. Sie wurden von den polnischen Adeligen herablassend bis abschätzig behandelt, von den Russen aufgrund ihrer Einfachheit, volkstümlichen Bräuche und Sitten einerseits positiv gesehen, auch idealisiert.[14] Andererseits behandelte man sie auch abschätzig, verspotteten sie als »Choklys.« Dieser Begriff kam von der Haartracht der Kosaken, die sich den Kopf kahl schoren und nur einen Haarschopf (den Chokly) stehen ließen.[15] In dieser Zeit gründeten die Mitglieder kleiner Schriftstellerkreise in Lemberg die ersten ukrainischen Zeitschriften und verfassten, später auch in Kiew, Texte in ukrainischer Sprache. Eine herausragende Persönlichkeit unter ihnen war der Schriftsteller Taras Schewtschenko (1814–1861). Seine Herkunft und sein Lebenslauf sind paradigmatisch für das Verhältnis Ukraine – Russland. Zur Welt gekommen 1814 in der Zentralukraine als Sohn eines leibeigenen Bauern, wurde er Kammerdiener bei seinem Grundherrn. Mit diesem unternahm er weite Reisen und gelangte so nach St. Petersburg, wo er sich umfassend zu einem Maler und Schriftsteller ausbilden konnte.[16] Freunde kauften ihn aus der ihn belastenden Leibeigenschaft frei, wobei sogar die Zarenfamilie mitzahlte. Auf Reisen durch die Ukraine sammelte Schewtschenko volkskundliche Artefakte, stellte aber auch die Unfreiheit und Armut der Landbevölkerung fest. Er wurde dann Professor an der Kunsthochschule Kiew. Da er jedoch zunehmend kritische Gedichte und Texte verfasste, wurde er mehrfach verurteilt und verbannt. Das Motto zu diesem Kapitel, ein Auszug aus einem seiner Gedichte, bringt seinen ukrainischen Patriotismus zum Ausdruck. Allerdings ist das Gedicht – wie die ukrainische Gedächtniskultur generell – auch durch einen gewisse Viktimisierung (sich selbst als Opfer zu fühlen) gekennzeichnet. Wie bekannt und geschätzt Schewtschenko auch in Russland war, zeigt, dass er zum Akademiker der russischen Kunstakademie ernannt wurde. An seiner Beerdigung in Petersburg 1861 nahmen bedeutende russische Schriftsteller (darunter Dostojewski) teil.

Sein Leichnam wurde aber bald in die Ukraine zurückgeführt. Die enorme posthume Anerkennung für ihn zeigt sich u.a. darin, dass es für ihn weltweit fast 1400 Denkmäler gibt und die Universität Kiew seinen Namen trägt.

Der Zusammenbruch des Zarenreiches und Österreich-Ungarns am Ende des Ersten Weltkrieges wurde von ukrainischen Nationalisten zur Ausrufung einer unabhängigen Republik genutzt. Es folgten bürgerkriegsartige Kämpfe, in die deutsche und österreichische Soldaten, antisowjetische »weiße« Truppen und die Rote Armee involviert waren. In diesen Wirren wetteiferten die verschiedenen Heerführer darin, das Land zu verwüsten und Pogrome anzuzetteln (vor allem unter den Juden). Aus diesen Kämpfen ging schlussendlich die Rote Armee als Siegerin hervor und das Land wurde als Ukrainische Volksrepublik der Sowjetunion eingegliedert. Sie wurde damit allerdings auch erstmals als Nation anerkannt, das Ukrainische stieg zur Amts- und Unterrichtssprache auf. Dies war zweifellos ein ganz wichtiger Schritt. Allerdings bedeutete er noch nicht, dass die Ukraine dadurch zu einer selbständigen, unabhängigen Nation wurde.

Man kann drei Faktoren benennen, welche die Nationsbildung der Ukraine erschwerten und verzögerten: die Beherrschung durch bzw. Aufteilung des Landes auf fremde Mächte; die einseitige Sozialstruktur mit einer nur schwach ausgebildeten Oberschicht und Intelligenz; und die interne ethnisch-kulturelle Differenzierung und die enge Verbindung mit, aber auch Gegnerschaft zwischen dem Ukrainischen und dem Russischen.[17] Im Hinblick auf die interne Differenzierung kann man die Ukraine in vier Regionen unterteilen: den stark nach Mitteleuropa orientierten Westen, den gemischten russisch-ukrainischen Osten, den russisch dominierten Süden und die ukrainisch-staatsnational orientierte, ausgleichende Zentralregion mit der Hauptstadt Kiew.[18]

Was das Verhältnis zwischen Ukrainern und »Russen« innerhalb der Ukraine betrifft, muss die vielfach vertretene These der Existenz »zweier Ukraines« – eine Trennung in einen westorientierten, ukrainischen Teil und einen russlandorientierten östlichen Teil – in Frage gestellt werden.[19] Die Beziehung zwischen der Ukraine und Russland war seit jeher (und aus russischer Sicht bis heute) ein asymmetrisches Verhältnis, eines zwischen »ungleichen Brüdern«, wie der Titel eines Buches des Osteuropa-Historikers Andreas Kappeler heißt.[20] War das Bildungsniveau der Ukrainer im 18. Jahrhundert durch ihre Westorientierung noch höher als das der Russen, kehrte sich dies ab dem 19. Jahrhundert um. Infolge der starken Entwicklung Russlands und der Herabstufung der Ukraine auf den Status einer Provinz blieb der Anteil der Landbevölkerung höher, Bildungsentwicklung und Industrialisierung machten geringere Fortschritte. Die ukrainische Sprache und Kultur wurden marginalisiert. Ausdruck fand dies auch darin, dass die Russen die Ukraine als »Kleinrussland« bezeichneten (ein Begriff, den Putin reaktivierte). Die Sprache war allerdings nie – im Unterschied zu vielen anderen Nationen – ein zentrales Kennzeichen der ukrainischen Identität.[21] Im Westen spielten neben der Zugehörigkeit zur Habsburgermonarchie auch die engen Beziehungen zu Polen eine wichtige Rolle. Über 800.000 der in der Westukraine lebenden, polnischsprachigen Menschen wurden nach dem Zweiten Weltkrieg zwangsweise nach Polen umgesiedelt.[22] Heute gibt es von der EU unterstützte Aktionen zur Wiederbelebung der ukrainisch-polnischen Beziehungen in den Grenzregionen.[23] So war auch die russische Sprache für viele Ukrainer kein Merkmal einer nationalen Identifikation mit Russland bzw. der Sowjetunion. Der Ukrainekrieg hat die Identifikation der meisten der russischsprachigen Bevölkerung der Ukraine mit diesem Land massiv befestigt (Näheres dazu in Kapitel 7).[24] Hinzuzufügen ist allerdings, dass die Nationsbildung auch in Russland selbst verzögert wurde, dort vor allem durch den Anspruch und Status als Imperium, in dem viele Völker zusammenleben, wobei das Russische allerdings klar dominiert.[25] Die Idee und das Ziel, eine sowjetische Identität zu schaffen, wurden weder in Russland noch in der Ukraine erreicht, wie der Zerfall der UdSSR 1991 zeigte. Die Russische Föderation blieb selbst ein Vielvölkerstaat, bei dem von einer gleichrangigen Integration aller ethnisch-nationalen Subgruppen, wie im Falle von Belgien, der Schweiz oder Kanadas, nicht gesprochen werden konnte.

Tragödien im 20. Jahrhundert: Erster Weltkrieg, Holodomor, Zweiter Weltkrieg und Holocaust

Das 20. Jahrhundert brachte für die Ukraine mehrere verhängnisvolle Ereignisse mit sich, die für Gesellschaft und Politik bis heute von Bedeutung sind.[26] Der erste war eng mit der Entstehung der unabhängigen Ukraine im Laufe bzw. nach dem Ersten Weltkrieg verknüpft. Die Ukraine lag in diesem Krieg genau auf der Frontlinie zwischen den Armeen Österreich-Ungarns und des Zarenreiches. Im ersten Kriegsjahr bereiteten die Russen den Österreichern eine verheerende Niederlage und eroberten Galizien einschließlich Lembergs. In einer Gegenoffensive wurden die Russen mit Hilfe deutscher Unterstützung aber wieder zurückgedrängt. Daher war die Ukraine zweimal Frontgebiet mit den stärksten Zerstörungen. Die Deutschen und Österreicher teilten das Land in zwei Besatzungszonen; das deutsche Ziel, eine ukrainische Satrapenregierung einzusetzen, scheiterte jedoch. Daraus zog Hitler später die Konsequenz, das ganze Land einem radikalen, einheitlichen Besatzungsregime zu unterwerfen. Genaue Zahlen darüber, wie viele Ukrainer im Ersten Weltkrieg das Leben lassen mussten, gibt es nicht, da Ukrainer ja in verschiedenen Armeen kämpfen mussten. Unter den 1,8 Millionen gefallenen russischen und 1,1 Millionen österreichischen Soldaten waren jedoch zweifellos Hunderttausende Ukrainer. Sehr stark in Mitleidenschaft gezogen wurde in beiden Weltkriegen auch die Zivilbevölkerung.

Auf eine für die Ukraine vergleichsweise positive Phase der Entwicklung in der frühen Sowjetunion folgte mit der Herrschaft von Stalin eine höchst kritische Phase. Die Republiken wurden stärker von Moskau aus kontrolliert, die ukrainische Sprache wurde zurückgedrängt und durch die Säuberungen in den 1930er Jahren wurden russlandweit, verstärkt in der Ukraine, die Eliten dezimiert. 1937–1938 fielen Hunderttausende Ukrainer dem Großen Terror, den stalinistischen Säuberungen, zum Opfer. Besonders folgenreich und negativ war für die Ukraine die forcierte Industrialisierung durch den Ausbau der Schwerindustrie im steinkohlereichen Donbass, zugleich mit einer radikalen Kollektivierung der Landwirtschaft. Diese erfolgte durch Gewaltanwendung gegen die Bauern – auch mit dem Hintergedanken, alle ukrainischen Besonderheiten und Traditionen auszulöschen. Da den Bauern ihre Vorräte geraubt wurden, um damit die neuen Massen der städtischen Industriearbeiter ernähren zu können, breiteten sich in den Jahren 1931–1932 schwere Hungersnöte aus, in denen zwei bis vier Millionen Menschen starben. Ganze Dörfer entleerten sich. An Straßenrändern und in den Städten lagen die Leichen jener, die die Dörfer auf der Suche nach Nahrung verlassen hatten. Als die Schulen später wieder öffneten, blieben oft zwei Drittel der Schulbänke leer.[27] Dieses Ereignis, der *Holodomor*, ist im kollektiven Gedächtnis der Ukraine bis heute sehr präsent und wird von ihr als geplanter Genozid gesehen, was Russland natürlich bestreitet.[28] Wie der Angriff Putins auf die Ukraine 2022 mag auch diese damalige negative Erfahrung mit der sowjetisch-russischen Führung das Unabhängigkeits- und Nationalbewusstsein der Ukrainer gestärkt haben.

Das zweite gravierende Ereignis und traumatische Erfahrung für die Ukraine war der Zweite Weltkrieg. Am 22. August 1941 marschierte die Heeresgruppe Süd der deutschen Wehrmacht mit gut einer Million Soldaten in die Ukraine ein. Sie konnte zwar nur bis zu ihrer Ostgrenze vorstoßen, wurde aber bereits ab Mai 1942 von der Roten Armee wieder zurückgeworfen. So wiederholte sich die traumatische Erfahrung des Ersten Weltkriegs, die zweifache kriegerische Verheerung, einmal von West nach Ost und dann wieder von Ost nach West.[29] Als Folge davon hatte die Ukraine mit acht Millionen Toten (davon 5 Millionen Zivilisten) den höchsten Blutzoll aller Länder zu leisten.[30] Von vielen Ukrainern wurden die deutschen Besatzer anfangs begrüßt. De facto wurden sie von diesen aber als slawische »Untermenschen« gesehen, über eine Million (nach manchen Schätzungen 3 Millionen) als Zwangsarbeiter in das Deutsche Reich deportiert. Den höchsten Blutzoll hatten die 2,7 Millionen Juden zu entrichten. An ihnen wurden unter Beteiligung ukrainischer Nationalisten (darunter Stepan Bandera, dem berüchtigten Führer des rechtsextremen Flügels der ukrainischen Partisanenarmee OUN) massenhaft Pogrome verübt. Jene, die nicht in russische Gebiete flüchten konnten, wurden in die Vernichtungslager abtransportiert; insgesamt kamen dadurch gut zwei Drittel aller Juden ums Leben. Der nationalsozialistische Terror stellt für die Ukraine eine besonders gravierende Hypothek dar, weil Ukrainer dabei Opfer und Täter waren; letzteres waren sie nicht nur gegenüber Juden, sondern auch gegenüber Polen in den besetzten Gebieten. Diese Fakten werden von Teilen der ukrainischen Gesellschaft noch immer unzureichend reflektiert,[31] während Putin in seiner These von den »Faschisten« in Kiew darauf anspielt. Die Herrscher in den sowjetischen Gebieten führten während des Krieges die Zwangskollektivierung der Landwirtschaft weiter, erschossen widerständige »Kulaken« (wie selbständige mittlere und größere Bauern, aber zunehmend alle Staatsfeinde genannt wurden) und verschleppten Angehörige aller Minderheiten. All diese schrecklichen Ereignisse trugen zweifellos zu inneren Spaltungen des Landes ebenso wie einer zunehmenden Feindschaft gegenüber der Sowjetunion bzw. Russland bei und stellten eine schwere Hypothek für die Zukunft dar.

Die politisch-nationale Entwicklung bis zum Zerfall der Sowjetunion

1945 war die Ukraine weitgehend zerstört und die Bevölkerung lebte in bitterer Armut. Bald wurde jedoch die Schwerindustrie wieder aufgebaut und die Kollektivierung der Landwirtschaft auch im Westen durchgesetzt. Ausdruck einer gewissen Anerkennung der Selbständigkeit der Ukraine war die Tatsache, dass ihr ein Sitz in der Generalversammlung der Vereinten Nationen wie auch das Recht auf Sezession zugestanden wurde. In der Sowjetunion setzte unter dem Parteichef der KPdSU, Nikita Chruschtschow (1894–1971), ein gewisses Tauwetter ein; er war vorher Erster Sekretär der ukrainischen KP gewesen.

Gefangene wurden freigelassen, die Konsumgüterindustrie stärker entwickelt und der Wohlfahrtsstaat ausgebaut. Sehr bald aber setzte auch in der Ukraine wieder politische Repression ein. In Schulen und Medien erfolgte eine Russifizierung, in den Städten sprach man ab nun vorwiegend russisch, nur auf dem Land und im Westen behauptete sich das Ukrainische. Diese Tendenzen waren Anlass für die Entstehung einer neuen Opposition, die auch Forderungen nach der Einführung der Demokratie und Beachtung der Menschenrechte erhob; sie wurden jedoch massiv unterdrückt. Die Lage änderte sich fundamental, als Michail Gorbatschow ab 1985 mit seiner Perestroika den Umbau der Sowjetunion einleitete. Die Ukraine-Historikerin Kerstin S. Jobst bezeichnet auch den verheerenden Unfall im Atomreaktor von Tschernobyl als einen wichtigen Einbruch.[32] In diesem Fall waren die Folgen allerdings positiv. Sie führte zu einer Bewegung für den Ausstieg aus der Kernenergie, dann aber weiter zu einer allgemeinen politischen Mobilisierung. So wurde u.a. die oppositionelle Gruppe »Volksfront für Demokratisierung und Perestroika« gegründet. Sie strebte zunächst nur stärkere Autonomie innerhalb der UdSSR an, hatte in der Folge aber einen nicht unbedeutenden Anteil an der Auflösung der Sowjetunion. 1989 schlossen sich mehrere oppositionelle Gruppen in der Bewegung Ruch zusammen, die bei den ersten freien Wahlen 1990 etwa ein Viertel der Stimmen erreichte. Diese Bewegung entwickelte sich unter dem kommunistischen Führer Leonid Krawtschuk zu einer nationalen Unabhängigkeitsbewegung. Unter den sowjetischen Nachfolgestaaten war die Ukraine einmalig insofern, als sich hier seit der Gorbatschow-Ära ein enger Zusammenhang zwischen Protest und Transformation entwickelte, in welchem die Gesellschaft der Hauptakteur wurde.[33] Am 1. Dezember 1990 erklärte der Präsident der Ukraine die Trennung des Landes von der Sowjetunion und seine politische Unabhängigkeit. In einem Referendum am 1. Dezember 1991 stimmten 90 % der Bevölkerung für die Unabhängigkeit. Sie wurde auch von der Mehrheit der russischsprachigen Ukrainer (die gut ein Fünftel der Bevölkerung ausmachten) unterstützt. Man kann sagen, dass die Ukraine wesentlich zum Untergang der Sowjetunion beitrug, als der kommunistische Präsident Leonid Krawtschuk gemeinsam mit den Präsidenten Russlands (Boris Jelzin) und dem Parlamentspräsidenten von Belarus (Stanislas Schuschkewitsch) die Auflösung der UdSSR und die Gründung der Gemeinschaft Unabhängiger Staaten (GUS) beschloss. Dazu war es aber vor allem deshalb gekommen, weil die Zivilgesellschaft in der Ukraine schon lange darauf hingearbeitet hatte. Dies war ein entscheidender Unterschied zu Russland, wo die Erklärung über die Auflösung der Sowjetunion und die Gründung der Russischen Föderation nur von einem kleinen Kreis von Eliten um Boris Jelzin durchgesetzt worden war.[34]

Im Rahmen der Forschung zum Nationalismus wird oft zwischen zwei Typen unterschieden, Staatsnationen und Ethno- oder Kulturnationen. Bei der Bildung der ersteren stand die gemeinsame politische Geschichte (die meist einen erfolgreichen Aufstand bzw. Kampf gegen eine Fremdherrschaft beinhaltete) im Vordergrund, bei den letzteren kulturelle Aspekte wie eigene, gemeinsame Sprache und Religion. Typische Staatsnationen sind die Schweiz und die USA, typische Ethnonationen Deutschland und Italien. Viele Staaten können als Mischformen bezeichnet werden (etwa Frankreich und die skandinavischen Länder). Eine Ethnonation im strengen Sinn ist mit einem modernen Verständnis von Demokratie schwer vereinbar, da sie dazu tendiert, eine bestimmte Kultur (z.b. eine Sprache oder Religion) als Staatskultur zu definieren oder Staatsbürgerschaft an solche Merkmale und an die Abstammung zu binden. Solche Staaten tendieren dazu, Nichtmitglieder der eigenen ethno-nationalen Gruppe zu diskriminieren (Extrembeispiele dafür sind heute die islamischen Theokratien, aber auch Israel). Im Fall der Ukraine kann man sagen, dass der staatsnationale Aspekt – die politische Unabhängigkeit – dominierte. Aber auch die ethnisch-kulturelle Komponente – in diesem Fall die Sprache, teilweise auch die (christlich-orthodoxe) Religion – spielte eine wichtige Rolle. Ethnisch-kulturell heterogene Staatsnationen brauchen, um gut zu funktionieren und dauerhaften Bestand zu haben, eine Verfassung, die alle Subgruppen anerkennt und ihnen gleiche Rechte zubilligt. In diesem Aspekt hat die moderne Ukraine in jüngerer Zeit problematische Weichenstellungen getroffen, wie in Kapitel 5 gezeigt werden wird.

Der wirtschaftlich-soziale Absturz im Transformationsprozess

Der Transformationsprozess, der Übergang von einer zentral verwalteten und gesteuerten Ökonomie zu einer Marktwirtschaft und von einem totalitären politischen System zu einer Demokratie, war in allen ehemals kommunistischen Ländern schwierig. In der Ukraine war er noch kritischer als in allen anderen postsowjetischen Staaten und ist bis heute nicht wirklich abgeschlossen.[35] Um 1990 betrug das Bruttoinlandsprodukt der Ukraine 236 Milliarden US-Dollar; nach einem Absturz bis Ende der 1990er Jahre erholte es sich in der Folge allmählich, betrug aber auch 2020 erst rund 155 Milliarden US-Dollar.[36] Zu diesem Zeitpunkt hatte sich das BIP in Polen, das 1990 noch unter jenem der

Ukraine lag, auf fast 600 Milliarden Dollar nahezu vervierfacht. Aber selbst im Vergleich mit postsowjetischen Staaten war das Wirtschaftswachstum in der Ukraine schwächer. Nach dem BIP pro Kopf lag die Ukraine mit 12 671 US-Dollar an letzter Stelle; in Aserbaidschan betrug es 17 764 US-Dollar, in Belarus 22 591 US-Dollar, in Kasachstan 30 810 US-Dollar und in Russland 36 485 US-Dollar. Die Zahl der Arbeitskräfte nahm in der Ukraine von 24,3 auf 20,3 Millionen 2020 ab; die Arbeitslosigkeit betrug meist 10 % oder mehr- ein sehr hoher Wert im Hinblick auf die frühere Vollbeschäftigung im kommunistischen System. Der monatliche Durchschnittslohn betrug 2018 276 Euro. Auch als Folge hoher Inflation war Kiew um 2012 die Stadt mit der geringsten Kaufkraft aller Städte in Europa. Die Ukraine war im Vergleich zu allen anderen postsowjetischen Gesellschaften also auf die letzte Stelle gefallen.[37] Der Zustand der Häuser, Straßen, öffentlichen Verkehrsmittel in der westukrainischen Stadt Lwiw (früher Lemberg) entspricht jenem anderer osteuropäischer Städte in den 1950er Jahren.[38] Dabei könnte diese Stadt durch ihre Lage und ihre schönen Bauten, Straßen und Parkanlagen eine starke Touristenattraktion sein.

Mehrere Gründe für diese katastrophale Entwicklung trafen alle postkommunistischen Länder, die Ukraine jedoch besonders hart: die Umstellung von den wenig produktiven staatlichen Großunternehmen auf Privatbetriebe, wobei die aufsteigenden Oligarchen ihre Gewinne vielfach ins Ausland verschoben; der Abbau der dominanten Schwer- und Rüstungsindustrie und der Neuaufbau einer Konsumgüterindustrie; das Fehlen von Klein- und Mittelbetrieben, die man hätte ausbauen können. Dies galt insbesondere in der Landwirtschaft, wo weithin riesige Kolchosen bestanden; hier bestand ein großer Unterschied zu Polen, wo diese nie stark kollektiviert worden war. Die Nachfolger der großen Kolchosen sind heute riesige, auf den Weltmarkt ausgerichtete Agrarholdings; die zehn größten davon bewirtschaften Flächen von über 100.000 Hektar.[39] Ein besonderes Merkmal der ukrainischen Wirtschaft war ein extrem hoher Anteil der Schattenwirtschaft (34 % bis 43 %), der auch eng mit Korruption zusammenhängt. Es gab eine Allianz zwischen Industriellen und anderen Großunternehmern, den Großbauern und bürokratischen und politischen Eliten, die sich z.T. aus der alten Nomenklatura rekrutierten. Sie brachten die Medien unter Kontrolle und verbargen ihre Interessen hinter einer Demokratie-Rhetorik.[40] Die Kluft zwischen einer kleinen Gruppe von Oligarchen und reichen Eliten und der Masse der Bevölkerung war extrem hoch.[41] Die hohe Korruption führte zu einem äußerst niedrigen Vertrauen der Bevölkerung in die politische Führung.[42] Im Laufe der ganzen 1990er Jahre herrschte eine hohe Unsicherheit, weil das ökonomische und politische System zwischen dem alten sowjetischen und dem neuen Modell von Marktwirtschaft und Demokratie schwankte.[43] Soziologen der Ukrainischen Akademie der Wissenschaft schreiben in einem umfassenden Bericht, dass die Ukraine seit ihrer Unabhängigkeit durch den Zustand einer sozialen Anomie gekennzeichnet ist, in dem klare Normen darüber fehlen, was richtig oder falsch ist, was gefördert und was verboten werden soll.[44]

Auf dem Index der internationalen Wettbewerbsfähigkeit wurde die Ukraine 2019 vom Weltwirtschaftsforum nur an die 85. Stelle unter 141 Staaten eingereiht.[45] Die Weltwirtschaftskrise 2008/09 traf die Ukraine besonders hart und ab 2013 wirkte sich der Krieg im Donbass negativ aus.[46] Damit ist bereits angesprochen, dass auch die ungelöste nationale Frage und die damit verbundenen internationalen Wirtschaftsbeziehungen eine zentrale Rolle spielte. Nachdem sich die Ukraine dem Westen, insbesondere der EU, anzunähern begann, reduzierte Russland seine wirtschaftlichen Beziehungen durch Auflösung des Freihandelsvertrags (2016). So wurde sie durch Verteuerungen und Druck auf die für die Ukraine lebensnotwendigen Öl- und Gaslieferungen und Transit-Pipelines drangsaliert. Einen gewissen Ausgleich schuf der Handel mit China, das aufgrund westlicher Sanktionen zunehmenden Bedarf an industriellen Gütern und landwirtschaftlichen Produkten (Mais, Gerste) hatte. So wurden mit China mehrere Freundschafts- und Freihandelsabkommen geschlossen (die allerdings de facto nicht viel Wirkung zeigten) und chinesische Unternehmen pachteten Agrarflächen in der Ukraine.[47]

Grundsätzlich positiv zu sehen ist jedoch, dass der Transformationsprozess in der Ukraine und der Aufbau des neuen politischen Systems in einer grundsätzlich demokratischen Art und Weise erfolgte. Die Zusammenarbeit zwischen Präsident und Parlament und die Wahlen liefen meist einigermaßen transparent ab. Man kann hier von einem ungeplanten unbeabsichtigten Pluralismus sprechen.[48] Schon die Orange Revolution 2004 hatte den Glauben an eine eigene nationale Identität der Ukraine, die vorher bei weniger als der Hälfte der Bevölkerung vorhanden war, signifikant gestärkt.[49] Heute befürworten die Ukrainer die Demokratie deutlich stärker als die Russen. Der Nationalstolz ist seit 2012 kontinuierlich gestiegen; 2002 waren rund 4 % stolz auf die Ukraine, 2021 über 70 %.[50] In Kapitel 7 wird gezeigt, dass der Krieg mit Russland das Nationalbewusstsein, aber auch demokratische Grundhaltungen nochmals massiv gestärkt hat. Man kann also von einer nationalen Konsolidierung der Ukraine sprechen, die früher keineswegs selbstverständlich war. In beiden Aspekten – Nationenbildung und Demokratisierung – schneidet die

Ukraine heute signifikant besser ab als ihre beiden »Brudervölker«, die Russen und die Belarussen.

Der wirtschaftliche Niedergang und die nur höchst langsame Erholung des Landes wirkten sich massiv auf die Bevölkerungsentwicklung und Lebenserwartung aus. In der Nachkriegszeit, von 1950 bis 1990, stieg die Bevölkerung von 37,3 Millionen auf knapp 52 Millionen; seither ist ein kontinuierlicher Rückgang, ja ein Absturz auf rund 40 Millionen (2020) zu verzeichnen. Eine Prognose bis 2050 besagt, dass die Ukraine dann nur mehr 33 Millionen Einwohner haben wird.[51] Ein entscheidender Faktor dafür war die massenhafte Emigration. Eine solche gab es bereits in der Zeit der Wende vom 19. zum 20. Jahrhundert, dann wieder in der Sowjetzeit und zuletzt seit 1991. Heute leben schätzungsweise bis zu sieben Millionen Ukrainerinnen im west- und südeuropäischen Ausland. Gleichzeitig wanderten aber auch bis zu sieben Millionen Ukrainer vor allem aus der Sowjetunion ein (dabei ging es vor allem um Umsiedlungen ethnischer Ukrainerinnen); heute ist diese Immigration nicht mehr existent.[52] In der letzten Zeit waren vor allem die hohen Lohnunterschiede zwischen der Ukraine und West- und Südeuropa Ursachen für Emigration. Selbst in Süditalien mit seiner eigenen hohen Arbeitslosigkeit arbeiten viele Ukrainerinnen in Landwirtschaft, Haushaltsdiensten und Pflege (Näheres zu Emigrationswünschen und -motiven heute wird in Kapitel 7 dargestellt.). Ein Auswanderungsgrund war auch die hohe Korruption in der Ukraine, vor allem bei Menschen mit guter Ausbildung und in qualifizierten Berufen. Nach einer neueren Umfrage hatten 82 % der Befragten Korruption erlebt. Eine Studentin berichtete in einer qualitativen Studie, dass man für die Zulassung zu Prüfungen Schmiergeld zahlen musste; eine andere war baff, dass dies an einer polnischen Universität kein Thema war und die Professoren ihr nach bestandener Prüfung gratulierten.[53] Die Lebenserwartung stieg in der Ukraine von rund 70 Jahren um 1990 auf nur 71 Jahre 2020, mit einem großen Unterschied zwischen Männern und Frauen (66,4 bzw. 76,2 Jahre). Damit leben Menschen in Westeuropa, etwa Deutschland und Österreich, heute gut zehn Jahre länger; selbst in Polen ist die Lebenserwartung fast ebenso hoch. Auch die Geburtenziffer der Ukraine ist eine der niedrigsten weltweit. Diese Fakten zeigen auch, wie problematisch die Flucht von sechs bis acht Millionen Ukrainerinnen nach dem Kriegsbeginn im Februar 2022 ins Ausland für die weitere Entwicklung der Ukraine ist bzw. noch mehr sein wird, wenn ein Großteil von ihnen nicht mehr zurückkehren würde.

Aus all dem kann man ableiten, dass das Leben für Menschen in der Ukraine heute sehr schwierig und die Lebensqualität für viele bescheiden sein wird.

Die Erhebungen im Rahmen des *World Value Survey* 2020 zeigten, dass die allgemeine Lebenszufriedenheit deutlich unter jener westeuropäischer, aber auch osteuropäischer Länder (wie Slowakei oder Rumänien) liegt. Selbst unter den postsowjetischen Ländern (wie Russland, Armenien oder Kasachstan) lag die Ukraine an der letzten Stelle. In einer großen Vergleichsstudie zwischen postkommunistischen Ländern im Herbst 2001 sagten 72 % der Ukrainer, ihre Lebenssituation habe sich seit 1991 verschlechtert. Zu dieser Einschätzung trug die schlechte wirtschaftliche Lage der Befragten am stärksten bei.[54] Zwischen 1995 und 2009 hatte die Lebenszufriedenheit zugenommen, seither stagniert sie.[55] Im *Human Development Index* (HDI), der zusammenfassend Lebenserwartung, Bildung und Lebensstandard einer Bevölkerung erfasst, liegt die Ukraine mit einem Wert von 77 in der dritten Ländergruppe der Welt (obwohl diese weltweit immer noch als »hohe Lebensqualität« bezeichnet wird), weit hinter den westeuropäischen Ländern (hier betragen die Werte 90 und mehr) und hinter den osteuropäischen Ländern (Werte von 80 bis 87).[56]

Schlussbemerkung

Zusammenfassend muss man also feststellen: Die Ukraine hat durch das Zusammenspiel einer Reihe von widrigen Umständen und tragischen Ereignissen schon lange vor dem Krieg, mit dem sie Putin seit 2014 bzw. 2022 überzieht, schwerste Erfahrungen machen müssen. Sie hat diese aber dennoch überraschend gut überstanden. Für den ukrainischen Historiker Yaroslav Hrytsak wurde die Welt wurde Zeuge der Ukraine als einer kreativen, unbekümmerten Gesellschaft mit untergründigem Humor und einer nachhaltigen Widerstandsfähigkeit und einer Geschichte, die außerordentlich reich an Beispielen des Überlebens, der Solidarität und der Resilienz ist.[57] Der Zusammenhalt und die Widerstandsfähigkeit der Ukraine und ihrer Bevölkerung hat sich auch seit dem 22. Februar 2022 wieder gezeigt.[58] Die Journalistin Katrin Eigendorf (Autorin des Buches *Putins Krieg*) stellt anhand zahlreicher Beispiele dar, wie stark Zusammenhalt und gegenseitige, spontane Hilfsbereitschaft der Ukrainerinnen in der Kriegszeit waren – nicht zuletzt deshalb, weil die Menschen nie wirklich auf den Staat vertrauen konnten. Die nationale Konsolidierung der Ukraine wurde durch die Sozialstruktur seiner Gesellschaft, wie auch durch eigene problematische politische Entscheidungen seit 1991 (auf die noch ausführlich zurückzukommen sein wird), erschwert. Um seine immensen wirtschaftlich-sozialen Probleme in absehbarer Zeit lösen zu können, kann man schon hier feststellen, dass eine möglichst rasche Beendigung des Krieges von größter Bedeutung ist. Zusammenfassend kann man jedoch nochmals feststellen, dass dieses Land durch seine nationale Konsolidierung und seine politisch-demokratische Entwicklung nach zwei verheerenden Kriegen und siebzig Jahren kommunistisch-sowjetischer Herrschaft Großes geleistet hat. Dabei musste dies ohne große Unterstützungn durch die Europäische Union erfolgen, die anderen postsowjetischen Gesellschaften zuteilwurde. Angesichts all dieser Probleme erscheint es bedauerlich, dass einer weitsichtigen These eines österreichischen Politikwissenschaftlers nicht die Beachtung geschenkt wurde, die sie verdient hätte. Er schrieb im Jahr 2000 zur Ukraine: »Der wirtschaftliche Reformprozess stagniert und der Konsolidierung und Stabilisierung des Landes sollte daher die notwendige Priorität eingeräumt werden.«[59] So hat auch der tschechische Schriftsteller Milan Kundera die generelle Vernachlässigung Mitteleuropas durch den Westen bedauert.[60]

Kapitel 2: (Westliche) Erklärungen und Narrative zu Putins Überfall auf die Ukraine

»Ja, lasst uns beten für die Rettung der Seelen all jener, die in totalitärer Finsternis leben – dass sie die Freude entdecken Gott zu lieben. Aber bis sie dies tun, lasst es uns bewusst sein, dass sie – während sie die Suprematie des Staates, seine Allmacht über die einzelnen Menschen und seine zukünftige Herrschaft über alle Völker der Welt predigen – dass sie der Kristallisationspunkt des Bösen in der Welt sind.«[1]
Ronald Reagan (1911–2004), 1981–1989 Präsident der Vereinigten Staaten von Amerika

»Ich spüre auch heute [wie am Beginn des Ersten Weltkriegs] diesen Kriegsrausch in gewissen Kreisen. Und darüber bin ich sehr besorgt. Denn dieses Gefühl beruht auf einer kurzfristigen Sicht. Dabei muss man immer langfristig denken: Was wollen wir für eine gemeinsame Zukunft auf diesem Kontinent? Damit meine ich nicht, dass es keine starke und klare Reaktion braucht auf einen Angriff. Aber sie muss rational sein und die langfristigen Ziele im Auge behalten.«[2]
Alain Berset (*1972), 2018–2022 Bundespräsident der Schweiz

Der Überfall der russischen Armee auf die Ukraine am 22. Februar 2022 kam für nahezu alle Beobachter und Politiker in Europa und darüber hinaus, einschließlich des Autors dieser Zeilen,[3] vollkommen überraschend. Einzig in den USA scheint dies nicht so gewesen sein. Dafür kann man mehrere Gründe angeben, wie noch zu zeigen sein wird. Im Nachhinein erscheint dies schwer begreiflich, hatte Russland ja bereits seit 2013 mehr oder weniger offen Aufständische in der Ostukraine militärisch unterstützt, 2014 völkerrechtswidrig mit verkappten Soldaten die Krim besetzt und in den Monaten vor dem Einmarsch in die Ukraine eine Armee von nahezu 200.000 Soldaten an deren Grenzen zusammengezogen. Diese Fehleinschätzung hätte man vielleicht vermieden, hätte man bekannte Theorien zu Rate gezogen, für welche Krieg ein persistentes Element der menschlichen Geschichte darstellt. In diesem Kapitel soll die Reaktion der Welt auf den Krieg in der Ukraine im Lichte dieser Theorien dargestellt werden. Es scheint tatsächlich, dass sie hinter den Reaktionen der Politik in Europa und Amerika auf Putins Aggressionskrieg standen. Es wird sich zeigen, dass diese Theorien in der Tat gewisse Erklärungen dafür beisteuern können, aber letztlich unzureichend sind. Sie sind auch fragwürdig, weil sie implizit normativ argumentieren und zu einem guten Teil als Rechtfertigungen einer aggressiven Politik der Großmächte gesehen werden können. Sie sind mit einer Position unvereinbar, für welche Frieden einen zentralen gesellschaftlichen Wert darstellt. Bei den aus diesen Theorien abgeleiteten Erklärungen des Ukrainekrieges kann man auch von Narrativen sprechen, d.h. mehr oder weniger umfassenden Erklärungen und Begründungen. Solche Narrative hat nicht nur Putin, sondern auch der Westen entwickelt.[4] Von diesem wird Putin nicht nur für den Krieg in der Ukraine, sondern für nahezu alle Konflikte, die sich dort entwickelt haben, allein verantwortlich gemacht. Putins Narrativ sieht hingegen ausschließlich den Westen, insbesondere die Ausweitung der Nato auf die postkommunistischen Länder Osteuropas, als Ursache. Vorauszuschicken ist, dass der Charakter des Überfalls auf die Ukraine außer Frage steht. Es handelte sich um eine krasse Verletzung grundlegender völkerrechtlicher Normen, wie sie vor allem in der UNO-Verfassung festgelegt und von allen ihren Mitgliedern anerkannt wurden.[5] Aus politik- und sozialwissenschaftlicher Sicht ist über diese juristische Tatsache hinaus zu fragen, wie es zu diesem Bruch des Völkerrechts kam. Dazu sollen in diesem Kapitel die im Westen entwickelten Theorien und Narrative dargestellt werden; auf jene von Putin werden wir in den folgenden Kapiteln eingehen.

Kampf der Systeme und Kulturen?

Betrachten zunächst kurz drei Theorien, die in westlichen Erklärungen für Kriege eine erhebliche Rolle spielten oder zumindest viel Staub aufwirbelten. Es sind die Thesen vom endgültigen Sieg des westlich-liberalen Modells, vom Kampf der Kulturen und von der Bedeutung politisch-ökonomischer Interessen.

Der Zerfall der Sowjetunion ließ den USA den Sieg im Kalten Krieg quasi in den Schoß fallen. Dem US-Politikwissenschafter Francis Fukuyama schien es naheliegend, daraus »ein Ende der Geschichte« und einen endgültigen Sieg des westlichen Modells von Marktwirtschaft und Demokratie abzuleiten; seine These wurde von vielen aufgegriffen und diskutiert.[6] Der Aufstieg Chinas zu einer dritten Weltmacht, aber auch das Verhalten Russlands im Ukrainekrieg zeigen, wie realitätsfern diese optimistische Prognose war. Der Kommunismus in China hat eine frappierende Überlebenskraft bewiesen. Es ist aber offenkundig, dass es sich dort in erster Linie um ein ideologisches Instrument der Machterhaltung handelt und nicht um eine gesellschaftlich-politische Ideologie, die man weltweit durchsetzen will. Die chinesischen Kommunisten waren allerdings cleverer als die sowjetischen Kommunisten; sie führten starke Elemente von Wettbewerb und Marktwirtschaft ein. Damit ermöglichten sie ihrer Wirtschaft ein historisch bislang unerreichtes Wachstum und sie konnten ihre Herrschaft weiter konsolidieren. Gegenüber der Sowjetunion hatte China allerdings auch den großen Vorteil, dass eine Ethnie, die Han, dominiert und das Land ethnisch-national bei weitem nicht so heterogen ist, wie es die Sowjetunion war. Von China in der Nachbarschaft eroberte Länder mit ganz anderem kulturellem Hintergrund (wie Tibet) und ethnische Subgruppen werden assimiliert oder sogar massiv unterdrückt, sodass sie keine Bedrohung der zentralen Macht und Staatseinheit darstellen.

Zutreffender scheint demgegenüber die von Samuel Huntington, ebenfalls einem US-Politikwissenschaftler, propagierte These vom Kampf der Kulturen zu sein. Er argumentiert, dass sich die Kriege der Zukunft nicht mehr zwischen Staaten, sondern zwischen den großen Kulturkreisen der Welt abspielen werden.[7] Er unterscheidet acht solche Kulturkreise (den sino-chinesischen, japanischen, hinduistisch-indischen, islamischen, orthodoxen, westlichen europäisch-nordamerikanischen, lateinamerikanischen und afrikanischen Kulturraum). Die Hauptkonflikte werden sich seiner Meinung nach vor allem an den Bruchlinien zwischen diesen Kulturen abspielen, insbesondere zwischen den sino-chinesischen und islamischen Kulturen einerseits und der westlich-atlantischen Kultur andererseits. Für diese These scheint die Tatsache zu sprechen, dass sich heute die meisten bewaffneten, kriegerischen Auseinandersetzungen an den Grenzen der islamischen Welt, vor allem im Nahen Osten, abspielen. Auch die zunehmende Konfrontation zwischen China und der westlichen Welt (allerdings müsste man eher sagen: den USA) scheint dafür zu sprechen. Auch Putin benutzte dieses kulturalistische Argument für seine »Spezialoperation« des Überfalls auf die Ukraine. Allerdings vermied er die im Westen verbreitete islamfeindliche Rhetorik, da selbst in der Russischen Föderation noch immer zwanzig Millionen Moslems leben. Putin argumentierte, er müsse verhindern, dass sich die einseitigen, nur auf Konsum konzentrierten westlichen Werte und dessen individualistischen und dekadenten Lebensformen (z.B. Akzeptanz der Homosexualität) auch in der Ukraine breitmachten, denn diese stelle ein Kernland der *Russki Mir*, der russischen Welt und Kultur, dar. Tatsache war jedoch, dass ihn die Ukrainer, ja selbst die dort lebenden Menschen mit russischer Muttersprache, nicht – wie er erwartete – willkommen geheißen haben. Es ist mit Huntingtons Theorie auch unvereinbar, dass Putin gerade die Ukrainer, von ihm selbst als »Brudervolk« der Russen angesehen, angreift.

Zum dritten sind hier politökonomische Kriegstheorien anzusprechen. Man weiß seit jeher, dass Geld und Ressourcen aller Art, ökonomische und politische Macht Hauptfaktoren für die Auslösung von Kriegen sind. Kant nennt die »Geldmacht« als einen der drei Hauptreiber für Kriege. Marx und Lenin arbeiteten eine Kriegstheorie aus, die dieser Ansicht nahesteht. Sie führt Kriege letztendlich auf kapitalistische Interessen an der Ausbeutung von Menschen und Rohstoffen durch den Imperialismus zurück, der zunehmend alle Länder und Regionen der Welt erfassen wird. Der Übergang zum Sozialismus würde Kriege ein für alle Mal beenden. Aus dieser Sicht wird es allerdings schwer sein zu argumentieren, dass Putin die Ukraine wegen ihrer wirtschaftlichen Bedeutung angegriffen hat. Zwar war die Ukraine in der Sowjetzeit für Russland sehr wichtig als Lieferant von Agrar- und Industrieprodukten; sie war das Zentrum der sowjetischen Maschinen-, Flugzeug und Waffenindustrie. Die Importe der Ukraine selbst kamen zu 40–50 % aus anderen Ländern der Sowjetunion. Die wirtschaftlichen Beziehungen zwischen Russland und der Ukraine waren sehr einseitig und durch die Interessen Russlands und die Entscheidungen in Moskau bestimmt; man kann geradezu von einer Art Kolonialismus sprechen.[8] Nach 1991 gingen die wirtschaftlichen Beziehungen stark zurück, Russland benutzte die Abhängigkeit der Ukraine von Gasimporten jedoch durch überproportionale Preiserhöhungen mehrfach zu politischen Erpressungen. Für den Überfall von Putin auf die Ukraine im Februar 2022 kann man jedoch kein direktes wirtschaftliches Interesse Moskaus erkennen. Weder kam dies je zur Sprache, noch verfügt die Ukraine über spezifische Ressourcen, die einen dringenden Bedarf von Russland erfüllen würden. Seit 2013/2014 sind die Handelsbeziehungen zwischen Russland und der Ukraine massiv zurückgegangen.[9] Für die Erklärung des Krieges von Putin gegen die Ukraine erscheint diese These also wenig brauchbar; die Ukraine war für Russland nie so wichtig wie Russland für die Ukraine. Putin hat sein Land durch den Krieg in fast allen wesentlichen Aspekten geschwächt: militärisch durch Niederlagen, menschliche Verluste und sinkende Kampfmoral; ökonomisch durch die westlichen Sanktionen, geopolitisch durch Steigerung seiner Abhängigkeit von China; schließlich durch einen weltweiten persönlichen Prestigeverlust.[10]

Der Aufstand in der Ostukraine als »neuer Krieg«?

Allein im Jahr 2021 gab es auf der Welt 164 mit Gewalt verbundene Krisen; davon waren 20 begrenzte Auseinandersetzungen mit Waffen und ebenso viele voll eskalierte Kriege. Diese Zahlen haben sich im Laufe des letzten Jahrzehnts nicht wesentlich verändert.[11] Nachdem die meisten dieser Gewaltereignisse und Kriege im globalen Süden (insbesondere in Afrika) stattfanden, nehmen wir in Europa davon kaum Kenntnis. Dass diese Kriege eine Hauptursache für die Flucht aus Afrika darstellen, wird selten gesehen und benannt. Bei diesen Konflikten handelts es sich sehr häufig nicht um formal erklärte Kriege zwischen Staaten, sondern um Auseinandersetzungen zwischen bewaffneten Gruppen innerhalb und an den Grenzen bestimmter Länder. Für diese »neuen Kriege«[12] sind mehrere Merkmale charakteristisch: es sind »Identitätskriege«, die nicht mehr ideologisch begründet und auf Territorialgewinn ausgerichtet sind, sondern in denen es um den Status und die Ehre bestimmter (meist ethnisch-national definierter) Gruppen geht. Ihr Kampfziel ist die Beherrschung eines begrenzten Gebietes und seiner Ressourcen (etwa Bodenschätze), ihre Methode die Verbreitung von Angst und Schrecken in der Bevölkerung und bei den Gegnern. Sie verfolgen eine lokal fokussierte, dezentralisierte, aber zugleich globalisierte Kampfstrategie (etwa durch Einsetzung von Internet-Rekrutierung und Propaganda). Die neuen Kriegsführer bzw. -unternehmer (*warlords*) kämpfen auf eigene Faust für eigene Interessen und wechseln je nach Situation ihre Bündnispartner. Laut Herfried Münkler (2004) kann man bei diesen »neuen Kriegen« nicht mehr von Kriegen im Zusammenhang mit Staatsbildung sprechen, es handle sich vielmehr um Staatszerfallskriege. Wenn man *failed states* wie die DR Kongo, den Südsudan, Somalia, Libyen, Jemen und Afghanistan betrachtet, scheint diese These zuzutreffen. Staaten würden laut Münkler heute die »klassischen« großen Kriege vermeiden schon aufgrund der enormen Kosten, die sie mit sich bringen.

Der Begriff und die Theorie der neuen Kriege scheinen auch auf den Fall der Ukraine, zumindest am Beginn der Kriege im Donbass, anwendbar zu sein. Nachdem es bei den Demonstrationen in Kiew im Februar 2014 zu gewalttätigen Ausschreitungen und Todesopfern gekommen war, begann in den östlichen Oblasts Donezk und Luhansk ein Aufstand bewaffneter Gruppen. Sie besetzten die lokalen Verwaltungsgebäude, und riefen schließlich unabhängige »Volksrepubliken« aus. Schon diese laufenden, regional begrenzten Gefechte und Scharmützel wirkten sich verheerend aus. Sie führten bis 2021 zu über 10.000 getöteten Soldaten und 4.000 toten Zivilisten, sowie zu 2,5 Millionen Binnenflüchtlingen. Den Tiefpunkt der Aktivitäten dieser Rebellen stellte der Abschluss eines Zivilflugzeugs der Malaysia Air mit 298 Insassen an Bord am 17.07.2014 dar. Dieser Absturz erregte internationale Empörung auch deshalb, weil der Großteil der Flugzeuginsassen Niederländer, ein kleinerer Teil Australier und andere waren. Im Fall der kriegerischen Auseinandersetzungen im Donbass seit 2014 wird deswegen auch von einem hybriden Krieg gesprochen. Solche Kriege sind dadurch charakterisiert, dass gleichzeitig konventionelle Taktiken und Guerillamethoden einschließlich von Attentaten auf nichtmilitärische Einrichtungen (wie die Sprengung von Nord-Stream Pipelines im September 2022, die höchstwahrscheinlich mit dem Ukrainekrieg zusammenhing) und auch nicht gewaltsame Mittel (wie Nutzung von Medien und Internet für Propagandazwecke und Desinformationskampagnen) eingesetzt werden.[13]

Handelte es sich beim Aufstand in Donbass um einen neuen hybriden Krieg? Das Verhalten der westlichen Länder scheint sich an dieser Annahme orientiert zu haben, protestierten sie doch nur mit schwachen Sanktionen gegen Russland bzw. konnten sich überhaupt nicht zu einer gemeinsamen Haltung durchringen.[14] De facto war es jedoch bei all diesen Aktionen offenkundig, dass Russland seine Hände im Spiel hatte. Dabei nahmen von Anfang an nicht offen deklarierte russische Militäreinheiten teil. Im Laufe der Jahre wurden sogar reguläre russische Truppen eingesetzt. Auch der Abschuss eines großen Zivilflugzeugs aus 11.000 m Höhe wäre den Aufständischen allein nicht möglich gewesen. Für das Konzept der neuen Kriege spricht auch die Tatsache, dass *warlords* dabei eine wichtige Rolle spielten. Prominent darunter waren der Führer der berüchtigten Wagner-Truppe, Jewgeni Prigoschin, und der brutale tschetschenische Politiker Ramson Kadyrow. Wenn ein solcher Führer jedoch Anwandlungen zeigt, die Herrschaft von Putin selbst in Frage zu stellen, wird er gnadenlos aus dem Weg geräumt. Dies traf Prigoschin, der mit einer Anzahl von Getreuen um das Leben kam, als sein Flugzeug bald nach dem Start abstürzte (es wurde mit hoher Wahrscheinlichkeit abgeschossen). Würde man die kriegerischen Auseinandersetzungen in der Ostukraine als »neue Kriege« sehen, würde man ihre letztliche Zielsetzung und Folge, die Sezession der beiden Regionen vom Staat Ukraine, übersehen. Die Anerkennung der neugegründeten Republiken durch Russland und dessen Einmarsch in die Ukraine entsprechen in keiner Weise dem Typus eines neuen Krieges.

Der These von der »Zeitenwende«

Putin äußerte wiederholt, die Auflösung der Sowjetunion sei die größte Tragödie des 20. Jahrhunderts gewesen. So versuchte er die alten, sowjetischen Vernetzungen durch neue Abkommen, wie die 2014 gegründete *Eurasische Wirtschaftsunion* zwischen fünf Ländern (Russland Armenien, Belarus, Kasachstan und Kirgisistan), zu bewahren bzw. wiederherzustellen. Als Beleg für Putins Streben nach Widerherstellung der Sowjetunion kann man verweisen auf die brutale Unterdrückung der Unabhängigkeitsbestrebungen in Tschetschenien ab 1999, die Unterstützung der südossetischen Rebellen gegen Georgien, die Annexion der Krim und dann vor allem den massiven militärischen Angriff der Ukraine im Februar 2022. Alle diese Aktionen können als Anzeichen dafür gesehen werden, dass Putin die Großmachtstellung Russlands, ja den ehemaligen Einflussbereich der Sowjetunion wiederherstellen will. Zu dieser Folgerung kamen nicht nur renommierte Wissenschaftler, wie der Slawist Gerhard Simon (*Russlands Griff nach der Weltmacht*), sondern auch führende Politiker in Westeuropa. Auf diese These werden wir in Kapitel 4 näher eingehen. Hier müssen wir uns kurz mit dem einflussreichen Schlagwort der »Zeitenwende« befassen.

In einer in getragener Weise gehaltenen Rede vor dem Bundestag, drei Tage nach dem russischen Einmarsch in die Ukraine, stellte der deutsche Bundeskanzler Scholz fest, dieser Angriff markiere eine historische Zeitenwende, die Welt danach sei nicht mehr gleiche wie vorher.[15] Denn Putin habe damit die europäische Sicherheitsordnung zertrümmert, wie sie bereits ein halbes Jahrhundert bestanden habe und er wolle ein neues russisches Imperium errichten. Aus diesem eklatanten Bruch des Völkerrechts ergäben sich für Deutschland daraus u.a. folgende Handlungsaufträge: militärische Unterstützung der Ukraine, Durchführung harter Sanktionen gegen Russland, enge Zusammenarbeit mit der NATO und massive Ausweitung der Ausgaben für Sicherheit und Verteidigung. Die öffentliche Meinung in Deutschland heute scheint weitgehend diesen Äußerungen zu entsprechen. Umfragen zeigen, dass Russland wieder als Bedrohung gesehen und die Ausweitung der Verteidigungsausgaben mehrheitlich befürwortet wird.[16] In der internationalen Presse zeigt sich ein ähnliches Bild.

Der Krieg in der Ukraine hat die sicherheitspolitische Situation in Europa tatsächlich grundsätzlich verändert. Ob man dabei von einer historischen »Wende« sprechen kann, ist jedoch aus mehreren Gründen zu bezweifeln. Zum Ersten: Der Überfall Putins auf die Ukraine 2022 stellte, wie bereits festgestellt, geradezu eine exakte Replikation des Einmarsches der Sowjetunion in Ungarn 1956 und in der Tschechoslowakei 1968 dar. Der Anlass für diese Interventionen war nahezu identisch. Auch in diesen zwei Ländern waren Politiker an die Macht gekommen, die eine Liberalisierung der Wirtschaft und politische Reformen anstrebten. Das Ziel der sowjetischen Invasionen war, diese Regierungen zu stürzen, da sie in der Folge wohl die engen, de facto sehr ungleichen Beziehungen mit Moskau in Frage gestellt und das kommunistische System möglicherweise überhaupt abgeschafft hätten. Die seinerzeitigen sowjetischen Übergriffe waren erfolgreich, weil die Regierungen Ungarns und der Tschechoslowakei unvorbereitet waren oder (wie in der Tschechoslowakei) gar nicht an eine militärische Intervention und Widerstand dagegen dachten. Die Interventionen waren natürlich auch deshalb erfolgreich, weil die Westmächte im Rahmen des damaligen »Kalten Friedens« nicht eingriffen. Es wurde auch von den USA respektiert, dass die Sowjetunion – so wie sie selber – Einflusssphären besaß, in denen sie mehr oder weniger nach Belieben schalten und walten konnte.

Die These von der sicherheitspolitischen Wende ist zum Zweiten fragwürdig, weil es große Kriege auch innerhalb Europas bereits in den 1990er Jahren gegeben hat: Hier sind vor allem an die Kriege im früheren Jugoslawien zu erinnern. Die Konfliktkonstellation dort war der heutigen zwischen Russland und der Ukraine sehr ähnlich. Die Teilrepubliken Slowenien und Kroatien hatten demokratische Reformen eingeführt und wollten sich vom Bundesstaat Jugoslawien trennen. Auch wenn es sich bei den Kriegen in Jugoslawien nur um regionale Kriege handelte, waren sie erschreckend groß und führten zu fast 100.000 Toten und über 700.000 Flüchtlingen. Wie Putin heute wandte sich damals der autoritäre Präsident der Teilrepublik Serbien und der Bundesrepublik Jugoslawien, Slobodan Milosevic, gegen Autonomie- und Sezessionsbestrebungen von Slowenien und Kroatien und – nachdem diese gescheitert waren – gegen jene von Bosnien-Herzegowina und dem Kosovo.

An der Rede von der Zeitenwende ist zum Dritten fragwürdig, dass sie typischerweise mit einer weiteren These verknüpft wird. Diese behauptet, die Idee sei gescheitert, dass intensiver wirtschaftlicher Austausch zu einer Sicherung des Friedens führe. Die Vertreter dieser Idee, zu denen auch Kant gehört, behaupten aber nicht, internationaler Handel allein sei eine hinreichende Bedingung für Frieden. Die These vom Versagen der wirtschaftlichen Beziehungen als friedensfördernder Faktor ist ja grundsätzlich unzutreffend, weil Putin nicht Deutschland, Österreich und andere EU-Länder angegriffen hat, die einen intensivsten wirtschaftlichen Austausch mit Russland entwickelt hatten. Dass nicht erst Putins Überfall auf die Ukraine im Februar 2022 zu einer Wende in den Beziehungen zwischen Westeuropa und Russland geführt hat, ergibt sich auch aus der Tatsache, dass die Sezession der Ukraine von Russland bereits seit Anfang der 1990er Jahre in Russland sehr kritisch beurteilt wurde.[17] So erklärte der Pressesprecher Jelzins, des ersten Präsidenten Russlands, unverhohlen an die Adresse der Ukraine gerichtet, dass man sich das Recht auf Änderung der Grenzziehungen vorbehalte. Im Januar 1992 verabschiedete das russische Parlament mit großer Mehrheit eine Resolution, wonach die Verfassungsmäßigkeit der Abtretung der Halbinsel Krim an die Ukraine im Jahre 1954 untersucht werden solle.

Man muss sich auch fragen, warum die These von der Zeitenwende so großen Anklang fand. Dazu hat der Trierer Germanist Martin Wengeler eine interessante diskurslinguistische Analyse durchgeführt.[18] Er zeigt, dass der gleiche Begriff schon lange auch in Wirtschaftskrisen verwendet wird. Er impliziert, dass alles, was bisher gemacht wurde, falsch war, eine völlige Neuorientierung notwendig sei. Der Begriff der Zeitenwende liegt auch auf einer Linie mit Thesen, ein neuer Kalter Krieg sei ausgebrochen, angesichts des neuen Gegners werde eine Politik der Stärke notwendig. Bei all dem handelt es sich, so Wengeler, eigentlich um »Kriegsbotschaften« und Kriegsreden, von denen die Geschichte voll sei. Diese Rhetorik hatte wohl der Schweizer Bundespräsident Alain Berset im Blick, als er im März 2022 äußerte, er spüre einen »Kriegsrausch«. Vielleicht hatte er dabei den ganzen Bibeltext im Kopf, in dem es heißt: »Ihr werdet hören Kriege und Geschrei von Kriegen. Sehet zu und erschreckt euch nicht. Das muss zum ersten alles geschehen, aber es ist noch nicht das Ende da.«[19] Damit hat er offenkundig selbst in der neutralen Schweiz den Nagel auf den Kopf getroffen, oder besser gesagt: in ein Wespennest gestochen. Sämtliche Schweizer Parteien (und darüber hinaus), stellten sich dagegen und forderten einen Widerruf. Wenn man jedoch seine Aussage im Kontext liest (siehe das zweite Motto am Beginn des Kapitels), war seine Stellungnahme höchst ausgewogen.

Die (neo-)realistische Theorie der internationalen Beziehungen

Zur Erklärung des Ukrainekrieges kann man auch die einflussreiche realistische Theorie des Krieges heranziehen. Dies Theorie wurde zur Zeit des Kalten Krieges von den US-amerikanischen Politikwissenschaftlern Hans Morgenthau (1904–1980), Kenneth Waltz (1924–2013) und John Mearsheimer (*1947) entwickelt.[20] Ihre theoretischen Ahnherren waren der bedeutende Florentiner Staatstheoretiker Niccolò Machiavelli (1469–1527) und der preußische Kriegstheoretiker Carl von Clausewitz (1780–1831). Machiavelli hatte als Staatssekretär der Republik Florenz und durch enge Beziehungen zur Patrizierfamilie der Medici eine intime Kenntnis der Intrigen und Machtkämpfe zwischen den verschiedenen Adelsfamilien; Florenz war in dieser Zeit eine höchst lebendige und kreative Stadt, die in harter Konkurrenz zu den anderen Stadtstaaten in Mittel- und Oberitalien stand. Nach Meinung von Machiavelli sollten politische Handlungen im Notfall frei von ethisch-moralischen Erwägungen bleiben und alle nötigen, notfalls auch brutalen Maßnahmen (wie Ermordungen) für die Durchsetzung und Sicherung der Interessen der Herrschenden eingesetzt werden. Dabei hatte er allerdings nur das reale Verhalten und die Ausgänge der Machtkämpfe zwischen den italienischen Stadtstaaten und ihren Fürsten im Auge. Ein Fürst solle, so Machiavelli, »auf nichts anderes sein Augenmerk richten, auf nichts anderes denken und nichts anderes zu seiner Beschäftigung erwählen als das Kriegswesen. Die erste Ursache für den Verlust der Herrschaft ist es, wenn man den Krieg verachtet«.[21] Auch aus der Sicht von Clausewitz ist Krieg ein wichtiges und legitimes Instrument der Politik. Seine Theorie wurde oft (auch fälschlicherweise) als Begründung der Blut-und-Eisen Politik von Bismarck und des preußischen Militarismus vor dem Ersten Weltkrieg gesehen. Eine ähnliche Theorie vertrat ein weiterer Begründer der neuzeitlichen politischen Wissenschaft, Thomas Hobbes (1588–1697). Seine Grundthese ist, dass ein starker Staat (ein *Leviathan*) notwendig ist, um den Krieg aller gegen alle zu vermeiden. In den internationalen Beziehungen, wo es keine derartige Zentralmacht gibt, kann und muss jeder Staat selbst für seine Sicherheit sorgen.

Die realistischen Theoretiker der Politik und der internationalen Beziehungen gehen von zwei Grundannahmen aus. Die erste lautet, dass Staaten vor allem an die Sicherung der eigenen Macht und Interessen denken, die zweite, dass internationale Beziehungen anarchisch sind. Das wichtigste Staatsziel ist das Überleben, das entweder durch eigene Überstärke oder durch eine internationale Machtbalance gesichert werden kann. Ein solches zu erhalten (oder wieder herzustellen), ist daher das Hauptziel der Großstaaten. Es sind vor allem diese, die als zentrale Akteure immer in ihrem Eigeninteresse handeln. Das internationale Staatensystem kann, je nach Anzahl und Größe bzw. Stärke der dominierenden Mächte, unipolar, bipolar oder multipolar sein. So gab es etwa in Europa vom Wiener Kongress 1815 bis zum Ersten Weltkrieg ein multipolares System (bezeichnet mit dem berühmten Begriff des »Gleichgewichts der Mächte«), im Kalten Krieg von 1950 bis 1990 ein bipolares System. Seither dominieren eindeutig die USA; ihre militärische Macht ist um ein Vielfaches stärker als jene irgendeines anderen Landes der Erde. Die USA gaben 2022 mit 877 Milliarden Dollar so viel für das Militär aus wie China und die nächsten acht Länder zusammen.[22] Allerdings werden Großstaaten nach Ansicht der realistischen Theoretiker nur dann einen bewaffneten Konflikt vom Zaun brechen, wenn ihnen einfachere Wege – Ausübung von informellem Druck, Abschluss von Bündnissen, Drohung durch Aufrüstung usw. – nicht mehr als gangbar oder zielführend erscheinen.

Die realistische Theorie der internationalen Beziehungen kann man in vier Thesen zusammenfassen: (1) es gibt objektive Gesetze in der Politik und in den internationalen Beziehungen, die in der Natur der Menschen begründet sind; (2) Macht und Interessen sind die Triebkräfte der Politik, insbesondere der Großmächte; (3) am wichtigsten ist das nationale Interesse, das sich vor allem auf das Überleben bezieht; (4) im Konfliktfall muss die Durchsetzung der nationalen Interessen Vorrang vor allem anderen, auch ethisch-moralischen Erwägungen haben. Für diese offenkundig von einem ökonomistischen Denken beeinflusste Sicht von Politik und Krieg scheinen durchaus einige empirisch-historische Fakten zu sprechen. Näher betrachtet stellt diese Theorie jedoch ein Analog zu einer *self-fulfilling prophecy* dar – einer Vorhersage, die sich erfüllt, weil die meisten und vor allem die Mächtigen daran glauben.[23] So spielen ökonomische Interessen tatsächlich in vielen Kriegen eine bedeutende Rolle. Das Deutsche Reich wollte sich im Ersten Weltkrieg die stärkste Industrieregion Frankreichs (Elsass-Lothringen) einverleiben, Hitler im Zweiten Weltkrieg die Bodenschätze und landwirtschaftlichen Ressourcen Osteuropas und Russlands, beim Irakkrieg der USA waren die wirtschaftlichen Interessen der US-Öl-Lobby, insbesondere des einflussreichen Vizepräsidenten Dick Cheney, mehr als offenkundig. Zutreffend ist auch die Annahme der realistischen Theoretiker, dass hehre menschenrechtliche und andere moralische Begründungen für Kriege meist nur Rechtfertigungen für die Öffentlichkeit darstellen. Solange es große, stark gerüstete oder sogar mit Atomwaffen ausgestattete Länder gibt, in welchen die Freiheit mit Füßen getreten wird, erscheint die Notwendigkeit der Sicherung der militärischen Stärke auch westlicher Demokratien evident. So werden Argumente aus der realistischen Theorie auch von einflussreichen Medien in Deutschland massiv propagiert. So schrieb etwa die Frankfurter Allgemeine im März 2003, kurz vor Ausbruch des Irakkriegs:

>»Wir brauchen das Imperium Americanum. Die multipolare Weltordnung ist eine Gefahr für den Weltfrieden. Die Vereinigten Staaten müssen Hegemon der Menschheit werden... Der Mensch ist dann am freundlichsten, wenn er entwaffnet, zum Bösen keine Gelegenheit bekommt. Für diese schreckliche, unlösbare, aber unabdingbare Aufgabe muss sich die Welt auf die Suche nach dem Hegemon begeben.«[24]

Dennoch erscheint die Erklärung (und im Grunde auch Rechtfertigung) von Kriegen durch die realistische Theorie der Politik theoretisch als vereinfachend und ethisch-moralisch als fragwürdig. Auch wenn aus der realistischen Theorie nicht ohne weiteres ein politisches Programm folgt und man daraus auch Zurückhaltung der Großmächte ableiten könnte, ist doch evident, dass die (Neo-)Realisten eher eine konfrontative Politik der Großmächte forcierten.[25] Die Kriegs- und Friedenstheorie von Kant, die im folgenden Kapitel dargestellt wird, ergibt einen völlig anderen Blick auf die internationale Politik und ihre Akteure. Im Vorgriff darauf sollen schon hier drei Einwände angeführt werden.

Zum Ersten: »Nationen« sind keine Akteure. Innerhalb eines Landes bzw. Staates gibt es zahlreiche unterschiedliche Arten von Akteuren, deren Zusammenspiel bei der Entscheidung für einen Krieg ein höchst komplexer Prozess ist. In aller Regel haben nur Herrschende und andere mächtige Eliten Interesse an Kriegen, während die »gewöhnliche« Bevölkerung darunter leidet, wie schon Kant festgestellt hat. Zum Zweiten: Der Begriff der »nationalen Interessen« ist völlig unscharf; was für bestimmte Gruppen von Interesse sein kann, kann für andere vollkommen nutzlos, ja sogar nachteilig sein. Selbst scheinbar eindeutige nationale Interessen mögen sich auf längere Sicht als das Gegenteil erweisen. So verursachten Kolonien den Kolonialherren oft mehr Kosten als Nutzen. Zum Dritten: Kriege können und werden sehr oft auch durch religiöse und andere ideologische Gründe, also Werte, verursacht oder zumindest legitimiert. Dies galt selbst für den Zweiten Weltkrieg, den Hitler auf der Basis einer radikalen sozialdarwinistischen und rassistischen Ideologie auslöste, und es gilt auch im Fall des Krieges, den Putin anzettelte.

Man kann allerdings sagen, dass die internationale Entwicklung seit 2022 die realistische Theorie des Krieges in gewisser Weise bestätigt hat. Als Reaktion auf Putins Aggression wird nicht nur, wie festgestellt, die NATO militärisch verstärkt aufgerüstet. Mit Finnland und Schweden bewarben sich sogar zwei bis dahin sehr lange neutrale Staaten um Mitgliedschaft. Weiteren Ländern aus dem Bereich der ehemaligen Sowjetunion, einschließlich der Ukraine, wurde die Mitgliedschaft in Aussicht gestellt. In Kapitel 5 wird argumentiert, dass diese NATO-Ausweitung keineswegs alternativlos war. Auf der anderen Seite näherten sich Russland und China, deren Beziehungen viele Jahre durch erhebliche Spannungen charakterisiert gewesen waren, einander an. So erklärten Putin und Xi Jinping im Februar 2024 ihre »unverbrüchliche Freundschaft« und China enthält sich jeder Kritik an Russlands Ukraine-Intervention. Der Handel der beiden Länder mit Waffen, Industriegütern und Rohstoffen wird ausgeweitet, wenn er sich zum Teil auch noch auf einem vergleichsweise bescheidenen Niveau befindet (so ist der Bau von Erdöl- und Erdgas-Pipelines über tausende Kilometer höchst aufwendig). Die Vereinigung der industriellen Macht Chinas mit der Rohstoff- und Atommacht Russlands, beide geführt von Autokraten, stellt heute eine enorme Bedrohung der internationalen Sicherheit und des Weltfriedens dar.

Eine pazifistische Illusion Europas?

Implizit in der Rede von Scholz enthalten ist eine weitere These. Sie lautet, es sei ein gefährlicher Irrweg gewesen zu glauben, man könne den Frieden in Europa und seine Sicherheit durch die europäische Integration und enge wirtschaftliche Beziehungen sichern. So sei insbesondere die Hoffnung auf die pazifizierende Wirkung enger Handelsbeziehungen mit Russland verfehlt gewesen. Der französische Präsident Macron sprach von einem »sicherheitspolitischen Dornröschenschlaf Europas«.[26] Diese Haltung wird vor allem in postkommunistischen und postsowjetischen Ländern (wie in Polen und im Baltikum) vertreten. Sie befürchten eine Ausweitung von Putins Aggressionen auch auf sich selber. Auch diese Interpretation liegt voll auf der Linie der realistischen Theorie internationaler Beziehungen, für welche vor allem Großmachtinteressen zählen, für deren Verhalten Ideale und Werte keine Rolle spielen.

Von einer pazifistischen Illusion Europas zu sprechen, ist aus mehreren Gründen irreführend. Zum Ersten: Der Krieg in der Ukraine ist beileibe nicht der erste Krieg in Europa bzw. europäischer Mächte seit 1945. 1961 bis 1974 führte Portugal einen gnadenlosen Krieg gegen die Befreiungsbewegungen in Angola, Guinea und Mosambik, Frankreich 1954 bis 1962 einen noch schlimmeren gegen die algerische Unabhängigkeitsbewegung. Diese Kriege sind als Rückzugsgefechte alter Kolonialmächte durchaus mit Putins Aggressionen auf dem Kaukasus und gegen Georgien vergleichbar.[27] Bereits hingewiesen wurde auf die Tatsache, dass 1991–1999 in Jugoslawien blutige Kriege inklusive von Genoziden stattfanden, als viele Teilrepubliken sich als selbständig erklärten und die Herrschaft der kommunistischen Partei abschüttelten. Ein Faktum ist allerdings, dass es zwischen den Mitgliedsländern der Europäischen Union keinen Krieg mehr gegeben hat. Die wichtige Unterscheidung zwischen den zwei Begriffen EU und Europa (zu diesem gehört zweifellos auch Russland) wird heute weitgehend verwischt, was zu vielen Missverständnissen führt. Die europäische Einigung wurde nicht gegründet, um in ganz Europa Kriege zu verhindern, sondern vor allem zwischen Frankreich und Deutschland (und auch den anderen Mitgliedsstaaten, die jedoch nicht federführend waren). Was die Europäische Union betrifft, kann man von keiner »pazifistischen Illusion« sprechen. Dies gilt sowohl innerhalb ihrer wie auch in ihren Beziehungen zu Russland, das nie eine Bedrohung von Westeuropa angesprochen oder durch entsprechende Aktionen angedeutet hat.

Zum Zweiten unterstellt die These von der pazifistischen Illusion, der lange Frieden in den internen und außenpolitischen Beziehungen der EU sei vor allem durch die politische Integration erreicht worden. Im folgenden Kapitel wird die These von Kant dargestellt, die lautet, dass Demokratien untereinander keine Kriege mehr führen. Genau diese These liefert die Haupterklärung dafür, dass in (West-) Europa seit 1945 keine Kriege mehr stattfanden. Die europäische Integration konnte erst beginnen, nachdem auch Deutschland (wieder) eine volle Demokratie geworden war. Am Beitritt interessierte Länder müssen nachweisen, dass sie demokratische Institutionen und einen funktionierenden Rechtsstaat besitzen. Zwar wurde schon die Montanunion – die Verflechtung der deutschen und französischen Kohle- und Stahlindustrien – vor allem in der Hoffnung darauf begründet, dass durch sie auch eine politische Einigung und Befriedung Europas erreicht würde. Der Hauptgrund war jedoch, wie festgestellt, die Demokratisierung Deutschlands und Italiens. Die friedensschaffende Wirkung der EU bezieht sich sodann vor allem auf die Beziehungen zwischen ihren Mitgliedern, nicht auf ihre Beziehungen zu anderen Ländern. Allerdings stehen auch die außenpolitischen Ziele und Aktivitäten der EU in krassem Gegensatz zu dem oft aggressiv-imperialistischen Verhalten der USA. Auf die Frage, inwieweit die EU auch heute noch als

Friedensmacht bezeichnet werden kann, werden wir in Kapitel 9 näher eingehen. Die Tatsache, dass vor allem Demokratisierung ein friedliches außenpolitisches Verhalten fördert, zeigt sich auch in vielen anderen Fällen, wie jenem von Japan oder auf dem afrikanischen Kontinent.

Zum Dritten ist an der These, wirtschaftliche Beziehungen könnten den Frieden nicht sichern, die Implikation irreführend, sie könne dies allein bewirken. Dass sie einen friedensfördernden Faktor darstellt, steht außer Frage. Wenn andere Aspekte in den Vordergrund treten – das Gefühl einer starken Bedrohung von außen, imperiale Ambitionen usw. – kann wirtschaftliche Verflechtung allein den Krieg nicht verhindern, wie sich beim Ausbruch des Ersten Weltkrieges zeigte.[28] So stellen die tiefen Spannungen zwischen China und den USA trotz ihrer engen wirtschaftlichen Verflechtung eine höchst ernste Bedrohung für den Weltfrieden dar.[29]

Die »realistischen« Theoretiker begnügen sich nicht damit zu argumentieren, dass Krieg unvermeidlich ist. Sie behaupten auch, dass die Ablehnung des Krieges durch den Pazifismus selber eine fragwürdige Haltung ist. Diese Meinung ist nicht neu. Sie war schon im Deutschen Kaiserreich stark im Schwang, wo der Pazifismus als »Friedenshetze« und staatsschädliche Argumentation verunglimpft wurde.[30] Im Zuge des Überfalls von Putin auf die Ukraine trat diese Kritik, ja Diffamierung, wieder klar zutage. Ein Beispiel dafür gab der ehemalige Bundespräsident Joachim Gauck, als er sagte: »Pazifismus ist ehrenvoll, führt aber nicht zum Guten. Er zementiert nur die Dominanz der Bösen, der Unmenschlichen und der Verbrecher.«[31] Zahlreiche Kommentatoren sprachen, wie schon festgestellt, nach dem Einmarsch Russlands in die Ukraine von einer »pazifistischen Illusion«, einem »Dornröschenschlaf Europas« (Macron).

Eine Kritik des Pazifismus ist leicht, wenn man diesen simplifizierend darstellt und ihm unterstellt, er predige den absoluten Verzicht auf jede Gewalt.[32] Als Beispiel dafür könnte man dafür den seinerzeitigen dänischen Grünpolitiker Mogens Glistrup anführen. Er schlug in den 1970er Jahren vor, das Militär abzuschaffen und durch einen Anrufbeantworter zu ersetzen, der in allen Weltsprachen melden sollte: »Wir ergeben uns.« Das spare bares Geld und im Ernstfall Menschenleben, weil Dänemark ohnehin nicht verteidigungsfähig sei.[33] Dies ist keine weltfremde Spekulation. In historischen Fällen, wie beim Einmarsch von Hitler in Österreich 1938 oder der Sowjetunion in die Tschechoslowakei 1968 erklärten die Regierungen bewusst einen Verzicht auf Gewalt. Man kann darüber streiten, ob etwa ein militärischer Widerstand Österreichs gegen den Einmarsch von Hitler, der sein internationales Renommee zweifellos bis heute gesteigert hätte, die Opfer wert gewesen wäre, die er sicher gekostet hätte. Thailand war als eines der ganz wenigen Länder der Dritten Welt in der Lage, seine Unabhängigkeit auch in der Zeit des Kolonialismus zu bewahren, weil es im Unterschied zu seinen Nachbarn Laos, Kambodscha und Vietnam durch eine geschickte Diplomatie (die fallweise auch territoriale Konzessionen akzeptierte) eine Invasion ausländischer Mächte verhindern konnte. Die vorherrschende Meinung ist jedoch, dass im Falle einer offenen Aggression, wie der von Putin in der Ukraine, Widerstand geboten ist und Verhandlungen fehl am Platze seien. Nach Ansicht der realistischen Theorie muss ein Gegner der herrschenden Ordnung auf dem Schlachtfeld niedergezwungen werden, erst dann können Friedensverhandlungen beginnen.[34] »Wenn die autoritären Systeme sehen, dass sie erfolgreich sein können, werden wir alle noch einen weit höheren Preis zahlen«, so NATO-Generalsekretär Jens Stoltenberg.[35] In diese Kerbe schlägt auch ein Politikwissenschaftler wie Carlo Masala von der Hochschule der Bundeswehr; für ihn macht die »Zeitenwende« eine grundlegende Änderung der Verteidigungspolitik Deutschlands notwendig. Es sind nicht nur umfassende Waffenlieferungen für die Ukraine unverzichtbar, ein Angriff Putins auf die baltischen Länder sei wahrscheinlich und man müsse sich ernsthaft auf einen Krieg im eigenen Lande vorbereiten.[36] Der neue, forsche und daher beliebte deutsche Verteidigungsminister Boris Pistorius stellte in diesem Sinne am 29. Oktober 2023 fest: Deutschland müsse »kriegstüchtig werden, wir müssen wehrhaft sein und die Bundeswehr und die Gesellschaft dafür aufstellen«.[37] Ganz ähnlich der polnische Regierungschef Donald Tusk; er äußerte, der Krieg sei kein Konzept der Vergangenheit mehr, sondern er werde sehr bald real sein; wir lebten nun in einer »Vorkriegszeit«.[38] Ökonomen gehen sogar so weit, die in Gang gekommene und noch weiter zu steigernde Aufrüstung als durchweg positive Maßnahme zu sehen; sie würde den Wohlstand Westeuropas steigern und den technischen Fortschritt vorantreiben.[39]

Jede Debatte über die Notwendigkeit und aktuell möglichen Schritte für einen Waffenstillstand wird mit solchen Aussagen als aussichtslos, ja verantwortungslos abgetan. Das ist aber offenkundig eine höchst problematische Haltung, macht sie doch den allfälligen späteren Frieden vom Verlauf des Krieges abhängig. Dieser Verlauf ist aber in aller Regel nicht vorhersehbar. Manche – wie der US-Verteidigungsminister – behaupten, die Ukraine werde den Krieg gewinnen. Angesichts des Kräfteverhältnisses zwischen der Ukraine und Russland muss eine solche Aussage geradezu als verantwortungslos bezeichnet werden. Durch den erfolgreichen militärischen Widerstand gegen die russische Invasion hat sich die Ukraine ihre politische Selbständigkeit und Freiheit gesichert. Der Krieg hat seither jedoch einen anderen Charakter angenommen, wie in Kapitel 6 näher dargestellt werden wird. In einer solchen Situation müsste vor allem von der Politik systematisch abgewogen werden, welche Optionen es für einen Waffenstillstand und für nachfolgende Friedensverhandlungen gibt.

Russland als persistentes *evil empire* mit einer autoritätshörigen Bevölkerung

Eine dritte These zur Erklärung des Ukrainekrieges lautet, Russland stelle seit jeher ein grundsätzlich »böses Imperium« dar, Putins Verhalten bestätige den unveränderlich autoritär-aggressiven Charakter Russlands und seiner Führer und einer tief verwurzelten Autoritätsgläubigkeit seiner Bevölkerung. Der linksorientierte österreichische politische Autor Hannes Hofbauer hat dies in einem umfangreichen Buch (Feindbild Russland) nachgezeichnet; er spricht von einer Dämonisierung Russlands, die schon auf das 19. Jahrhundert zurückgeht. Eine derartige Dämonisierung erfolgt auch bei heutigen harten Rechten in den USA. Für sie wurde stellvertretend die berühmte Aussage von Präsident Reagan über Russland als abgrundtiefes böses Imperium (*evil empire*) als Motto diesem Kapitel vorangestellt. In all diesen Thesen wird das aggressive Verhalten Putins auf dem Hintergrund jahrhundertelanger autoritärer Herrschaftssysteme in Russland erklärt. Dabei spielten die umfangreichen, im rechtsfreien Raum agierenden, brutalen sowjetischen Geheimdienste eine tragende Rolle.[40] Sie hatten ihren Vorläufer in den zaristischen Geheimdiensten, zusammengefasst unter dem Begriff Ochrana.[41] Ein Autor sieht das von diesen Geheimdiensten errichtete, extensive und brutale Lagersystem und die Erfahrungen von Hunderttausenden darin (das GULAG-Syndrom) als zentrales Merkmal der russischen Identität.[42] Der Schriftsteller und Nobelpreisträger Alexander Solschenyzin hat diesem System (das er selbst in einem achtjährigen Lageraufenthalt kennenlernte) mit seinem 1973 erschienenen Werk *Archipel Gulag* eines der wohl bedeutendsten Werke der Weltliteratur gewidmet. Es hatte direkte Wirkung auf die Abwendung vieler westeuropäischer Kommunisten von der Sowjetunion und möglicherweise auch auf die späteren Reformbestrebungen in der Sowjetunion selbst. Auch die Zustände in der russischen Armee sind hier relevant. Schon die jungen Rekruten erleben darin Entmenschlichung, Grausamkeit und Willkür.[43] Die mangelhafte

Ausbildung und geringe Kampfmoral der russischen Soldaten ist ein gravierender Nachteil gegenüber den hochmotivierten ukrainischen Kämpfern. Die Dämonisierung Russlands kann durch das Verhalten von Putin selbst untermauert werden. So wird von nicht wenigen behauptet, Putin müsse mit Hitler auf eine Stufe gestellt werden. Mit ihm könne und dürfe nicht verhandelt werden. In diesem Sinne betonen viele Autoren zu Recht die Sozialisation von Putin als Mitglied des russischen Geheimdienstes KGB. Tatsächlich wäre sein Aufstieg zum absoluten Herrscher ohne die Vernetzung in diesem wohl nicht möglich gewesen (Näheres dazu in Kapitel 4).[44] Dieses Argument spielte schon für die Begründung des Angriffskrieges Deutschlands im Ersten Weltkrieg eine wichtige Rolle. Während Österreich-Ungarn immerhin die von Serbien insgeheim geförderte Ermordung des Thronfolgers geltend machen konnte, war es für das Deutsche Reich schwierig, seinen Krieg zu legitimieren.[45] Die Liberalen und Sozialdemokraten stilisierten Russland zum Hauptgegner hoch – als Hort einer Autokratie, die tatkräftig mithalf, alle Freiheitsbewegungen in Europa niederzuschlagen. Selbst der ansonsten so rational und kühl argumentierende Liberale Max Weber verstieg sich hierzu in Behauptungen, die man nicht anders als hanebüchen bezeichnen kann. Er wandte sich im Lauf des Weltkrieges zwar entschieden gegen alle Annexionspläne im Westen, weil Deutschland dadurch die dauerhafte Feindschaft Frankreichs auf sich ziehen würde. Von Russland ginge jedoch eine dauernde und wachsende Gefährdung »unserer nationalen Unabhängigkeit aus [...] Russland wird auch, wenn wir die gegenwärtige Linie unserer Ostpolitik fortsetzen, unbedingt dazu genötigt sein, mit allen Mitteln nach der Vernichtung unserer Machtstellung trachten«; dies nicht zuletzt deshalb, weil es einen »durch soziale und ökonomische Motive bedingten Expansionsdrang der russischen Bauernschaft« gebe.[46] Dabei hatte Weber vermutlich seine pointiert scharfe nationalistische Haltung gegen das Vordringen der polnischen Arbeiter in Ostdeutschland im Auge, die auch durch eine Abwanderung Deutscher verursacht wurde. Russland hat in der Tat das Machtstreben Deutschlands zwei Jahrzehnte später unter gewaltigen Opfern eingedämmt, aber erst als Reaktion auf einen Vernichtungsfeldzug gegen sich selbst durch Hitlers Drittes Reich. Den Ton zur Charakterisierung der Sowjetunion in diesem Sinne griff US-Präsident Reagan mit dem erwähnten Begriff des *evil empire* im Jahr 1983 wieder auf.[47] Damals konnte er sich auch noch auf die US-amerikanische Vorstellung von Kommunismus als einem rückständigen, freiheits- und menschenverachtenden System berufen.[48]

Beim außen- und sicherpolitischen Verhalten Russlands von der Zarenzeit bis heute müssen jedoch zwei Aspekte beachtet werden. Der erste betrifft die Tatsache, dass Russland seit jeher ein permanenter Nachzügler, aber kein Antipode der europäischen Moderne war. Dass in Russland zentralistisch-autoritäre Regimes die meiste Zeit die Oberhand besaßen, lässt sich nicht leugnen. Das Zarenregime war gesellschafts- und demokratiepolitisch eines der rückständigsten in Europa. Aber es schottete sich keineswegs gegen den Westen ab. Tiefgreifende Modernisierungen wurden bereits unter Peter dem Großen (Zar 1689–1725) und Katharina II. (1762–1797) im 17. und 18. Jahrhundert durchgeführt. Ihr Ziel war es, eine europäische Großmacht zu formen, die auch über entsprechende produktive wirtschaftliche Kapazitäten verfügte.[49] Immens erschwert wurden diese Bemühungen durch die ungeheure Weite des Landes, die Rückständigkeit von Wirtschaft und Gesellschaft und die extreme Ungleichheit. Diese war vor allem in der feudalistisch strukturierten Landwirtschaft krass, wo die Grundherren in großen, luxuriösen Herrenhäusern oder überhaupt weit weg in städtischen Palais lebten, während die Bauern in elenden Hütten und armseligen Dörfern ihr Leben fristen mussten. Die Vorstellung des Aufholens lieferte die Basis auch für die kommunistische Periode, für Stalins radikale Politik der Industrialisierung bis hin zu Chruschtschows Ziel, die westlich-kapitalistischen Ländern wirtschaftlich einzuholen, ja zu überholen. Von den napoleonischen Kriegen bis zum Zweiten Weltkrieg gehörte Russland zu den führenden europäischen Mächten. Es stand, so auch der russische Oppositionspolitiker Leonid Wolkow, seit jeher »in einem regen kulturellen und wissenschaftlichen, politischen und wirtschaftlichen Austausch mit Deutschland, Frankreich, Österreich und anderen Ländern« stand und dies sei auch heute noch so.[50] Diese Tatsache dürfte wohl für jeden einigermaßen gebildeten Menschen offenkundig sein. Natürlich haben Russland und mittel- und westeuropäische Mächte auch Kriege gegeneinander geführt. Aber gab es solche nicht auch zwischen England und Frankreich, Frankreich und Österreich bzw. Deutschland usw.? Relevant ist hier auch die Tatsache, dass die erste Haager Friedenskonferenz 1899 vom russischen Zaren Niklaus II. einberufen wurde. Bei der Ausarbeitung ihrer Dokumente (vor allem der Haager Landkriegsordnung) hatten international anerkannte russische Völkerrechtsexperten maßgeblichen Anteil (Müller 2021). Diese russischen Juristen spielten in der internationalen völkerrechtlichen Debatte noch bis 1910 eine wichtige Rolle.

In Bezug auf das außenpolitische und militärische Verhalten der Sowjetunion ist relevant, dass sie seit der Oktoberrevolution permanent von potentiellen Aggressionen von außen bedroht wurde. Als Metapher für das außenpolitisch-militärische Verhalten Russlands in den letzten Jahrhunderten scheint der Begriff eines »schlafenden Bärs« treffend zu sein. Zwar hat sich Russland – genauso wie die Vereinigten Staaten von Amerika und China – ein riesiges Territorium im Osten, durch wirtschaftliche Expansion und Erschließung, aber auch durch militärische Expansion, einverleibt. So war der Aufstieg Russlands zur Großmacht seit dem 17. Jahrhundert immer wieder mit Kriegen verbunden (gegen Schweden, Polen-Litauen, das Osmanische Reich). Diese wurden aber nicht immer von ihm selber vom Zaun gebrochen. Im 18. und 19. Jahrhundert expandierte Russland militärisch aggressiv zum Teil auch nach Mittelost- und Südosteuropa (in die Kaukasusregion und gegen das Osmanische Reich). Allerdings halfen ihm dabei auch Preußen und Österreich (so bei der Teilung Polens). Auch die Einverleibung Mittelosteuropas in den sowjetischen Herrschaftsbereich nach dem Zweiten Weltkrieg muss als eindeutige Folge des Überfalls von Nazideutschland gesehen werden, den Hitler als Vernichtungsfeldzug gegen das Slawentum deklariert hatte.

Der These vom persistent autoritären *evil empire* widerspricht auch die Tatsache, dass es in Russland seit der zweiten Hälfte des 19. Jahrhunderts durchaus Ansätze zu politisch-demokratischen Reformen gab. In der Oktoberrevolution von 1905 wurde das allgemeine Wahlrecht zur Duma erkämpft; bis 1917 konnten Presse und Universitäten relativ frei agieren. Die absolute Herrschaft der Kommunistischen Partei für gut 70 Jahre stellt eine bis heute nachwirkende Hypothek für die Chancen zur Entwicklung demokratischer Einstellungen und Verhaltensweisen in der Bevölkerung dar.[51] Nach dem Rückfall unter Breschnew (1964–1982) gab es unter Chruschtschow (1953–1964) eine klare Abwendung von Stalin und eine begrenzte Öffnung und Liberalisierung. Diese erfolgte dann noch massiver unter Präsident Michail Gorbatschow, der mit den Parolen von *Glasnost* und *Perestroika* (übersetzt Öffnung und Umbau) ab 1985 eine tiefgreifende Wende einläutete, die durch Jelzin mit der Auflösung der Kommunistischen Partei ihren Abschluss erreichte. 1993 initiierte allerdings Jelzin selber eine (in der Folge von Putin radikalisierte) Umkehr, indem er das Parlament mit Gewalt ausschaltete, um seine Verfassungsreform durchzubringen.

Historisch bedeutsam, wenn auch kaum bekannt, ist die Tatsache, dass Jelzin als Nachfolger zunächst Boris Nemzow (1959–2015) vorgesehen hatte. Dieser durchaus populäre Politiker war längere Zeit erfolgreicher Gouverneur des Oblast Nischni Nowgorod, dann Jelzins stellvertretender Ministerpräsident gewesen. Nemzow war innenpolitisch sehr liberal eingestellt und hatte beste Beziehungen zur Ukraine. Wäre er Jelzins Nachfolger geworden, hätte die jüngste Geschichte Russlands einen völlig anderen Verlauf genommen. Nemzow war auch einer der prominentesten Kritiker von Putin; zuletzt brachte der den Slogan »Putin bedeutet Krieg« in Umlauf. Im Februar 2015 wurde er auf der Moskwa-Brücke nahe dem Kreml durch Pistolenschüsse in Rücken und Hinterkopf ermordet. Die aus Tschetschenien stammenden Attentäter wurden gefasst und verurteilt. Es steht jedoch außer Frage, dass der Mord nur im Umfeld eines »staatlich geförderten Hasses« gegen jede Opposition erfolgen konnte.[52] Dieser Mord reiht sich ein in eine Kette von weiteren Attentaten und Todesfällen, die durch brutale Haft und Folter mit verursacht wurden. Sie erreichte einen Höhepunkt durch das Ableben des Oppositionspolitikers Alexej Nawalny in einer Strafkolonie am Polaren Ural; er brach bei einem Spaziergang in eisiger Kälte tot zusammen. An seiner Beerdigung nahmen Tausende teil, obwohl sie mit Verhaftungen rechnen mussten.[53]

Die massiven sozialen Verwerfungen beim neoliberalistisch inspirierten, teilweise gesetzlosen, abrupten Übergang von der Zentralverwaltungs- und zur Marktwirtschaft führten Ende der 1990er Jahre zu jenen tiefgreifenden Verwerfungen, welche den Aufstieg des neuen Autoritarismus von Putin ermöglichten. Die westlichen Länder trugen zur wirtschaftlichen und sozialen Katastrophe Russlands bei, indem ihre ökonomischen Berater eine radikale Privatisierungsstrategie ohne staatliche Kontrollen empfahlen und Gorbatschow 1991 einen extrem notwendigen Kredit verweigerten.[54]

Die Frage ist: Stehen die russischen Revolutionäre und Reformer seit der Wende vom 19. zum 20. Jahrhundert und dann wieder ab den 1980er Jahren allein da, kann es in Russland – wenn überhaupt – nur Reformen von oben geben? Diese verbreitete These hat angesichts der vorhin skizzierten Entwicklungen einiges für sich, sie hält jedoch einer genaueren Betrachtung nicht stand.

Die erste große Revolution gab es in Russland bekanntlich 1905, in Zusammenhang mit dem für den Zaren sehr unglücklich verlaufenen, in der Bevölkerung unbeliebten Krieg gegen Japan (darauf wurde bereits in der Einleitung eingegangen).[55] Dies war keineswegs nur eine Revolution »von oben«, etwa ein Kampf zwischen den herrschenden Eliten und der in Russland seit jeher radikalen *Intelligenzija*. Sie wurde initiiert im Mai 1905 durch einen Streik der Arbeiter der Putilow-Werke, des größten Rüstungsbetriebs in der Hauptstadt Petersburg. Der Marsch der Arbeiter zum Winterpalais des Zaren wurde durch einen Militäreinsatz mit Schusswaffen beantwortet. Dadurch griff – wie dies sehr oft geschieht – der Widerstandsgeist auf die ganze Bevölkerung und auch auf Moskau über. Die Arbeiter traten in Streik und sogar die Bauern begannen sich in Verbänden zu organisieren. Durch die Presse erfuhren Menschen im ganzen Reich von den Vorgängen, Universitäten und die Gewerkschaften der Buchdrucker und Eisenbahner wirkten als Propagandazentren des Aufstands.

So wurde das *Oktobermanifest* erkämpft, das der Zar unterzeichnen musste; es etablierte staatsbürgerliche Grundrechte, erweiterte das Wahlrecht und stärkte die Duma. Aus den Streikkomitees entwickelten sich in Betrieben und auf Gemeindeebene Räte. An die Spitze von deren Exekutivkomitees setzten sich jedoch alsbald linke Intelligenzler und Revolutionäre (darunter etwa der junge Leo Trotzki). Gegner der radikalen Umwälzungen in der Bevölkerung, insbesondere auf dem Lande, und Separationstendenzen im Baltikum und der Ukraine führten jedoch dazu, dass die Regierung des Zaren die Macht wieder an sich reißen konnte.

Bemerkenswert ist auch der Ausbruch und Ablauf der Februarrevolution 1917.[56] Auch sie begann als Folge der verheerenden Niederlagen der russischen Armee gegen Deutschland im Ersten Weltkrieg und einer katastrophalen wirtschaftlich-sozialen Lage im Lande. Ihre Initialzündung war ein Streik der Arbeiter, denen sich alsbald Bauern anschlossen. Diese stellten den Großteil der russischen Armee, für die rund 16 Millionen Soldaten rekrutiert worden waren; 5,5 Millionen davon fielen, rund 4 Millionen wurden verwundet oder gefangengenommen. Zugleich und als Folge der Abwesenheit von Millionen von Bauern von ihrem Land geriet die ländliche Bevölkerung immer stärker ins Elend. Zahlreiche Bauern desertierten aus der Armee; in manchen Regionen gab es geradezu Bauernkriege. Der in Petersburg eingerichtete Arbeiter- und Soldatenrat verkündete am 14. März 1916 einen Aufruf an alle Völker der Welt, in welchem ein Friedensschluss ohne Annexionen und Kontributionen vorgeschlagen wurde. Zusammenfassend heißt es in einer umfassenden historischen Darstellung, die Aufstände und Revolutionen der Jahre 1916/1917 seien vor allem von den Massen getragen worden, die Februarrevolution war »eine der spontansten, anonymsten und führerlosesten Revolutionen aller Zeiten«.[57] Diese massiven Bewegungen von unten wurden bekanntlich durch die Machtübernahme der Bolschewiki und ihren Aufbau des zentralistischen Sowjetsystems abrupt beendet. Nach ihrer Machtergreifung gab es nur mehr von Staat und Partei gesteuerte Vereinigungen; jede Art eigenmächtiger politischer Betätigung wurde von der Geheimpolizei unterbunden. Im Laufe der siebzigjährigen Herrschaft der Kommunisten entwickelte sich der sowjetische Typus eines »Kollektivmenschen«, wie ihn der Soziologe Yuri Lewada (1930–2006) aufgrund seiner umfangreichen Forschungen bezeichnete; er war Gründer des gleichnamigen, bis heute bestehenden, unabhängigen Forschungsinstitut in Moskau Anfang der 1990er Jahre.[58] Er beschreibt diesen Typ als gekennzeichnet durch ambivalente, doppelherzige Wertmaßstäbe; er ist »ein zutiefst frustrierter, gespaltener Mensch, der weder fähig ist, sich in den eigenen Alltagsverhältnissen zurechtzufinden noch diese zu ändern«.[59] Lewada stellte auch fest, dass die Russen zu dieser Zeit zwar die Aufhebung der Gegenüberstellung zwischen westlicher und eigener Welt begrüßten; es trete bei ihnen jedoch eine primitiv-fordernde Erwartung eines westlichen Wunders in den Vordergrund und nicht die Bereitschaft, den schweren Weg zur Aktivierung des eigenen Potentials zu gehen. Dem entspreche auch die verbreitete Emigrationsstimmung und ein Zurückfallen in Isolationismus und sogar Aggressivität. Es ist offenkundig, dass die Politik Putins diese negativen Tendenzen massiv verstärkt hat. Interessant sind hier auch die Befunde zu den sozialen und politischen Einstellungen der russischen Bevölkerung, die im Rahmen des *New Democracies Eurobarometer* in den 1990er Jahren zutage getreten sind.[60] Diese Erhebungen waren von der Wiener Lazarsfeld-Gesellschaft initiiert worden. Auch hier zeigte sich, wie ihr Leiter, der Politikwissenschaftler Christian Haerpfer feststellt, ein klares Gefälle in der Befürwortung der Demokratie von West nach Ost bzw. Südost: Am stärksten war sie in Mitteleuropa (Polen, Tschechoslowakei, Ungarn, Slowakei, Slowenien), etwas weniger stark im Baltikum und in Südosteuropa (Jugoslawien, Bulgarien, Rumänien) und am schwächsten in den postsowjetischen Ländern (Belarus, Ukraine, Russland). In der erstgenannten Gruppe befürwortete eine klare Mehrheit Marktwirtschaft und Demokratie; sie werden als gefestigte Demokratien bezeichnet. In der letztgenannten waren es nur ein Fünftel der Befragten, sodass diese als noch sehr ungesicherte Demokratien anzusehen waren. Interessanterweise erwiesen sich die Russen in manchen Indikatoren sogar als stärkere Demokratiebefürworter als die Belarussen und Ukrainer. Der Aussage, ein starker Führer sei besser als die Herrschaft eines Parlaments, stimmten in Russland 15 % zu, in der Ukraine 25 %. Folgeerhebungen zeigten, dass bis 2000 im Umfang des zivilgesellschaftlichen Engagements keine Unterschiede zwischen jenen Ländern, die der EU beigetreten sind, und allen anderen bestehen; sie waren hier überall deutlich niedriger als in Westeuropa.[61] Man sieht hier, welch langfristig negativen Konsequenzen die Nichtexistenz unabhängiger zivilgesellschaftlicher Organisationen im realen Sozialismus hat. Es wird aber weiter unten gezeigt, dass der Freiheits- und Widerstandsgeist der russischen Bevölkerung, den sie bereits am Beginn des 19. Jahrhunderts gezeigt hat, auch unter Putins Diktatur nicht völlig verschwunden ist.

Kapitel 3: Immanuel Kants Theorie von Krieg und Frieden

»So wie die Natur weislich die Völker trennt, welche der Wille jedes Staats ... gern unter sich durch List oder Gewalt vereinigen möchte: so vereinigt sie auch andererseits Völker, die der Begriff des Weltbürgerrechts gegen Gewalttätigkeit und Krieg nicht würde gesichert haben, durch den Eigennutz. Es ist der Handelsgeist, der mit dem Kriege nicht zusammen bestehen kann ... Auf die Art garantiert die Natur, durch den Mechanismus in den menschlichen Neigungen selbst, den ewigen Frieden; freilich mit einer Sicherheit, die nicht hinreichend ist, die Zukunft desselben (theoretisch) zu weissagen, aber doch in praktischer Absicht zulangt, und es zur Pflicht macht, zu diesem (nicht bloß schimärischen) Zwecke hinzuarbeiten.«[1]
Immanuel Kant (1724–1804), deutscher Philosoph

Der kurze Aufsatz des Philosophen Immanuel Kant *Zum ewigen Frieden. Ein philosophischer Entwurf* ist zweifellos der wichtigste Text zum Thema des Friedens. Er ist bis heute ein Klassiker und kann im Grunde als eine soziologische Theorie betrachtet werden.[2] Kant entwirft hier eine Theorie, welche geradezu das Gegenteil zu der im vorigen Kapitel dargestellten realistischen Theorie der internationalen Beziehungen darstellt. Dies gilt in theoretischer Hinsicht ebenso wie in Bezug auf die ethisch-normativen Grundlagen. Die drei theoretischen Grundannahmen von Kant lauten: (1) Man kann konkrete Ursachen für Kriege benennen, diese sind nicht nur als Funktionen internationaler Machtungleichheiten und Spannungen zu sehen (ein Ansatz, der noch keine Erklärung darstellt). (2) Man kann und muss die konkreten Akteure benennen, die Kriege initiieren. Es sind dies einflussreiche Persönlichkeiten, Unternehmenseigentümer und -manager, Regierungen und Politiker. (3) Herauszuarbeiten sind auch die Bedingungen und Ursachen des Krieges, nicht nur des Friedens; dies sind jeweils andere. Die Verfassung einer politischen

Gemeinschaft ist mitentscheidend dafür, ob sie kriegslüstern oder friedfertig ist. Diese theoretischen Annahmen von Kant können historisch und empirisch überprüft werden. Hinter seinem Ansatz stehen sodann zwei grundlegende ethisch-normative Annahmen: (1) Krieg ist grundsätzlich abzulehnen bzw. zu beenden, selbst in den meisten jener Fälle, in denen die beteiligten Akteure noch weit davon entfernt sind, daran auch nur zu denken. (2) Die Herstellung und Sicherung des Friedens ist eine konstruktive Aufgabe, die mehr beinhaltet als nur das Beenden oder Vermeiden offener Kampfhandlungen. Wir werden sehen, dass all diese Bedingungen und Annahmen auch für ein Verständnis des Krieges in der Ukraine von größter Bedeutung sind. Werfen wir zum Einstieg einen kurzen historischen und wissenssoziologischen Blick auf die Entstehung und das Schicksal der Theorie von Kant. Im Anschluss daran sollen ihre zentralen Elemente sowie die Einwände dagegen dargestellt werden.

Der historische Kontext und die Rezeption der Theorie von Kant

Neue und innovative Ideen werden nicht nur von großen Denkern in ihren Studierstuben ausgebrütet; vielmehr werden diese dazu erst durch die zu ihren Zeiten drängenden sozialen und politischen Probleme angeregt. Durch die systematische Ausarbeitung der bereits im Schwange stehenden revolutionären Ideen tragen sie dann aber selber wieder zu ihrem Durchbruch bei.[3] So ist es nicht überraschend, dass der Krieg in der klassischen griechischen Philosophie in keiner Weise in Frage gestellt wird, da er eine zentrale Aufgabe, ja Ehre eines jeden Adeligen bzw. Vollbürgers war. Erst in der neuzeitlichen philosophischen Ideengeschichte befassten sich einige Autoren mit der Thematik des Friedens; an sie knüpfte auch Kant an.[4] Darunter sind insbesondere Erasmus von Rotterdam (1467–1536) und Hugo Grotius (1583–1645) zu erwähnen. Dass sie beide Niederländer waren, ist kein Zufall. Dieses Land hatte schon im 16. Jahrhundert seine Unabhängigkeit erkämpft, war im Innern stark föderalisiert und in Europa nur dann in kriegerische Aktivitäten involviert, wenn es von außen angegriffen wurde. Den entscheidenden neuen Anstoß für seine Arbeit erhielt Kant jedoch durch die geistig-ideellen Entwicklungen der Aufklärung und durch die politischen Ereignisse im Zuge der Französischen Revolution. So hatte schon der Ahnherr der modernen politischen Theorie, Montesquieu (1965), der Monarchie einen kriegerischen, der Republik einen friedlichen Charakter zugesprochen. Nachdem Frankreich im Siebenjährigen Krieg (1756–1763) nahezu sein ganzes Kolonialimperium eingebüßt hatte, breitete sich in diesem Lande eine radikale Kritik von Kolonialismus, Sklaverei und Krieg aus. Einer der Wortführer dieser Ideen war Rousseau; er erwartete mit dem Sturz des alten Regimes und dem Ende der Sklaverei das Ende aller Kriege.[5] Ein weiterer wichtiger Autor war der Abbé Charles de Saint-Pierre; er hatte in einer Schrift von 1712 sogar den Begriff eines »ewigen Friedens in Europa« verwendet. Die Idee, dass vor allem monarchische Regierungen Kriege führen, hatte auch einer der Gründerväter der Amerikanischen Revolution, Thomas Paine, vertreten.

Kants Essay erschien 1795, also noch während der Französischen Revolution, die er begrüßte. Sein Essay hatte sofort großen Erfolg und wurde rasch in viele Sprachen übersetzt. Dieser Erfolg war wohl dadurch begründet, dass Kant nicht nur aus ethisch-normativer Sicht Frieden einforderte, sondern auch die Ursachen für Krieg und die Voraussetzungen für Frieden sehr klar herausgearbeitet hat. Kant war darüber hinaus überzeugt, dass die Sicherung eines ewigen Weltfriedens »keine leere Idee, sondern eine Aufgabe, die nach und nach aufgelöst, ihrem Ziele [...] beständig näherkomme« (vgl. dazu auch das diesem Kapitel vorangestellte Zitat aus Kants Schrift). In der ersten Hälfte des 19. Jahrhunderts, als die französischen »Revolutionsarmeen« unter Napoleon für fünfzehn Jahre ganz Europa mit Kriegen überzogen, änderte sich die Haltung der politischen Schriftsteller allerdings. Viele arrangierten sich mit Frankreich und erhofften eine *Pax Napoleonica*; andere, darunter selbst ursprünglich begeisterte Anhänger von Kants Theorie (wie der Philosoph Johann G. Fichte und der Schriftsteller und Abgeordnete Ernst Moritz Arndt) schwenkten um und sahen einen nationalen »Volkskrieg« in Deutschland notwendig, um sich von Fremdherrschaft zu befreien. Tatsächlich hatte Napoleon die von ihm unterworfenen deutschen Kleinstaaten ja finanziell praktisch wie Kolonien ausgebeutet. Die weiteren Entwicklungen des 19. Jahrhunderts ließen aber auch diese Ideen an Bedeutung verlieren. Relevant waren hier einerseits das Wiedererstarken der feudalen Mächte in der Restauration, andererseits das Vordringen der industriellen Revolution und des internationalen Handels. Diese Tendenzen führten geschichtsphilosophische Denker wie Hegel dazu, Krieg nicht mehr grundsätzlich abzulehnen bzw. – wie die Soziologen Saint Simon, Auguste Comte und Herbert Spencer – zu argumentieren, kriegerische Gesellschaften würden von industriellen, primär an Handel und Wirtschaft interessierten Gesellschaften, abgelöst.

Wenn wir einen Sprung zur heutigen Diskussion machen, kann man sagen, dass die Theorie von Kant in sozialwissenschaftlichen Diskussionen zu Krieg und Frieden kaum mehr diskutiert wird. Würde man sie zu den aktuellen Theorien in Soziologie und Politikwissenschaft in Beziehung setzen, kann man sagen, dass sie den (neo-)institutionalistischen Theorien am nächsten steht; die Themen und der Ansatz von Kant werden heute auch in Akteurstheorien, Konflikttheorien und in der neuen historischen Soziologie behandelt bzw. verfolgt. Ein immenses Interesse am Werk von Kant allgemein und an seiner Friedenstheorie im Besonderen in der Rechtsphilosophie und beim allgemeinen Lesepublikum.[6] So wurden viele Neuausgaben seiner Schrift veröffentlicht; neben Hunderten von Aufsätzen gibt es Dutzende von Monographien.[7] Eine Wiederaufnahme der Theorie von Kant in der heutigen politik- und sozialwissenschaftlichen Diskussion ist also überfällig. Es versteht sich von selbst, dass es hier nicht darum geht, die umfangreiche Literatur zur Friedensschrift aufzuarbeiten.[8] Auf einige Arbeiten davon wird jedoch – zum Teil auch kritisch – Bezug genommen.

Voraussetzungen und notwendige Bedingungen für den Frieden

Kant führt in seinem Essay drei Definitivartikel (d.h. notwendige Bedingungen) und sechs Präliminarartikel (Voraussetzungen) für den Frieden an. Die Definitivartikel lauten: Es gibt drei notwendige Bedingungen für Frieden: eine republikanische (demokratische) Verfassung, ein verbindliches Völkerrecht und allgemeine Hospitalität (das Recht eines jeden Menschen, das Gebiet anderer Staaten zu betreten). Die sechs Voraussetzungen für Herstellung und Erhaltung des Friedens lauten: Die Staaten müssen auf hinterhältige Friedensschlüsse (mit der Absicht eines künftigen Krieges) verzichten, es gilt ein Verbot des Erwerbs eines anderen Staates (durch Kauf, Tausch, Erbschaft), stehende Heere sind abzuschaffen, Staatsschulden für Aufrüstung zu machen ist verboten, auf Einmischung in andere Staaten und auf bösartige Aktionen in Kriegen ist zu verzichten. Es ist evident, dass diese Vorbedingungen bzw. Voraussetzungen heute noch lange nicht voll gegeben sind.

Basiert sind die Thesen von Kant jedoch auf einer Theorie der Ursachen der Kriege. Diese soll im Folgenden unter vier zentralen Themenstellungen besprochen werden: die Interessens- bzw. Klassenthese, die Bedeutung der Demokratie, die Publizität als Garantie für eine moralisch fundierte Politik, die Rolle individueller Persönlichkeiten beim Ausbruch von Kriegen und schließlich die Herstellung und Sicherung des Friedens als eigenständige Aufgabe. Man könnte sagen, dass Kants Ansatz einer Konzeption der Soziologie als Wirklichkeitswissenschaft entspricht, wie sie Max Weber entworfen hat.

Sie besteht darin, dass man eine systematische Beziehung herstellt zwischen konkret definierten Interessen und Werten und dem sozialen und politischen Handeln von Menschen einerseits und der Struktur gesellschaftlicher Institutionen andererseits.[9] Die auf diesem Ansatz basierte historische Soziologie zielt darauf ab, die Relevanz ganz spezifischer historisch-sozialer Ursachen und Prozesse herauszuarbeiten.[10] Dabei sind einerseits die objektiven Umstände – gesellschaftliche Strukturen, Institutionen und Prozesse – und andererseits die subjektiven Wahrnehmungen, Interpretationen und das Handeln aller Akteure einzubeziehen.

Die Interessensthese

Die (soziologische) Grundthese von Kant lautet: Kriege werden vor allem durch Herrscher und Eliten ausgelöst. Regierungen, militärische Führer und ökonomische Eliten (etwa Waffenproduzenten und -händler) sind ihre hauptsächlichen Nutznießer. Kant spricht hier explizit von der »Heeresmacht, der Bundesmacht [also der politischen Macht, der Regierung] und der Geldmacht, wobei die letztere wohl das zuverlässigste Kriegswerkzeug sein dürfte«. Für die breite Bevölkerung bringen Kriege dagegen nur Nachteile und oft schwere Opfer mit sich.[11] Man könnte hier von einer kritischen Elitentheorie, ja sogar von einer Klassentheorie des Krieges sprechen.

Politikwissenschaftler haben eine Reihe von Argumenten gegen diese These vorgebracht.[12] Einige kommen zum Schluss, dass es sich dabei nur um eine Hypothese handle, weil die kausale Logik der Argumente mangelhaft sei. So stimme es nicht, dass das ganze Volk unter dem Krieg leide und alle Elitengruppen seine Nutznießer seien. Dieser Einwand ist zweifellos richtig. Während etwa Waffenproduzenten von Kriegen profitieren, werden Produzenten von Konsumgütern eher Umsatzeinbußen erleiden; Wehrdiener können die Tätigkeit in Berufsarmeen aufgrund des guten und sicheren Einkommens freiwillig auf sich nehmen. Dieser Einwand entkräftet die These von Kant aber nicht wirklich. So nennt er eine Reihe von negativen Kriegsfolgen, die in der Regel wirklich die ganze Bevölkerung oder zumindest große Teile von ihr treffen: Es sind dies »die Kosten des Krieges aus ihrer eigenen Habe herzugeben [hier braucht man nur an die massiven Steuererhöhungen zur Finanzierung der Kriege denken], die Verwüstung, die er hinter sich lässt, [...] eine nie zu tilgende Schuldenlast«. Unter den Eliten erleiden etwa die Besitzer von staatlichen Finanztitel und Anleihen im Laufe von Kriegen. Dies ist einer der Hauptgründe dafür, dass in Europa im Laufe des Ersten und Zweiten Weltkrieges eine signifikante Reduktion der Vermögensungleichheit erfolgte.[13] Entscheidend (und zutreffend) ist aber: Es sind immer nur bestimmte Gruppen von Eliten, die durch den Krieg eindeutige Vorteile erlangen können. Sie haben auch die Mittel dahingehend zu wirken, dass Kriege vom Zaun gebrochen werden.

Einwände dieser Art sind jedoch grundsätzlich in Frage zu stellen, weil sie annehmen, dass die Eliten und Bürger nur aus einer Kosten-Nutzen-Kalkulation heraus friedensliebend bzw. kriegsavers sind. Tatsächlich handelt es sich aber bei den Einstellungen zu Krieg und Frieden nicht nur um vordergründig materielle, machtbezogene und andere Interessen, sondern auch um universelle Werte und Werthaltungen. Bei grundlegenden Interessen, die ganze gesellschaftliche Gruppen – und insbesondere schwächere darunter – betreffen, kann man auch von Werten sprechen.[14] »Axiale« Werte dieser Art, wie sie der französische Soziologe Raymond Boudon nannte,[15] werden von allen Menschen als selbstevident anerkannt, wenn sie einmal klar ausformuliert und zumindest irgendwo auch durchgesetzt wurden. Dies gilt auch für Menschen und Gruppen, deren Interessen sie nicht berühren oder deren eigenen Interessen sogar zu widersprechen scheinen. So kann man Frieden sowohl als Interesse wie als sozialen Grundwert ansehen, der eine Vorbedingung für gutes gesellschaftliches Zusammenleben ist. Frieden wird von allen Menschen weltweit als einer der wichtigsten Werte überhaupt angesehen.[16] Er wird wohl deshalb so positiv gesehen, weil er allen Menschen und ganzen Gesellschaften Leben, Sicherheit und freie Entfaltung sichert. Der Krieg ist nicht primär wegen des Leides abzulehnen, das er für viele mit sich bringt, sondern weil er Unrecht ist, d.h. dass im Kriegszustand die Rechte der Menschen nicht mehr hinreichend gesichert werden können.[17] So schrieb auch Kant, dass moralische Prinzipien wie der Frieden »auf das menschliche Herz einen viel mächtigeren Einfluss [haben] als alle anderen Triebfedern«.[18] Dies wird auch dadurch belegt, dass Krieg auch dann abgelehnt wird, wenn er weit weg ist und einen selber nicht direkt berührt.

Die Demokratiethese

Die zweite zentrale These zur Durchsetzung und Sicherung von Frieden (»Definitivartikel«) lautet nach Kant: »Die bürgerliche Verfassung in jedem Staat soll republikanisch sein.« Die Definition, die Kant von einer solchen gibt, entspricht dem, was wir heute unter Demokratie verstehen.[19] Eine Republik

(Demokratie) beruht nach Kant auf drei Prinzipien: Freiheit aller Menschen, Gleichheit aller Gesellschaftsmitglieder und Unterwerfung aller unter eine gemeinsame Gesetzgebung. Es liegt auf der Hand, dass in einem Staat mit einer solchen Verfassung Kriege abgelehnt werden, weil alle Staatsbürger darüber mitbestimmen können, ob man einen Krieg beginnen soll oder nicht. Die Kriegsbegeisterung am Beginn des Ersten Weltkrieges (wie auch bei vielen anderen Kriegen) stellt keine Widerlegung dieser These dar. Sie war erstens bei weitem nicht bei allen Bevölkerungsgruppen vorhanden und zweitens handelte es sich bei fast allen beteiligten Ländern nicht um Demokratien. Es waren eindeutig die herrschenden wirtschaftlichen, politischen und militärischen Eliten, welche die Bereitschaft zum Krieg förderten und letztlich allein darüber entschieden. In der österreichisch-ungarischen Monarchie, die den Ersten Weltkrieg durch die Kriegserklärung an Serbien auslöste, gab es starke Kriegshetzer wie den Generalstabschef Franz Conrad (von Hötzendorf) und eine kleine Gruppe verschworener Beamter. Sie hatten letztlich mehr Einfluss als der Thronfolger Erzherzog Franz Ferdinand und der ungarische Ministerpräsident, die dagegen waren. Dass Franz Ferdinand ermordet wurde, kann daher nicht nur als Anlass für den Kriegsausbruch, sondern als eine sehr wichtige eigenständige Ursache gesehen werden. Er hätte Serbien wohl kaum angegriffen, da er wusste, dass als Folge davon auch Russland eingreifen und Österreich dann in eine höchst heikle Lage kommen würde. Analoge, kriegstreiberische Gruppen kann man auch im Falle von Italiens Kriegseintritt, den die Mehrheit der Bevölkerung ablehnte, benennen.

Politikwissenschaftlerinnen, die an Kants Theorie anknüpften, führten eine Reihe von ergänzenden Zusatzhypothesen zur Relevanz der Demokratie ein.[20] Diese beziehen sich zum einen auf strukturell-institutionalistische, zum anderen auf normativ-kulturelle Aspekte. Aus ersterer Sicht wird angenommen, dass die Entscheidungsprozesse in demokratischen Staaten komplexer sind. Da auch die öffentliche Meinung berücksichtigt werden muss, brauchen Demokratien mehr Zeit für Kriegsentscheidungen bzw. treten überhaupt nicht in solche ein. Beziehungen zwischen demokratischen Staaten sind friedfertiger, weil man sich gegenseitig seltener aggressives Verhalten zutraut. Demokratische Regierungen müssten auch fürchten, nach einem verlorenen Krieg abgewählt zu werden. Kulturelle Zusatzerklärungen nehmen an, dass Demokratien ihre eigenen Normen gewaltfreien Zusammenlebens auch auf die internationalen Beziehungen projizieren. Treffen Demokratien auf Autokratien, sind sie allerdings gezwungen, die aggressiven Verhaltensweisen der Gegner zu übernehmen. Dies stellt auch Kant fest, wenn er sinngemäß feststellt: Es kann der Beste nicht in Frieden leben, wenn es dem bösen Nachbarn nicht gefällt.

Es wurden auch kritische Einwände gegen Kants Theorie erhoben haben, die durchaus relevant sind.[21] So hätten Demokratien zwar weniger legitime Begründungen für Kriege, dennoch mangle es auch ihnen nicht an solchen. Besonders relevant sind hier die Argumente der Selbstverteidigung und – in neuerer Zeit – notwendiger Interventionen zur Beendigung oder Vermeidung grober Verletzungen der Menschenrechte. Die These der geringeren Fähigkeit zu rascher Mobilisierung in Demokratien und der höheren Fähigkeit von Autokratien zu überfallsartigen Angriffen mag auch nur begrenzt gültig sein. Einerseits beginnen auch Demokratien militärische Operationen oft geheim und weiten diese dann ohne politisch-parlamentarische Legitimation aus. So haben die USA von den etwa 200 militärischen Aktionen, die sie in ihrer Geschichte durchführten, in nur fünf Fällen offiziell einen Krieg erklärt.[22] Die militärische Beteiligung Großbritanniens unter Premier Tony Blair am zweiten Irakkrieg erfolgte in klarem Gegensatz zur Haltung der Bevölkerung. Andererseits können auch Diktatoren umfangreiche Aufrüstungen und die Mobilisierung einer großen Armee nicht verbergen; beides benötigt erhebliche Zeit. Schließlich ist evident, dass die politische Führung auch in demokratischen Gesellschaften der Bevölkerung gegenüber nicht voll verantwortlich ist. Die Politiker können die öffentliche Meinung beeinflussen, vor allem durch Verweis auf Sicherheitsinteressen und Anheizen nationalistischer Aufwallungen. Andererseits müssen auch autoritäre Führer negative Folgen von Kriegen in Rechnung stellen: Bei Niederlagen werden auch sie zur Rechenschaft gezogen, oft abgesetzt oder sogar bestraft. Verlorene Kriege waren in den letzten hundert Jahren häufig ein Katalysator für Revolutionen (so etwa in der Oktoberrevolution in Russland 1917) und für die Einführung und Ausweitung des allgemeinen Wahlrechts.

Sind Demokratien wirklich friedlicher?

Die vorhergehenden Ausführungen lassen Zweifel daran entstehen, ob Kants These historisch überhaupt zutrifft. Es ist daher angebracht, einen Blick auf die empirische Evidenz zur Friedfertigkeit von Demokratien zu werfen. So wurde behauptet, die Thesen von Kant seien durch die Kolonialkriege der europäischen Länder oder durch deren Kriege untereinander bis hin zum Ersten Weltkrieg widerlegt worden. Man kann die europäischen Regimes bis zum Ersten Weltkrieg aber nicht als (demokratische) Republiken im Sinne von Kant betrachten. Von Politikwissenschaftlern wurden zahlreiche empirische Studien zur Überprüfung der Thesen von Kant durchgeführt. In einer informativen Zusammenfassung vieler dieser Studien kommt Carsten Rauch zum Schluss, dass die These von Kant bislang nicht widerlegt werden konnte.[23] Es gab noch keinen einzigen Krieg zwischen voll demokratischen Staaten. Dennoch ist es ein für die Friedenstheorie von Kant irritierendes Faktum, dass die älteste große Demokratie, die Vereinigten Staaten von Amerika, seit 1945 gut ein Dutzend völkerrechtlich illegale Kriege geführt hat. Darüber hinaus haben sie durch Geheimdienstoperationen in vielen Weltregionen zum Sturz gewählter Regierungen beigetragen.[24] Von den 50 Ländern, die von Freedom House als Diktaturen klassifiziert wurden, erhielten 2021 nicht weniger als 35 eine Militärhilfe durch die USA.[25] Es muss also im Verhalten von Demokratien in einer Welt, in welcher es noch (starke) Nicht-Demokratien gibt, Probleme geben, welche sie zu solchen Verhaltensweisen führen. Um diese und alle weiteren Zusatzargumente und kritischen Einwände gegen Kant würdigen zu können, müssen wir uns kurz mit dem Begriff der Demokratie befassen.

Hier wird meist zwischen zwei Definitionen unterschieden, normativ-idealistischen und empirisch deskriptiven, realistischen Definitionen.[26] Demnach bezeichnen die ersteren ein Idealmodell von Demokratie, das eigentlich nie voll erreichbar sein kann. Die letzteren geben konkrete, überprüfbare Merkmale an, anhand derer man bestimmen kann, wann man von einer Demokratie sprechen kann und wann nicht. Ein typisches Beispiel für die erstere Definition war die (von Kant abgelehnte) Auffassung von Rousseau, wonach eine wahre Demokratie darin bestehe, dass das Volk selbst alle Gesetze erlasse, die dann auch von allen – als »Gemeinwille« – ausnahmslos zu respektieren seien. Diese (identitäre) Konzeption ist höchst problematisch, weil sie letztlich zu einer Zerstörung der Freiheit führt. Die bekannteste und weithin akzeptierte empirisch-realistische Definition ist das (ökonomische) Konkurrenzmodell der Demokratie von Schumpeter und Downs. Sie geht aus von der These, dass Machtteilung und politische Eliten in komplexen Gesellschaften unentbehrlich sind und ein demokratischer politischer Prozess darin besteht, dass sich verschiedene politische Gruppierungen um die Macht bewerben können, die sie im Falle einer Wahl antreten, im Falle einer Abwahl einer anderen Gruppierung überlassen müssen. Das Demokratieverständnis von Kant liegt zwischen diesen beiden Extremen. Während im ersten Modell der Wert des »Gemeinwohls« alles bestimmt, spielen Werte im letzteren keine Rolle, es müssen nur bestimmte Verfahrensregeln eingehalten werden. Bei

Kant sind beide Aspekte relevant und zwar in einer Weise, dass es als ständige Aufgabe anzusehen ist, die konkrete Form einer Demokratie im Hinblick auf die Grundwerte der Freiheit und Gleichheit kritisch zu betrachten und gegebenenfalls weiterzuentwickeln. So muss etwa genau überprüft werden, ob Wahlen wirklich frei sind, d.h. alle interessierten Gruppen Chancen haben, sich zu bewerben. Desgleichen müssen alle Bürgerinnen bei der Verleihung der Wahlberechtigung und Stimmabgabe volle und gleiche Rechte haben.

Publizität und die moralische Fundierung der Politik

Eine wichtige Ergänzung führt Kant in Anhang II seines Essays mit der Überschrift »Von der Einhelligkeit der Politik mit der Moral« ein. Die Bedeutung dieses Punkts wird in Darstellungen seiner Theorie kaum gewürdigt. Er formuliert die folgende »transzendentale Formel des öffentlichen Rechts«: »Alle auf das Recht anderer Menschen bezogene Handlungen, deren Maxime sich nicht mit der Publicität verträgt, sind unrecht.« Dieses nach Kant zugleich ethische und rechtliche Prinzip ist zentral, weil das Verbergen, die Verschleierung oder Umdeutung geheimer Absichten ein eindeutiger Hinweis darauf ist, dass diese illegitim, ja unmoralisch sind.[27] Da in Demokratien Meinungsfreiheit und eine freie Presse bestehen, wird dieses Prinzip für sie besonders relevant sein.

Grundlage für diese These ist die Annahme von Kant, dass zwischen Moral und Politik kein Widerspruch besteht, sich vielmehr auch die Politik an moralische Grundprinzipien halten muss (und dies in Demokratien in der Regel auch tut). Dies ist eine durchaus kontroverse These. Die in Kapitel 2 angesprochene realistische Theorie der internationalen Beziehungen sieht hier eine Kluft. Schon die geistigen Väter dieser Theorie, Machiavelli und Clausewitz, argumentierten, dass es das Interesse eines Staates erfordern könne, moralische Prinzipien hintanzustellen und gegebenenfalls Kriege als Mittel der Politik in Betracht zu ziehen. Die Einigungskriege Deutschlands und Italiens gegen Österreich und Frankreich 1866–1871 waren – auf den ersten Blick – durchaus erfolgreiche Beispiele dafür.[28] Max Weber, der ebenfalls einen letztlich unlösbaren Widerspruch zwischen Interessen und Werten behauptet, hat dafür die berühmte, vielfach zitierte Unterscheidung zwischen Gesinnungs- und Verantwortungsethik eingeführt: Die erstere verfolge ethische Prinzipien bedingungslos, die letztere beachte auch die Folgen von Entscheidungen; ein Handeln im ersteren Sinne könne oft zu verhängnisvollen Konsequenzen führen.[29]

Diese Dichotomie ist jedoch eine Vereinfachung: Auch eine Ethik, die nur die Folgen beachtet (die man als Effizienzethik bezeichnen könnte) ist fragwürdig.[30] Die Problematik der Rolle der Moral ist gerade im Falle von Kriegen besonders relevant und die Bedeutung des Prinzips der Publizität dabei offenkundig. Schon nach der Lehre vom gerechten Krieg musste die Initiierung von Kriegen durch Regierungen begründet werden. Im Falle von Angriffskriegen waren bzw. sind dies in aller Regel jedoch falsche Behauptungen oder glatte Lügen (wie zuletzt beim Einmarsch der USA und ihrer Verbündeten 2003 in den Irak). Medientechnisch ist dazu das *framing* besonders relevant: Es besteht darin, einzelne Facetten bestimmter Entscheidungen oder Ereignisse hervorzuheben und in ein Gesamtbild einzufügen, nach dem sie als richtig und legitim erscheinen.[31] Das Gleiche gilt für die Kriegführung selbst. Hierbei wenden auch demokratische Staaten häufig völkerrechtswidrige Praktiken an, etwa Folterungen von Gefangenen oder bewusste Inkaufnahme von Opfern in der Zivilbevölkerung, was sie natürlich zu vertuschen versuchen.[32]

Wenn man keinen grundsätzlichen Widerspruch zwischen Ethik und Politik sieht, folgt daraus nicht, dass Politik bestimmten moralischen Prinzipien bedingungslos gehorchen muss. Es folgt nur, dass sie abwägen muss, ob (partielle) Verletzungen einer Norm durch die höhere Bedeutung anderer gerechtfertigt werden können. Wir werden sehen, dass dieses Prinzip auch im Falle des Ukrainekrieges höchst relevant ist.

Persönlichkeiten als Herren über Krieg und Frieden

Eine zentrale Frage, die sich auch im Fall des Ukrainekrieges stellt, lautet, inwieweit individuelle Persönlichkeiten als entscheidende Urheber von Kriegen anzusehen sind. Nach einer lange dominanten Ansicht in der Geschichtswissenschaft sind es gesamtgesellschaftliche Probleme und Strukturen, auf die hier grundsätzlich zu schauen ist. Individuelle Persönlichkeiten müssen eher als Ausführende längerfristiger Umschichtungs- und Transformationsprozesse gesehen werden.[33] Prägnant brachte diese Auffassung Karl Marx zum Ausdruck; er schrieb in seinem 1952 (im Anschluss an den Staatsstreich des Louis Napoleon) erschienenen Essay *Der achtzehnte Brumaire des Louis Bonaparte*: »Die Menschen machen ihre eigene Geschichte, aber sie machen sie nicht aus freien Stücken, sondern unter unmittelbar vorgefundenen, gegebenen und überlieferten Umständen.« Ein kurzer Blick allein auf die europäische Geschichte der letzten zweihundert Jahre zeigt, dass eine rein strukturalistische Geschichtsauffassung unhaltbar ist. Ohne Napoleon wäre es ausgeschlossen gewesen, dass die französischen »Revolutionsheere« ganz Europa für fünfzehn Jahre mit Krieg überzogen hätten. Im Jahrhundert vor Napoleons Kriegszügen hatte ein anderer Feldherr – Prinz Eugen von Savoyen – nahezu im Alleingang die Türken aus Mitteleuropa hinausgeworfen und damit entscheidend Österreichs Aufstieg zu einer europäischen Großmacht befördert. Im 20. Jahrhundert hatten politische Persönlichkeiten wie Lenin, Stalin, Mussolini, Hitler und Mao Zedong ähnliche Bedeutung; ohne sie wären weder die kommunistischen Revolutionen noch der Aufstieg des Faschismus erklärbar.

Wenn wir davon ausgehen, dass historische Persönlichkeiten maßgeblichen Einfluss auf den Verlauf der Geschichte nehmen, können wir uns ebenfalls auf Kant berufen. Dies geht aus dem Grundansatz seiner Theorie eindeutig hervor, auch wenn er sich in seinen wenigen gesellschafts- bzw. geschichtstheoretischen Schriften nicht direkt mit dieser Thematik befasst hat. Die primären Objekte der Theorie von Kant sind individuelle Persönlichkeiten und deren »praktische Vernunft«, die jeder Mensch besitzt; bei sozialen Strukturen und Institutionen kann man nicht davon sprechen. Das zentrale ethisch-moralische Grundprinzip in seiner *Kritik der praktischen Vernunft* richtet sich an den einzelnen Menschen. Es ist dies der berühmte kategorische Imperativ: Handle so, dass die Maxime deines Willens jederzeit zugleich als Prinzip einer allgemeinen Gesetzgebung gelten könne.[34] Kant nennt auch ein Beispiel, wo die Rolle einzelner Persönlichkeiten ausschlaggebend ist, die Kunst. Dazu schreibt er: »Ein einzelner Mann von Talent, der durch lange Praxis und Wissenserwerb zu einem reifen Urteil gekommen ist, könnte Kunst und Wissenschaften stärker voranbringen als ganze Generationen von Scholaren, wenn er so lange leben könnte wie sie alle zusammen.«[35]

Natürlich wäre es naiv anzunehmen, dass Persönlichkeiten allein den Gang der Geschichte bestimmen können (wie Theorien der »großen Männer« und Genies postulierten). Damit solche Persönlichkeiten ihre Wirkung entfalten können, die man dann auch sozialwissenschaftlich fassen kann, müssen zwei Bedingungen gegeben sein. Zum einen ist dies ein bestimmte Situation: In Zeiten starker gesellschaftlicher Umbrüche- und Krisen, der Instabilität und Unsicherheit ist die Bevölkerung viel eher bereit und sucht geradezu nach starken Persönlichkeiten, welche eine klare Richtung vorgeben.[36] So konnte Churchill in der Zeit der existentiellen Bedrohung durch das nationalsozialistische Deutschland zum nationalen Hero aufsteigen. Nach dem Kriegsende wurde er jedoch abgewählt. Die zweite Bedingung für einen großen Einfluss individueller Persönlichkeiten ist, dass diese auch bei einer großen Anzahl von Anhänger, ja tendenziell der gesamten Bevölkerung starken Anklang finden. Diesen Aspekt hat Max Weber in seinem berühmten Begriff des Charisma theoretisch auf den Punkt gebracht (er ist hierbei ohne Zweifel auch von Kant inspiriert worden).[37] Er besagt, dass bestimmte Führerpersönlichkeiten (religiöse, künstlerische, politische) großen Einfluss erlangen können, wenn sie spezifische, außerordentliche Fähigkeiten besitzen, die von einer mehr oder weniger großen Gefolgschaft anerkannt werden. Wenn sie noch dazu Erfolg im Hinblick auf die von ihnen versprochenen Ziele haben, können sie immense Wirkung und Macht erlangen.

Wenn man mit Kant das Handeln von Persönlichkeiten als zentral für den Geschichtsverlauf ansieht, muss man keineswegs annehmen, dass diese immer das Beste wollen. Kants Denken ist keineswegs nur idealistisch-normativ. Er war eher der Ansicht, dass die Natur des Menschen bösartig ist, und er war sich der Tatsache wohl bewusst, dass es auch abgrundtief böse Menschen gibt.

Friedensförderung als eigenständige Aufgabe

Die Herstellung und Sicherung des Friedens ist für Kant eine ethisch-moralische Aufgabe. Er hat aber nicht nur einen negativen Interessens- oder Machtfrieden (wie Hobbes und die realistische Theorie internationaler Beziehungen) im Auge, sondern einen positiven Frieden, der durch das internationale Völkerrecht langfristig gesichert wird.[38] Wenn der Frieden unter bestimmten Umständen auch nicht möglich ist, kann (und soll) er doch immer angestrebt werden. Die Herstellung von Frieden ist aber etwas anderes und mehr als nur Beendigung des Krieges. Der Naturzustand im Zusammenleben der Menschen ist laut Kant der Krieg oder zumindest eine beständige Bedrohung durch ihn. Der Frieden muss daher »gestiftet« werden, also bewusst und mit ganz konkreten Strategien herbeigeführt werden.[39]

Um diesen Satz realistisch interpretieren zu können, ist eine Differenzierung zwischen verschiedenen Formen von Frieden unerlässlich. Ein akuter Krieg kann nicht sofort von einem Friedensschluss abgelöst werden. Zuerst muss er durch einen Waffenstillstand beendet werden; dieser kann in einen kalten Krieg oder kalten Frieden übergehen, der immer noch mit hoher internationaler Unsicherheit verbunden ist. Ein bedeutender Fortschritt ist der Übergang zu instrumentell-zweckrationalen Beziehungen, die auf einem Grundvertrauen aller Nationen zueinander basieren, das gewaltsame An- und Übergriffe ausschließt. Die höchste Stufe wären vielfältige enge, ja freundschaftliche Beziehungen, welche Kriege für immer ausschließen; man kann hier auch von Sicherheitsgemeinschaften sprechen. Bei jedem dieser Übergänge sind aktive Verhandlungen, militärische Deeskalationsmaßnahmen, Aufbau neuer Beziehungen usw. durchzuführen. Man kann für alle diese vier Formen historische Beispiele anführen. Der Kalte Krieg 1950–1990 ist wohlbekannt. In den Beziehungen zwischen dem Westen und China konnte man – zumindest noch vor kurzem – von instrumentell-friedlichen Beziehungen sprechen, die mit intensivem wirtschaftlichem Austausch verbunden waren. Fast schon freundschaftliche Beziehungen bestehen zwischen den angelsächsischen Staaten, Westeuropa und Japan; Karl Deutsch sprach hier von der »atlantischen Gemeinschaft.«[40] Die engsten Beziehungen bestehen heute zwischen den Mitgliedsstaaten der Europäischen Union; zwischen ihnen (aber auch jenen der atlantischen Gemeinschaft) ist ein Krieg heute undenkbar. Im Folgenden soll gezeigt werden, dass diese Differenzierung für das Verständnis von Verlauf und Folgen des Ukrainekrieges sehr nützlich ist.

Eine weiter reichende, ja unerhörte Behauptung von Kant in diesem Zusammenhang lautet, dass es eine historische Tendenz zum ewigen Frieden gebe, dieser »keine leere Idee« sei, sondern »eine Aufgabe, die nach und nach aufgelöst, ihrem Ziele [...] beständig näher kommt.« In dieser Hinsicht stellt er für den Frieden das Gleiche fest wie für die generelle Durchsetzung der Menschenwürde und Menschenrechte. In seinem ebenfalls kurzen, pointierten Essay *Idee zu einer allgemeinen Geschichte in weltbürgerlicher Absicht* argumentiert Kant, aus dem Zusammenspiel des Wirkens vieler Einzelner ergebe sich ein »natürlicher« Verlauf der Menschheitsgeschichte; in ihr könne man eine klare Fortschrittstendenz erkennen. Diese entstehe aus dem Zusammenwirken zwischen den negativen und zerstörerischen »Natur«- Eigenschaften und Verhaltensweisen der Menschen – insbesondere Ehrsucht, Habsucht, Herrschsucht – und der Erkenntnis und Durchsetzung positiver ethischer und moralischer Prinzipien zu deren Kontrolle.[41] Diese kommen zur Geltung durch eine bürgerliche Verfassung im Innern aller Gesellschaften und durch eine internationale völkerrechtliche Ordnung, die Frieden und Sicherheit garantiert. Entscheidende Hebel für die Durchsetzung der letzteren sind nach Kant tiefe gesellschaftliche und politische Krisen, wie extreme soziale Notstände (man kann hier an Naturkatastrophen wie Erdbeben, Hungersnöte, Seuchen usw. denken), Revolutionen und Kriege. Dies ist so aus zwei Gründen. Zum ersten, weil die Menschen erst in ihrer tiefsten Not erkennen, dass radikale Umwälzungen und Neuorientierungen notwendig sind. Zum zweiten, weil Regierungen, welche sich den anderswo durchgesetzten progressiven Innovationen verweigern – darunter insbesondere einer Stärkung der Freiheit und Gleichheit aller Menschen – sich letztlich selbst schaden, gegenüber anderen zurückfallen und ihren Sturz riskieren. Von einem Fortschritt kann man erst dann sprechen, wenn der Mensch bewusst Veränderungen zum Positiven durchsetzt, insbesondere in Recht und Verfassung. »Wer die Begebenheiten selber macht, kann auch realistische Aussagen über die Zukunft machen«, stellt Kant fest.[42] Man könnte dabei von einer positiven *self-fulfilling prophecy* sprechen. Wir sehen hier wieder die zentrale Bedeutung, die Kant dem Wirken von Persönlichkeiten zuschreibt. Wie kann man sich einen Zustand des »ewigen Friedens« vorstellen? Sicherlich nicht als einen, in welchem keine starken Veränderungen und Konflikte mehr stattfinden würden. Ein solcher Zustand würde die Menschen zu Trägheit, politischem Desinteresse und Anpassungsbereitschaft, ja Unterwürfigkeit führen.[43] Nicht mehr vorkommen würden in einer befriedeten Menschheit jedoch Handlungsweisen und soziale Prozesse, in denen Individuen und ganze Gruppen von Menschen ausgelöscht werden.

Hier mag ein kurzer Blick auf die Zeitgeschichte angebracht sein, um die Theorie von Kant adäquat würdigen zu können. Wie kann man die Tatsache, dass die schlimmsten Kriege der Menschheitsgeschichte im 20. Jahrhundert, die beiden Weltkriege, stattfanden, aus der Sicht seiner Theorie sehen? Die These einer zunehmenden Friedlichkeit der Menschheit scheint ihr klar zu widersprechen. Aus zwei Gründen ist dies nicht der Fall. Zum ersten: Der Ausbruch beider Weltkriege wurde durch nicht gewählte, autokratische, ja despotische politische Führer verursacht. Die Bilder des häufig dargestellten Jubels vieler Menschen beim Ausbruch des Ersten Weltkrieges ergeben – wie bereits dargestellt – ein einseitiges Bild. Große Gruppen von Menschen waren dagegen (so gab es in Berlin große Demonstrationen der Gewerkschaften gegen den Krieg). Für den Kriegseintritt waren jedoch – entsprechend der These von Kant – vor allem die politischen, militärischen und auch Teile der wirtschaftlichen Eliten.[44] Sie stilisierten den Krieg zu einem »Verteidigungskrieg« (wobei die Mittelmächte natürlich etwas anderes zu verteidigen vorgaben als ihre Gegner). Von einer »Völkerfeindschaft« konnte keine Rede sein. Ebenso lebten nach 1945 im multikulturellen Bosnien-Herzegowina (und wohl in ganz Jugoslawien) Bosnier, Serben und Kroaten, ebenso wie Christen und Moslems, weitgehend friedlich zusammen. Die politischen Entscheidungsträger im Ersten Weltkrieg blendeten die Tragweite ihrer Entscheidungen vollkommen aus; in der neueren Geschichte des Ersten Weltkrieges von Christopher Clark werden sie als »Schlafwandler« bezeichnet. Der Ausbruch des Zweiten Weltkrieges ist eindeutig auf die Begründer und Führer von Faschismus und Nationalsozialismus, Mussolini und Hitler, zurückzuführen; sie hatten vorher die Demokratie in ihren Ländern vollkommen ausgeschaltet. Zum Zweiten: Die These von Kant, dass große Katastrophen oft zu radikal neuen, positiven Innovationen führen, wird durch eine Reihe historischer Tatsachen belegt. So gingen den meisten Revolutionen massive Verschlechterungen der sozialen Lage breiter Bevölkerungskreise voraus. Ein Beispiel aus der jüngeren Geschichte ist die Tatsache, dass als Reaktion auf die Gräuel des Weltkrieges und des Holocaust 1945 die UNO gegründet und 1948 die *Allgemeine Erklärung der Menschenrechte* verabschiedet wurde. Auch wenn deren Effizienz noch sehr viel zu wünschen übriglässt, waren dies doch welthistorisch einmalige Fortschritte.[45] Als Aspekte einer aktiven Friedenssicherung sind auch die oben genannten fünf Maßnahmen zu sehen, die Kant am Anfang seines Essays als »Präliminarartikel«, d.h. Voraussetzungen für Frieden, anführt (so etwa kein Abschluss unehrlicher Friedensschlüsse, kein Staatsschulden-Machen für Rüstung, Abschaffung stehender Heere). Wir werden auf diese Punkte in Kapitel 8 zurückkommen.

Kapitel 4: Putins Aufstieg, seine Netzwerke und der großrussische Nationalismus

> »Macht korrumpiert, absolute Macht korrumpiert absolut«
> Lord Acton (1834–1902), britischer Historiker und Publizist

In Kapitel 2 wurden westliche Theorien und Narrative diskutiert, die man als Erklärungen für den Überfall Russlands auf die Ukraine heranziehen kann. In diesem Kapitel geht es darum, die Sicht und Rechtfertigungen Putins in ihrem Kontext einzubeziehen. Es geht dabei zunächst um die Herkunft, Persönlichkeit und Rolle von Putin selbst. In dieser sehen viele die Hauptursache für den Krieg. Auch nach Kant muss man, wie im vorhergehenden Kapitel dargestellt, Persönlichkeiten eine zentrale Rolle in der Geschichte zuschreiben. Eine Dämonisierung Putins scheint allerdings nicht angebracht. Es wird gezeigt, dass seine Karriere paradigmatisch ist für Politiker, die zunächst sehr erfolgreich und populär sind, ihre Macht aber zunehmend missbrauchen und durch Etablierung autoritärer Strukturen zementieren. Es gibt auch klar benennbare historisch-strukturelle und politische Hintergründe für Putins Argumente und Handeln. Eines davon ist das Erbe des autoritären Sowjetsystems, ein anderes der großrussische Nationalismus. Aber auch die Ausweitung der NATO bis vor die Haustür von Russland spielte eine Rolle. Es geht hier vor allem um Erklärungen und Narrative, wie sie in Russland und von Putin selbst vertreten und propagiert werden. Publizität, die öffentliche Diskussion und Rechtfertigung wichtiger politischer Ereignisse und Aktionen, spielt laut Kant eine zentrale Rolle für die Bewertung dieser Aktionen. So müssen auch die öffentlichen Aussagen von autoritären Machthabern ernst genommen werden.[1] Bei der Betrachtung der russischen Narrative ist natürlich ebenso eine kritische Distanz nötig, wie wir sie in Kapitel 2 im Hinblick auf westliche Begründungen gepflogen haben. Sie muss in diesem Falle noch stärker sein, weil Putin in der

Lage ist, seine Darstellung in Russland selbst als alleinige Wahrheit hinzustellen, und weil er versucht, sie weltweit zu verbreiten. Er führt einen regelrechten »Informationskrieg«, ein raffiniertes System von Desinformation und Propaganda in öffentlichen und sozialen Medien.[2] In St. Petersburg gibt es eine »Trollfabrik«, in der Hunderte bezahlte Mitarbeiter die weltweite Öffentlichkeit mit Kreml-freundlichen Kommentaren fluten.[3] Man kann für den Ukrainekrieg im Hinblick auf die Rolle Russlands bzw. Putins drei Gruppen von Faktoren als entscheidende Ursachen bzw. Rahmenbedingungen benennen: das persönliche Streben von Putin nach Macht und Reichtum, den großrussischen Nationalismus und sicherheits- bzw. geopolitische Interessen Russlands.

Putin verstehen heißt nicht, sein Handeln zu rechtfertigen. Nicht ein Vergleich mit Hitler, sondern mit Stalin wäre angebracht

Wladimir Putin ist der Hauptverantwortliche für den Krieg in der Ukraine. Er und seine Handlanger müssen für seine Auslösung und für die Menschenrechtsverletzungen im Zuge dieses Krieges zur Verantwortung gezogen werden. Ein erster Schritt dazu erfolgte im März 2023, als der Internationale Strafgerichtshof in Den Haag einen Haftbefehl gegen ihn erließ. Dieser Befehl war durchaus schon effizient: Putin kann in kein Land mehr reisen, welches das Statut des IGH ratifiziert hat – das sind immerhin 124 Länder. Wenn im Folgenden auch auf fragwürdige westliche Aktionen hingewiesen wird, impliziert dies nur eine Erklärung, aber keinerlei Rechtfertigung der russischen Invasion in die Ukraine. Hier sind zwei soziologische Binsenweisheiten zu nennen. Die erste lautet, dass Konflikte und Kriege immer Resultat einer sozialen Beziehung sind und praktisch nie nur von einer Seite initiiert und vertieft werden. Man muss sogar mit dem Soziologen Georg Simmel sagen, dass auch Kampf und Krieg Formen der Vergesellschaftung sind. Das, was Menschen voneinander dissoziiert, sind seiner Meinung nach die Ursachen des Kampfes, wie Hass und Neid, Not und Begier. Ist der Krieg erst einmal ausgebrochen, so ist er bereits »die Abhilfsbewegung gegen den auseinanderführenden Dualismus und ein Weg um zu irgendeiner Art von Einheit zu gelangen«.[4] Wichtig ist der Verlauf eines Konfliktes: Aktionen einer Seite, selbst wenn sie für diese selbst als harmlos erscheinen, können zu mehr oder weniger heftigen, oft völlig disproportional starken Gegenreaktionen auf der anderen Seite führen, wenn sie von dieser als unfreundlich oder gar feindlich empfunden werden. Es gilt hier also eine zweite soziologische Basisweisheit: Wenn Konflikte einmal in Gang gekommen sind, entwickeln sie eine Eigendynamik und tendieren dazu, sich selbst zu reproduzieren und oft auch zu eskalieren.[5] Dabei spielt Gewalt eine essentielle Rolle aus Auslöser und Verstärker in einer Spirale von negativen Zuschreibungen, Freund-Feind-Wahrnehmungen und realen Ausübungen von Gewalt und Gegengewalt.

In Kapitel 2 wurden die im Westen heute dominanten Erklärungen für Putins Überfall auf die Ukraine dargestellt. Aus einer Sicht, die jeder Nation und jedem politischen Akteur Rationalität unterstellt, sieht dies durchaus anders aus. Wir können in dieser Hinsicht die wissenschaftstheoretischen Perspektiven von Max Weber und Karl R. Popper einbringen. Max Weber sah es als zentrale Aufgabe der Soziologie, soziales Handeln deutend zu verstehen und dadurch zugleich ursächlich-statistisch zu erklären.[6] Man muss also versuchen zu verstehen, welches die Motive der Akteure sind, die hinter ihrem Handeln stehen und von den Akteuren selber als effektive Ursachen für die jeweiligen Entscheidungen angesehen werden. Dies kann nie voll, aber doch annäherungsweise erreicht werden, wenn man zeigen kann, dass die Motive den jeweiligen Umständen entsprachen bzw. andere Akteure in ähnlichen Situationen ähnlich handelten. Eine sozialwissenschaftliche Erklärung besteht nach Meinung von Karl R. Popper darin, dass man eine Situationsanalyse durchführt, d.h. eine genaue Untersuchung der Problemkonstellation, vor welcher ein Akteur in einer bestimmten Entscheidungssituation steht.[7] Analog sprach der Soziologe Erving Goffman von einer Rahmenanalyse.[8] Die Situationsanalyse beinhaltet eine Betrachtung von drei Aspekten: der natürlichen Umwelt, der sozialen Umwelt und der Problemsituation, in der sich der Handelnde befindet bzw. zu befinden glaubt. Kombiniert man die Einsichten von Weber und Popper, so geht es vor allem darum, eine Problemsituation so darzustellen, wie sie der Handelnde selber sieht. Die Rationalität des Handelns spielt also eine zentrale Rolle, wenngleich angenommen wird, dass Menschen in der Regel (schon aus Zeitgründen) nur begrenzt rational handeln. Wenn man eine soziologische Erklärung in diesem Sinne zu geben versucht, muss man also auch das Handeln in diesem Sinne zu verstehen versuchen – auch wenn jeder, der das heute macht und von der herrschenden Meinung abweicht, als »Putinversteher« diffamiert wird.[9] Verstehen heißt nicht rechtfertigen. Im Doppelsinn des Wortes verstehen ist dies allerdings angelegt, denn es hat nicht nur die Bedeutung von erklären, sondern auch von Verständnis für etwas haben, es entschuldigen. Dies kann man vermeiden, indem man die scheinbar rationalen Argumente von Putin auch auf ihren Wahrheitsgehalt hin untersucht.

Eine Voraussetzung für ein umfassendes Verständnis in diesem Sinne ist, dass man als Erstes die Aussagen der Akteure genau und vollständig zur Kenntnis nimmt. In dieser Hinsicht muss man vielfach konstatieren, dass einzelne Aussagen Putins aus dem Zusammenhang gerissen und einseitig interpretiert werden. Dafür sei hier nur ein Beispiel gegeben. Ein renommierter österreichischer Journalist schrieb in einer Qualitätszeitung eine Glosse mit dem Titel »Was die Putin-Versteher nicht verstehen«. Darin kritisierte er diese dafür, dass sie nicht erkennen würden, dass Putin einen langfristigen Plan zur Spaltung und wirtschaftlichen Erpressung Westeuropas verfolge. Dabei verweist er auf die Putin-Rede im Deutschen Bundestag 2001, in welcher dieser festgestellt habe, Europa werde nur dann eine weltpolitische Rolle spielen können, wenn es seine Möglichkeiten mit jenen von Russland vereinige. Putin strebe also ein Eurasien unter russischer Führung an, er sei schon damals einem imperialistischen Denken verhaftet gewesen.[10] In der gleichen Rede sprach Putin allerdings wörtlich auch von einer »umfangreichen und gleichberechtigten gesamteuropäischen Zusammenarbeit«; nur durch eine solche könne man Probleme wie Arbeitslosigkeit oder Umweltverschmutzung lösen.[11] Er betonte insbesondere die alten kulturellen Beziehungen zwischen Deutschland und Russland und deren heutige enge wirtschaftliche Verflechtung.

Der für die meisten überraschende Einmarsch einer großen Armee in die Ukraine hat dazu geführt, dass man in der Person von Putin nach Gründen bzw. Aspekten suchte, die eine solche Entscheidung erklären könnten. Individuelle und zielorientierte, charismatische und in der Folge mächtige Persönlichkeiten können, wie schon festgestellt, den Gang der Weltgeschichte signifikant beeinflussen.[12] Tatsächlich spielten in der Sowjetunion bzw. Russland im Zuge der fundamentalen Veränderung seit Mitte der 1980er Jahre politische Persönlichkeiten eine ausschlaggebende Rolle.[13] So war es nicht ganz überraschend, dass in zahlreichen Wortmeldungen Putin mit Hitler verglichen wurde. Selbst wenn wir es zunächst dahingestellt sein lassen, wie berechtigt und sinnvoll solche Vergleiche sind – schon die Tatsache ist relevant, dass solche Vergleiche auch von bedeutenden bzw. hochgestellten Persönlichkeiten öffentlich angestellt wurden. So meinte der ehemalige Präsident des Deutschen Bundestages Wolfgang Schäuble im Mai 2022, auch Hitler habe die Ergebnisse des Ersten Weltkrieges rückgängig machen wollen (wohl eine Anspielung auf Putins Satz, der Zerfall der Sowjetunion sei die größte Katastrophe des 20. Jahrhunderts gewesen).[14] Ähnliche Äußerungen machten die seinerzeitige US-Außenministerin Hillary Clinton, der britische Thronfolger Charles, der ukrainische Präsident Selenskyj und der damalige britische Finanzminister Boris Johnson. Aussagen solcher Persönlichkeiten haben immer eine gewisse Wirkung; in diesem Falle tragen sie zu einer Dämonisierung der Person Putins bei. Diese Vergleiche delegitimieren auch Verhandlungen mit Putin mit dem Verweis auf das schmähliche Münchner Abkommen vom September 1938, in welchem die Regierungschefs von Frankreich, Großbritannien und Italien den Einmarsch Hitlers in das Sudetenland akzeptierten. Auch Putin selbst bemüht historische Analogien. So beruft er sich immer wieder auf die immensen Leistungen und Opfer Russlands im sog. »Großen Vaterländischen Krieg« gegen Nazideutschland. In seiner UNO-Rede 2015 sprach er von einer Art Anti-Hitler Koalition, die gegen den internationalen Terror notwendig sei. Die Zeitschrift *Economist* zeigte auf ihrer Titelseite Putin, der die Benzinpumpe einer Tankstelle wie ein Maschinengewehr vor sich hält.[15]

Die meisten Historiker (so etwa Christopher Clark von der Universität Cambridge) lehnen Vergleiche zwischen Putin und Hitler ab, aber nicht alle. Der Holocaust-Forscher Götz Aly und der Historiker August Winkler finden sie durchaus sinnvoll. Diese sind zweifellos gegeben; man kann praktisch zwischen allem und jedem Vergleiche anstellen (auch zwischen Äpfeln und Birnen, wenn man sie nach dem Gewicht vergleicht). Es ist jedoch die Frage, ob damit ein Erkenntnisgewinn verbunden ist, der die damit möglicherweise verbundenen Verzerrungen aufwiegt. Der Vergleich mit Hitler ist naheliegend, weil dieser als das absolut Böse in der Geschichte der Menschheit betrachtet werden kann. In diesem Sinne wurde der Hitler-Vergleich immer wieder verwendet. Der ägyptische Präsident Nasser wurde von den Briten als »Hitler am Nil« bezeichnet, auch der irakische Präsident Saddam Hussein erhielt von den Amerikanern das Hitler-Etikett. In beiden Fällen diente es zur Legitimierung eines Angriffskrieges.[16] Der Historiker Winkler sieht Ähnlichkeiten zwischen der Besetzung der Krim durch Putin und Hitlers Aktionen wie dem Anschluss Österreichs und des Sudentenlandes, sogar mit dem Ziel der Wiederherstellung eines Großreiches. Dieser Vergleich ist nicht nur oberflächlich, sondern hinkt auch sachlich: Welches Großreich wollte Hitler wiederherstellen? Die Frage ist auch, ob Putin wirklich die Sowjetunion wiederherstellen will.[17] Was diese Politiker und Historiker nicht benennen, sind die grundlegenden Unterschiede zwischen Putin und Hitler. Dieser agierte auf Basis einer menschenverachtenden Ideologie, die er aus Versatzstücken der Arbeiten des französischen Rassentheoretikers Gobineau und seines englischen Pendants Chamberlain zusammengestellt hatte. Diese Ideologie hatte Hitler bereits über ein Jahrzehnt vor seinem Machtantritt in seinem 800-seitigen Pamphlet

Mein Kampf während der Haft in Landsberg ausformuliert. Darin äußerte er mehr oder weniger unverhüllt seine Absicht der Vernichtung der Juden und der »Schaffung von Lebensraum« für die Deutschen durch Unterwerfung der Länder Osteuropas und Russlands, deren slawische Bevölkerung für ihn eine minderwertige Rasse war. Hitlers politischer Aufstieg war wesentlich verbunden mit dem Einsatz von Gewalt und Terror durch die SA-Brigaden wie auch mit der skrupellosen Beseitigung von vermeintlichen Feinden (selbst wenn diese, wie Röhm, bislang Weggefährten waren). In dieser einen Hinsicht könnte man allerdings Putin mit Hitler vergleichen, wenn man sich die Liste der Putin-Kritiker vor Augen führt, die wohl mit seinem Wissen, wenn nicht in seinem Auftrag, ermordet wurden.

Es ist für den Autor eigentlich überraschend, dass kein Historiker einen Vergleich von Putin mit einem anderen Diktator des 20. Jahrhunderts angestellt hat, nämlich mit Josef W. Stalin, dem absoluten, terroristischen Herrscher der Sowjetunion von 1927 bis 1953. Dieser Verglich wäre schon deshalb naheliegend, weil Stalin nicht, wie Hitler, praktisch im Alleingang ein neues, autoritäres System aufbaute, sondern im Rahmen des Sowjetsystems an die absolute Macht kam, das schon von Lenin theoretisch und praktisch begründet worden war. Tatsächlich haben Putin und Stalin eine ganze Reihe von Merkmalen gemeinsam: grundsätzliches Misstrauen gegen Mitmenschen, Denken in Freund-Feind-Kategorien, Skrupellosigkeit, ungehemmte Gewaltanwendung gegen Freunde, die man nicht mehr als solche sieht (so äußerte Putin einmal, jemand, der sich von ihm abwende sei ein Verräter, der zu beseitigen ist), Empathielosigkeit gegenüber Leidenden (Soldaten bei Stalin, gegenüber Menschen, die von Katastrophen betroffen waren, bei Putin), unverhüllter Machtwille.[18] Allerdings hatte Stalin auch Eigenschaften, die man bei Putin nicht findet, wie angenehme Umgangsformen, Humor und eine sehr große Belesenheit (er hatte eine Bibliothek mit 15.000 Bänden), starke Wirkung auf andere Menschen. Tatsächlich hat Putin selbst eine untergründige Neubewertung von Stalin in Gang gebracht, wenn er auf dessen Leistungen im Großen Vaterländischen Krieg verweist.[19]

Aber auch dieser Vergleich hat seine Grenzen; die hemmungslose, paranoide Verfolgung von angeblichen Feinden, die zur direkten und indirekten Ermordung von Millionen Menschen durch Stalin führte, findet man bei Putin nicht, dagegen eine Neigung zu eitler Selbstdarstellung und Pompentfaltung bei offiziellen Anlässen. Besonders relevant erscheint der Vergleich zwischen Stalin und Putin, wenn es darum geht, wie die Nachfolger von Stalin mit dessen Erbe umgegangen sind. Auf Stalin folgte kein gleichgesinnter Autokrat, vielmehr begann sehr rasch eine Entstalinisierung. Darauf werden wir in Kapitel 8 zurückkommen.

Die Karriere: mysteriöser Aufstieg, akklamierter Start, autoritärer Sinneswandel

Um eine Persönlichkeit zu verstehen, sind ihre Herkunft, ihr Charakter, ihre Lebenserfahrungen und ihre Verhaltensweisen einzubeziehen. Im Hinblick auf Kindheit, Jugend und frühe Berufskarriere von Putin sich alle Autoren einig darin, dass sein Werdegang recht unauffällig war.[20] Er wurde geboren in eine Arbeiterfamilie in Leningrad; von Gewalt in der Familie (oft eine Erfahrung von Diktatoren) ist keine Rede, im Gegenteil, die Eltern scheinen ihn sogar vergöttert zu haben. Als Jugendlicher fiel er allerdings durch eine gewisse Gewaltneigung auf und interessierte sich für Kampfsport. Er studierte dann Jus in Leningrad und an der KGB-Hochschule in Moskau. 1972–1990 war er KGB-Mitarbeiter (im Range eines Offiziers), zuletzt fünf Jahre in Dresden, wo er Deutsch lernte und die ersten antikommunistischen Demonstrationen sah. Der sowjetische Geheimdienst KGB, gegründet 1954 als Nachfolger früherer Geheimdienste, wurde 1991 aufgelöst und durch den russischen Inlandsgeheimdienst FSB ersetzt. Dieser war sicherlich etwas kleiner als sein gigantischer Vorgängerapparat (der über eine halben Million Mitarbeiter hatte), aber seine Struktur und Arbeitsweise blieb ähnlich. Er operierte, wie sein letzter Direktor Wadim Bakatin schreibt, wie ein Staat im Staat, stand über dem Gesetz und konnte alles und jeden vernichten.[21] Er war auch wichtigste Informationsquelle für die Herrschenden und konnte diese Funktion sehr selektiv ausnutzen, etwa irreführende Informationen nach oben geben. Dies kann auch eine Ursache für die Fehleinschätzung der Haltung der Ukrainer zum russischen Überfall im Februar 2022 durch Putin gewesen sein. Ab 1990 arbeitete Putin für den Leningrader Bürgermeister Anatoli Sobtschak, zuletzt als dessen Stellvertreter. Er soll sich hier als effizienter Organisator erwiesen haben. Im Film *Putin's Palace. History of world's largest bribe*, den der schärfste Putin-Kritiker Alexander Nawalny drehte, wird allerdings festgestellt, dass sich Putin schon in Leningrad als Verantwortlicher für Exporte und Importe über den Hafen bereicherte. Er pflegte in dieser Zeit auch Kontakte zur Leningrader Unterwelt.[22] Die Wahlniederlage des bis dato erfolgreichen Sobtschak 1996 dürfte Putin zur Auffassung geführt haben, dass freie Wahlen etwas sind, was eher zu vermeiden ist.[23] 1996 wurde er nach Moskau beordert, wurde dort leitender Vorsitzender der Präsidialverwaltung und Direktor des Inlandsgeheimdienstes FSB. In dieser Zeit dissertierte er auch an der Universität von St. Petersburg mit einer ökonomischen Arbeit, die allerdings stark plagiiert war.[24] Laut Leonid Wolkow, einem früheren Abgeordneten und langjährigen Mitarbeiter des Oppositionellen Alexander Nawalny, ist Putin nicht besonders gebildet oder klug. Er hat keine kulturellen Interessen, aber ist »ein Mensch, der an einer Sache dranbleibt, der seine Lektionen gründlich, teils zwanghaft lernt« und sich dann strikt daranhält.[25] 1999 ernannte Jelzin Putin zum Ministerpräsidenten und Ende Dezember des gleichen Jahres schlug er den noch weithin unbekannten Putin für alle überraschend zu seinem Nachfolger vor. Zur Übernahme der Kandidatur für das Präsidentenamt musste er anscheinend sogar überredet werden.[26] Journalisten, die Putin in der ersten Zeit nach der Machtübernahme interviewten, berichten übereinstimmend, dass Putin damals eher schüchtern, unsicher und bürokratisch gewirkt habe.[27]

Putin war also wohl nicht unbedingt von Anfang an ein machtbewusster, autoritärer Führer.[28] Der lange in Moskau tätige Korrespondent Dietmar Schumann fand allerdings heraus, dass Putin in seiner Zeit in Deutschland ein »Giftzwerg« gewesen sein soll, ein Intrigant, schlau und hinterhältig und ein Karrierist.[29] Die Beförderung von Putin zum FSB-Chef war kein Zufall. Jene, die ihn vorschlugen, konnten darauf bauen, dass er das korrupte System nicht tiefgreifend ändern würde und sie für ihre Tätigkeit nicht zur Verantwortung gezogen würden; dies galt auch für Jelzin selbst. Putin war der enorme Reformbedarf des wirtschaftlich-politischen Systems Russlands, das zu dieser Zeit eine tiefe Krise durchlief, sicher schon in seiner Petersburger Zeit bewusst. Er hatte damals auch Sympathien für autoritäre Regierungen geäußert, wie sie in Lateinamerika errichtet worden waren. Im Laufe seiner nun über zwanzigjährigen Regierungstätigkeit haben sich seine politischen Äußerungen und Ansichten, aber auch sein Verhalten, signifikant in Richtung Autoritarismus weiterentwickelt.[30] Die massive Oligarchen-Bereicherung und Korruption unter Jelzin wurde durch Putin nicht abgeschafft, sondern ersetzt durch eine neue Form. Dies geschah einerseits durch eine rigide Unterordnung der Oligarchen unter seine eigene Macht. Wer sich unterordnete, musste immense Summen für Putins private Bereicherung zur Verfügung stellen. Wer dazu nicht bereit war, wurde wegen leicht nachweisbarer Korruption oder Ähnlichem eingesperrt oder musste ins Ausland fliehen.[31] Zum anderen beförderte Putin persönliche Bekannte aus seiner Schulzeit, seiner Tätigkeit beim Geheimdienst und in Petersburg in wichtige Positionen, oft auch nur als Strohmänner, wenn es darum ging, massive Geldflüsse zu

Kapitel 4: Putins Aufstieg, seine Netzwerke und der großrussische Nationalismus

seinen Gunsten zu verheimlichen. Dies zeigte Alexei Nawalny in seinem investigativen Film *Putin's Palast* schonungslos auf.[32] Nach Nicolas Hayoz und Wiktor Stepanenko kann man die Entwicklung Russlands unter Putin als Übergang von einer harten Autokratie zu einer personalisierten Diktatur mit totalitären Elementen beschreiben.[33] Diesem System werden von manchen Autoren faschistische Züge, vergleichbar mit Nordkorea, zugeschrieben. Diese Entwicklung kontrastierte extrem mit der grundsätzlichen Durchsetzung der Demokratie in der Ukraine, in welcher auch zivilgesellschaftliche Organisationen eine zentrale Rolle im Prozess der Transformation spielten.

Ein erheblicher Wandel zeigt sich auch in Putins außenpolitischem Auftreten, seinen Aussagen über die Rolle Russlands und seine Beziehungen zum Westen. Laut Leonid Wolkow war Putins erste Suada gegen die Weltherrschaft der USA bei der Sicherheitskonferenz in München 2007 eine Art Versuchsballon.[34] Als er sah, dass er damit seine Popularität steigern konnte, wurde dies zu einer zentralen Argumentation. Möglicherweise hatte Putin von da an insgeheim auch zunehmend Befürchtungen um sein Leben. So hatte er zur Zeit der Covid-19 Pandemie offenkundig panische Angst vor Ansteckungen (vielleicht auch vor Attentaten). Man konnte im Fernsehen beobachten, dass bei seinen Gesprächen mit ausländischen Politikern diese in großer Entfernung von ihm am anderen langen Ende eines meterlangen ovalen Tisches sitzen mussten. Von seinen privaten Lebensumständen gibt Putin wenig Preis. Es ist bekannt, dass er mehrere, teils üppig ausgestattete Privatresidenzen und (wohl aus Sicherheitsgründen) mehrere Büros besitzt und benutzt. Über den von ihm am Schwarzen Meer erbauten, riesengroßen und extrem teuren Palast veröffentlichte, wie bereits festgestellt, sein schärfster Kritiker Alexei Nawalny auf YouTube einen Film, der bis April 2023 125 Millionen mal aufgerufen wurde. Seither sah Putin Nawalny zweifellos als einen Hauptfeind. Er wurde schon seit 2011, dem Beginn seines Kampfes gegen Korruption verfolgt, seine Kandidatur als Präsidentschaftskandidat 2018 wurde verhindert. Nachdem 2020 ein Giftanschlag auf Nawalny fehlschlug und er nach der Behandlung in Berlin dennoch nach Russland zurückkehrte, wurde er zu langjährigen Haftstrafen verurteilt und in verschiedenen Straflagern inhaftiert. Zuletzt befand er sich in einer Strafkolonie in Westsibirien in einer Isolationszelle und extrem verschärften Haftbedingungen. Am 16. Februar verstarb er bei einem Spaziergang im Hof unter eisiger Kälte. Es steht außer Frage, dass man den Tod eines noch nicht vierzigjährigen, vorher sehr gesunden Mannes auf Haftbedingungen und Folter zurückführen muss und Putin selbst dafür verantwortlich ist.

Für die zunehmend autoritäre Ausrichtung im politischen Verhalten Putins waren zwei Erfahrungen im Laufe seiner Regierungskarriere von Bedeutung. Die erste war der immense Machtzuwachs, den er sich in seiner Funktion als Präsident verschaffen konnte. Putin war nach Einschätzung ausländischer Beobachter von Beginn an zwar alles andere als ein überzeugter Demokrat und sorgte dafür, dass seine Partei in den Wahlkämpfen stark bevorzugt wurde. Allerdings war seine Popularität in seinen beiden ersten Amtszeiten sehr hoch, vor allem infolge der positiven wirtschaftlichen Entwicklung. Auch führende ausländische Politiker, wie der britische Premier Tony Blair, EU-Kommissionspräsident Romano Prodi und natürlich der deutsche Ex-Kanzler Schröder, waren von ihm angetan.[35] Bei seiner dritten Wiederwahl (nach der interimistischen Präsidentschaft von Medwedew) 2012, die offenkundig mit Wahlfälschungen zusammenhing, gab es allerdings massenhafte Demonstrationen gegen ihn. Das gleiche geschah dann wieder am russischen Nationalfeiertag am 12. Juni 2017, als Alexei Nawalny zu einem Kampf gegen die durch Putin praktizierte und geförderte Korruption aufrief. In der Folge verhärtete sich Putins diktatorischer Kurs massiv; ab nun wurde jede Art von Demonstration verboten, Menschen werden schon bei geringsten, regierungsunfreundlichen Aktionen verhaftet. Heute herrscht in Russland eine Art Grabesstille, in der jede Art von kritischen Äußerungen und Verhaltensweisen mit Verhaftungen sanktioniert wird.[36] Machterhalt ist auch nach Meinung des Osteuropa-Historikers Karl Schlögel »die Triebfeder für alles, was Putin tut«.[37]

Für die Tatsache, dass sich das Verhalten, ja die ganze Persönlichkeit eines Spitzenpolitikers als Folge des Machtzuwachses entscheidend wandeln kann, gibt es auch zwei andere, aktuelle Beispiele, Recep Erdogan und Viktor Orban. Weiter unten werden wir daher einen kurzen Blick auch auf diese werfen.

Die zweite relevante Veränderung betraf die Beziehungen zwischen Russland und dem Westen. Auch diese kommt in Putins bekanntesten großen Reden deutlich zum Ausdruck.[38] In der mit *standing ovations* akklamierten Rede vor dem Deutschen Bundestag am 25. September 2001 betonte er die historisch alten und engen Beziehungen zwischen Russland und Deutschland, äußerte den Wunsch nach einer gesamteuropäischen Zusammenarbeit und bedauerte, dass für ein »gemeinsames Haus Europa« noch zu wenig Vertrauen zwischen den Ländern bestehe. Tatsächlich hatte sich im Laufe der 1990er Jahre eine hochbedeutsame Chance für eine neue Beziehung Russlands zu Westeuropa ergeben; darauf werden wir im folgenden Kapitel eingehen. Ganz andere Töne schlug Putin bei der Münchner Sicherheitskonferenz im Februar 2007 an.

Er attackierte darin vor allem die USA, denen er ein Streben nach Weltherrschaft, den völkerrechtswidrigen Einsatz militärischer Gewalt und den Aufbau eines neuen Raketenabwehrsystems vorwarf. Nun nahm er auch die NATO-Ausweitung nach Osteuropa (die er früher noch toleriert hatte) bis an die Grenzen Russlands ins Visier. In dieser Zeit war tatsächlich viel passiert: Die USA hatten 2001 nach dem Attentat in New York einen Krieg gegen Afghanistan begonnen und 2003 den Irak zum Sturz Saddam Husseins mit einem verheerenden Krieg überzogen. Diese militärischen Interventionen erfolgten ohne Genehmigung durch die UNO, der Irak-Krieg sogar ohne Unterstützung, ja sogar angesichts einer Ablehnung durch Deutschland und Frankreich. Am 28. November 2015 hielt Putin bei der UNO-Vollversammlung in New York eine Rede anlässlich des 70. Jahrestags der Gründung der Vereinten Nationen. Hier betonte er die Bedeutung der UNO, kritisierte aber, dass manche Länder (dabei meinte er wohl vor allem die USA) sie nicht mehr als relevant betrachteten. Stattdessen hätte es gewaltsame Eingriffe in Staaten auf dem Balkan, in Nordafrika und dem Nahen Osten gegeben, die verheerende Folgen hatten: die Zerstörung der staatlichen Strukturen, den Aufbau illegalen Handels mit Drogen und Waffen, den Aufstieg von Terroristen. Ein »Flirt mit Terroristen«, dem teilweise auch Russland gefrönt habe, sei aber verhängnisvoll. Russland unterstütze dagegen den Irak und Syrien, weil nur diese ihre internen Terroristen bekämpften. Tatsächlich kann die Unterstützung des syrischen Machthabers Bassar al-Assad 2015 als eine Vorläuferaktion des Einmarsches in die Ukraine gesehen werden. Auch der Arabische Frühling wurde von Putin als Bedrohung gesehen.[39] Er kritisiert die NATO, die – anstatt sich aufzulösen – sich nach Osten erweitert habe und die postsowjetischen Staaten vor die falsche Wahl gestellt hatte, sich für den Westen oder den Osten entscheiden zu müssen. Putin schlug vor, alle diese Probleme im Rahmen der UNO, der WTO und G20 gemeinsam zu diskutieren und zu lösen. Tatsächlich hatten die USA mehr oder weniger auf eigene Faust Interventionen u.a. in Jugoslawien und Libyen durchgeführt. In letzterem Land führten sie zu einem Staatsverfall, der bis heute verhängnisvolle Folgen hat (etwa durch den Anstieg der irregulären Migration über das Mittelmeer).

Die Ausschaltung der Demokratie: Der Überfall auf die Ukraine als Präventivschlag

Die zentrale Rolle der Demokratie als notwendige Rahmenbedingung für friedliches Handeln eines Staates steht im Fall Russland-Ukraine – in negativem Sinne – außer Frage. Hier müssen die russische Innenpolitik und das zweite Interesse Putins – die Sicherung seiner Macht – in Betracht gezogen werden. Bei seiner Übernahme des Präsidentenamtes 2001 befand sich Russland in einer tiefen wirtschaftlich-sozialen und politischen Krise. Diese versuchte Putin zunächst durch eine Festigung seiner innenpolitischen Position zu überwinden: Er zentralisierte die Verfassung, schwächte die föderalen Institutionen, entmachtete die Oligarchen und übernahm die Kontrolle über die Medien. Bei all dem wurde er durch seine Herkunftsinstitution des Geheimdienstes unterstützt. Dazu kam die Tatsache, dass der gesamte Behördenapparat der Sowjetunion von der Russischen Föderation übernommen wurde,[40] was zweifellos seine Ambitionen, die alten Verhältnisse teilweise wiederherzustellen, förderte. Putin agierte außenpolitisch zunehmend aggressiv, etwa durch die brutale Niederschlagung eines Aufstands in Tschetschenien und militärische Interventionen in Georgien und Moldawien. Dies geschah nicht zuletzt, um seine innenpolitische Machtposition zu stärken. In dieser Hinsicht ist vor allem Putins Gewaltbereitschaft relevant, die an seine Sozialisation im russischen Geheimdienst gemahnt. Sie trat bereits in den genannten Militärinterventionen in Tschetschenien, Georgien und Syrien zutage. Zuhause benutzt er skrupellos die Justiz, um missliebige Oligarchen loszuwerden.[41] Er scheute nicht davor zurück, oppositionelle Politiker vergiften oder gar ermorden zu lassen und, wenn dies nicht gelingt, sie auf unbestimmte Zeit in eines der über 600 Straflager Russlands einsperren zu lassen.

Es gibt kaum einen größeren Gegensatz als jenen zwischen der Außenpolitik von Gorbatschow und der von Putin. Gorbatschow hatte zwar keine Demokratisierung der sowjetischen Politik im Auge. Die durch ihn eingeleitete Öffnung und Transformation der sowjetischen Politik durch *Perestroika* (Umbau, Umgestaltung) und *Glasnost* (Offenheit, Transparenz) ab 1985 kann jedoch als ein entscheidender Schritt in diese Richtung gesehen werden. Ebenso weitreichend war seine außenpolitische Neuausrichtung. Sie führte dazu, dass die Sowjetunion ihre Truppen freiwillig aus Osteuropa abzog, die Absetzung des kommunistischen Regimes in den osteuropäischen Satellitenstaaten und in der Folge sogar die Unabhängigkeitserklärungen von zwölf Sowjetrepubliken akzeptierte. Putin versuchte, den Prozess der Demokratisierung umzudrehen. Ein erster Schritt dazu war die Verstaatlichung des einzigen privaten Fernsehsenders NTW 2001, also bereits im zweiten Jahr seiner ersten Amtszeit. Ein zweiter Schritt war die Aushöhlung des Föderalismus in der Russischen Föderation. Die »Föderationssubjekte« (89 regionale Gebietseinheiten) waren in den 1990er Jahren weitgehend autonom mit eigener Legislative und Budgets und geführt von starken Persönlichkeiten.[42] Durch eine radikale Steuerreform wurden die Staatsfinanzen zentralisiert, sodass die Regierungschefs der Regionen ab nun in Moskau um Mittelzuweisungen intervenieren müssen. Dies nimmt ihnen die alte Selbständigkeit und fördert Korruption.

Im Laufe dieser Jahre änderte sich allerdings auch die Haltung der Bevölkerung zu Putin. Nachdem er in seinen beiden ersten Amtsperioden als Präsident (2000–2008) noch breite Unterstützung genossen hatte, erreichte er seinen weiteren (verfassungsmäßig widerrechtlichen) Verbleib an der Macht durch zwischenzeitliche Übernahme des Amtes des Ministerpräsidenten und eine Wiederkandidatur als Präsident 2012. Der mutmaßlich gefälschte Erfolg bei dieser Wahl führte jedoch zu Massendemonstrationen in Moskau; auch die wirtschaftliche Lage verschlechterte sich wieder. Diese Entwicklungen dürften Putin schockiert und zu einer Kurswende veranlasst haben. So verschärfte er im Innern seine autokratische Führung und nahm gegenüber dem Westen eine zunehmend feindlichere, aggressive Haltung ein. Sie äußerte sich u.a. in einer Unterstützung rechtsorientierter Parteien in Westeuropa und diktatorischer Regimes in Afrika und im Nahen Osten (Syrien). Nach dem Antritt seiner vierten Präsidentschaft 2018 verfestigte Putin das auf sich persönlich zugeschnittene Machtsystem nochmals. Allerdings dürfte er auch Angst vor der Ansteckungsgefahr demokratischer Entwicklungen in der Ukraine und ansatzweise auch in Belarus gehabt haben. Dort gab es Proteste gegen die gefälschten Wahlsiege des seit 1994 regierenden Lukaschenko. Dieser würde sich ja ohne Putins Unterstützung kaum mehr an der Macht halten können. Die Beziehung zwischen Lukaschenko und Putin ist allerdings nicht friktionsfrei. So stellte sich Lukaschenko nicht voll hinter Putins Angriff auf die Ukraine, weil er befürchten musste, dass seinem Land irgendwann dasselbe widerfahren könnte.[43] Die autoritäre Wende von Putin steht in Europa (und darüber hinaus) allerdings nicht allein da. Betrachten wir kurz drei andere politische Herrscher mit einer ähnlichen Karriere.

Wie Macht korrumpiert: Zwei politische Zwillinge und ein Vorbild von Putin

Die These, die hier belegt werden soll, lautet, dass der Aufstieg und Wandel der politischen Persönlichkeit und des Verhaltens Putins einem typischen Muster folgt: Ein anfänglich im Rahmen der Gesetze verlaufende und erfolgreiche politische Karriere führt dazu, dass der mächtig Gewordene die Spielregeln des politischen Prozesses zunehmend zu seinen Gunsten ändert, die Opposition einschränkt oder ganz ausschaltet und die eigene Macht zementiert. Experimentelle Untersuchungen des Organisationsforschers John Antonakis (Universität Lausanne) zeigten, dass auch in Alltag und Berufsleben antisoziales Verhalten häufiger wird, wenn eine Person starke Macht besitzt.[44] Wohin Machtzuwachs und Machtmissbrauch in der Politik führen kann, zeigt sich auch, wenn man einen Blick auf drei mit Putin geistesverwandte heutige europäische Spitzenpolitiker wirft. Diese Persönlichkeiten sind auch deshalb relevant, weil sie durchwegs enge Beziehungen mit Putin unterhalten bzw. weil sie – insbesondere Lukaschenko – ihm als Vorbild gedient haben mögen. Zwei davon, Viktor Orban und Recep T. Erdogan, kann man als seine politischen Zwillinge bezeichnen.[45]

Der ungarische Ministerpräsident Viktor Orban (geb. 1963) hatte sich schon Ende der 1980er Jahre als Studierender für einen Abzug der sowjetischen Truppen ausgesprochen.[46] Nach der Wende wurde Orban Mitglied und dann Vorsitzender der Partei *Fidesz*. Diese sehr konservative, ungarisch-nationalistische Partei räumte radikal mit der kommunistischen Vergangenheit auf und sagte der in Ungarn herrschenden Korruption den Kampf an. Nach einer ersten Regierungsperiode (1998–2002) musste Orban allerdings abtreten, gewann die Wahl 2010 wie auch folgende Wahlen jedoch erneut (bis hin zu einer Zweidrittelmehrheit). Seither ist er ununterbrochen ungarischer Ministerpräsident – der am längsten dienende in der EU. Orbans Wahlsiege und große Demonstrationen für seine Politik (2012 demonstrierten Hunderttausende in Budapest gegen Einmischung westeuropäischer Politiker und tendenziöse Berichterstattung über Ungarn) dürften in ihm die Entstehung eines prinzipienlosen, machtorientierten Größenwahns gefördert haben. So ließ er in der Folge die Verfassung im Sinne einer Stärkung seiner Macht ändern und die Kompetenzen des Verfassungsgerichtshofes beschneiden. Zudem wurde die Pressefreiheit massiv eingeschränkt, die Wissenschaftsfreiheit begrenzt, Gesetze der EU missachtet. Orban selbst bezeichnet sein System als »illiberale Demokratie«.[47]

Eine sehr ähnliche Entwicklung lässt sich beim türkischen Ministerpräsidenten Recep Tayyip Erdogan (geb. 1954) beobachten.[48] Erdogan wirkte 1994 bis 1998 erfolgreich als Oberbürgermeister von Istanbul. Er durchlief eine islamisch-religiös geprägte Ausbildung und wurde Vorsitzender der stark konservativen Wohlfahrtspartei. Als diese wegen Nichtübereinstimmung mit der laizistischen Verfassung verboten worden war, wechselte er zur Tugendpartei. Aufgrund einer 1998 gehaltenen, hetzerischen Rede (darin verglich er Minarette mit Bajonetten, Kuppeln mit Helmen, Moscheen mit Kasernen) wurde er zu einer Gefängnis- und Geldstrafe verurteilt, die ihn vorübergehend von politischen Ämtern ausschloss. Da auch die Tugendpartei verboten wurde, gründete Erdogan die Gerechtigkeits- und Aufschwung-Partei (AKP), mit der er 2002 und in der Folge überragende Wahlsiege errang. 2003 wurde Erdogan Ministerpräsident, 2014 Staatspräsident. Inzwischen hatte allerdings sein zunehmend autoritäres Gehabe zu breitem Unmut in der Bevölkerung geführt. Dieser erzeugte 2013, ausgehend vom Taksim Platz in Istanbul, landesweite Proteste, die Erdogan massiv unterdrücken ließ. Korruptionsvorwürfe und der illegal errichtete Bau eines gewaltigen Präsidentenpalastes verstärkten den Unmut. Dieser führte 2016 zu einem Putschversuch des Militärs, der jedoch erfolglos blieb, da er keinen Rückhalt in der Bevölkerung besaß. Als Reaktion verhängte Erdogan den Ausnahmezustand, entließ 81.000 Personen aus dem öffentlichen Dienst und verhaftete zahlreiche Abgeordnete. 2017 wurde ein Verfassungsreferendum durchgeführt, das eine Präsidialrepublik installierte und Erdogan noch mehr Macht verlieh. Wohl nicht zuletzt aufgrund seiner nationalistisch-chauvinistischen Haltung, Reden und Aktionen (etwa gegenüber den Kurden) erhielt Putin auch bei den letzten Wahlen 2023 die Mehrheit. Allerdings begann für die türkische Wirtschaft eine massive Talfahrt, zum einen aufgrund der demokratiepolitischen Entwicklung, zum anderen aufgrund der persönlichen Eingriffe Erdogans in die Finanzpolitik. Erdogan bzw. die Türkei kann auch insofern mit Putin und Russland verglichen werden, als beide Länder die Erben viel größerer, im Grund kolonialistischer Reiche sind. Ihre Aggressivität rührt auch daher, dass der Anpassungsprozess an die neue, begrenztere Rolle nicht einfach ist.[49]

Man könnte noch weitere, ähnliche Beispiele für aktuelle politische Karrieren anführen, in denen Hybris zu Machtmissbrauch führte, wenn die Macht nicht durch starke demokratische Institutionen gebändigt wird. Ein besonders übler Fall waren Hugo Chavez und sein Nachfolger Nicolas Maduro in Venezuela, die ihr Land extrem heruntergewirtschafteten. So verließen in den letzten Jahren über sieben Millionen Menschen das Land, teils als Gegner der

Regierung, zum größeren Teil als Flüchtlinge vor purer Not. Betrachten wir abschließend aber noch ein echtes politisches Vorbild für Putin, den Präsidenten von Belarus.

Alexander Lukaschenko (geb. 1954) kann als der einzige politische Führer von postsowjetischen Republiken betrachtet werden, der zentrale Elemente des kommunistischen Systems beibehielt und weder Marktwirtschaft noch Demokratie zuließ.[50] Lukaschenko studierte Agrarwissenschaften und Geschichte und war 1975 bis 1982 in der Sowjetarmee tätig. Dann wurde er Sekretär der KPdSU und Direktor einer Sowchose. 1993 wurde er Vorsitzender einer Parlamentskommission zur Untersuchung von Korruption. Dieses Amt verlor er, wurde aber 1994 erstmals zum Präsidenten gewählt. Bereits bei dieser Wahl gab es Kritik wegen Unregelmäßigkeiten. Bei den folgenden fünf Wahlen zwischen 2001 und 2020 verstärkten sich diese Vorwürfe massiv. Um seine Amtsdauer unbegrenzt verlängern zu können, ließ er 2004 eine Volksabstimmung über entsprechende Verfassungsänderungen durchführen. Von Amtszeit zu Amtszeit wurde die Unterdrückung der Opposition schärfer, viele verschwanden hinter Gittern oder überhaupt von der Bildfläche. Höchst bezeichnend ist allerdings, dass demokratische Einstellungen in der belarussischen Bevölkerung zur gleichen Zeit von 32 % auf 47 % zunahmen.[51] Die EU und andere westliche Länder belegten Lukaschenko daher mit Sanktionen. Dass sich Lukaschenko hauptsächlich auf pure Gewalt stützt, wird augenfällig in einem Video, welches zeigt, wie er mit Schutzweste und einer Kalaschnikow in der Hand aus einem Hubschrauber aussteigt, zugleich umgeben von Sicherheitsmännern. Nach dem Antritt seiner vierten Präsidentschaft 2018 verfestigte Lukaschenko das auf sich persönlich zugeschnittene Machtsystem nochmals. Für den russischen Oppositionellen Leonid Wolkow ist Putin bei Lukaschenko in die Lehre gegangen: So übernahm er von ihm die Idee der Abhaltung eines Referendums zur Verlängerung der Amtszeit, das Ausstellen von hohen Rechnungen an Organisatoren von Protestveranstaltungen, die Verhaftung von Menschen, die (als Protestbekundung) ein weißes Blatt Papier in die Luft hielten.[52] Für Putin ist laut Wolkow Belarus ein Übungsplatz für das totalitäre Handwerk, ein Testlabor für Versuchsreihen zur Frage, wie viel man seinem Volk zumuten kann, bis es zu murren anfängt.

Alle diese Politiker haben einen ähnlichen geistigen und politischen Hintergrund, nämlich eine neokonservative bis neofaschistische Ideologie. Ihre Merkmale sind eine Ablehnung der Moderne, Rückbesinnung auf traditionelle Werte in Bezug auf Familie und Geschlechtsrollen, ein ethnisch basierter Nationalismus und natürlich eine negative Haltung zur Demokratie, zur Europäischen Union und zum zentralen politischen Wert der Freiheit.[53] Werte dieser Art spielen auch eine zentrale Rolle für die derzeit im Vormarsch befindlichen Rechten in Westeuropa wie Giorgia Melonis *Fratelli d'Italia*, Marine Le Pens *Rassemblement National* in Frankreich, Geert Wilders' *Partij voor de Vrijheid* in den Niederlanden und Herbert Kickls *Freiheitliche* in Österreich.[54] Dabei variieren ihre Programme je nach nationalen Problemlagen, was verhindert, dass sie im Europaparlament eine geschlossene, starke Fraktion bilden können. Die These des renommierten britischen Journalisten Paul Mason scheint nicht abwegig zu sein, dass es sich bei diesen Ideen, Bewegungen und Parteien um eine moderne, aktualisierte Version von Faschismus handelt.[55]

Der großrussische Nationalismus als Erbschaft des Sowjetimperiums?

Es besteht heute weithin die Befürchtung – vor allem in den postsowjetischen Staaten vom Baltikum über die Ukraine bis zu den Kaukasusrepubliken –, dass Putin die Sowjetunion wieder herstellen möchte. Sie ist nicht aus der Luft gegriffen. Schon 2005 bezeichnete er den Zerfall der Sowjetunion als »die größte geopolitische Katastrophe des 20. Jahrhunderts«. Diese Aussage bekräftigte er zwei Monate vor der Invasion in die Ukraine. Tatsächlich liefen die Bemühungen Putins zur Etablierung einer Eurasischen Wirtschaftsunion unter Einschluss der ehemaligen Sowjetrepubliken in diese Richtung.[56] Auch die militärischen Interventionen Putins in Tschetschenien und sein offenes und verstecktes Eingreifen in den georgischen Provinzen Abchasien und Süd-Ossetien sowie im moldawischen Transnistrien scheinen für eine sowjetrevisionistische Ambition zu sprechen. Dies ist aber unzutreffend. Der Hauptgrund für die Intervention in Abchasien und Südossetien war die Annäherung Georgiens an die NATO; in den beiden Provinzen sind weniger als 5 % der Bevölkerung ethnische Russen.

Manche Autoren sehen bei Putin einen Neokolonialismus am Werk.[57] Die Meinung, der Zerfall der Sowjetunion sei ein tragisches, für Russland verhängnisvolles Ereignis gewesen, teilen allerdings auch viele andere russische Politiker und ein großer Teil der russischen Bevölkerung. So schreibt der letzte, reformorientierte Direktor des KGB, Wadim Bakatin, der Zerfall der Sowjetunion habe in ihm das Gefühl eines »unersetzlichen Verlusts« erzeugt.[58] Die Befürchtung von Absichten Putins in dieser Richtung spielt natürlich eine Hauptrolle in der Forderung nach Stärkung der NATO, militärischer Aufrüstung der

Europäischen Union und wohl auch beim Beitritt Finnlands und Schwedens an die NATO.

Putin selbst war in hohem Maße um eine Legitimation seines Überfalls auf die Ukraine bemüht. Ein bezeichnendes Indiz dafür ist, dass er den Begriff einer »militärischen Spezialoperation« prägte. Die Verwendung des Begriffs Krieg wurde ebenso wie die »Verbreitung von Falschinformationen« über den Krieg unter Strafe gestellt. Ziel dieser Spezialoperation sei es, die russische Bevölkerung im Donbass zu schützen, die Führung in Kiew zu entnazifizieren und die Ukraine zu entmilitarisieren. Grundsätzlich steht dahinter Putins These, dass es sich bei der Ukraine um keinen wirklichen Staat bzw. Nation handle, seine Militäroperation daher keinen Krieg darstellen könne. Man muss aber alle Äußerungen von Putin ernst nehmen (was nicht heißt, sie als wahr oder legitim zu sehen). Eine Wiederherstellung der UdSSR hat er nie als Ziel verkündet. Was er dagegen zunehmend vertrat, war die These einer alten kulturellen und politischen Einheit des russischen Volkes, etwa in seinem Essay von 2021 mit dem Titel »Zur historischen Einheit von Russen und Ukrainern«. Dass er diesen Aufsatz veröffentlichte, bestätigt die Bedeutung des von Kant hervorgehobenen Elements der Publizität, eines Bedürfnisses der Legitimation wichtiger politischer Aktionen bei allen Herrschenden. In seinem Essay bestreitet Putin die Identität der Ukraine als eigener Nation. Diese teile mit Russland und Belarus ein gemeinsames Erbe und Schicksal, die prowestliche Orientierung der Ukraine sei nur Resultat westlicher Einflussnahme vom 16. Jahrhundert bis zur Gegenwart. In jüngster Zeit hätten ausländische Verschwörungen die Regierung der Ukraine Russland entfremdet. Nach Ansicht der Leiterin des Ukrainischen Instituts Deutschland, Kateryna Rietz-Rakul, braucht Russland die Ukraine als Spiegel für die eigene Legende, weil Zukunftspläne fehlen. Ukrainische Leistungen eigneten sich die Russen immer dann an, wenn es ihnen passte, unterdrückten sie ansonsten aber immer wieder. So habe es über die Jahrhunderte 300 Verbote der ukrainischen Sprache gegeben.[59]

Putin muss aus dieser Sicht als großrussischer Nationalist gesehen werden, der weniger der Sowjetunion nachtrauert als dem alten Russischen Reich.[60] Diese These wird auch einem informativen Aufsatz der Politikwissenschaftler Jules Fediunin und Helene Richard vom Pariser Institut für die Erforschung der orientalischen Sprachen vertreten und historisch belegt.[61] So wollten schon die Zaren eine großrussische Nation schaffen, deren Kern aus Russen, Weißrussen und Kleinrussen (Ukrainer) bestanden hätte. Ein Imperium im Sinne eines übernationalen Großreiches war jedoch nicht ihr Ziel. Die riesigen asiatischen Gebiete Russlands waren ja nicht so weit abgelegen und kulturell anders als die Kolonien von Großbritannien, Frankreich usw.; sie wurden ja selbst großenteils erst von Russen besiedelt. Auch dies legt nahe, dass es Putins Russland nicht um die Wiederherstellung der Sowjetunion geht, sondern nur um jene der alten »russischen Nation«. Dies wird auch von der Bevölkerung so gesehen. Umfragen in Russland zeigten, dass die Bewahrung der russischen Großmachtstellung als eine wichtige Leistung Putins gesehen wird.[62] Ein damit konsistente, originelle These hat der südkoreanische Politikwissenschaftler Bong-koo Kang im Rahmen einer Theorie der Dekolonisierung aufgestellt.[63] Demnach setzte die Sowjetunion den Quasi-Imperialismus des Zarenreiches fort. Erst mit dem Zerfall der Sowjetunion musste er aufgegeben werden. Die Russische Föderation kann als postimperialistischer Staat betrachtet werden, der den Prozess einer defensiven Dekolonisierung durchläuft: Sie musste ihre imperialen Ambitionen in Europa aufgeben und wird vom Westen auch nicht mehr als gleichwertiger Partner angesehen. Hier musste Russland eine ähnlich schmerzliche Erfahrung machen wie nach 1945 Portugal, Frankreich und Großbritannien, die ihre Kolonien nur widerwillig und zum Teil nach blutigen Kämpfen freigaben. Russland sieht sich daher zusehends als »besiegte Festung« und versucht daher, auf seiner Position als wichtiges Zentrum in Eurasien zu beharren. Die NATO-Annäherung von Georgien 2008 wurde daher als Bedrohung in der unmittelbaren Nachbarschaft gesehen und veranlasste Putin zur Intervention in den abtrünnigen Provinzen Abchasien und Südossetien; der Anteil der ethnischen Russen in diesen beträgt weniger als 5 %.

Aus dieser Sicht ist auch die völkerrechtswidrige Invasion auf der Krim ähnlich zu sehen. Sie ist nicht als Ausdruck eines expansiven Neoimperialismus Russlands zu verstehen, sondern als Abwehrstrategie zur Sicherung eines neutralen Umfelds. Der Einmarsch in die Ukraine war eine gewaltsame Lösung eines Problems zwischen der Ukraine und Russland, das bei ihrer Unabhängigkeitserklärung 1991 offen geblieben war. Das von Präsident Poroschenko im Juni 2014 unterzeichnete Assoziierungsabkommen mit der EU war der Auslöser für die Interventionen in der Ukraine. Dass Russland nicht neoimperialistische Ziele verfolgt, sondern das Russische Reich durch neutrale Zwischenzonen absichern will, zeigt laut Kang auch die Tatsache, dass es sich die ethnisch nichtrussischen Regionen Südossetien, Abchasien und Transnistrien nicht einverleibt hat, wie etwa Teile des Donbass. Die Krim ist für Russland besonders relevant, weil sie neben ihrer strategischen Bedeutung auch ein zentraler Teil des kollektiven Gedächtnisses Russlands ist. Auf ihr fochten die Russen mehrfach große, aber auch ruhmreiche Kriege gegen das Osmanische Reich. Vor allem der blutige Krimkrieg (1853–1856) zwischen Russland und dem Osmanischen Reich dürfte als nachhaltige negative Erfahrung dem kollektiven Gedächtnis Russlands verhaftet geblieben sein. Russland verlor diesen Krieg infolge des Eingreifens von Frankreich und Großbritannien (die eine Expansion Russlands auf Kosten des Osmanischen Reiches verhindern wollten) und der Drohungshaltung Österreich-Ungarns. Russland musste seinen Anspruch auf eine militärische Großmacht aufgeben.[64]

In diesem Zusammenhang erscheint es angebracht, auf eine frappierende Parallele zwischen dem Verhalten von Putin und jenem des serbischen Politikers Slobodan Milosevic (1941–2006) hinzuweisen. Auch das kommunistische Jugoslawien war, wie die Sowjetunion, ein Vielvölkerstaat. Darin nahmen die Serben eine dominante Rolle ein, auch wenn diese nicht so stark war wie jene der Russen in der UdSSR und der Föderalismus in Jugoslawien eine reale und relevante Institution darstellte. Im Zuge der tiefen wirtschaftlichen Krise der 1980er Jahre und der Demokratisierungstendenzen in verschiedenen Teilrepubliken gelang es Milosevic, einem hartgesottenen kommunistischen Parteifunktionär, seine Macht auszuweiten. So schaltete er als Vorsitzender der Serbischen kommunistischen Partei die innerparteiliche Opposition aus, unterhöhlte den autonomen Status der autonomen Provinzen Kosovo und Vojvodina und setzte ihm getreue Politiker an deren Spitze. 1989 wurde er zum Präsidenten der Teilrepublik Serbiens gewählt. Er blieb dies bis 1997 und wurde anschließend bis 2000 Präsident der Bundesrepublik Jugoslawien.[65] In dieser Zeit wandelte sich Milosevic vom Kommunisten zu einem aggressiven Serbo-Nationalisten. Es gelang ihm, durch militante Reden und strategisch geplante Massenveranstaltungen Stimmung gegen die Autonomiebestrebungen des Kosovo zu machen und sich als Beschützer der serbischen Minderheiten in den Teilrepubliken darzustellen. Die Vorgangsweise von Milosevic glich weitgehend jener, die Putin seit etwa 2010 anwendet. Sie kann durch vier Merkmale charakterisiert werden: Durchsetzung einer weitgehenden Medienkontrolle; Reduktion aller Konflikte und Beziehungen auf das Freund-Feind-Schema; Verrat an alten Gefährten; Installation eines Netzwerks von Vertrauten und Mitakteuren.[66] Als Folge der Unterminierung der föderalen Struktur Jugoslawiens entstand in den anderen Teilrepubliken große Besorgnis. So trennte sich zuerst Slowenien 1989 vom kommunistischen System und erklärte 1991 seine Unabhängigkeit, gleich darauf auch Kroatien. Während die jugoslawischen Truppen aus Slowenien ohne große Kampfhandlungen abzogen, entwickelte sich die Situation in Kroatien und Bosnien-Herzegowina in dramatischer Weise, vor allem weil sie auch eine serbische Bevölkerung hatten. In Kroatien organisierten militante Vertreter der serbischen Minderheit (rund 250.000 Personen) großserbische Demonstrationen. Auf sie reagierte die kroatische Regierung unter Franjo Tudjman (einem General der jugoslawischen Armee im Zweiten Weltkrieg, der sich zum Kritiker des kommunistischen Systems entwickelt hatte) mit der Einführung von Kroatisch als Amtssprache und der Herabstufung der Serben auf den Status einer Minderheit. Gravierend war, dass die von Tudjman geführte HDZ (Kroatische Demokratische Gemeinschaft) eine gewisse Rehabilitierung der faschistisch-nationalistischen Ideologie Ustascha vollzog. Diese hatte unter der Schirmherrschaft des Nationalsozialismus 1941–1945 einen totalitären Staat errichtet, der u.a. Massaker an mehreren ethnischen Gruppen durchführte. Dies lieferte Milosevic das Argument, dass es beim Kampf gegen die Unabhängigkeit Kroatiens auch um die Verhinderung der Wiederauferstehung faschistischer Kräfte gehe. Auch hier sind die Parallelen zu Putin unübersehbar.

Der Angriff auf das »Brudervolk« der Ukraine kann nur vom westlichen Standpunkt aus als absurd bezeichnet werden. Putin hat ja immer wieder betont, dass er nicht das Volk der Ukrainer angreifen wolle, sondern lediglich ihre korrupten, nazistischen Führer. Hier kommt das zweite und dritte Motiv zum Tragen, Putins eigene Machtstellung und seine Wahrnehmung des Verhältnisses Russlands zum Westen. Am Anfang seiner Präsidentschaft scheint Putin tatsächlich an friedliche, ja freundschaftliche Beziehungen zum Westen gedacht zu haben. Seit der Rede auf der Münchner Sicherheitskonferenz 2007 prangert er jedoch immer wieder, wie bereits festgestellt, die Tatsache an, dass heute eine monopolare Welt mit einem Machtzentrum – den USA – bestehe. Die Nato und insbesondere die USA hätten es vor allem auf eine Schwächung und Eindämmung Russlands abgesehen. Notwendig sei daher der Ersatz dieser monopolaren durch eine multipolare Weltordnung; ein zentraler Aspekt davon sei weltpolitische Anerkennung der Bedeutung Russlands. Dabei stützt sich Putin auf die Thesen des obskuren konservativ-nationalistischen Philosophen Alexander Dugin (geb. 1962). Dieser hatte u.a. in seinem Buch *Die Grundlagen der Geopolitik. Die geopolitische Zukunft Russlands* diesem die Rolle eines eurasischen Großreiches zugesprochen.[67] Angesichts solcher Ambitionen kann man wohl sagen, dass die Ausweitung der NATO und das auch von US-Präsident Obama offen geäußerte Urteil, Russland sei keine Weltmacht mehr, sondern höchstens eine »Regionalmacht«, zu einer tiefen Kränkung von Putin führte.[68] Der Spiegel bezeichnete diese Aussage von Obama als eine »Verspottung und Verhöhnung« Russlands.[69] Hier spielen bei Putin also nicht rational-interessenbezogene Gründe eine Hauptrolle, sondern auch Gefühle der Demütigung, von Hass und Rache.[70] Die Russlandexpertin Sabine Fischer spricht sogar von einer kollektiven Kränkung der gesamten russischen Elite als Folge des Verlustes des Weltmachtstatus; damit habe die Wende gegen Amerika begonnen. Weniger nachvollziehbar ist jedoch die These von Fischer, es sei unverständlich, dass die NATO von den russischen Eliten nun als Relikt des Kalten Krieges gesehen werde, sei sie doch vorher nur ein westliches Militärbündnis gewesen.[71] Historisch ist es ein Faktum, dass die NATO 1949 explizit als ein gegen die Sowjetunion gerichtetes Militärbündnis gegründet worden war.

Richtig an der These vom Verlust des Weltmachtstatus Russlands ist, dass seine wirtschaftliche Leistung weit zurückgefallen ist. Sein Bruttoinlandsprodukt ist vergleichbar mit jenem von Kanada und Italien und liegt deutlich hinter dem von Großbritannien und Frankreich.[72] Vor allem Russlands einseitige Abhängigkeit von Erdöl- und Erdgasexporten als Einnahmequelle und die Unfähigkeit, eine eigene produktive und wettbewerbsfähige Industrie (mit Ausnahme weniger Sektoren, wie früher der Raumfahrt und heute der Rüstung) aufzubauen, stellen eine enorme wirtschaftliche Schwäche dar: Man kann von einer unausgewogenen, hybriden Ökonomie sprechen.[73] Man könnte auch sagen, dass Putin versuchte, die Schwäche der russischen Wirtschaft durch eine Art »Staatskapitalismus« auszugleichen.[74] Die starke Abhängigkeit von Rohstoffexporten ist auch eine Hauptquelle für hohe Korruption. Aber dennoch steckt hinter der These, Russland sei nur mehr eine Regionalmacht, eine starke Überheblichkeit; sie verkennt auch objektive Fakten. Russland ist immer noch das flächengrößte Land der Erde, das sich über den gesamten eurasischen Kontinent erstreckt, über immense Bodenschätze verfügt und – mit den USA – das mit Abstand größte nukleare Waffenarsenal besitzt. Seine technologischen Fähigkeiten in den vorgenannten Bereichen (Raumfahrt, Rüstung) gehören immer noch zur Weltspitze. Außerdem ist Russland eines der fünf Länder der Erde, die einen ständigen Sitz im Sicherheitsrat der Vereinten Nationen haben, womit es einen starken (wenn auch meist nur verhindernden) Einfluss hat.

Tiefe Kränkungen einer Persönlichkeit, aber auch eines ganzen Staates, können zu nachhaltigen Verhaltensveränderungen in negativer Hinsicht führen.[75] Es gibt viele historischen Beispiele für die Auslösung von Kriegen, in denen Kränkungen eine wesentlich Rolle spielten, wie der Philosoph und Soziologe Wilhelm Jerusalem[76] nach dem Ersten Weltkrieg betonte. Er konnte sich dabei auf Kant berufen, der in seinem Friedensessay festgestellt hat: »Völker, als Staaten, können wie einzelne Menschen behandelt werden« und: Ein

Staat »ist eine Gesellschaft von Menschen, über die niemand anders, als er selbst, zu gebieten und zu disponieren hat. Ihn aber, der selbst als Stamm seine eigene Wurzel hatte, als Propfreis einem anderen Staate einzuverleiben, heißt seine Existenz, als einer moralischen Person, aufheben«. Staatenwürde besteht laut Jerusalem – analog zur Menschenwürde nach Kant – darin, dass auch Staaten autonom und verantwortungsbewusst handeln und sich dabei an grundlegenden moralischen Richtlinien orientieren können bzw. sollten. Das Bewusstsein der Staatenwürde muss bei ihren Repräsentanten, aber auch bei allen Bürgern, vorhanden sein; die Würde selbst kann nie völlig verloren gehen. Die Staatenwürde ist nicht mit dem Ansehen eines Staates gleichzusetzen (wenngleich dieses eng damit verbunden ist). Dieses wird bestimmt vor allem von der Größe und Macht eines Landes und dem Nutzen, den er anderen verschafft. Staaten, die sich würdevoll verhalten, führen keine Kriege, die nicht von allen Bürgern als gerecht und unvermeidlich angesehen werden; sie weichen bei ihrer Kriegsberichterstattung nicht von der Wahrheit ab; und sie verzichten auf geheime Abmachungen mit anderen Staaten.[77] Friedfertigkeit und umfangreiche Leistungen eines Staates für seine Bürger sind Ausdruck einer solchen Würde. Die Bedeutung solcher Strukturen und Verhaltensweisen zeigt sich deutlich im internationalen Ansehen der verschiedenen Staaten, bei dem Länder wie Schweden, Norwegen, die Schweiz, Kanada und Japan ganz oben stehen. Die Beurteilung von Großmächten schwankt dagegen stark zwischen Ländern, je nachdem, ob diese ihnen selber eher freundlich oder feindlich gegenüberstehen.[78]

Die zunehmend feindselige Haltung Putins gegenüber der Regierung in Kiew ist allerdings von dieser selbst mitverursacht worden, wenngleich die Ukraine schon in der Sowjetunion schreckliche Erfahrungen machen musste, wie in Kapitel 1 dargestellt wurde. Nach ihrer Unabhängigkeitserklärung 1991 begann sich die Ukraine der NATO (Partnerschaftsvertrag 1995) und der EU (Partnerschaftsabkommen 1996) anzunähern. Darüber entwickelte sich innenpolitisch ein starker Konflikt zwischen russlandfreundlichen und westorientierten Politikern, repräsentiert durch die Präsidenten Janukowytsch und Juschtschenko. Nachdem ersterer 2004 durch eine Fälschung zunächst zum Wahlsieger erklärt worden war, gab es in Kiew große Demonstrationen (die sog. *Orange Revolution*), die schließlich zur Wiederholung der Wahl und zum Sieg Juschtschenkos führten. Bei der Verhärtung der innenpolitischen Fronten durch diese Ereignisse spielten auch enge Verflechtungen der Präsidenten mit wirtschaftlichen Oligarchen und Korruption eine Rolle.[79] Die Konflikte gipfelten in den Euromaidan-Demonstrationen 2012/13 gegen die

Nichtunterzeichnung des Ukraine-EU-Assoziierungsabkommens durch den nunmehrigen Präsidenten Janukowytsch. Dabei kam es zu gewaltsamen Ausschreitungen und Kämpfen zwischen zwei Lagern – ukrainisch-nationalistisch gesinnten Kräften einerseits und russlandfreundlichen Gruppen andererseits. In diesen Auseinandersetzungen griffen nicht nur in den abtrünnigen Oblasts im Donbass, sondern auch in Großstädten wie Kiew und Odessa gewaltbereite, bewaffnete ukrainische Gruppen die »Prorussen« an, wobei es Verletzungen und Todesopfer gab.[80] Die ukrainische Polizei agierte mit übertriebener Härte. Der Beginn des »Aufstands« der Sezessionisten im Donbass stand in direktem Zusammenhang mit den Euromaidan-Protesten. Nach Ukraine-weiten Umfragen im Dezember 2013 waren 45 % der Ukrainer gegen diese Demonstrationen, wobei sich allerdings große Differenzen zwischen Westen, Süden und Osten zeigten.[81] Seit dieser Zeit schwand in der Ukraine jede Kompromissbereitschaft mit Russland.[82] Auch das ukrainische Parlament trug zur Verhärtung der Fronten bei. Die neue Verfassung von 1996 hatte dekretiert: »Die Ukraine ist ein unitarischer Staat«, obwohl sich aufgrund seiner ethnisch-kulturellen Struktur eine föderale Verfassung nahegelegt hätte.[83] In dieser Verfassung heißt es auch: »Amtssprache in der Ukraine ist die ukrainische Sprache«. Dabei war zu dieser Zeit Russisch für gut ein Drittel der Ukrainer die Muttersprache; in den östlichen Provinzen war (und ist) es die vorherrschende Sprache. Die das Russische ausgrenzende ukrainisch-nationalistische Tendenz kam im Gesetz »Über die Gewährleistung des Funktionierens der ukrainischen Sprache als Staatssprache« von 2019 noch stärker zum Durchbruch.[84] Ihm zufolge müssen alle überregionalen Zeitungen auf Ukrainisch erscheinen; in Buchhandlungen müssen 50 % der Bestände ukrainisch sein; in Filmen, Fernseh- und Radiosendungen wird eine Erhöhung der Quote ukrainischer Produktionen gefordert; Staatsangestellte müssen alle Bürger zuerst ukrainisch ansprechen, ebenso wie die Angestellten in privaten Supermärkten, Banken usw. Verstöße gegen dieses Gesetz können angezeigt und in der Folge bestraft werden.[85] Dass sich dieses Gesetz direkt gegen das Russische wendet, ist schon daraus ersichtlich, dass Sprachen anderer Minderheiten (etwa von Krimtaren, Polen, Ungarn usw.) ausgenommen sind.

Festzuhalten ist hier, dass auch beim Konflikt zwischen den ukrainischen und prorussischen Kräften in der Ukraine die politischen Eliten die entscheidende Rolle spielten. Von einem ähnlichen Gegensatz in der Bevölkerung kann man in keiner Weise sprechen. In der Ukraine lebten die beiden Gruppen nicht nur in Sowjetzeiten, sondern auch seit 1991 mehr oder weniger friedlich zusammen. Dies gilt auch für die sozialen Beziehungen der Bürger zwischen der Ukraine und Russland: mehr als eine Million Ukrainer waren in Russland beschäftigt und für Hunderttausende Russen war die Krim eines der beliebtesten Urlaubsziele. Russische Literatur und Künstler waren in der Ukraine beliebt, ebenso wie umgekehrt. Dabei bestehen durchaus gewisse Animositäten zwischen den ethnischen Gruppen, auch gegenüber den Flüchtlingen aus der Ostukraine, die in die Westukraine kamen; solche gibt es jedoch in allen mehrsprachigen Ländern und sie allein führen nie zu gewaltsamen Auseinandersetzungen.

Wenn man den Überfall Putins auf die Ukraine als Ausdruck seines Strebens nach Wiederherstellung des »Russischen Reiches« (*Russki Mir*) sieht, verliert auch die Befürchtung an Gewicht, er würde nach einem Erfolg in der Ukraine als nächstes andere postsowjetische Staaten, etwa die baltischen Länder, angreifen. Die gleiche Folgerung ergibt sich, wenn man den Ukrainekrieg als Stellvertreterkrieg sieht (vgl. Kapitel 6). Noch absurder erscheinen Befürchtungen, die nächsten Opfer von Putin könnten dann sogar Länder wie Deutschland und Frankreich sein. Selbst eine deutsche EU-Abgeordnete der Grünen, Viola von Cramon, vertritt diese Thesen; demnach sei der Angriff von Putin auf die Ukraine eine existentielle Bedrohung für die ganze EU; als Folge eines Sieges Putins in der Ukraine könnte der Autokratismus auch in die deutsche Gesellschaft einziehen.[86] Alle Militärstrategen sagen, dass schon ein Sieg Russlands über die Ukraine sehr unwahrscheinlich sei; wie kann man da glauben, Putin würde diese Schwäche Russlands nicht sehen und sogar Länder wie Deutschland oder NATO-Staaten angreifen?

Die Invasion der Ukraine als Reaktion auf die NATO-Osterweiterung

Putins Krieg gegen die Ukraine ist, wie schon mehrfach angedeutet, auch im Kontext seiner steigenden Gegnerschaft zur NATO und zu den USA zu sehen. Seine Invasion der Ukraine im Februar 2022 hat er unmittelbar vorher als Reaktion auf die Ausdehnung der NATO nach Osten, die Annäherung der militärischen NATO-Infrastruktur bis an die Grenzen Russlands, begründet.[87] Es werde in direkt an Russland angrenzenden Gebieten ein »feindlich gesinntes Anti-Russland geschaffen«, das von außen kontrolliert und mit Soldaten und Waffen vollgepumpt werde. Dies stelle eine Politik der Eindämmung Russlands durch die NATO und die USA dar. Ziel der »Spezialoperation« sei nicht die Beherrschung der Ukraine, sondern ihre Demilitarisierung. Die Besetzung der

Ukraine stelle auch eine Strafaktion dar, weil sich diese durch ihre Annäherung an den Westen aus der russischen Völkergemeinschaft entfernt und Russland verraten habe.[88] Gegen die Osterweiterung der NATO hatte Putin schon seit seiner Rede auf der Münchner Sicherheitskonferenz 2007 gewettert. Dabei hatte er damals eine Wende vollzogen: vorher hatte er etwa den Anschluss der baltischen Staaten an die NATO durchaus akzeptiert. Wieso kam es zu dieser Wende und welche Bedeutung kann man Putins Argumenten beimessen?

In der westlichen Diskussion wird diese These von den meisten zurückgewiesen, vor allem mit dem Argument, dass die NATO kein aggressives Militärbündnis darstelle, sondern lediglich ein Verteidigungsbündnis. Dies ist zweifellos richtig und es wäre absurd anzunehmen, die NATO hätte mit der Ostexpansion militärisch einen Angriff auf Russland vorbereitet. Aber die NATO-Osterweiterung ist auch unter dem in Kapitel 1 angesprochenen geopolitischen Aspekt zu sehen. Für die Sowjetunion stellten die osteuropäischen Warschauer-Pakt-Staaten ein Vorfeld bzw. eine Sicherheitszone dar. Die zentrale Frage ist nicht – wie des Langen und Breiten diskutiert wurde –, ob der Westen Russland versprochen hat, die NATO nicht nach Osten auszudehnen oder nicht. De US-Historikerin Mary E. Sarotte hat in ihrem Bestseller *Nicht einen Schritt weiter nach Osten* belegt, dass dies der Fall war.[89] Allerdings gab es dazu keine schriftliche Abmachung, sodass sich niemand daran gebunden fühlen musste. Die Osterweiterung wurde zuerst auch von deutschen Politikern wie Kohl und Genscher abgelehnt, Francois Mitterand und Vaclav Havel hatten sogar von einer Auflösung der Militärblöcke und einer Demilitarisierung ganz Europas gesprochen. Selbst namhafte amerikanische Politiker[90] und Politikwissenschaftler (wie George F. Kennan) waren der Meinung, dass die NATO-Erweiterung eine Fehlentscheidung war. Die Erweiterung wurde dann aber von der Clinton-Regierung forciert, nicht zuletzt auf Druck von republikanischer Seite. Entscheidend ist vielmehr, dass die rasche Ausweitung der NATO auf die mittelost- und südosteuropäischen Länder ab 1999 tatsächlich stattfand.[91] Höchst bezeichnend für das Verhältnis Eliten-Bevölkerung ist, dass in der Ukraine selbst nur eine Minderheit (ca. 20 %) für den NATO-Betritt war, die US-Politiker daher empfahlen, dort entsprechende Aktionen zu starten, um dies zu ändern.[92] Putin war beileibe nicht der Erste, der hierin ein massives Problem sah. Auch Gorbatschow und Jelzin hatten die NATO-Osterweiterung bereits sehr kritisch beurteilt.

In diesem Zusammenhang muss man auf die vom seinerzeitigen US-Präsidenten James Monroe 1823 erlassene Monroe Doktrin verweisen (wir kommen in Kapitel 8 nochmals auf sie zurück). Diese Erklärung stellte fest, dass sich die USA jedem Versuch europäischer Mächte widersetzen würden, sich in innere Angelegenheiten der neuen südamerikanischen Staaten einzumischen. (Interessanterweise wurde diese Feststellung auch an die Regierungen von Russland und Großbritannien adressiert).[93] Die Doktrin richtete sich zwar vor allem gegen neokolonialistische Bestrebungen europäischer Staaten, wurde im Laufe der Geschichte aber von den USA selbst für eine Reihe von völkerrechtswidrigen Interventionen in Lateinamerika herangezogen. Dabei wurden mehrfach auch demokratisch gewählte, den USA aber nicht genehme Regierungen abgesetzt.[94] Dabei war ein Motiv der USA, in Lateinamerika Regierungen zu verhindern, die sich mit der Sowjetunion verbündeten. Der bekannteste Fall war die Kubakrise 1962, als die Sowjetunion begann, auf Kuba Raketenabschussrampen zu stationieren. Auf massiven Druck der USA unter Kennedy (einschließlich der Drohung Atombomben einzusetzen) zogen sie diese wieder ab. Wie stark waren die USA damals bedroht und wie sieht es mit der Bedrohung Russland durch die NATO-Osterweiterung aus? Havanna, die Hauptstadt Kubas, ist 1800 km von Washington entfernt; die Distanz zwischen Talinn, Riga und Kiev einerseits, Moskau andererseits beträgt wenig mehr als 800 km. Auf modernste Raketen, die aus den baltischen Ländern abgeschossen würden, könnte Russland kaum rechtzeitig reagieren.

Auch die Annexion der Krim im Jahre 2014 ist als russische Sicherungsmaßnahme zu sehen. Sie erfolgte nicht zuletzt als Reaktion auf Ankündigungen der Regierung in Kiew, den Vertrag über die Nutzung des wichtigen Militärhafens Sewastopol durch Russland zu kündigen. Die Krim gehörte schon seit Jahrhunderten zu Russland. Sie wurde 1991 von Chruschtschow der Ukraine geschenkt mit dem Vorbehalt, dass die russische Schwarzmeerflotte weiterhin im Hafen Sewastopol stationiert bleiben dürfe. Im Rahmen der Ukraine besaß sie einen Sonderstatus und sie war auch großenteils von ethnischen Russen bevölkert. 2008 hatte allerdings Präsident Juschtschenko die Auflösung des Krim-Vertrages angedroht (er wurde dann allerdings 2010 bis 2042 verlängert). Der Hafen Sewastopol und die Krim besitzen für Russland geopolitisch und auch wirtschaftlich eine enorme Bedeutung, nicht nur wegen der Kriegsflotte, sondern auch als Handelsbasis zum Schwarzen Meer und Mittelmeer. Aus all diesen Gründen waren die westlichen Reaktionen auf die illegale Besetzung und Annexion der Krim durch Russland im Jahre 2014 relativ verhalten. Die Krim war seit jeher auch ein wichtiges Ziel russischer Touristen. Wir werden in Kapitel 8 auf diese Frage zurückkommen.

Kapitel 5: Wie der Westen eine welthistorische Chance für dauerhaften Frieden in Europa vergab

»Man könnte, in freier Kommentierung Max Webers, hinzufügen, dass die Historiker dazu neigen, die Vergangenheit als schicksalhaft und die Zukunft als unbestimmt zu bezeichnen. Diese beiden Aussagen widersprechen sich aber. Die Zeit ist eine homogene Einheit. Unsere Vergangenheit war die Zukunft anderer Menschen [...]. In der Theorie lässt sich sowohl Vergangenheit als auch die Zukunft kausal deuten [...]. Das komplexe Ereignis war stets das gleichzeitige Ergebnis einer großen Zahl von Einzelumständen. In den bedeutsamsten Augenblicken der Geschichte hat stets ein Mann die Entscheidungen getroffen. Desgleichen werden morgen andere Menschen entscheiden.«
Raimond Aron (1905–1983), französischer Politikwissenschaftler und Soziologe[1]

Die entscheidenden Weichenstellungen für den Krieg in der Ukraine erfolgten nach dem Zerfall des sowjetischen Imperiums. Die Entwicklung dahin war keineswegs zwangsläufig. In der ersten Hälfte der 1990er Jahre gab es eine einmalige Chance zu einer friedlichen Koexistenz in Europa, ja sogar zu einer Partnerschaft zwischen der NATO und Russland. Dabei waren sowohl die situativen Umstände wie die politischen Akteure entscheidend. Ein Hauptgrund dafür, dass diese Chance verpasst wurde, war die Ungeduld wichtiger politischer Akteure. Dieses Faktum der Zeit, das selten gesehen wird, spielt bei vielen politischen Umbrüchen eine ausschlaggebende Rolle. Den ersten Anstoß dazu, dass diese Chance ungenutzt verstrich, gab Deutschland, dessen Bundeskanzler Kohl massiv auf eine sofortige Wiedervereinigung drängte. In der Folge strebten die bis dato unter sowjetischer Herrschaft stehenden mittelosteuropäischen Länder einen NATO-Beitritt an. Dieser wurde sehr bald erreicht, obwohl US-Präsident Clinton zunächst dagegen war und obwohl es gegenteilige mündliche Zusagen an Russland gegeben hatte. Diese Aktionen führten schließlich zu einer radikalen Wende in Rhetorik und Verhalten des russischen Präsidenten Putin und, als Folge seines Überfalls auf die Ukraine, zu einem neuen Kalten Krieg. Die rasche Wiedervereinigung Deutschlands unter westlichen Auspizien führte auch zu erfolgreichen Bemühungen der postkommunistischen zentraleuropäischen (Visegrad-)Länder und der baltischen Staaten zur Aufnahme in die NATO. Die Chancen für einen Ausgleich der Spannungen zwischen dem Westen und Russland und der Herstellung von Sicherheit für die Ukraine wurden schließlich vertan auch durch innere Spaltungen in der Ukraine selbst, die mit Gewalt und Toten verbunden waren.

Eine einmalige Chance für die Schaffung eines friedlichen Europa vom Atlantik bis zum Ural

Nach der Auflösung der Sowjetunion stellte sich für den Westen und insbesondere die nordatlantische Verteidigungsunion NATO die Frage, was mit den mittelosteuropäischen Staaten geschehen solle. Es gab zwei Möglichkeiten: ihren möglichst raschen Anschluss an die NATO, also die westliche Allianz, oder die Schaffung einer neuen Sicherheitsarchitektur in Europa, die auch Russland einbezog. Die NATO war am 4. April 1949 zwischen neun west- und südeuropäischen Staaten, den USA und Kanada ausdrücklich als Verteidigungsbündnis gegen die Sowjetunion gegründet worden, die zu dieser Zeit im größten Teil Osteuropas Truppen stationiert hatte. Nach dem Zerfall der Sowjetunion und der Auflösung des Warschauer Paktes hätte sich eigentlich eine Auflösung der NATO nahegelegt. Diese weitreichende Option wurde allerdings von niemandem ins Spiel gebracht. Es bildeten sich rasch zwei andere Vorstellungen bzw. Lager heraus: Auf der einen Seite standen amerikanische Spitzendiplomaten (wie James Baker, George Kennan), aber auch europäische Politiker wie der französische Präsident Mitterand. Sie favorisierten eine europaweite neue Sicherheits- und Bündnisstruktur.[2] Diese Idee hatte schon Präsident Franklin Roosevelt vertreten. Sie wurde 1993 im Vertrag einer Partnerschaft für Frieden (*Partnership for Peace* – PfP) konkretisiert. Gedacht war an eine friedenserhaltende Organisation, die allen osteuropäischen Ländern, einschließlich Russlands, zwar keinen sofortigen Beitritt zur NATO, aber doch die langfristige Option eines solchen bot. Diese Idee beinhaltete große Vorteile: Es mussten nicht ausreichend vorbereitete Länder nicht gleich in die NATO aufgenommen werden und sie hätte positive Beziehungen zwischen West- und Osteuropa erzeugt und keine neue Grenzlinie in Europa errichtet.

Wichtig war, dass auch die Ukraine, in der umfangreiche Bestände an Atomwaffen stationiert waren, an einer solchen Organisation von Anfang an hätte teilnehmen können. Durch ihre enge Verbindung mit Russland war es für sie viel schwieriger, sich eindeutig für den Westen zu entscheiden als für die Visegrad-Länder (Polen, Tschechoslowakei, Ungarn). Der Plan der Partnerschaft für Frieden wurde von Präsident Clinton übernommen und er konnte sie auch dem russischen Präsidenten Jelzin schmackhaft machen, der sie sogar begeistert akzeptierte. Gegen sie entstanden jedoch massive Widerstände von Seiten konservativer und rechter amerikanischer Diplomaten und politischer Berater (wie Zbigniew Brzezinski, Richard Holbrooke, Henry Kissinger). Aber es entstand auch ein Druck von Seiten der renommierten Präsidenten der Visegrad-Staaten (insbesondere Lech Walesa und Vaclav Havel), rasch in die NATO aufgenommen zu werden, um Sicherheit gegenüber Russland zu erlangen. Sie konnten den US-Präsidenten tatsächlich umstimmen. Dabei spielte auch die Tatsache eine Rolle, dass Jelzin autoritäre Anwandlungen zeigte. Er ließ 1993 das Parlament in Moskau beschießen, das seine Reformen blockiert und seine Absetzung gefordert hatte. Im Jahr darauf ließ er russische Soldaten in Tschetschenien einmarschieren, um deren Unabhängigkeitsbestrebungen zu unterbinden. Diese Ereignisse führten zu einem Sinneswandel im Westen. Bei einem Treffen am 1. Dezember 1994 verabschiedete die NATO eine Resolution, wonach die Erweiterung beschlossene Sache sei. Darüber geriet Jelzin in Zorn und unterzeichnete die PfP-Vertragsentwürfe nicht. Im Anschluss an ein Treffen zahlreicher Regierungschefs in Budapest gerieten Clinton und Jelzin offen gegeneinander; letzterer warf Clinton vor, einen »kalten Frieden« in Europa zu riskieren.[3]

Ab nun war die Idee der Partnerschaft für Frieden mit Einschluss Russlands gestorben, wenngleich sie auf dem Papier als Zusammenarbeit zwischen der NATO und einzelnen anderen Ländern bis heute weiter existiert.[4] Was kann man daraus lernen? Drei Punkte sind bemerkenswert. Zum ersten ist interessant, dass es keine einzelne, große treibende Kraft für oder gegen diese einmalige Idee einer umfassenden Friedensordnung in Europa gab. Es war auch nicht das US-Militär, welches die NATO-Osterweiterung allein vorangetrieben hätte. Dieses agierte eher bremsend, weil ein volle Beistandsverpflichtung für so viele neue, direkt an Russland angrenzende Länder als problematisch erschien. Der Plan der Partnerschaft für Frieden war sogar durch den aus Georgien stammenden US-Generalstabschef John M. Shalikashvili entwickelt worden. Zum Zweiten: Wenn das Militär auch nicht direkt für die NATO-Erweiterung agierte, war doch der militärische Welthegemon

USA die treibende Kraft dahinter. So stand etwa der einflussreiche Berater mehrerer demokratischer Präsidenten, Zbigniew Brzezinski (1928–2017), in der Tradition der realistischen Theorie internationaler Beziehungen, wenngleich er im Verhältnis zur Sowjetunion kein echter Hardliner war. Als noch härterer Vertreter dieser Haltung kann Henry Kissinger (1923–2023) bezeichnet werden, der für die Republikaner arbeitete. Die Karriere dieser zwei einflussreichen Berater und Politiker zeigt die Bedeutung von Ideen für die Politik; beide waren Professoren der Politikwissenschaft und Autoren zahlreicher Bücher. Zum Dritten ist evident, dass die russischen Präsidenten, von Gorbatschow und Jelzin bis Putin, durchaus ein hohes Interesse an friedlichen Beziehungen zum Westen hatten. Noch 1995 beklagte sich Gorbatschow darüber, dass er vom Westen getäuscht worden sei.[5]

Anzufügen ist hier, dass auch für die Ukraine nach der Erlangung der Unabhängigkeit ein Weg möglich gewesen wäre, der ihr viel erspart hätte. Die Ukraine befand sich – ähnlich wie Österreich und Finnland nach 1945 – in einer höchst schwierigen Lage zwischen dem Sowjetblock und dem Westen. Es hätte sich die Möglichkeit angeboten, dass sie sich für neutral erklärt hätte. Dies hätte auch den Mehrheitsmeinungen in der Bevölkerung entsprochen, die keine Angliederung an die NATO wünschte. Neutralität hätte eine für alle positive Lösung dargestellt; für die Ukraine, die sich wohl den Überfall Putins erspart hätte, für Russland und für den Westen, deren Sicherheit weiterhin gegeben, wenn nicht gestärkt worden wäre.[6]

Wiedervereinigung sofort – koste es, was es wolle. Ein Elefant im Porzellanladen

Der Zerfall des sowjetischen Imperiums begann schleichend als Folge der wirtschaftlichen Stagnation bzw. des Rückfalls gegenüber dem Westen. Er wurde stark befördert durch die massiven Protestbewegungen in Polen, wo die Gewerkschaft Solidarnosc unter Lech Walesa zehn Millionen Mitglieder rekrutieren konnte, durch Liberalisierungsschritte in Ungarn und durch immer stärker werdende Fluchtbewegungen und -versuche von DDR-Bürgerinnen in den Westen. Diese erreichten ihren Höhepunkt, als Ungarn im September 1989 für die DDR-Flüchtlinge seine Grenzen zu Österreich abzubauen begann. Der Fall der Berliner Mauer kurz darauf, am 9. November 1989, war dann der Durchbruch, ein welthistorisches Ereignis. Der entscheidende politische Hintergrund für diese Entwicklungen war der Aufstieg von Michail

Gorbatschow 1985 an die Spitze der Kommunistischen Partei der Sowjetunion. Er initiierte mit Glasnost und Perestroika im Innern der UdSSR einen revolutionären Umbruch und setzte auch außenpolitisch auf ein völlig neues Verhältnis, auf gegenseitiges Verständnis, Ausgleich und positiv-friedliche Beziehungen. Wie unerwartet diese Umbrüche auch für Deutschland waren, zeigt die Tatsache, dass die Wiedervereinigung selbst den meisten Deutschen immer mehr nur als ein ferner, irrealer Traum erschienen war. Es war Gorbatschow, der mit seiner Äußerung, die Deutschen könnten selbst über ihr Schicksal bestimmen, die Wiedervereinigung ermöglichte. Gorbatschow selbst hielt diese um 1987 noch für etwas, was vielleicht in hundert Jahren eintreten könnte, wogegen sich »jeder realistische Politiker einzig und allein daran [d.h. der Tatsache, dass es zwei deutsche Staaten gebe] orientieren« könne.[7] Im geteilten Deutschland war der Eiserne Vorhang zwischen West- und Osteuropa natürlich am stärksten sichtbar und spürbar. So erkannte Helmut Kohl, deutscher Bundeskanzler von 1982–1998, eine einmalige Chance, die er auch nutzte – allerdings in einer Weise, hinter die man angesichts der nachfolgenden Entwicklung ein großes Fragezeichen setzen muss.

Die Abfolge der Ereignisse in diesem Zusammenhang hat die US-Historikerin Mary Elise Sarotte in ihrem Bestseller zur NATO-Erweiterung (*Nicht einen Schritt weiter nach Osten*) packend dargestellt. Hier reicht es, die Hauptlinien dieser Entwicklung darzustellen. Der Fall der Berliner Mauer weckte die Aufmerksamkeit aller Spitzenpolitiker von Russland bis Amerika und sie überlegten fieberhaft, wie man darauf reagieren sollte. Russland ließ Kohl indirekt eine Mitteilung zukommen, wonach eine Wiedervereinigung nach einem Austritt der BRD aus der NATO vorstellbar wäre. Hierin sah Kohl jedoch ein riesiges Problem. Er nutzte die Gunst der Stunde und preschte stattdessen mit einem Zehn-Punkte-Plan vor, den er vor dem Bundestag am 28. November 1989 präsentierte. Darin schlug er eine umfassende Zusammenarbeit zwischen BRD und DDR vor, bis hin zur Schaffung einer föderativen Struktur. Auf diese Rede hin gerieten nicht nur Gorbatschow und sein Außenminister Schewardnadse in Wut, auch US-Präsident Bush und der französische Präsident Mitterand und waren über ihre Nichtkonsultierung wenig erbaut, ja sogar verletzt. Die britische Premierministerin Thatcher blieb gegenüber der deutschen Wiedervereinigung grundsätzlich skeptisch. US-Präsident Bush gab Kohl jedoch zu dessen eigener Überraschung schließlich die Zustimmung. Im Dezember 1989 reiste Kohl in die DDR, wo ihm auf einer Rede in Dresden eine Menschenmasse einen triumphalen Empfang bereitete. Dieses Ereignis und der nachfolgende Wahlsieg der CDU in der DDR im März 1990 eröffneten Kohl dann die

Möglichkeit, die Einigung nun viel rascher voranzutreiben, als er selbst beabsichtigt hatte.

In diesem Zusammenhang stellt sich die vieldiskutierte Frage, welche Zusagen Kohl und seine Partner Gorbatschow machten, um dessen Zustimmung zur Einigung zu erreichen. Für den Westen, vor allem für die USA, war die Möglichkeit eines Zusammengehens Deutschlands mit Russland durch eine Neutralitätserklärung Deutschlands ein Alptraum. Das heikelste Problem war die Tatsache, dass in der DDR nahezu eine halbe Million sowjetischer Soldaten stationiert waren. Die Frage war, was nach deren Abzug passieren würde, ob das Gebiet der DDR in die NATO eingegliedert würde. Der deutsche Außenminister Genscher schlug vor, die NATO aus dem Gebiet der DDR herauszuhalten und diese auch nicht auf die mittelosteuropäischen Warschauer-Pakt-Staaten auszudehnen. Der hochangesehene tschechoslowakische Präsident Vaclav Havel (er war der prominenteste Regimekritiker in der CSFR gewesen und hatte fünf Jahre in Haft verbracht), schlug sogar vor, dass ganz Europa frei von fremden Truppen werden sollte. Auch US-Außenminister James Baker versicherte, es könne ausgeschlossen werden, dass NATO-Truppen im Osten Deutschlands stationiert würden, die »Jurisdiktion der NATO« sich nicht weiter nach Osten ausdehnen würde.[8] In einem Gespräch mit Gorbatschow in Moskau betonte dieser, eine Ausdehnung der NATO sei inakzeptabel. Bei einem Besuch Kohls in Moskau im Februar 1990 stellte auch Kohl neuerdings fest, eine Ausdehnung der NATO nach Osten werde nicht stattfinden. Als Gorbatschow äußerte, die beiden deutschen Staaten könnten selbst über ihre Zukunft bestimmen, interpretierte Kohl dies als Zugeständnis zur Wiedervereinigung, organisierte sofort eine Pressekonferenz und verkündete es öffentlich. Damit hatte er einen entscheidenden Pflock eingeschlagen und die weitere Agenda bestimmt. Seine Partner in Ost und West waren über diese Aussagen allerdings neuerlich schockiert bzw. stark beunruhigt. In der deutschen Innenpolitik konnte Kohl die Wiedervereinigung, wie oben dargestellt, dann sehr schnell durchziehen; sie erfolgte am 3. Oktober 1990. Die Sowjetunion wurde durch Milliarden-Zahlungen für den Truppenabzug und die Neuausrichtung und Umschulung der Soldaten entschädigt bzw. »besänftigt«.[9]

Es geht hier nicht darum, die Bedeutung Kohls für die Wiedervereinigung herabzusetzen und noch viel weniger darum, diese grundsätzlich in Frage zu stellen oder zu argumentieren, sie hätte mit einer Erklärung der Neutralität Deutschlands verbunden werden sollen. Problematisch waren jedoch das Tempo und die Art der Wiedervereinigung, wie sie von Kohl durchgepeitscht wurden, sowohl für Deutschland als auch für die West-Ost-Beziehungen.

Man könnte sagen, dass Kohl mit seiner Vorgangsweise Gorbatschow über den Tisch zog und seine westeuropäischen Partner nahezu brüskierte. In sein Verhalten passt auch die vom Spiegel aufgedeckte Tatsache, dass Kohl im Geheimen aktiv versucht hatte, die Abrüstungsinitiativen von Gorbatschow zu bremsen.[10] Kohl schlug sogar die Stationierung neuer US-Atomraketen in Europa vor. Gorbatschow dürfte diese Haltung Kohls gespürt haben, denn er zeigte sich ihm gegenüber meist kühl. Kohl musste seinen Widerstand gegen den Abrüstungsvertrag INF, der die Aufstellung von Mittelstreckenraketen verbot, aufgeben, weil dieser von Reagan und von der starken deutschen Friedensbewegung unterstützt wurde. Für Deutschland selbst erwies sich die Wiedervereinigung unter den vereinbarten Bedingungen als weit schwieriger als erwartet. Sie war verbunden mit dem Niedergang der meisten Staatsbetriebe der DDR, hoher Arbeitslosigkeit und einem bis heute andauernden Ressentiment der ostdeutschen Bevölkerung gegen die »Abwicklung« und faktische Eingliederung in die Bundesrepublik.[11] Wichtig ist aber noch eine weitere Folge, die selten gesehen wird. Die erfolgreiche deutsche Wiedervereinigung unter den Auspizien der NATO (d.h. einer Eingliederung auch Ostdeutschlands in die NATO) führte dazu, dass nun auch die bereits von Polen, der Tschechoslowakei und Ungarn vorgetragenen Wünsche nach Mitgliedschaft in der NATO als realisierbar angesehen wurden. Durch den Zerfall der Sowjetunion im Jahre 1991 wurde der Weg dafür frei und die Option einer völlig neuen, umfassenden Friedensordnung in Europa hinfällig. Wichtig festzuhalten ist in diesem Zusammenhang (das auch das Verhalten von Putin später erklärt), dass in der Sowjetunion über dieses unglaubliche Entgegenkommen von Gorbatschow, das ihm den Friedensnobelpreis einbrachte, große Verbitterung herrschte.[12]

Angst in Mittelosteuropa: Charismatische politische Persönlichkeiten werfen ihr Gewicht in die Waagschale

Nach und neben der deutschen Wiedervereinigung waren die Bestrebungen der ehemals unter sowjetischer Kuratel stehenden mittel- und osteuropäischen Länder ein Hauptfaktor dafür, dass die Errichtung einer Partnerschaft zwischen dem Westen und Russland gescheitert ist. Wenn man von Osteuropa – früher hieß es der »Ostblock« – spricht, ist es notwendig, zwischen verschiedenen Gruppen von Ländern zu differenzieren. Dass dies nicht geschah und weiterhin unzureichend geschieht, ist mit ein Hauptgrund für die Missverständnisse und die Entstehung einer neuen Kluft zwischen Westeuropa und Russland. Es gibt hier drei Gruppen von Ländern: die Visegrád-Staaten, die ehemaligen Teilrepubliken der Sowjetunion, und schließlich Belarus und die Ukraine.

Den stärksten Druck auf Mitgliedschaft in der NATO übten die drei mitteleuropäischen Ländern Polen, Tschechoslowakei (die noch bis Ende 1992 bestand) und Ungarn aus. Sie sind auch als Visegrád-Gruppe bekannt. Diese Bezeichnung geht darauf zurück, dass im Jahre 1335 die Könige von Böhmen, Ungarn und Polen im ungarischen Visegrád am Donauknie nördlich von Budapest, nahe der ungarisch-slowakischen Grenze, zusammenkamen. Sie schlossen damals eine Vereinbarung über die Zugehörigkeit von Schlesien zu Böhmen. Am 15. Februar 1991 trafen sich die Präsidenten der drei Länder dort und erneuerten das »Bündnis« dieser Ländergruppe. Dieses besitzt zwar keine institutionellen Strukturen, aber die drei bzw. vier Länder treten doch hin und wieder (etwa im Rahmen der EU, jetzt einschließlich der Slowakei) politisch gemeinsam auf.[13] Dabei geht es vor allem um Fragen der Sicherheit und Migration (hier verfechten sie alle eine sehr restriktive Politik). Dass diese Länder den sowjetischen Einfluss sehr schnell loswerden und eine mögliche neuerliche Bedrohung durch Russland ausschalten wollten, ist leicht verständlich. Sie waren ja jahrhundertelang Teil des europäischen »Westens« (Böhmen und Ungarn im Rahmen der Habsburgermonarchie) bzw. eigenständige Königreiche gewesen. Polen-Litauen hatte sogar 1609–1618 einen teilweise erfolgreichen Krieg gegen Russland geführt. Dabei wurde es von ukrainischen Kosaken unterstützt (die von Russland bis heute als Verräter gebrandmarkt werden). Für diese drei Länder verursachte die Mitgliedschaft im sowjetischen Rat für gegenseitige Wirtschaftshilfe COMECON nicht nur einen Verlust an politischer Freiheit, sondern auch eine eindeutige Verzögerung ihrer wirtschaftlich-sozialen Entwicklung. So gab es in Ungarn 1956 und der Tschechoslowakei 1968 Reformbemühungen, die das Ende der kommunistischen Zentralverwaltungswirtschaft bedeutet hätten und zur militärischen Intervention des Warschauer Pakts, d.h. vor allem der Sowjetunion, führten. Es scheint, dass die realistische Theorie internationaler Beziehungen einen guten Erklärungsansatz für das Bestreben dieser drei Länder liefert. Demnach wurde, insbesondere von Polen, der NATO-Beitritt angestrebt, um die ungesicherte Situation, die nach dem Zerfall der Sowjetunion entstand, zu beseitigen. Von manchen wurde selbst Deutschland noch als potentiell bedrohliches, feindseliges Land gesehen.[14] Dazu kam das Bedürfnis dieser Länder nach Erlangung und Festigung einer europäisch-westlichen Identität.[15] Diese Erklärung überzeugt allerdings nicht wirklich. So hatte sich Deutschland in der Nachkriegszeit ja zu einem friedlichen Staat par excellence entwickelt und der deutsch-polnische Grenzvertrag von 1990 speziell gegenüber Polen jede Art von Restauration ausgeschlossen. Es scheint, dass man die starke Hinwendung dieser Länder zur NATO nur verstehen kann, wenn man drei andere, bereits dargestellte Entwicklungen berücksichtigt. Die Erste war das Scheitern der NATO-Russland Annäherung. Diese hätte die sicherheitspolitischen Ängste der Visegrad-Staaten wohl am eindeutigsten beseitigen können.[16] Der zweite Faktor war die Tatsache, dass die Europäische Union diesen Ländern nach dem Umbruch 1990/91 die kalte Schulter zeigte. Damit verblieb die NATO als Ausweg, die noch dazu einen viel rascheren Anschluss versprach als die EU. Der dritte Faktor ist zweifellos der starke Druck diverser politischer Kreise und Lobbys in den USA zur Ausweitung der NATO nach Osten. Diesem Bestreben kamen die Polen selber von Anfang an entgegen, da sie sich von den USA und der NATO eine weit stärkere militärische Absicherung erwarteten als von Westeuropa.[17]

Ebenso stark war das Bestreben der drei baltischen Republiken nach Mitgliedschaft in der NATO.[18] Sie waren ja erst im Zuge des Hitler-Stalin Paktes 1939 am Beginn des Zweiten Weltkrieges unter sowjetische Herrschaft gekommen. In ihrem Falle stellte sich der NATO-Beitritt aber aus zwei Gründen komplexer dar: Zum einen waren sie ja Teil der Sowjetunion, zum anderen lebten in zweien von ihnen (Estland und Lettland) gut ein Drittel Russen. Deren Behandlung ließ nach europäischen Standards durchaus zu wünschen übrig (so wurde ihnen u.a. der Zugang zur Staatsbürgerschaft sehr schwer gemacht). Dennoch hatte Putin keine wesentlichen Einwände, als die baltischen Staaten 2004 (zusammen mit Bulgarien, Rumänien, Slowakei und Slowenien) in die NATO aufgenommen wurden. Zu dieser toleranten Haltung hatte zweifellos die NATO-Russland Akte von 1997 beigetragen, wie auch die guten Beziehungen Putins zum deutschen Bundeskanzler Schröder.

Politische Spaltungen und Grabenkämpfe in der Ukraine

Völlig anders stellte sich die Situation von Belarus und der Ukraine dar, die ja beide historisch schon lange Teil Russlands gewesen waren und auch durch Sprache und Religion Russland viel näherstanden als die Länder der zwei vorgenannten Gruppen. Mit Belarus gab es kein Problem, da der seit 1994 bereits fast 20 Jahre an der Macht befindliche autoritäre Herrscher dieses Landes, Alexander Lukaschenko, keinerlei Ambitionen hatte, sich der EU oder

der NATO anzunähern. Damit hätte er seine eigene Machtposition in Frage gestellt, deren Aufrechterhaltung er durch massive Einschränkungen der Opposition und auch durch direkte Wahlfälschungen absicherte, wie bereits in Kapitel 4 dargestellt. Auch gab es keine mit der Ukraine vergleichbare Bildung einer eigenen nationalen Identität – nicht zuletzt deshalb, weil kein Teil von Belarus historisch stark unter westeuropäischem Einfluss gestanden hatte, wie es bei der Westukraine, insbesondere Galizien, der Fall gewesen war. Aus diesen Gründen entwickelte sich die Situation in der Ukraine grundsätzlich anders als jene in Belarus.

Hier geht es darum zu zeigen, dass auch die Ukraine selbst – genauer: ihre politischen Führungskräfte – zur Eskalation des Konflikts mit Russland und dessen Invasion beigetragen haben. Eine ausschließlich geopolitische Erklärung der Konflikte und Kriege in der Ukraine – als Ausfluss eines Kampfes zwischen den USA und Russland um regionalen Einfluss und Hegemonie – würde den Fakten nicht gerecht. In allen derartigen Konflikten spielen lokale, regionale und nationale Akteure eine autonome Rolle.[19] Um Missverständnisse auszuschließen, soll hier nochmals explizit die evidente Tatsache festgehalten werden, dass die Hauptverantwortung für den Krieg in der Ukraine ohne Zweifel Russland und Putin als Person zuzuschreiben ist. Er und seine Kollaborateure müssen und werden ja bereits für die Menschenrechtsverletzungen im Zuge dieses Krieges zur Verantwortung gezogen. Auch der Hinweis auf die problematische Situation in der Ukraine und fragwürdige Aktionen der Ukrainer selbst impliziert nur eine Erklärung, aber keine Schuldzuweisung für die Kriegshandlungen. Es ist jedoch eine soziologische Binsenweisheit, dass Konflikte und Kriege immer Resultat einer sozialen Beziehung sind und praktisch nie nur von einer Seite initiiert und getragen werden, wie schon der Soziologe Georg Simmel argumentiert hat.[20] Aktionen einer Seite, selbst wenn sie für diese selbst als relativ bedeutungslos erscheinen, können zu mehr oder weniger heftigen, oft völlig disproportional starken Gegenreaktionen auf der anderen Seite führen, wenn sie von dieser als unfreundlich oder gar feindlich empfunden werden. Aus dieser Sicht sind auch die Entwicklungen in der Ukraine selbst zu betrachten. Dabei geht es vor allem um zwei Ereignisse bzw. Prozesse: die Euromaidan-Demonstrationen 2012/13 und die zunehmende »Ukrainisierung« des Landes. Voraussetzung für diese beiden Prozesse waren jedoch zwei schon lange vorher gärende bzw. zum Ausbruch gekommene politische und wirtschaftliche Probleme und Konflikte des Landes.[21]

Der erste betrifft die politische Spaltung der Ukraine im Innern und nach außen. In der Ära der Präsidenten Leonid Krawtschuk und Leonid Kutschma

(1991–2005), die in der Sowjetunion noch Mitglieder der Kommunistischen Partei waren, sie dann aber verließen, wurde die Transformation nur sehr mühsam und stückweise vollzogen, da noch starke Gegenkräfte (vor allem gegen Privatisierung) bestanden. Auch um den Status der Krim begannen schon 1991 politische Konflikte als Folge von Bestrebungen der Krim nach Unabhängigkeit. Es wurde ihr dann durch das Parlament in Kiew ein besonderer Autonomiestatus gewährt. Der internationale Status der Ukraine wurde konsolidiert, indem die dort gelagerten Atomwaffen und schweren Rüstungsgüter zerstört bzw. an Russland zurückgegeben wurden. Dafür gaben die USA und Russland eine Garantie für die Unabhängigkeit und territoriale Integrität der Ukraine ab. Schon von Präsident Kutschma wurde die Annäherung an den Westen angestrebt, wobei jene zu den USA bzw. zur NATO schon bei ihm offenkundig Priorität gegenüber jener mit der EU erhielt. So wurden 1994 eine Charta der amerikanisch-ukrainischen Partnerschaft, 1996 ein Abkommen mit der EU über Handelsbeziehungen, 1997 die NATO-Ukraine-Charta verabschiedet. Aber auch die Beziehungen mit Russland wurden beibehalten; 1995 wurden ein Handels- und Wirtschaftsabkommen, 2001 ein Abkommen über Zusammenarbeit im Rüstungsbereich mit Moskau geschlossen.

Während die 1990er Jahre noch von wirtschaftlicher Stagnation und hohen Staatsschulden gekennzeichnet waren, wuchs die ukrainische Wirtschaft vom Beginn der Jahrhundertwende bis zur Finanzkrise 2008/09 um das Fünffache (Zunahme des BIP von 32 Milliarden US-Dollar auf 181 Mrd.). Dies war vor allem auf die erfolgreichen Reformen des Nationalbankpräsidenten und späteren Ministerpräsidenten Wiktor Juschtschenko zurückzuführen. Im Zuge der weltweiten Wirtschaftskrise 2008/09 stürzte sie jedoch wieder um 36 % ab, bis 2015 um weitere 28 % (auf ein BIP von 90 Mrd. US-Dollar).[22] Für diesen massiven Rückfall war nicht nur die internationale Finanzkrise verantwortlich, sondern auch die ukrainischen Politikerinnen selbst. Seit der Präsidentschaft von Juschtschenko (1995–2010) entwickelte sich ein zerrissenes Parteiensystem mit schweren Zerwürfnissen zwischen den Parteien. Das politische System und die politische Führung verloren in der Bevölkerung massiv an Vertrauen.[23] In einem Bericht des Auslandsbüros der Konrad-Adenauer-Stiftung von 2009 heißt es, dass es eine fortgesetzte und zunehmende politische Dauerkrise und gegenseitige Blockade der führenden Politikerinnen gebe.[24] Dabei ging es nicht nur um den Konflikt zwischen den beiden prowestlichen Politikern, Präsident Wiktor Juschtschenko und Premierministerin Julia Tymoschenko, einerseits und ihrem prorussischen Widersacher Wiktor Janukowitsch andererseits. Vielmehr lieferten sich auch die beiden ersteren harte Machtkämpfe und beschuldigten einander hemmungslos.[25] So ließ Juschtschenko im Februar 2009 das laufende Fernsehprogramm unterbrechen, um in einer Ansprache der Ministerpräsidentin Julia Timoschenko alle Verantwortung für die katastrophale wirtschaftliche Situation zuzuschieben; in einem Schreiben an 31 Botschafter des Landes diffamierte er sie. Beide zusammen waren auch nicht bereit, die Reformauflagen des IWF für einen hohen Kredit von 16,4 Mrd. US-Dollar im Jahr 2008 zu erfüllen. Als die Premierministerin die wirtschaftlichen Probleme im Parlament ansprach, stürmten Parlamentsabgeordnete das Podium. So heißt es im genannten Bericht:»Der seit 2004 anhaltende, mit allen Mitteln ausgetragene Machtkampf zwischen Timoschenko, Juschtschenko und Janukowitsch hat das traditionell geringe Vertrauen der Ukrainer in die Politiker und in die Problemlösungsfähigkeit der demokratischen Institutionen praktisch vernichtet.«[26]

Eine massive Eskalation dieser Konflikte erfolgte durch die Euromaidan-Demonstrationen, die 2012/13 gegen die Nichtunterzeichnung des Ukraine-EU-Assoziierungsabkommens durch Präsident Wiktor Janukowitsch von der russlandfreundlichen Partei der Regionen stattfanden. Die Nichtunterzeichnung war wohl auf den Druck von Putin zurückzuführen. Im Zentrum von Kiew kam es zu gewaltsamen Ausschreitungen und Kämpfen zwischen zwei Lagern – den Unterstützern von Präsident Janukowitsch und ukrainisch-nationalistisch gesinnten Kräften. Auch in den abtrünnigen Oblasts im Donbass (Donezk und Luhansk) und in Odessa griffen gewaltbereite, bewaffnete ukrainische Gruppen die »Prorussen« an. Viele von diesen wurden verletzt und kamen – etwa als Folge der Zerstörung von Gebäuden – zu Tode.[27] Die ukrainische Polizei agierte mit übertriebener Härte. Nach großen Umfragen war die Hälfte der Bürgerinnen der Ukraine gegen diese Demonstrationen. Seit dieser Zeit wird jede Kompromissbereitschaft mit Russland abgelehnt.[28] Die Wiederherstellung normaler Beziehungen zu Russland wie auch die volle Anerkennung der russischen Sprache in der Ukraine selbst sind aber eine unabdingbare Voraussetzung für eine zukünftige positive Entwicklung der Ukraine. Aus dieser Sicht kann man wohl kaum sagen – wie der Historiker Schulze-Wessel[29] – der Euromaidan habe die nationale und soziale Revolution der Ukraine vollendet.

Eine weitere wichtige Aktionsebene war das ukrainische Parlament und dessen Sprach- und Kulturpolitik. Die neue Verfassung von 1996 dekretierte: »Die Ukraine ist ein unitarischer Staat« – trotz der Tatsache, dass die Ukraine ethnisch-kulturell heterogen ist und sich eine föderale Verfassung nahegelegt hätte.[30] Art. 10 der Verfassung bestimmt Ukrainisch als Amtssprache; der

Gebrauch des Russischen wird allerdings anerkannt und es wird festgestellt: »die freie Entwicklung, der Gebrauch und der Schutz der russischen Sprache und der anderen Sprachen der Minderheiten der Ukraine garantiert« (Art.10). Eine Sprache, die aber für gut ein Drittel der Ukrainer Muttersprache ist (in vielen östlichen Provinzen ist es die dominante Sprache) und von allen anderen als Zweitsprache gesprochen wurde, ist jedoch keine »Minderheitensprache«. Man müsste sie – wie es in der Schweiz sogar mit vier Sprachen der Fall ist – auch als Staatssprache anerkennen. Die alles Russische ausgrenzende, ukrainisch-nationalistische Tendenz kam im Gesetz von 2019 »Über die Gewährleistung des Funktionierens der ukrainischen Sprache als Staatssprache« voll zum Ausdruck.[31] Im diesem Gesetz wird der Gebrauch des Ukrainischen in allen öffentlichen Verlautbarungen vorgeschrieben (im privaten Leben ist es erlaubt), in Filmen, Fernseh- und Radiosendungen wird eine Erhöhung der Quote ukrainischer Produktionen gefordert; Verstöße gegen das Gesetz werden mit Geldstrafen geahndet.

Kapitel 6: Der Stellvertreterkrieg – eine unerhörte Zumutung an die Bevölkerung der Ukraine

»Kleine Staaten können in der jetzigen Zeit keine Eroberungskriege führen. Für den Verteidigungskrieg aber sind die Mittel auch kleiner Staaten unendlich groß.«[1]
Carl von Clausewitz (1780–1831), preußischer Generalmajor und Militärwissenschaftler

»Die Ukrainer kämpfen einen jahrhundertealten Kampf gegen Aggression und Beherrschung. Es ist ein Kampf, den die Amerikaner immer und immer wieder und mit Stolz kämpften und es ist ein Kampf, bei dem wir sicherstellen wollen, dass die Ukrainer dafür gut ausgerüstet sind. Hier geht es um Freiheit. Freiheit für die Ukraine, Freiheit überall. Es geht um die Art der Welt, in der wir leben wollen und welche wir unseren Kindern hinterlassen wollen.«[2]
Joseph Biden, Präsident der Vereinigten Staaten von Amerika, Ansprache im Weißen Haus am 25.02.2023

Die Ukraine hat in einem für die Welt überraschenden Kampf im Februar/März 2022 den Angriff einer großen russischen Armee zurückgeschlagen. Sie hat sogar Gebiete und Städte im Osten des Landes zurückerobert, die von den Russen schon besetzt worden waren. Nach gut einem Jahr haben sich die Frontlinien zwischen den Truppen der Ukraine und jenen Russlands verfestigt, signifikante Geländegewinne sind – wie praktisch alle Militärexperten sagen – kaum mehr vorstellbar. Der Krieg ist zu einem Abnutzungs- und Stellungskrieg geworden. Es ist aber auch evident, dass er nun jetzt auch als ein »Stellvertreterkrieg« zwischen dem »Westen« und Russland anzusehen ist. Russland hat die Ukraine nicht zuletzt deshalb angegriffen, weil sie als weiterer potentieller Vorposten der NATO angesehen wurde. Die USA, die Europäische Union und viele ihrer Mitgliedsstaaten unterstützen die Ukraine militärisch massiv. Sie argumentieren, dass die Ukraine die europäischen Werte verteidige und ihr Kampf weiter ausgreifende imperialistische Gelüste Russlands hintanhalte. Die These vom Stellvertreterkrieg wird auch bestritten, daher ist dieser Begriff zunächst zu klären.

Mit Stellvertreterkrieg ist hier nicht gemeint, dass der Krieg der Ukrainer nur im Interesse Europas bzw. der westlichen (Groß-)Mächte liege. Der Ukraine geht es natürlich um das legitime Ziel einer Wiedereroberung der von Russland besetzten Territorien. Unübersehbar ist jedoch, dass die Weiterführung des Krieges für sie nur möglich ist, weil sie massive Waffenhilfe von westlicher Seite erhält. Die Sicht des Ukrainekrieges als Stellvertreterkrieg eröffnet eine Reihe von Einsichten sowohl über seine Ursachen, seinen Verlauf wie auch die mögliche Beendigung dieses Krieges. Alle hierbei relevanten Faktoren entsprechen den Grundthesen von Kant, dass Kriege vor allem von herrschenden Eliten – ökonomischen, politischen und militärischen – initiiert und weitergeführt werden, dass Kriege mit einer Einschränkung der Publizität verbunden sind und dass die Bevölkerung nur Leidtragende ist. Die Perspektive der Stellvertreterkriege stellt auch das folgenreiche Narrativ in Frage, dass Putin mit dem Ukrainekrieg eine Wiederherstellung der Sowjetunion beabsichtige. Für Russland selbst ergibt diese Perspektive allerdings kein positives Bild des weiteren Kriegsverlaufes.

In diesem Kapitel wird zunächst gezeigt, welche Lehren man aus der Forschung über die Dauer von Kriegen in neuerer Zeit ziehen kann. Sodann werden allgemeine Merkmale und Resultate von Stellvertreterkriegen dargestellt. Im Anschluss werden drei Argumente und Fakten dafür vorgebracht, dass der Ukrainekrieg in hohem Maße den Charakter eines Stellvertreterkrieges hat. Es sind dies: öffentliche Deklarationen von Seiten aller Kriegsparteien, Aufrüstung durch den Westen, russische Intervention und Aggression. Schließlich wird auf ein für jede Beobachterin evidentes Faktum hingewiesen: Auch in diesem Falle muss, wie laut Kant in allen Kriegen, vor allem die Bevölkerung und das Land, auf dem sie lebt, die größten Opfer bringen und Leiden ertragen.

Typen von Kriegen und Lehren aus der Forschung zu ihrer Dauer und Beendigung

Aus der Theorie von Kant kann man die These ableiten, dass es sehr unterschiedliche Formen von Krieg und Frieden gibt.[3] Diese zu beachten, ist für das Verständnis des Verlaufes, der weiteren Dauer und der Beendigung des Krieges zwischen Russland und der Ukraine essentiell. Schon Clausewitz hat in seinem klassischen Werk *Vom Kriege* (zuerst 1816) festgestellt, dass es Kriege »mit allen Graden von Wichtigkeit und Energie geben kann, von dem Vernichtungskriege hinab bis zur bloßen bewaffneten Beobachtung«.[4] Hierbei ist die Unterscheidung zwischen dem militärischen und dem politischen Zweck des Krieges essentiell: Der militärische Zweck besteht in der Unterwerfung des Gegners durch kriegerische Gewalt, politische Zwecke bzw. Ziele können sein Landgewinn, als Präventivkrieg die Abwendung eines möglichen Angriffs, als Angriffskrieg die Beseitigung der Regierung eines anderen Landes. Für die Beurteilung des weiteren Kriegsverlaufes in der Ukraine können wir auch Ergebnisse der politikwissenschaftlichen Forschung über Dauer und Verläufe bisheriger Kriege heranziehen. Es wird sich zeigen, dass diese drei Aspekte – Kriegsziele, Kriegsverläufe und Kriegsdauer – eng miteinander verflochten sind.

Man kann relativ deutlich vier Typen von Kriegen unterscheiden: (1) Ein *politischer Entscheidungskrieg* wird aus ganz konkreten Anlässen und mit klar umrissenen Zielen bzw. Zwecken geführt. Hier betrachtet eine Macht den Krieg als verloren, wenn sie in einer einzigen größeren Schlacht unterliegt. Beispiele dafür waren der Schweizer Sonderbundskrieg 1847, in dem die Sezession der katholisch-konservativen Kantone verhindert wurde; er dauerte praktisch nur einen Monat. Ein ähnlicher Fall war der sog. »Deutsche Krieg« zwischen dem Kaisertum Österreich und dem Deutschen Bund einerseits, Preußen und seinen Verbündeten andererseits. Hier ging es um die Vorherrschaft in Deutschland. Er dauerte nur vom 11. Mai bis zum 2. Juli 1866 und wurde durch die Niederlage Österreichs bei Königgrätz entschieden. Der Krieg wurde beendet, da für Kaiser Franz Josef eine solche Niederlage eine Art Gottesurteil darstellte. Darüber hinaus war relevant, dass zwischen den beiden Ländern keine tiefere Feindschaft bestand – im Gegenteil. Zwischen ihnen gab es vielmehr seit jeher sehr enge Beziehungen durch die Mitgliedschaft im Heiligen Römischen Reich deutscher Nation. Die österreichischen Habsburger waren mit wenigen Unterbrechungen fast 400 Jahre Kaiser dieses Reiches. Ein Sonderfall des Typs politischer Entscheidungskrieg war der mit hohen Menschenopfern verbundene amerikanische Sezessionskrieg 1861 bis 1865, in welchen die nördlichen Unionsstaaten die Sezession der südstaatlichen Konföderation unterbanden. Ein Grund für die Härte dieses Krieges war die unterschiedliche gesellschaftspolitische Ausrichtung der beiden Gruppen, insbesondere in Bezug auf die Sklaverei, welche die Südstaaten nicht abschaffen wollten.

(2) Von einem *regulären Krieg* könnte man sprechen, wenn es sich um längere, Jahre andauernde kriegerische Auseinandersetzungen zwischen staatlichen Einheiten handelt, die aber im Rahmen von Kriegsregeln erfolgen, wie sie etwa durch die Haager Abkommen von 1899 bis 1907 erstmals festgelegt wurden. Heute spricht man hier von humanitärem Völkerrecht.[5] Durch diese Abkommen werden geschützte Personen (insbesondere Zivilisten) definiert, die nicht Ziel kriegerischer Handlungen werden dürfen. Außerdem ist der Einsatz besonders inhumaner Mittel (wie chemische Waffen, Streuminen) und Zerstörung von lebenswichtiger Infrastruktur verboten, Kulturgut ist zu schützen. Auf Basis des Römischen Statuts von 1998 werden Kriegsverbrechen der vorgenannten Art durch den Internationalen Strafgerichtshof strafrechtlich verfolgt. Auch bei regulären Kriegen kann man davon ausgehen, dass sie meist mit einigermaßen klar definierten Zielen begründet werden.

(3) Ein *schmutziger Krieg* liegt vor, wenn in der Kriegführung Verbrechen der vorgenannten Art systematisch erfolgen. Nahezu die meisten Kriege seit 1945 waren von dieser Art. Skrupellos übertreten werden die völkerrechtlichen Kriegsregeln meist von Diktatoren. Aber auch demokratische Regierungen sind davor nicht gefeit, wie sich in den Kriegen der Amerikaner in Vietnam und im Irak zeigte. Bei Kriegen dieser Art spielen auch historische Erfahrungen gegenseitiger Gewaltanwendung eine Rolle, die persistente Feindschaften und ansonst unverständliche Ausbrüche neuer Gewalt auslösen können.

(4) Ein *Vernichtungskrieg* schließlich besteht darin, dass man den Gegner nicht nur militärisch besiegen, sondern auch physisch auslöschen will, bis hin zum Genozid an großen Bevölkerungsgruppen. Von dieser Art waren viele koloniale Eroberungskriege, von der Eroberung von Mexiko und der anderer südamerikanischer Staaten ab 1519 durch Spanier und Portugiesen bis hin zu den Kolonialkriegen europäischer Mächte in Afrika im 19. und 20. Jahrhundert. Der größte und schlimmste Krieg dieser Art war der von Hitler initiierte Vernichtungsfeldzug gegen die Sowjetunion. In seinem Pamphlet *Mein Kampf* hatte er ihn mehr oder weniger unverhüllt angekündigt, wie bereits oben angesprochen. Diesem Krieg fielen in der Sowjetunion fast neun Millionen Soldaten und über zehn Millionen Zivilisten zum Opfer. Dass ein sehr hoher Anteil der Soldaten ihr Leben in Kriegsgefangenenlagern einbüßen musste (nachdem die Order ausgegeben worden war, möglichst viele Kriegsgefangene zu machen), ist ebenfalls ein Indiz für den Vernichtungscharakter dieses Krieges.

Um den Ukrainekrieg in diese Typologie einordnen zu können, sind noch zusätzliche Aspekte zu beachten, die sich aus der Kriegsverlaufsforschung ergeben haben. Der erste betrifft die Frage, ob in einem inner- oder zwischenstaatlichen Krieg auch externe Mächte involviert sind. Der ungarische Friedensforscher Istvan Kende hat eine statistische Analyse aller 97 Kriege von 1945 bis 1969 durchgeführt (die hohe Zahl ergibt sich daraus, dass auch nur kurze innerstaatliche Kämpfe einbezogen wurden).[6] Kende fand, dass diese Kriege im Durchschnitt knapp drei Jahre lang dauerten; 14 dauerten allerdings über 6 Jahre lang. Diese Kriege fanden großenteils in Afrika, Asien und Lateinamerika statt und hatten mit den Prozessen der Herausbildung der neuen nachkolonialen Staaten und ihrer inneren Konsolidierung zu tun. Ein besonders relevanter Befund: In zwei Dritteln dieser Kriege waren auch ausländische Mächte involviert. Dieses Faktum spricht gegen die These von den »neuen Kriegen«, die angeblich nur von lokalen *warlords* vom Zaun gebrochen und nur in deren Interesse geführt werden.[7] Noch zwei weitere Befunde dieser Studien sind hier relevant: Die Kriege mit Involvierung ausländischer Mächte dauerten länger und bei der Beendigung von Kriegen spielten in einem Drittel der Fälle Dritte als Vermittlungsparteien eine wichtige Rolle. Wichtige Befunde ergaben sich auch aus einer neueren Studie amerikanischer Politikwissenschaftler, in welcher alle 78 zwischenstaatlichen Kriege zwischen 1823 und 1985 untersucht wurden.[8] In einer komplexen statistischen Analyse zeigte sich, dass dabei sowohl militärisch-strategische wie auch (innen-)politische Faktoren signifikante Bedeutung hatten. Dabei wurde festgestellt: Eine annähernde Balance der militärischen Kräfte führte zu längeren Kriegen; Kriegsstrategien, die auf eine Vernichtung der gegnerischen Armee oder das Zufügen großen Schadens abzielten, dauerten länger als jene, die auf ein konkretes Ziel ausgerichtet waren; auch das Terrain ist relevant – Kriege in flachen Gebieten dauern weniger lang. Ein relevanter innenpolitischer Faktor war das Regierungssystem: Die Kriege waren kürzer, wenn sie von stark autoritären oder aber von voll demokratischen Staaten initiiert worden waren.

Viele dieser Aspekte sind auch für den Ukrainekrieg relevant (wir werden auf sie zurückkommen). Hier erscheint es geboten, auf einige konkreten Beispiele dafür hinzuweisen, dass die längsten Kriege seit 1945 durchwegs mit direkter oder indirekter Intervention ausländischer Mächte zusammenhingen. Hier sind zu nennen der zwanzigjährige Vietnamkrieg von 1955 bis 1975, in dem Südvietnam und die USA gegen Nordvietnam, unterstützt von China und Russland, kämpften. Dieser unglaubliche, völkerrechtswidrige und letztlich völlig sinnlose Krieg hatte Millionen von Toten und die Verwüstung ganzer Landstriche und Wälder zur Folge. Auch die Tatsache, dass er durch eine Variante der realistischen Theorie der Politik legitimiert wurde, ist hier hoch relevant. Er wurde durch die sog. Dominotheorie begründet, welche behauptete, dass mit der Eroberung von Südvietnam durch den kommunistischen Norden ganz Südostasien unter die Kontrolle kommunistischer Regierungen fallen könne. Eine nahezu identische Theorie spielt für die Interpretation des Ukrainekrieges im Westen heute eine politisch höchst folgenreiche Rolle. Dies ist die These, dass die Ukraine nur den ersten Schritt darstelle im Ziel Putins, das Russische Imperium bis an die Grenzen der früheren Sowjetunion wieder herzustellen. Zu erwähnen ist sodann der ebenfalls höchst verlustreiche sog. Erste Golfkrieg zwischen dem Irak und dem Iran (1980–1989), in dem die westlichen Mächte und die UdSSR in massiver Form Waffen und andere militärische Unterstützung an beide Seiten lieferten.[9] Schließlich ist hier der zweite Irakkrieg 2003 zu nennen, der von den USA, Großbritannien und einer »Koalition der Willigen« gegen den Irak geführt wurde und zum Sturz Saddam Husseins führte. Er dauerte zwar nur zwei Monate, aber mit der folgenden Besetzung durch die USA lief er de facto bis 2011 weiter. Durch die systematische Zerstörung eines Großteils der Infrastruktur des Landes leidet der Irak bis heute schwer unter den Folgen des Krieges. Er beruhte ja, wie inzwischen klar nachgewiesen wurde, auf einer glatten Lüge der US-Spitzenpolitiker, die behauptet hatten, es stehe ein Angriff Saddam Husseins mit Massenvernichtungsmitteln bevor. Der jüngste Fall eines Stellvertreterkrieges war der Afghanistankrieg, wo zwar ausländische Mächte selber Militär einsetzten, aber in einer Koalition mit innerstaatlichen Kräften agierten. In Afghanistan intervenierte zuerst die UdSSR (1978–1988) direkt; nach deren Abzug entwickelte sich ein innerer Bürgerkrieg (1989–2001). Zuletzt, 2011 (nach dem 9/11-Attentat in New York) intervenierten die USA mit einigen NATO-Alliierten. Auch sie mussten 2021 unter schmählichen Umständen abziehen. Sie hinterließen ein Afghanistan, das nun unter eine Taliban-Herrschaft fiel, die schlimmer ist als alle Regierungen vorher. Den Einsatz der deutschen Bundeswehr in Afghanistan auf der Seite der USA hatte Verteidigungsminister Peter Struck am 20. Dezember 2002 mit der These begründet: »Unsere Sicherheit wird am Hindukusch verteidigt.« Heute muss man wohl der These des Journalisten Marcel Fürstenau zustimmen: »Demokratie und Menschenrechte statt Armut und Terror – hehre Ziele, aber sie wurden alle verfehlt.«[10]

Unbestreitbar ist, dass die ausländischen Interventionen in all diesen Kriegen letztlich nicht nur erfolglos waren, sondern auch zu verheerenden Opfern in den jeweiligen Bevölkerungen und breiter Zerstörung von Infrastrukturen der betroffenen Länder führten. Ebenso schlimm war, dass sie oft eine neuerliche Destabilisierung der politischen Systeme in diesen Ländern zur Folge hatten – also das Gegenteil dessen erreichten, was beabsichtigt war. Es ist offenkundig, dass die Großmächte nicht im Geringsten bereit sind, aus ihren massiven Fehlentscheidungen zu lernen. Ebenso problematisch ist, dass die verhängnisvollen Theorien der US-Amerikaner auch von europäischen Ländern im Rahmen des Ukrainekrieges übernommen werden. Im folgenden Kapitel werden wir diese Thematik näher untersuchen anhand der Frage, warum es selbst im Laufe von Kriegen, die sich bereits zu Stellungskriegen entwickelt hatten, über lange Zeit hinweg dennoch nicht zu Waffenstillstands- und Friedensverhandlungen kam.

Vom Abwehrkampf zum Abnützungs- und Stellungskrieg: Der Stellvertreterkrieg

Man kann ganz klar feststellen, dass der Krieg zwischen den russischen Invasionstruppen und der Ukraine seit seinem Beginn am 24. Februar 2022 bis heute (Mitte 2024) einen entscheidenden Wandel durchgemacht hat. Die Invasion der Ukraine durch russische Armeen von Norden und Osten erfolgte mit der offen deklarierten Absicht, die gewählte Regierung der Ukraine abzusetzen. Putin behauptete, 2014 hätten aus dem Ausland gesteuerte Faschisten in Kiew die Macht übernommen. Er bezeichnete die ukrainische Regierung als »Bande von Drogenabhängigen und Nazis«; weil sie Truppen in die abtrünnige Ostukraine entsandt habe, seien ihre Mitglieder Verbrecher.[11] Nicht nur Putin selbst, wohl die ganze Welt erwartete, dass die russische Armee, die mit weit über 100.000 Soldaten, Panzern und anderem schwerem Kriegsgerät in das Land einfiel, das Ziel einer Absetzung der Regierung in Kiew rasch erreichen werde. Bezeichnend dafür ist, dass die USA dem ukrainischen Präsidenten Wlodymyr Selenskyj Hilfe bei der Flucht aus Kiew anboten, was dieser ablehnte;[12] er soll hinzugefügt haben: »I need weapons, not a ride.« Der rasche Sturz der Regierung der Ukraine misslang also vollkommen, ja die auf Kiew zu marschierende russische Armee erlitt eine schmähliche Niederlage und musste sich zurückziehen. Diese Tatsache ist aus dreierlei Hinsicht höchst bemerkenswert. Zum einen zeigt es die Stärke auch einer kleinen Nation, wenn es um ihre Verteidigung geht. Die Ukraine hatte ja nach 1991 alle ihre schweren Waffen und Atomsprengköpfe an Russland abgegeben und in der Folge sogar eine bewusste Politik der Abrüstung verfolgt. So war das Militärbudget gekürzt und die Stärke der Armee reduziert worden.[13] Zum anderen wirft dieser Misserfolg einmal mehr Licht auf die bereits erwähnte Tatsache, dass Diktatoren oft eine verzerrte Sicht der Realität haben. Dies war offenkundig auch bei Putin der Fall – nicht nur im Hinblick auf seine vollkommen falsche Meinung über das Verhältnis der Ukrainer zu Russland – die angeblich eine »Befreiung« von einem autoritären Regime wünschten. Der Misserfolg der russischen Invasion zeigt auch, dass Putin den Widerstandswillen der Ukrainer und die Macht, die ein solcher freisetzen kann, stark unterschätzte. So schrieb schon Clausewitz (vgl. das Motto am Beginn des Kapitels), dass kleine Staaten keine Eroberungskriege führen können, für einen Verteidigungskrieg aber auch die Mittel kleiner Staaten unendlich groß sind.[14] Der Rückschlag der russischen Invasion zeigt auch, dass Diktatoren oft verhängnisvolle Fehlentscheidungen treffen. Es sind sicherlich vielen Lesern noch die Fotos von der über 60 km langgezogenen russischen Armeekolonne auf der von Norden Richtung Kiew führenden Straße in Erinnerung.[15] Man könnte sagen, dass die russische Heerführung den genau gleichen Fehler beging, der seinerzeit zur Vernichtung der Legionen des römischen Feldherrn Quintilius Varus im Teutoburger Wald im Jahre 9 nach Christus geführt hatte. Demnach lauerten die von Arminius geführten Germanen den Römern an einem schmalen, ungesicherten Pfad zwischen einem Berg und Sumpf auf und konnten sie hier vernichtend schlagen, da sich an dieser Stelle die römischen Legionen in einen langen Zug aufteilen mussten.[16] Auf die größenwahnsinnigen Entscheidungen Hitlers im Kampf gegen die Sowjetunion, die von den höchsten Generälen äußerst skeptisch beurteilt wurden, brauchen wir hier nicht näher eingehen. Der Marsch der langen russischen Heereskolonne Richtung Kiew war im Übrigen ebenfalls Resultat einer extrem schlechten Planung. Die Russen hatten alte Landkarten über diese Gegend verwendet und nicht mit den jahreszeitlich bedingten schlechten Bodenverhältnissen gerechnet, in welchen die Panzer oft stecken blieben. So formierten sich diese schließlich entgegen der ursprünglichen Planung zu dem einzigen langen Zug. Die mangelnde Bereitschaft zur Wahrnehmung von unangenehmen Informationen durch Putin zeigten sich auch später im Fall des Attentats auf die Crocus City Hall in Moskau im März 2024, der über 130 Menschen zum Opfer fielen. Westliche Geheimdienste hatten ihn schon vorher vor Anschlägen einer islamistischen Terrorgruppe gewarnt. Der überraschende Erfolg der Ukrainer gegen den Marsch der russischen Armee auf Kiew war auf ein enges Zusammenspiel von Bürgern, lokalen Verwaltungen und der ukrainischen Armee zurückzuführen. Das Scheitern des direkten Angriffs auf Kiew hätte Putin klar machen können, dass in seinen Zielen und seiner Strategie etwas grundsätzlich falsch war. Dies passierte jedoch genauso wenig wie auch in anderen Stellvertreterkriegen, etwa dem Vietnamkrieg (Näheres dazu unten).

Der Ukraine gelang es nicht nur, die russische Invasion ihrer Hauptstadt abzuwehren und sie zum Rückzug zu zwingen, sie war sogar in der Lage, im Nordosten in der Region Charkiw die russischen Truppen zurückzuwerfen. Das Ziel der Russen war es, von den östlichen, separatistischen Regionen Donezk und Luhansk aus einen Korridor zur Halbinsel Krim herzustellen und dann weiter nach Südwesten zu marschieren, um die gesamte Südküste einschließlich der Hafenstadt Odessa einzunehmen. Damit hätten sie die Ukraine von den Zugängen zum Asowschen und zum Schwarzen Meer abgeschnitten – was zweifellos einen enormen ökonomischen und strategischen Nachteil für diese bedeutet hätte. Diese Kriegspläne konnten ebenso vereitelt werden. Andererseits war es auch der Ukraine nicht möglich, ihre im Frühjahr 2023 angekündigte Gegenoffensive erfolgreich voranzutreiben, die Russen im Osten bis an die Grenze zurückzuwerfen und damit die Halbinsel Krim von Nachschub aus dem Nordosten abzuschneiden. Ein großer Erfolg für die Ukraine war im November 2022 die Wiedereinnahme der Stadt Cherson (mit rund 290.000 Einwohnern) im Südosten, die im März 2022 von den Russen kampflos eingenommen worden war. Auch den Kampf um die zweitgrößte Stadt der Ukraine Charkiw (1,4 Millionen Einwohner) hat die Ukraine gewonnen.

Seit Anfang des Jahres 2023 muss man aber von einem Stellungskrieg sprechen.[17] Ukrainische Offensiven zur Rückgewinnung von Territorien waren nur höchst begrenzt erfolgreich. Die blitzkriegsartige Gegenoffensive im Sommer 2022, von westlichen Politikern und Medien auch gefordert, war von Anfang an zum Scheitern verurteilt.[18] Der Krieg wird zunehmend auf Distanz geführt, nicht mehr durch brutale Bodenkämpfe, sondern durch Artillerie-, Luft- und Raketenangriffe von beiden Seiten.[19] Allerdings wird er deshalb nicht humaner – im Gegenteil. So stellte der österreichische Militärexperte Franz-Stefan Gady bei einem Besuch ukrainischer Soldaten an der Front eine »Verrohung des Krieges« fest. Ukrainische Soldaten schießen teilnahmslos russische Soldaten in weiter Entfernung ab, wenn sie diese ungedeckt erkennen; er sah, wie ein schwer verletzter Russe sich selbst erschießt. Von russischer Seite erfuhr er, dass russische Offiziere Befehlsverweigerer oder angebliche Drückeberger auf der Stelle erschießen.[20] Die Überlegenheit Russlands im Bereich der Artillerie hat auch – im Gegensatz zu vielfachen Behauptungen – zur Folge, dass die menschlichen Verluste bei den Ukrainern wahrscheinlich höher sind als bei den Russen. Derzeit kontrolliert die russische Armee etwa ein Drittel der Ukraine, eine Fläche von rund 200.000 km². Diese Fläche zieht sich sichelförmig vom Südosten des Landes (südlich des Dnjepr) und der Stadt Cherson nahe dem Schwarzen Meer über die Städte Melitopol und Mariupol bis nördlich der Oblasts Donezk und Luhansk entlang der Grenze zwischen der Ukraine und Russland. Für die Russen ist das Halten dieser Gebiete strategisch günstig, weil sie direkt an russisches Territorium angrenzen, daher Nachschub problemlos möglich ist; dies wird durch das flache Land erleichtert. Dies ist ein fundamentaler Unterschied zu dem für die USA schmählich geendeten Vietnamkrieg, dessen Hauptstadt Hanoi ja 13.000 km Luftlinie von der Hauptstadt der USA entfernt liegt. Auf der anderen Seite ist auch ein definitiver Sieg der russischen Truppen – eine Eroberung der ganzen Ukraine oder zumindest ihrer Hauptstadt – nahezu ausgeschlossen.

Evident ist inzwischen auch, dass die westlichen Sanktionen und das Einfrieren der Guthaben der russischen Zentralbank im Ausland ihr Ziel nicht wirklich erreicht haben. Die russische Wirtschaft ist bei weitem nicht so stark eingebrochen, wie man es erwartet hatte. 2023 war das Wirtschaftswachstum in Russland wieder positiv.[21] Dafür gibt es mehrere Gründe: Die Einnahmen aus Öl- und Gasexporten sind weiterhin hoch; die bisherigen Handelspartner wurden durch andere ersetzt (insbesondere China und Indien); die Ex- und Importe erfolgen verschleiert über Drittländer; die massiven Investitionen in die Rüstungsproduktion führten zu einer Kriegswirtschaft, die neue Jobs schafft. Die Ukraine hatte ihre Verteidigungskraft ja bereits beim Einmarsch der Russen bewiesen. Seither wurde diese durch den starken Nachschub von immer stärkeren Waffen aus dem Westen massiv gestärkt. Das Problem für ein neuerliches Vorrücken der Ukraine, aber auch von Russland ist, dass beide Seiten durch Satelliten und Aufklärungsdrohnen alles sehen.[22] Was es laut ukrainischen Experten brauche, damit sich die Lage grundsätzlich ändere, sei eine Wunderwaffe; notwendig seien viel umfangreichere, massive Lieferungen von Panzern, Drohnen, Flugabwehrsystemen usw. Am Jahresende 2023 stellt sich die Lage so dar, dass weder die Ukraine noch Russland auf absehbare Zeit große Geländegewinne machen werden. Die Ukraine würde Dutzende Millionen Granaten, Luftabwehrsysteme und andere Rüstungsgüter benötigen – in weit höherem Umfang, als sie der Westen liefern kann. Im elektronischen Feld der Drohneneinsätze und -bekämpfung dominiert inzwischen Russland, da es hier schon seit langem viel investiert hat, wie der Militäranalyst der Financial Times, James A. Lewis, feststellte.[23] Dass der Krieg für die Ukraine nicht zu gewinnen ist, stellte auch der amerikanische Journalist und Pulitzer-Preisträger Seymour Hersh fest. Er hatte 1969 das My Lai Massaker aufgedeckt, über den Watergate-Skandal berichtet und 2004 die Folterungen von Gefangenen durch US-Soldaten in Abu Ghraib im Irak enthüllt. Hersh schreibt unter Berufung auf US-Geheimdienstquellen: Die amerikanischen Geheimdienste »glauben nun, dass die ukrainische Armee die Möglichkeit aufgegeben hat, die stark verminten dreistufigen russischen Verteidigungslinien zu überwinden und den Krieg auf die Krim zu verlagern. Seiner Meinung nach ist die Realität, dass die Armee von Wolodymyr Selenskyj keine Chance mehr auf einen Sieg hat«.[24] Die Leiter der Abteilungen Militär und Sicherheit beim Razumkov Centre in Kiew, Mykola Sungurovskyi und Oleksiy Melnyk, führten einen detaillierten Vergleich der Stärke der ukrainischen und russischen Verteidigungskräfte durch im Hinblick auf das militärische Personal, Anzahl an schweren Waffen, Flugzeugen, Raketen und Drohnen, Munition usw.[25] Sie kommen zum Schluss, dass Russland bezüglich des Mobilisierungspotentials von Soldaten und der Zahl der schweren Waffen zwar ein deutliches Übergewicht hat, bezüglich der aktuell verfügbaren und effizienten Kräfte jedoch von einem relativen Gleichgewicht der Kräfte und dem Potential ihrer Aufrechterhaltung auszugehen ist. Zu einer ähnlichen Folgerung gelangte auch eine neue Recherche des Spiegel; demnach haben die Russen bei schweren Geschützen und Feuerkraft allerdings einen klaren Vorteil. Die Ukraine hat inzwischen auch Probleme bei der Rekrutierung neuer Soldaten. Ende Dezember 2023 sagte Selenskyj, das Land benötige 450.000 zusätzliche Soldaten, deren Rekrutierung sei jedoch eine sehr heikle Frage.[26] Am Ende eines für die Ukraine enttäuschenden Jahres müsse ein düsteres Fazit gezogen werden, ein langer Abnützungskrieg sei durchaus im Bereich des Möglichen. So lautete der Titel eines Spiegel-Heftes sogar »Der ewige Krieg«.[27] In einem solchen hätte Russland aufgrund seiner viel größeren finanziellen, materiellen und personellen Ressourcen die besseren Karten.[28] Auf jeden Fall hätten westliche Erwartungen auf einen schnellen Erfolg der Offensive im Sommer 2023 trügerische Hoffnungen geschürt. Auch ein Hauptgrund für die höchst überraschenden Erfolge der Ukrainer in der ersten Phase des Krieges hat vermutlich an Wirkung verloren, nämlich ihre hohe Kampfmoral als Folge des Verteidigungscharakters der damaligen Kämpfe.

Die eindeutigste Bestätigung dieser Tatsache hat der frühere Generalstabschef der ukrainischen Armee, Walerij Saluschnyi, selber geliefert. Er ist international hochgeachtet, hatte er es doch mit einer weit unterlegenen Armee geschafft, die russische Invasion zu stoppen. In einem Interview mit dem britischen Magazin *Economist* stellte er fest, der Kampf habe sich zu einem Stellungskrieg entwickelt, der an den Ersten Weltkrieg erinnere; von dieser Phase werde Russland eher profitieren, weil es seine Armee wiederaufbauen könne.²⁹ Er bezeichnet es als Fehler anzunehmen, dass sich Russland nach hohen Verlusten zurückziehen werde. Auch er ist der Meinung, der Krieg könne nur gewonnen werden, wenn es eine viel stärkere Aufrüstung der Luftwaffe gebe, mehr Drohnen, besseres Minenräumgerät, besser ausgebildete Soldaten und eine effektivere Einberufung. Präsident Selenskyj hat ihn nach diesen Äußerungen zurechtgewiesen und festgestellt: Wir haben kein Recht, die Hände sinken zu lassen.³⁰ Dass inzwischen aber auch der Präsident diese Situation zur Kenntnis nimmt, zeigt eine Mitteilung in seiner täglichen Videobotschaft am 30.11.2023, der Bau von Schutzräumen und Festungsanlagen entlang der Kriegsfront werde forciert; dies heißt nichts anderes, als dass sich die Ukraine auf das Verteidigen der von ihr kontrollierten Gebiete konzentrieren wird.³¹ Für Militärexperten ist klar, dass den USA diese Situation bewusst ist. Dennoch gibt die Regierung in der Öffentlichkeit etwas anderes vor; sie bestreitet jede Unzufriedenheit mit Selenskyj und Außenminister Blinken bekräftigte, es werde keinen sofortigen Waffenstillstand geben.³² Allerdings spricht man in Washington nicht mehr von einem totalen Hinauswurf Russlands aus der Ukraine, sondern von dessen Zurückdrängen auf die Grenzen vor Februar 2022 (das hieße also Akzeptanz der Sezession von Donetzk, Luhansk und Krim). Dies bezeichnet Oberst Reisner als »verlogen«, zwinge man doch den eigenen Verbündeten dazu, seine Ziele kürzer zu setzen.³³ Außerdem steht inzwischen geradezu als Menetekel im Raum, dass die USA ihre finanzielle Unterstützung für die militärische Aufrüstung der Ukraine stark zurückfahren oder überhaupt aufgeben könnten (so nach einem neuerlichen Wahlsieg von Trump als Präsident).

Dass es sich inzwischen um einen Stellungskrieg handelt, zeigt sich auch in der Änderung der Kriegsführung. Während im ersten Kriegsjahr schwere, mit hohen menschlichen Verlusten verbundene Bodenkämpfe um Territorien und einzelne Städte (wie Bachmut, Mariupol, Charkiw und Cherson) stattfanden, wird der Krieg derzeit zunehmend auf Distanz geführt.³⁴ Kontinuierliche Artillerie-, Luft-, Raketen- und Drohnenangriffe richten sich auf von der Front weit entfernte Ziele in beiden Ländern. Russische Angriffe auf die Ukraine reichen bis nach Kiew im Zentrum und Lwiw im Westen des Landes, ukrainische Drohnen haben sogar Moskau getroffen. Gegenoffensiven der Ukraine haben keinen durchschlagenden Erfolg erzielt, die Russen haben sich an der Front festgesetzt.³⁵ Der Krieg kann auf diese Weise noch jahrelang weitergeführt werden. Dies wäre nicht nur mit weiteren immensen Verlusten und Opfern für die Ukraine verbunden, sondern auch mit einem Aufschub der mehr als notwendigen und mit hohen Kosten verbundenen Maßnahmen für den Wiederaufbau des Landes. Es scheint keineswegs abwegig, eine Parallele zum Ersten Weltkrieg zu ziehen. Bereits einen Monat nach Kriegsbeginn, dem Debakel der Marne-Schlacht mit dem gescheiterten deutschen Vorstoß auf Paris, standen sich die gegnerischen Heere auf einer 700 km langen Frontlinie gegenüber. Für den nun einsetzenden Stellungskrieg wurden ein tiefgestaffeltes Grabensystem sowie kilometerlange Stacheldrahtverhaue und Schützengräben angelegt, diese durch Gräben mit Nachschublinien verbunden. Versuche, durch Angriffe und Materialschlachten Geländegewinne zu erzielen, wurden meist rasch zurückgeschlagen, wobei beide Seiten immense Verluste erlitten.[36] Ähnliches vollzog sich an der Isonzofront zwischen Österreich und Italien. Die Studie eines Grazer Soziologenteams um Helmut Kuzmics und Sabine Haring hat eindrucksvoll gezeigt, wie die Emotionen der Soldaten – patriotischer Fanatismus, aber auch tiefe Ängste – von den Führungskräften und der Heeresleitung bewusst eingesetzt wurden, damit deren Bereitschaft zum sinnlos-mörderischen Kämpfen nicht nachließ.[37] Es zeigt sich hier, dass die Kluft zwischen Eliten und einfachen Menschen in der Haltung zum Krieg sogar auf dem Schlachtfeld existiert.

Die verheerenden Folgen und das Scheitern der Stellvertreterkriege

Ein Stellvertreterkrieg ist laut Duden »eine bewaffnete Auseinandersetzung zwischen kleineren Staaten, die zum Einflussbereich jeweils verschiedener Großmächte gehören und gleichsam stellvertretend für diese die Auseinandersetzung führen.«[38] Der Begriff wurde erstmals während des Vietnamkrieges verwendet. In der Folge wurde der Begriff vor allem auf die Kriege angewandt, in welchen die USA auf der einen und die Sowjetunion auf der anderen Seite als Gegner agierten und ihre militärischen Konflikte quasi auf dem Boden von Drittstaaten austrugen. Auch der Vietnamkrieg selbst war nur am Beginn ein klarer Stellvertreterkrieg, als sich Nord- und Südvietnam bekämpften. Mit der Entsendung von US-Truppen ab 1965, die auf ihrem Höhepunkt eine halbe Million Soldaten erreichte, wurde es zu einem Krieg zwischen den USA und ihren südvietnamesischen Verbündeten gegen das kommunistische Nordvietnam. Dieses wurde seinerseits von China und Russland unterstützt. Im Fall der Ukraine gibt es eine nahezu identische Konstellation: zuerst kämpften die Aufständischen im Donbass gegen die Regierung in Kiew, alsbald griffen jedoch die Russen mit eigenen Soldaten ein und die Ukraine wird vom Westen unterstützt.

Die Anwendungsmöglichkeit des Begriffes Stellvertreterkrieg auf den Krieg in der Ukraine wird vielfach bestritten.[39] Sie ist jedoch aufgrund mehrerer Fakten schwer von der Hand zu weisen: weil er von den Akteuren selber verwendet wird; weil geheime und offene Unterstützungen von Seiten beider Großmächte – durch militärische Beratung, finanzielle Unterstützung, Lieferung von Waffen, geheimdienstliche und nachrichtentechnische Unterstützung, direkte militärische Intervention – auf der Hand liegen. Der Charakter eines Stellvertreterkrieges kommt auch dadurch zum Ausdruck, dass Drittstaaten sich in einer Weise verhalten, die darauf hinweist, dass sie den Krieg als vor allem als Auseinandersetzung zwischen zwei Großmächten sehen (daher haben sich viele nicht einer Verurteilung Russlands in der UNO angeschlossen). Auch AutorInnen und PolitikerInnen in Westeuropa sprechen von einem Stellvertreterkrieg. So etwa die deutsche Bundestagsabgeordnete Sevim Dagdelen, die Publizistin Alice Schwarzer und der Politikwissenschaftler Johannes Varwick.[40] Vielfach wird behauptet, der Begriff diene vor allem Russland zur Legitimierung des Angriffs auf die Ukraine.

Wenn hier von einem Stellvertreterkrieg gesprochen wird, wird keineswegs bestritten, dass die Ukraine nicht selber verständliche und berechtigte Gründe für den Krieg gegen Russland hat. Für sie stehen diese natürlich im Vordergrund; für sie ist er ein Verteidigungskrieg. Die Anwendung des Begriffs auf den Ukrainekrieg soll lediglich besagen, dass der Charakter als Stellvertreterkrieg den Verlauf des Konfliktes entscheidend mitbestimmt hat und weiter mitbestimmt. Viele Kriege werden zu einem Stellvertreterkrieg erst im Laufe der Zeit. Dies geschieht etwa, wenn die Großmächte ihre Interessen bedroht sehen oder die lokalen Akteure mit Verweis auf gemeinsame Interessen und Werte um externe Unterstützung bitten.[41] Dabei werden nicht nur einzelne, konkrete Gründe für einen Krieg genannt, sondern es wird eine mehr oder weniger stimmige Gesamterzählung entwickelt, die das Ganze für die Öffentlichkeit glaubwürdiger macht.[42] Der Charakter eines Stellvertreterkrieges impliziert zwei Fakten: Durch die Involvierung mehrerer Staaten in den Krieg wird seine Beendigung immer schwieriger, wie die historisch-vergleichende Kriegsforschung zeigt.[43] Zum Zweiten: Auch für die Beendigung solcher Kriege sind alle Beteiligten verantwortlich und müssen daher entsprechende Aktionen setzen (Näheres dazu im folgenden Kapitel). Dass es sich in der Ukraine um einen Stellvertreterkrieg handelt, wird von den Akteuren mehr oder weniger direkt ausgesprochen. Europa und die USA verwenden ein unterschiedliches Narrativ und agieren in diesem Krieg auch anders. Wie werden daher beide separat betrachtet. Im Anschluss daran werden auch die Narrative von Putin kurz dargestellt.

Entscheidend ist aber nicht die begriffliche Frage, ob man den Ukrainekrieg überhaupt als Stellvertreterkrieg bezeichnen kann oder nicht – bis zu einem gewissen Ausmaß ist dies unbestreitbar. Wichtiger ist, welche Begleiterscheinungen und Folgen solche Kriege hatten. Auch daraus kann man sehr viel für den Verlauf und das voraussichtliche Ende des Ukrainekrieges lernen. Mindestens sechs Kriege seit 1945 waren klare Stellvertreterkriege: der Koreakrieg (1950–1953), der Vietnamkrieg (1963–1974), der russische Krieg in Afghanistan (1979–1989), der seit 2015 laufende Bürgerkrieg im Jemen, der Krieg der Amerikaner und Verbündeten in Afghanistan (2001–2021). Dazu kam eine Reihe von Kriegen in Afrika (Kongo, Angola usw.). Es gibt sowohl beim Ausbruch, im Verlauf und als Endergebnis Merkmale bzw. Ergebnisse, die für alle oder die meisten dieser Kriege bezeichnend waren.

Die Gründe für die Initiierung bzw. Fortführung der Stellvertreterkriege waren – im Vergleich zu den verheerenden Opferzahlen – vielfach fragwürdig und sie änderten sich im Laufe der Zeit. So war der Hauptbegründung für die Kriege in Korea und Vietnam, wie schon festgestellt, die Domino-Theorie, wonach der Fall dieser Länder an kommunistische Regimes Folgewirkungen für die gesamte Region haben und zu einer Machtübernahme des Kommunismus in ganz Südostasien führen würde. Eine Begründung dafür war, dass schon Lenin vom Ziel einer internationalen Ausbreitung des Kommunismus sprach. In diesem Sinne wurde 1919 von Moskau die Komintern gegründet, die in der Folge kommunistische Bewegungen in vielen Länder der Erde unterstützte. Die meisten der eingangs genannten Stellvertreterkriege waren daher solche, in denen auf der einen Seite im Hintergrund Moskau und Peking standen, auf der anderen Seite die USA und deren Verbündete. In den USA vertraten alle Präsidenten von Truman bis Nixon die Dominotheorie, einschließlich Kennedy und Johnson. Sie verfolgten daher eine »Politik der Eindämmung« (containment), die sich auf alle Länder bezog, in welchen linke bzw. kommunistische Regierungen an die Macht kamen oder zu kommen drohten.[44] Bezeichnend aus der Sicht der Kriegstheorie von Kant ist, dass die Initiierung der Kriege auch in demokratischen Staaten oft auf nur sehr vagen Genehmigungen durch die Parlamente oder überhaupt unter ihrer Umgehung erfolgt. Hier war der Vietnamkrieg paradigmatisch. Der Zwischenfall im Golf von Tonkin, der Anlass für die Entsendung erster amerikanischer Militäreinheiten, wurde in der Öffentlichkeit weit aufgebauscht dargestellt. Die folgende massive Ausweitung der amerikanischen Truppenpräsenz und

Kriegsteilnahme basierte auf einer vagen Kongressresolution, welche die Regierung ermächtigte, »alle notwendigen Maßnahmen zu ergreifen, um die Angriffe zurückzuschlagen und um künftige Aggressionen zu verhindern«.[45] Im Zuge der Fortführung der Kriege verschieben sich die Begründungen oft entscheidend. Dies geschah auch in dem für die USA höchst kostspieligen, verlustreichen und absehbar kaum erfolgreichen Vietnamkrieg unter Kennedy und Johnson. Er wurde nicht mehr mit den ursprünglichen Hauptargumenten des Kampfes für Freiheit, für nation-building oder aus wirtschaftlichen Gründen weitergeführt, sondern vorwiegend zur Bewahrung des außenpolitischen Ansehens und der Glaubwürdigkeit der USA. Ein hoher Beamter des Verteidigungsministeriums benannte die Kriegsmotive so: »70 % – um eine demütigende Niederlage zu verhindern [...]. 20 % – um südvietnamesisches Territorium den Chinesen vorzuenthalten. 10 % – um es den Menschen in Südvietnam zu ermöglichen, ein besseres, freieres Leben zu führen.«[46]

Auch der Verlauf der Stellvertreterkriege weist viele erschreckende Gemeinsamkeiten auf. Es handelte sich um sehr lange Kriege; der Vietnamkrieg, die Afghanistan-Kriege und viele Bürgerkriege in Afrika liefen zehn Jahre und länger. Rechnet man auch den französischen Krieg in Indochina (1946–1954) dazu, dauerte der Vietnamkrieg über 20 Jahre. Ein Grund für die lange Dauer war unzureichendes Wissen in den Hauptstädten der Großmächte über die geographischen und politischen Verhältnisse vor Ort (etwa über die Dschungel von Vietnam, Kambodscha und Laos als Unterschlupf für Guerillakämpfer, oder über die Gebirge und ethnische Vielfalt Afghanistans). Auch der Einfluss der lokalen Machthaber und interner Rivalitäten zwischen verschiedenen Gruppierungen wurde oft sträflich unterschätzt. Alle Stellvertreterkriege hatten immense Opferzahlen zur Folge. In den Kriegen in Korea und Vietnam gab es jeweils 3 bis 4 Millionen Tote, im Syrienkrieg fast 2 Millionen; dazu kamen wohl mindestens gleich hohe Zahlen an Verwundeten und Invaliden. Noch höhere, insgesamt zweistellige Millionenzahlen von Menschen, wurden zu Flüchtlingen. Die sog. »Flüchtlingskrise« in Europa ist zum größten Teil eine Folge der Kriege in Nahost und Afrika. Die Zahl der Flüchtlinge erreichte im Ukrainekrieg mit 6 bis 8 Millionen, die das Land verließen, einen absoluten Höhepunkt. Auch die Zerstörungen an Gebäuden und Infrastrukturen waren verheerend. Hier stellte der Vietnamkrieg einen absoluten Höhepunkt dar; amerikanische Bomber verwüsteten ganze Landstriche und Wälder in Südvietnam und Kambodscha.[47] Als Folge des großflächigen Abwurfs des Entlaubungsmittels Agent Orange, das mit dem hochgiftigen Dioxin verunreinigt war, kommen noch heute Kinder von damals Betroffenen mit schweren

Behinderungen zur Welt.[48] Dieses Mittel wurden von den USA entwickelt, um das völkerrechtliche Verbot das Gaseinsatzes in Kriegen zu umgehen; die Firmen, welche das Entlaubungsmittel produziert hatten, wurden später mit hohen Strafen belegt.

Schließlich muss man feststellen: Diese Kriege erreichten ihre Ziele vielfach nicht, die direkt involvierten Großmächten erlitten oft demütigende Niederlagen. In einem Artikel zur Bewertung dieser Theorie heißt es, genau im Sinne der in diesem Buch vertretenen Auffassung:»Durch das offensive, zuweilen aggressive Verhalten der US-Außenpolitik hat sich die Domino-Theorie teilweise zu einer selbsterfüllenden Prophezeiung entwickelt. So hat die Unterstützung der USA für die Diktatoren in Südkorea und Südvietnam die kommunistischen Bewegungen in diesen Ländern verstärkt. Auch der Übergriff der Kampfhandlungen auf Laos und Kambodscha im Vietnamkrieg hat dazu geführt, dass auch diese Länder in Richtung Ostblock ›gekippt‹ sind.«[49] Der Koreakrieg wurde eingefroren und Nordkorea stellt heute eines der aggressivsten autoritären Systeme der Welt dar. Der Vietnamkrieg endete mit einem beschämenden Abzug der Amerikaner und ihrer Verbündeten (Südkoreaner u.a.). Sie mussten unter chaotischen Umständen im April 1975 nach dem Einmarsch der VietCong in Saigon ihre Soldaten und ihr Hilfspersonal über eine Luftbrücke evakuieren. Ganz Vietnam ist heute ein kommunistischer Einparteienstaat; durch eine wirtschaftliche Öffnung konnte sich das Land allerdings recht gut entwickeln. Nahezu das Identische wie in Saigon wiederholte sich beim Abzug der Amerikaner und ihrer Verbündeten aus Kabul im August 2021. Auch die Russen mussten 1989 aus Afghanistan abziehen, ohne ihr Ziel der Installierung eines stabilen kommunistischen Regimes erreicht zu haben. Heute herrscht in Kabul ein totalitäres islamistisches Taliban-Regime, das etwa die Rechte von Frauen mit Füßen tritt. Die Stellvertreterkriege haben oft völlig unerwartete und dramatische Nebenfolgen. Als Folge der Ausdehnung des Vietnamkrieges auf Kambodscha und Laos errichteten die Roten Khmer nach Abzug der Amerikaner 1975–1979 in Kambodscha ein Terrorregime, das schätzungsweise zwei Millionen Menschen um das Leben brachte. Hier spricht man von einem Autogenozid, da der größte Teil der Opfer Angehörige der eigenen Bevölkerung waren. Bin Laden erhielt seine »Sozialisation« im Kampf mit den afghanischen Mudschaheddins gegen die Sowjets; dabei wurde er von den USA und europäischen Ländern insgeheim unterstützt. Der Irak ist heute ein von Armut, politischer Spaltung und inneren Konflikten gekennzeichnetes Land. Die Wurzeln des *Islamischen Staats* (ISIS), lagen in der Al Khaida Organisation, die von den saudischen und US-Geheimdiensten in den 1980er Jahren unterstützt worden war.[50]

Ein wichtiger, kaum je benannter und auch für den Ukrainekrieg hochrelevanter Aspekt in diesem Zusammenhang ist die Tatsache, dass die im Hintergrund beteiligten Großmächte es vielfach bewusst vermieden, ihren Hauptgegner direkt anzugreifen. So hätten die Amerikaner die VietCong zweifellos rasch besiegen können, wenn sie Nordvietnam und Hanoi direkt attackiert und Hanoi massiv bombardiert hätten. Militärs hatten dies und sogar den Einsatz von Atombomben gefordert. Dies vermieden sie aber, um nicht einen Kriegseintritt von China zu provozieren. Genau dasselbe lässt sich im Fall der Ukraine heute beobachten: Man liefert Waffen, aber vermeidet peinlich den offenen Einsatz eigener Soldaten. Als Präsident Macron diese Möglichkeit Ende Februar 2024 bei einem Treffen in Paris ins Spiel brachte, gab es europaweit einen Proteststurm.[51] So ist auch nicht überraschend, dass all diese Stellvertreterkriege in anderen, nicht beteiligten Ländern der Welt oft scharf verurteilt werden. Gegen den Vietnamkrieg gab es praktisch in allen Hauptstädten der Welt Protestmärsche, nicht nur in Europa, sondern auch in Asien und Afrika. Von den Akteuren selbst werden diese Stellvertreterkriege später oft als schwere Fehler beurteilt. Paradigmatisch sei hier nur der US-Verteidigungsminister Robert McNamara genannt, der entscheidend an der Eskalation des Vietnamkrieges unter Kennedy beteiligt war. In seinen Memoiren *In Retrospect: The Tragedy and Lessons of Vietnam* bezeichnete er ihn als einen riesigen Fehler, für welchen sich die politischen Entscheidungsträger der Vereinigten Staaten von Amerika bei den Nachkommen rechtfertigen müssen.[52]

Militärische Aufrüstung und Unterstützung der Ukraine als imperiales Interesse der USA

Es wird heute weithin die These akzeptiert, dass die rasche Ausweitung der NATO auf die mittelost- und südosteuropäischen Länder ab 1999 einen sehr problematischen Schritt darstellte,[53] wenngleich sie von Putin bis etwa 2005 nicht explizit abgelehnt worden war.[54] Zuerst waren auch deutsche Politiker wie Kohl und Genscher gegen diese Ausweitung, Francois Mitterand und Vaclav Havel hatten sogar von einer Auflösung der Militärblöcke und einer Demilitarisierung ganz Europas gesprochen. Die Erweiterung wurde dann aber von der Clinton-Regierung forciert, nicht zuletzt auf Druck von republikanischer Seite. Es lässt sich wohl kaum leugnen, dass das starke Engagement der USA für die Ukraine auch auf ihre Interessen als imperiale Weltmacht zurückzuführen ist. Dieses Interesse hat sich ja seit 1945 in einer Reihe von gewaltsamen, weltweiten Interventionen und Kriegen gezeigt, die von den USA geführt wurden. Dazu gehörte der Sturz der gewählten Mossadegh-Regierung im Iran, offene und verdeckte Interventionen in Lateinamerika, und die bereits genannten Kriege in Korea, Vietnam und im Nahen Osten (Irak, Afghanistan).[55] Sehr bezeichnend für das Verhältnis Eliten-Bevölkerung ist, dass in der Ukraine selbst nur eine Minderheit der Bevölkerung für den NATO-Beitritt war, die US-Politiker daher empfohlen, dort entsprechende Aktionen zu starten, um dies zu ändern.[56] Aber selbst namhafte amerikanische Politiker[57] und Politikwissenschaftler (wie George F. Kennan) waren der Meinung, dass die NATO-Erweiterung eine glatte Fehlentscheidung war. Der 1949 geschlossene NATO-Vertrag betont zwar den defensiven Charakter dieses Militärbündnisses, seine Stoßrichtung war aber eindeutig gegen die Sowjetunion gerichtet. Auch bei der überhasteten EU-Erweiterung auf acht mittelosteuropäische Länder im Jahre 2004 spielten sicherheitspolitische Argumente eine Rolle; sie wurde auch als Komplement der NATO-Erweiterung gesehen.

Unbestritten ist weiter, dass der Westen die Konflikte in der Ukraine schon früh angeheizt hat. Trotz der erwähnten inneren Spaltung des Landes im Hinblick auf den NATO-Beitritt forcierten die USA ihre diesbezüglichen Bemühungen schon ab 1997 (NATO-Ukraine Charta). 2008 konnten sie infolge des Widerstands vor allem Deutschlands und Frankreichs nicht durchsetzen, dass eine formelle Aufnahmebereitschaft ausgesprochen wurde. 2010 beschloss das ukrainische Parlament eine Fortsetzung der NATO-Partnerschaft, bekräftigte aber das Festhalten an der Politik der Blockfreiheit.[58] In einer umfangreichen, fundierten Analyse zeigte die New York Times, dass die CIA schon ab 2014 eine enge Zusammenarbeit mit dem ukrainischen Geheimdienst aufbaute.[59] Im Osten an der Grenze zu Russland wurden zwölf Bunker errichtet, von denen aus alle militärischen Bewegungen auf dem russischen Territorium registriert wurden. Diese Kooperation war von ukrainischer Seite angeregt und betrieben worden. Im Jahr 2020 wurden auch die britischen und niederländischen Geheimdienste beigezogen. Dies alles war dem russischen Geheimdienst und Putin bekannt. Ab 2015 halfen die USA (unter Präsident Obama) und Großbritannien dem ukrainischen Militär auch durch Ausrüstung und Training.[60] Mit dem Einmarsch Putins 2022 wurde diese Hilfe massiv erhöht. Bis März 2023 haben westliche Staaten der Ukraine 140 Milliarden an (vor allem militärischer) Unterstützungen zugesagt, den mit Abstand größten Teil davon leisteten die USA.[61] Mit zunehmender Dauer des Krieges weiteten sich der Umfang und die Art der gelieferten Waffen aus: Stellte man anfangs Gefechtshelme in Aussicht, wurden es bald Munition und Panzer; Großbritannien, Norwegen und Polen lieferten der Ukraine ein Fünftel bis ein Drittel aller eigenen schweren Waffen.[62] Inzwischen wird sogar über die Lieferung von Kampfflugzeugen gesprochen. Auch die Briten, seit jeher verlässliche Partner bei militärischen Aktionen der USA, befeuern die Waffenlieferungen. So stellte Außenminister Cameron Anfang Mai 2024 fest, die Ukraine könne britische Raketen auch für Angriffe auf russisches Gebiet einsetzen.[63] Vor allem sind es jedoch amerikanische Politiker und Kommentatoren, die den Kriegswillen der Ukraine befeuern. Verteidigungsminister Lloyd Austin stellte fest, er halte einen Sieg der Ukraine für möglich.[64] Einflussreiche US-Kommentatoren behaupten in einer eigentlich unverantwortlichen Weise, Russland steuere auf eine klare Niederlage zu.[65]

Von den USA wurden auch schon früh pro-westliche Organisationen und Personen in der Ukraine unterstützt. Sie haben vermutlich auch in den Euromaidan-Protesten mitgemischt; so nahmen Senator John Cain und eine Mitarbeiterin des US-Außenministeriums an den Demonstrationen teil. Für den renommierten US-Politikwissenschaftler John J. Mearsheimer trugen die USA und ihre europäischen Verbündeten die Hauptschuld am Ausbruch der Ukraine-Krise 2013/14. An deren Wurzel liege die NATO-Osterweiterung; Putins im Laufe der Jahre immer deutlichere Warnungen seien nicht ernstgenommen worden.[66] Auch auf der politischen Ebene ist die enge Zusammenarbeit zwischen den USA und der Ukraine mehr als evident. Präsident Selenskyj stattete seinen ersten Auslandsbesuch in Washington ab. Präsident Biden besuchte ihn im Februar 2023 in Kiew – noch nie zuvor war ein US-Präsident in ein Land gereist, das in einem nicht von den USA geführten Krieg stand. Bidens Sicherheitsberater Jake Sullivan weist stolz auf die umfassende Militärhilfe für die Ukraine hin. Er begründet sie mit dem gleichen Argument, das schon im Vietnamkrieg galt: Wenn Putin die Ukraine erobern würde, wäre dies eine Mitteilung an die Autokraten der ganzen Welt, dass Macht sich gegen Recht durchsetzen kann.[67] Die NATO »steht felsenfest hinter der Ukraine«, wurde bei ihrem Jubiläumstreffen in Brüssel Anfang April 2024 festgestellt.[68] Gemeint war damit keine militärische Unterstützung, sondern ausschließlich Waffenlieferungen und andere indirekte militärische Hilfe. All diese Fakten bestätigen die These, dass der Krieg in der Ukraine für die USA ein Stellvertreterkrieg ist und die Ukrainer den Krieg ohne massive Unterstützung der USA nicht weiterführen könnten. So sieht dies auch der frühere Direktor des Kölner MPI-Instituts für Gesellschaftsforschung, Wolfgang Streeck. Er leitet daraus eine Prognose ab: »Die USA haben den Einmarsch [Putins] sicher nicht gewollt. Ebenso sicher haben sie ihn riskiert. Die Rolle der USA als der bei weitem größten Militärmacht der USA war von Anfang an zentral [...] [E]s werden die USA sein und niemand anders, die mit Russland über ein Kriegsende Verhandlungen führen werden.«[69] Seiner Meinung nach hatte Joe Biden schon als seinerzeitiger Vizepräsident der USA unter Obama die Ukraine als Druckmittel gegen Russland auf dem Schirm; nachdem die USA aus Afghanistan flüchten mussten, sei ihm die Zuspitzung um die Ukraine gerade zurecht gekommen, um nicht Schwäche zu zeigen und innenpolitische Kritiker stillzustellen.[70]

Die Unterstützung durch die USA war nicht immer so eindeutig und sie ist bis heute nicht unumstritten. Aber selbst Präsidenten, die diesbezüglich skeptisch waren, bestätigten durch ihre Äußerungen, dass sie die Ukraine als Spielfeld in den geopolitischen Interessenssphären sehen. So hielt Präsident George H.W. Bush am 1.8.1991 in Kiew – drei Wochen vor der Unabhängigkeitserklärung der Ukraine – eine als *Chicken speech* berüchtigte Rede, die sich gegen Selbständigkeitsbestrebungen in der Ukraine richtete; er vertrat darin also eine völlig andere Meinung als später. In dieser Rede warnte Bush vor der Machtergreifung »lokaler Despoten« an der Stelle einer zentralen Regierung; Amerika werde nicht jene unterstützen, die »einen selbstmörderischen Nationalismus basiert auf ethnischem Hass« fördern.[71] Vorher hatte Bush in Moskau Gorbatschow versichert, der Fortbestand und die Stabilität der Sowjetunion liege im Interesse des Westens. Eine ähnliche Haltung hatte auch ein europäischer Spitzenpolitiker wie Mitterand vertreten. Auch Präsident Obama war eher gegen die Lieferung von Waffen an ein korruptes ukrainisches Militär, das auf Zivilisten geschossen hatte. Präsident Trump genehmigte 2017 die Lieferung von Panzern, widerrief sie dann aber wieder.[72] Er bezeichnete Putin ja als seinen Freund und benahm sich bei öffentlichen Treffen geradezu unterwürfig gegenüber ihm – wohl aus Anerkennungsbedürfnis.[73] Derzeit sind große Teile der Republikaner gegen weitere Waffenlieferungen und Militärhilfe an die Ukraine. Die öffentliche Meinung in den USA unterstützt die Ukraine-Finanzierung immer weniger, sie lag Ende 2023 unter 50 %. Aber noch anlässlich der jüngsten, möglicherweise letzten Genehmigung von Militärhilfe an die Ukraine in Höhe von 250 Millionen Dollar stellte Außenminister Blinken am 27. Dezember 2023 fest, der Ukraine bei ihrer Selbstverteidigung zu helfen liege »im nationalen Sicherheitsinteresse der USA«.[74] Wenn es die USA mit ihrer Unterstützung demokratischer Umbrüche ernst meinen, müssten sie heute eigentlich in Argentinien intervenieren, dessen neuer, rechtsradikaler Präsident, der Ökonom Javier Milei, ohne Zweifel autoritäre Anwandlungen zeigt. Seine Hauptfeinde sind die Linken und alle Politiker, die glauben, sie könnten »Gott spielen« und Probleme lösen, die man dem freien Markt überlassen müsse.[75] Es gibt heute eine internationale neue Rechte, die sich aus gemeinsamen ideellen Quellen speist und sich gegenseitig verbal und medial, ja sogar finanziell hilft. So ist bekannt, dass Putin rechte Parteien in Westeuropa – so die AfD in Deutschland und die Front National in Frankreich – symbolisch und auch finanziell unterstützt. Bei einem Treffen aller rechten Parteien in Paris im November 2014 hielt Andrej Issajew, ein führendes Mitglied der Putin-Partei Einiges Russland eine flammende Rede gegen »Merkel & Co«, die sich zu Handlangern der USA degradieren hätten lassen.[76]

Warum unterstützen die USA die Ukraine so stark? Sicherlich relevant ist das Motiv der Hilfe für ein überfallenes, demokratisches Regime durch einen autoritären Herrscher. Wie schon viele frühere Kriege, wird auch dieser von den USA zu einem globalen Kampf zwischen Autokratie und Demokratie hochstilisiert. Eine Kongressresolution formuliert im April 2023: »Die Interessen der USA, die europäische Sicherheit und das Anliegen des internationalen Friedens hängen von einem Sieg der Ukraine ab.«[77] Für die amerikanische Unterstützung gibt es mindestens drei weitere, klar erkennbare Gründe. Der erste sind ökonomische Interessen: Ein großer Teil des Geldes für die Ukraine kommt der US-Rüstungsindustrie zugute, die ja die meisten Waffen liefert.[78] Davon profitieren auch die großen Rüstungsproduzenten in europäischen Ländern, etwa in Deutschland und Frankreich. Der Ukrainekrieg hat die internationalen Waffenexporte stark steigen lassen – auf immense 2,2 Billionen US-Dollar im Jahr 2022. Der größte Teil davon – 45 % – entfällt auf die USA.[79] Der zweite Grund sind geostrategische Interessen der USA: die Verhinderung einer Wiedererstarkung Russlands mit imperialen Ambitionen.[80] Wären die Sicherheitsinteressen der USA beeinträchtigt worden, wenn die Ukraine sich nicht an die NATO angenähert und neutral geblieben, dabei auch die engen wirtschaftlichen Beziehungen zu Russland aufrechterhalten hätte? Ihre Atombomben hatte die Ukraine ja abgegeben, einen großen Teil ihrer schweren Waffen verschrottet. Es ist keine Frage, dass es den USA bei der militärischen Unterstützung der Ukrainer vor allem um eine Eindämmung, ja Schwächung des russischen Einflusses in Europa geht.[81] Der dritte Grund für die starke US-Unterstützung war, wie im vorhergehenden Kapitel dargestellt, der dringende Wunsch der postkommunistischen, vor allem mittelosteuropäischen Staaten, nach Aufnahme in die NATO. Diesem Wunsch hätte man nicht nachkommen müssen. Die Ukrainer selbst sahen dies (wie bereits festgestellt), im Unterschied zu den Balten, Polen usw., durchaus anders: 2009 befürworteten nur 21 % einen Beitritt ihres Landes zur NATO.[82] Die These vom Stellvertreterkrieg wurde auch vom ehemaligen Generalinspekteur der Bundeswehr und Vorsitzenden des NATO-Militärausschusse, Harald Kujat, klar ausgesprochen. Er stellt fest: »Die Ukraine kämpft um ihre Freiheit, um ihre Souveränität und um die territoriale Integrität ihres Landes. Aber die beiden Hauptakteure in diesem Krieg sind Russland und die USA. Die Ukraine kämpft für die geopolitischen Interessen der USA. Denn deren erklärtes Ziel ist es, Russland politisch, wirtschaftlich und militärisch so weit zu schwächen, dass sie sich dem geopolitischen Rivalen zuwenden können, der als einziger in der Lage ist, ihre Vormachtstellung als Weltmacht zu gefährden: China.«[83]

Das EU-Narrativ: Die Ukrainer als Verteidiger der europäischen Werte

Für die Europäische Union und viele ihrer Mitgliedsstaaten – insbesondere Deutschland, Großbritannien und Frankreich – kämpfen die Ukrainer um die Erhaltung der europäischen Werte. Sie haben insofern Recht, als Putin ja mehrfach die dekadenten westlichen Lebensformen – Individualismus, Verweichlichung, sexuelle Verwahrlosung – gegeißelt hat, die auch in der Ukraine um sich greifen würden. Aus europäischer Sicht hat sich vor allem die EU-Kommissionspräsidentin Ursula von der Leyen mit der Rhetorik der »Verteidigung der europäischen Werte« hervorgetan. Sie ist wohl auch am häufigsten nach Kiew zu Gesprächen mit Selenskyj gefahren. Bei ihrem Besuch am 3. November 2023 attestierte sie der Ukraine ausgezeichnete Fortschritte bei der Erfüllung der Bedingungen für den Beginn von Verhandlungen zum EU-Beitritt, sie habe schon 90 % der Voraussetzungen erfüllt. Woher sie dieses Wissen genommen hat, bleibt schleierhaft. Angesichts des enormen Agrarsektors der Ukraine und ihrer massiven Korruptionsprobleme gibt es dagegen starke Vorbehalte bei einigen Mitgliedsstaaten; es müssen sich ja auch diese auf das neue große Mitgliedsland einstellen und dabei unter Umständen eigene Einbußen hinnehmen (etwa Kürzungen der EU-Subventionen für den Agrarsektor oder Erhöhung der Beiträge an Brüssel). Zum Krieg der Ukraine stellte von der Leyen in Kiew im April 2022 fest: »Ihr Kampf ist unser Kampf«, und: »Das ukrainische Volk hält die Fackel des Friedens für uns alle hoch«. Europa und seine Mitgliedsstaaten hätten Sanktionen gegen Russland beschlossen und lieferten Waffen in die Ukraine; damit »unterstützen wir die heldenhaften ukrainischen Soldaten, die für Freiheit der Ukraine und für die Freiheit von uns allen kämpfen«.[84] Bereits kurz nach dem russischen Einmarsch, am 1. März 2022, stellte sie auf der eigens einberufenen Plenartagung des Europarlaments fest, es gehe nicht nur um die Ukraine, sondern um einen Konflikt zwischen zwei gegensätzlichen Weltanschauungen.[85] Das Schicksal der Ukraine stehe auf dem Spiel, aber auch »unser eigenes Schicksal«. Die EU zeige sich angesichts dieser Herausforderungen als eine »kraftvoll handelnde Gemeinschaft«. Die EU habe drei Stufen harter Sanktionen gegen Russland verhängt: gegen dessen Finanzsystem, die High-Tech-Industrie und gegen die Eliten; es werde Russland unmöglich gemacht, seine Ölraffinerien auszubauen und seine Luftflotte zu modernisieren; und es wurden die Lizenzen für Propaganda-Maschinen des Kremls (die Staatssender Russia Today und Sputnik) entzogen. Zum ersten Mal werde der EU-Haushalt zu Beschaffung und Lieferung militärischer Ausrüstung für ein angegriffenes Land eingesetzt. Ähnliches hatte auch Bundeskanzler Scholz in seiner berühmten Zeitenwende-Rede vor dem Deutschen Bundestag am 27. Februar 2022 festgestellt.[86] Auch er sagte, die Ukrainer kämpften nicht nur für ihre Heimat, sondern für Freiheit und Demokratie, also die Werte, die alle Europäer mit ihnen teilen. Daraus leitete er fünf Handlungsaufträge ab: Die Ukrainer unterstützen, Putin durch Sanktionen vom Kriegskurs abbringen, verhindern dass der Krieg auf weitere Länder übergreift, d.h. zur NATO-Beistandsverpflichtung stehen, die Bundeswehr aufrüsten und eine alternative Energieversorgung sicherstellen. Auch in Medien und Publikationen findet sich dieses Narrativ häufig. Ein Buch der ZDF-Reporterin Katrin Eigendorf (*Putins Krieg*) hat den Untertitel *Wie die Menschen in der Ukraine für unsere Freiheit kämpfen*.

Nicht im Entferntesten wurde jedoch – weder von Deutschland oder anderen europäischen Ländern noch von der EU – eine direkte militärische Unterstützung in Betracht gezogen. Vielmehr wurde und wird diese definitiv ausgeschlossen. Diese These wird auch belegt durch die Tatsache, dass die Waffenlieferungen nur allmählich und sukzessive gesteigert wurden. So lieferte Deutschland anfangs nur ein Feldlazarett, Beatmungsgeräte und Schutzhelme. Ab März 2022 wurden Panzer-Abwehrwaffen und Abwehrraketen (z.T. aus DDR-Beständen) geliefert, im Frühjahr/Sommer Panzerhaubitzen und Flugabwehrsysteme. Ab Anfang 2023 wurde dann die Lieferung von Schützenpanzern (Marder und Leopard) zugesagt.[87] Für die steigende Bereitschaft, schwere Waffen zu liefern, mag die Aufdeckung der Gräueltaten russischer Soldaten an Zivilisten in Butscha und anderswo beigetragen haben. Aber das wohl wichtigste sicherheitspolitische Argument für das lange Zögern bei Lieferungen schwerer Waffen war die Befürchtung, Deutschland und die NATO könnten zur Kriegspartei werden.[88] Noch bei der Regierungserklärung vom 2. März 2023 stellte Scholz fest: »Zugleich achten wir bei jeder unserer Entscheidungen darauf, dass die NATO [und damit auch Deutschland] nicht zur Kriegspartei werden.«[89] Die Devise, der inzwischen selbst viele Ukrainer – »Kämpfen ja, aber bitte ohne mich« – insgeheim huldigen,[90] wird von den Führenden in der EU und ihren Mitgliedsstaaten ganz offen ausgesprochen. Diese Haltung wird auch von der Bevölkerung in der EU geteilt. Nur rund 30 % der Spanier, Franzosen oder Briten wären dafür, eigene Truppen in die Ukraine senden; in Italien nur 17 %, in der Bundesrepublik Deutschland am wenigsten, nur 12 %.[91] Die absolute Ablehnung einer direkten militärischen Intervention von Seiten der Politiker trat klar zutage, als Präsident Macron Ende Februar 2024 in Paris quasi als Luftballon auch die Entsendung europäischer Bodentruppen als Möglichkeit in den Raum stellte. Diese Idee erntete umgehend und ausnahmslos scharfe Kritik, wie bereits festgestellt.[92]

Die Argumentation des Kampfes für die europäischen Werte nutzen natürlich auch die Ukrainer selbst. Präsident Selenskyj formulierte sie vor dem für hochtrabende Reden am besten geeigneten Forum, dem Europaparlament in Straßburg am 9. Februar 2023: »Ukraine is fighting for and protecting Europe from its anti-European force.«[93] Ebenso führte er vor dem deutschen Bundestag aus: »Es ist schwer, die Ukraine zu verteidigen, Europa zu verteidigen [...]. Ohne das, was Sie tun können [...]. Ich wende mich an Sie und erinnere Sie daran, was nötig ist und ohne das Europa nicht überleben und seine Werte bewahren kann.«[94] Ähnliches äußerte der frühere Premier der Ukraine Asenij Jazenjuk schon 2016: »Die Ukraine verteidigt im Donbass die Freiheit Europas«.[95] Explizit von einem Stellvertreterkrieg sprach der oft recht aggressiv formulierende frühere Botschafter der Ukraine in Deutschland, Andrij Melnyk: »Keiner sonst kämpft gegen Russland. Aber die Ukrainer machen es.«

Die reservierte Haltung der Staaten des globalen Südens

Das dritte klare Indiz dafür, dass es sich beim Ukrainekrieg um einen Stellvertreterkrieg und ein Wiederaufleben des Kalten Krieges handelt, ist die Tatsache, dass die aggressive Vorgangsweise Russlands weltweit keineswegs bedingungslos verurteilt wird. Dies wird in Kommentaren häufig als problematisches Anzeichen dafür gesehen, dass diese Länder sich noch nicht wirklich zu demokratischen Werten bekennen. Diese Interpretation kann man schon deshalb zurückweisen, weil selbst die größten unter ihnen – Brasilien und Indien – eindeutige Demokratien (wenn auch mit manchen Defekten) sind. Die vorgenannte These kann jedoch vor allem durch eine hochplausible alternative Erklärung entkräftet werden.

Die Verurteilung und Sanktionen gegen Russland wurden, wie angedeutet, vor allem von Ländern der »Dritten Welt«, insbesondere den Mitgliedern der BRICS-Gruppe (Brasilien, Russland, Indien, China, Südafrika), bei weitem nicht einhellig unterstützt.[96] Bereits bei der ersten Resolution des Sicherheitsrates vom 26. Februar 2023, die den Angriff Russlands scharf verurteilte, stimmten nur 11 der 15 Mitgliedsländer des Sicherheitsrates zu; drei enthielten sich der Stimme; darunter war neben China und den Vereinigten Arabischen Emiraten auch Indien. Der scharfen Resolution der UNO-Generalversammlung am 2. März 2022 stimmten 141 (73 %) der Mitgliedsländer zu, 35 (18 %) enthielten sich auch hier der Stimme. Fünf Länder stimmten mit Nein: Neben Russland waren dies Belarus, Nordkorea, Syrien und Pakistan; die politisch-militärische Abhängigkeit dieser Länder von Russland ist offenkundig. Unter den Ländern, die sich enthielten, befanden sich vor allem solche im arabisch-islamischen Raum und in Sub-Sahara Afrika, aber auch in Lateinamerika und Asien. Großes Gewicht hatte vor allem die Enthaltung Indiens. Bei all diesen Enthaltungen hat auch die Absicht eine Rolle gespielt, wirtschaftliche Nachteile im Handel mit Russland zu vermeiden, von dem man neben Rohstoffen auch in umfangreichem Ausmaß Waffen bezieht. Brasilien und Russland pflegten schon lange im Agrarbereich enge Wirtschaftsbeziehungen (Düngemittel für Brasilien aus Russland, im Gegenzug Importe von Agrarprodukten), Indien ist seit langem ein Hauptabnehmer russischer Waffen, in neuester Zeit auch von Erdöl. Seit Beginn des Kriegs hat auch Brasilien seine Importe von Erdöl und Diesel aus Russland massiv gesteigert. Für den Krieg in der Ukraine besteht wenig Interesse.[97] Im Hintergrund dieser Haltung der Länder des globalen Südens steht darüber hinaus auch eine sehr kritische Sicht des US-Militarismus und »Imperialismus« und das Bestreben, die eigene Unabhängigkeit von allen Großmächten zu bewahren. Der Ukrainekrieg wird als europäischer Regionalkonflikt gesehen, verursacht durch Nichtbeachtung berechtigter russischer Sicherheitsinteressen.[98]

Die Player in der ukrainischen Elite: Oligarchen und ein unerschrockener, dominanter Meister der Kommunikation

Welche Folgen hatte der Krieg für die Ukraine? Folgt man Kant, muss man genauer fragen: Welche Folgen hatte er für die Machthaber und Privilegierten des Landes? Was bedeutete er für die Bevölkerung? Kann man auch in diesem Falle eine Bestätigung von Kants These erkennen, dass von einem Krieg nur die Herrschenden profitieren, während das Volk darunter nur leidet? Werfen wir zuerst kurz einen Blick auf die Situation der ökonomischen und politischen Eliten und betrachten dann etwas ausführlicher die Folgen für die Bevölkerung.

Wie in vielen postkommunistischen Ländern konnten viele der ehemals sowjetischen Eliten Unternehmen erwerben und viel Reichtum anhäufen. Sie waren auch in der Lage, politische und publizistische Macht zu erlangen.[99] Von diesen Oligarchen, zwei bis drei Dutzend Großunternehmern, die zahlreiche Firmen und einen Großteil der Wirtschaft des Landes kontrollieren, hört man seit Kriegsbeginn wenig. Viele von ihnen erlitten zwar Verluste (etwa durch Enteignungen auf der Krim), aber ihre Machtstellung, die wesentlich auch auf der Verfilzung von Staat und Politik beruht, wurde nicht in Frage gestellt.[100] Selenskyj versammelte fünfzig Reiche nach dem Kriegsausbruch um sich und schloss mit ihnen einen Burgfrieden. Sie versprachen, den Abwehrkampf zu unterstützen und halfen mit Geld- und Sachspenden beim Bau von Unterkünften für Vertriebene. Manche zahlten sogar Löhne für Arbeitern weiter, deren Fabriken stillgelegt worden waren. Sie können damit rechnen, ihre Geschäfte beim Wiederaufbau nach dem Krieg weiterführen zu können. Selenskyj setzte sogar Vertraute von zwei Oligarchen, die ihm nahestanden (Ihor Kolomoiski und Rinat Achmetow) in wichtige Positionen. So wurde festgestellt, dass er mit dem politischen Klientelsystem der Ukraine nicht wirklich aufräumte, sondern sich darin einrichtete. Es ist kein Zufall, dass dies gerade von der Neuen Zürcher Zeitung schon im Mai 2022 berichtet wurde,[101] denn in der neutralen Schweiz ist die öffentliche Meinung zum Ukrainekrieg bei weitem nicht so einseitig ausgerichtet wie in Deutschland. Besonders stark benennt die Weltwoche (mit Chefredakteur Roland Köppel) kritische Probleme auch auf Seiten der Ukraine, oft allerdings in einseitig-polemischer Weise. Ein ukrainisches Gesetz zur Kontrolle der Oligarchen wurde 2021 im Eiltempo durchgepeitscht: Es bringt eine fragwürdige Stärkung des Sicherheitsrates, dem Selenskyj selbst vorsteht. Dadurch kann er auch die politischen Ambitionen von Konkurrenten, wie jene des vorherigen Präsidenten Poroschenko, kontrollieren.[102]

Damit ist schon die Rede auf eine für den Verlauf der jüngsten Ereignisse in der Geschichte der Ukraine extrem wichtige Persönlichkeit gekommen, den seit 2019 amtierenden Präsidenten Wolodymyr Selenskyj. Er ragt aus der politischen Klasse der Ukraine im Hinblick auf Bekanntheit, Macht und Einfluss weit heraus. Durch seine kühl-besonnene, aber dennoch äußerst entschiedene Haltung gegen die Invasion Russlands hat er entscheidend zum erfolgreichen Widerstandskampf beigetragen. Eine Stärke von Selenskyj war, dass er im Laufe seiner Fernsehkarriere ein gutes Gespür für die Stimmung in den verschiedenen Landesteilen entwickelt hat.[103] Seine größte Stärke liegt in seiner meisterhaften Kommunikation.[104] Selenskyj hält täglich kurze Videoansprachen an die Ukrainer und zeigt sich immer wieder in der Öffentlichkeit, auch in militärischen Stellungen nahe der Front. Gekleidet ist er stets in einem olivgrünen Pullover, womit er seine Nähe zu Volk und Militär signalisiert. Selenskyj hat Dutzende von Reden per Video für die Parlamente großer westlicher Länder gehalten; oft ist er persönlich in diesen aufgetreten. Mit diesen Reden, die hochprofessionell aufgebaut und orchestriert sind, hat Selenskyj zweifellos zur Bereitschaft vieler Länder zu starken finanziellen Unterstützungen und zu Waffenlieferungen an die Ukraine beigetragen. Auch für seine rhetorischen Fähigkeiten war die jahrlange Tätigkeit als Schauspieler und Fernsehmoderator eine hervorragende Ausbildung. Man kann es als eines der politischen Märchen der letzten hundert Jahre bezeichnen – vergleichbar der Wahl von vormals inhaftierten Regimekritikern zu Staatspräsidenten (wie Lech Walesa, Vaclav Havel und Nelson Mandela) –, dass ein Schauspieler, der mit einer satirischen Fernsehserie *Diener des Volkes* als Kritiker der Korruption bekannt geworden war, dann selbst zum Präsidenten gewählt wurde.

Ein ganz wesentlicher Faktor für die Popularität von Selenskyj war aber ohne Zweifel der feindliche Angriff durch Russland. Wie in Kapitel 3 dargestellt wurde, erhalten Führungspersönlichkeiten in extremen Situationen ganz besonders starke Unterstützung. Inzwischen hat sich dieser Faktor aber abgeschwächt und so ist auch die Popularität von Selenskyj zurückgegangen. Im Juli-August 2021 vertrauten 32,6 % dem Präsidenten (61 % nicht); nach dem russischen Überfall schnellte das Vertrauen hoch und betrug im Frühjahr und Sommer 2023 über 80 %, im Jänner 2024 vertrauten ihm noch 69 % der Befragten.[105]

Nach einem Jahr Krieg muss man allerdings auch die Rolle und das Verhalten von Selenskyj kritisch betrachten. Er hat sich einen begrenzten, engen Kreis von engen Vertrauten aufgebaut. Viele davon kennt er schon seit seiner Tätigkeit im Fernsehen, wie vor allem seinen engsten Berater Andrij Jermak, einen ausgebildeten Juristen und Gründer einer Filmproduktionsfirma. Dass Selenskyj ein verschworenes Team enger Vertrauter aufgebaut hat, ist ihm nicht vorzuwerfen; auch die geringe Kritik an ihm ist durch den Druck auf Einstimmigkeit als Folge des Kriegszustands des Landes verständlich.[106] Unter normalen Umständen würde eine solche Machtkonzentration bei einem Präsidenten jedoch Misstrauen hervorrufen. Tatsächlich beklagen andere, wichtige ukrainische Politiker, wie Kiews Bürgermeister Wiktor Klitschko, die Gruppe um Selenskyj sei sehr geschlossen, für ihn habe der Präsident nie Zeit für ein persönliches Treffen.[107]

Problematisch ist auch die Ausrufung des Kriegsrechts in der Ukraine, die vom Parlament bestätigt wurde. Sie bedeutet zwar keine Aufhebung, aber doch eine Einschränkung der Freiheit politischer Betätigung und der Presse. Relevant ist hier die Tatsache, dass die 2023 vorgesehenen Parlamentswahlen bereits verschoben wurden. Das Gleiche wird vermutlich, da von verschiedenen Seiten (auch Selenskyj) vorgeschlagen, mit den Präsidentenwahlen 2024 erfolgen. Zu hinterfragen sind auch andere Aktivitäten von Selenskyj. War es politische Naivität oder wollte er damit bewusst ein Zeichen setzen, als er – wie Viktor Orban aus Ungarn – zur Amtseinführung des höchst umstrittenen, populistischen Staatspräsidenten Javier Milei nach Argentinien flog? Dieser beabsichtigt, wie oben festgestellt, seinem Land eine Schocktherapie zu verordnen mit Einführung des Dollar als Währung, radikaler Kürzung der Sozialleistungen, Abschaffung von Sexualkundeunterricht und Abtreibung und weiteren Grauslichkeiten. Was mag Selenskyj veranlasst haben, Trump in einem Telefongespräch als einen *great teacher* zu bezeichnen?[108] Ein weiterer problematischer Aspekt ist die eindeutige Präferenz Selenskyjs für intensive Beziehungen zu den USA, nicht mit der Europäischen Union. Sie hing eng damit zusammen, dass er von diesem Land von Anfang an klare Zusagen für Waffenlieferungen erhielt; die USA erließen auch die schärfsten Sanktionen gegen Russland.

Für Selenskyj und die politischen Eliten in der Ukraine spielt das Motiv des Stellvertreterkrieges natürlich ebenfalls eine zentrale Rolle. Dazu seien nur zwei Aussagen von ihm zitiert. Kurz vor dem Einmarsch im Februar 2022 äußerte er, Waffenlieferungen für die Ukraine seien keine Spende, sondern ein Beitrag »zur Sicherheit Europas und der Welt, für die die Ukraine in den letzten acht Jahren als Schutzschild herhalten musste«.[109] Vor dem US-Kongress am 22. Dezember 2023: »Ihre Gelder sind kein Almosen«, sondern »eine Investition in die globale Sicherheit und in die Demokratie«.[110] In seiner Rede vor dem EU-Parlament ein Jahr nach dem Überfall am 9.2.2023: »Die Ukrainer kämpfen gemeinsam mit der EU für Frieden und Sicherheit in Europa, der Sieg der Ukraine sichert den Frieden in Europa.«[111] Ähnlich äußerten sich weitere ukrainische Politiker. Ein Beispiel ist der ukrainische Parlamentspräsident Ruslan Stefantschuk; er sagte in einem Interview: »Ich will unsere Partner daran erinnern, dass wir seit mehr als zwei Jahren den europäischen Wohlstand und die Demokratie verteidigen.«[112]

Die Hauptopfer des Krieges: Land und Bevölkerung der Ukraine

Wie sieht es in der Bevölkerung aus, in welcher Lage befindet sie sich? Obwohl der Krieg »erst« etwas mehr als zwei Jahre andauert, kann man die Auswirkungen für diese nicht anders als verheerend bezeichnen. Als erste Gruppe sind hier die Soldaten zu nennen. Schon im unerklärten Krieg im Donbass seit 2014 waren gut 14.000 Tote zu beklagen. Beim Einfall Russlands im Februar 2022 wurden 260.000 ukrainische Soldaten mobilisiert – deutlich mehr als die Russen eingesetzt hatten; für sie bedeutet dies das Risiko, verwundet zu werden oder das Leben zu verlieren. Bis heute stieg die Zahl der Soldaten und Reservisten bis zu 900.000 Personen.[113] Die genauen Zahlen bleiben geheim, genauso wie jene der Gefallenen, um die Kriegsunterstützung in der Bevölkerung nicht zu unterminieren. Beides sind in Kriegen übliche, demokratiepolitisch dennoch fragwürdige Praktiken. Den Ukrainern ist bewusst, dass sie von der Regierung nicht wirklich voll informiert werden (Näheres dazu im folgenden Kapitel).[114] Wie viele Gefallene gab es bisher? Laut erstmaligen Aussagen Selenskyjs im Februar 2024 starben 31.000 ukrainische Soldaten; nach manchen US-Schätzungen dürfen es bis zu 70.000 gewesen sein und dazu noch mindestens 15.000 Zivilisten. Bis zur Kampfunfähigkeit verwundet wurden über 100.000 Soldaten; viele davon werden lebenslang Invaliden sein.[115] Unter den aktiven und ehemaligen Soldaten gibt es eine hohe Suizidrate, wie die Hilfsorganisation *Lifeline Ukraine* berichtet.[116] »Für die Strategie des Westens bezahlen unsere Soldaten mit ihrem Leben«, sagt der Oberst und Abgeordnete des ukrainischen Parlaments (auch Vorsitzender von dessen Verteidigungsausschuss), Roman Kostenko.[117] Er meint damit vor allem die unzureichenden Waffenlieferungen. Aber er fügt hinzu: »Ich möchte, dass jeder versteht, dass wir ohnehin niemals kapitulieren werden. Wo uns Panzer fehlen, werden wir unsere Soldaten ohne gepanzerte Fahrzeuge losschicken, weshalb sie eher sterben werden.« Aussagen dieser Art erregen geradezu einen Schauder.

Die Bevölkerung ist auch direkt betroffen durch kriegsbedingte Umweltbelastungen und Zerstörung lebenswichtiger Infrastrukturen. So gab es einen riesigen, von russischen Raketen ausgelösten Waldbrand in Luhansk, einen Ölteppich auf dem Schwarzen Meer, aus brennenden Kraftwerken und Treibstofflagern trat hochtoxischer Rauch aus.[118] Stark beschädigt wurden auch Wohnungen, Krankenhäuser und Schulen. Mindestens 600 medizinische Einrichtungen wurden zerstört, 100 davon vollständig.[119] Nach Schätzungen der Kiewer Wirtschaftshochschule wurden seit der russischen Invasion insgesamt über 170.000 Gebäude beschädigt oder zerstört, darunter 20.000 Wohnhäuser; zudem waren Flughäfen, 344 Brücken und 25.000 Straßen betroffen.[120] Stark mitgenommen wurden auch Kulturobjekte, wie Kirchen, Moscheen, Synagogen und Denkmäler.[121] Als Folge dieser Zerstörungen brauchten bzw. brauchen 17 Millionen Menschen Schutz und humanitäre Unterstützung. Zerstört wurden auch Straßen, Brücken, Energieversorgungsunternehmen und -leitungen. Dies kann für viele Menschen bedeuten, dass sie ihre Wohnungen im Winter nicht mehr ausreichend heizen können. Seit der Invasion hat Russland in elf der 27 ukrainischen Regionen Landminen verlegt, die bei geringster Berührung explodieren. Sie bleiben oft jahrzehntelang im Boden; ihre Opfer sind vor allem spielende Kinder, Bauern oder andere Zivilisten, die sie übersehen.[122] Das Aussehen ganzer Landschaften wurde verändert, aus manchen Dörfern wurden Schutthaufen, große Landstriche entvölkert, wie der polnische Fotograf Jedrzey Nowicki dokumentarisch zeigte.[123] Der kontinuierliche Beschuss durch Raketen und Drohnen setzt die Bevölkerung in den kriegsnahen Gebieten und Orten unter Dauerstress.[124] In einer Umfrage des Razumkov-Centre (Kiew) vom Januar 2024 wurden die Befragten gebeten, sich auf einer Skala von 0 (Gefühl maximaler Ruhe und Sicherheit) bis 10 (maximale Unsicherheit, Angst, Panik) einzuordnen; 59 % stuften sich in Werte 8 bis 10 (hohe Unsicherheit) ein.[125] Von all diesen Kriegsfolgen sind vor allem ältere Menschen stark betroffen; sie sind verunsichert, ängstlich und vielfach hoffnungslos überfordert.[126] Der Soziologie Yuriy Pachkovskyy (Universität Lwiw) folgert aus seinen Tiefeninterviews, dass sich die traumatischen Erfahrungen der ukrainischen Bevölkerung in das historische Gedächtnis eingraviert und zu einem psychischen Trauma von Individuen und sozialen Gruppen geführt haben. Als Folge des Krieges würden 15 Millionen Ukrainer psychologische Unterstützung brauchen.[127]

Auch in weit von der Frontlinie entfernten Städten, wie Kiew, gibt es immer wieder Drohnenalarme und Zerstörungen durch einzelne Raketen oder Drohnen, die nicht abgefangen werden können. Die wirtschaftliche Lage hat sich seit dem russischen Überfall für zwei Drittel der Bevölkerung verschlechtert, wie die vorhin zitierte Umfrage des Razumkov-Centre zeigte. In diesem Zusammenhang muss man allerdings auch sehen, dass die Ukraine bei ihren Angriffen auf die Stellungen der russischen Armee auch Landstriche im Donbass und anderswo trifft, die sie weiterhin als eigenes Territorium betrachtet. Dabei werden auch ukrainische Zivilisten zu Opfern. So wurde durch Artilleriebeschuss der Stadt Donezk am 20. Januar 2024 ein belebter Markplatz beschossen, bei dem mindestens 28 Menschen getötet wurden.[128] Der Regierungssprecher von Putin beeilte sich, dies als »monströsen Terror« zu bezeichnen, Außenminister Lawrow will den Fall vor die UNO bringen.[129] Russland führt ähnliche Angriffe allerdings laufend auf viele ukrainische Städten durch.

Enorm war die Anzahl der Flüchtlinge. Seit Februar 2022 waren zwischenzeitlich ein Drittel der ukrainischen Bevölkerung auf der Flucht; damit wurde das Land, wie das UNO-Flüchtlingshilfswerk (UNHCR) schreibt, Schauplatz der größten Vertreibungskrise der Welt.[130] 3,7 Millionen Menschen flüchteten innerhalb des Landes, ins nahe westliche Ausland flohen 6,3 Millionen. Zu diesen offiziell Registrierten kommen wahrscheinlich noch viele weitere dazu. Hochrelevant ist in diesem Zusammenhang die extrem hohe Anzahl der ins Ausland geflüchteten Ukrainer und ihre Lage dort.[131] Polen nahm über eineinhalb Millionen Flüchtlinge auf, Deutschland über 900.000, Tschechien eine halbe Million; aber auch in den baltischen und westeuropäischen Ländern wie Italien, Spanien, Frankreich und Großbritannien fanden 100.000 bis 200.000, in Österreich 90.000 Flüchtlinge Zuflucht. Die Ukraineflüchtlinge wurden im Allgemeinen vergleichsweise positiv aufgenommen, vor allem in dem der Ukraine historisch-kulturell am nächsten stehenden Polen. Die Gründe dafür waren, dass sie direkte Kriegsflüchtlinge und großenteils Frauen und Kinder waren. Zwei Fakten sind in Bezug auf diese Flüchtlinge relevant. Zum einen ist ihr Bildungsniveau überdurchschnittlich hoch. Drei Viertel oder mehr von ihnen, die in Österreich oder Deutschland leben, haben tertiäre Ausbildung.[132] Das heißt, dass es eher Menschen aus privilegierten Bevölkerungsschichten waren, die flüchten konnten (oder wollten).[133] Dennoch ist die soziale Lage dieser Flüchtlinge alles andere als gut.

Das zweite Faktum ist, dass sehr viele dieser ins Ausland Geflüchteten – inzwischen mindestens die Hälfte – nicht zurückkehren wollen, obwohl ihre Lage vielfach belastend ist (mangelnde Sprachkenntnisse, unzureichende Wohnverhältnisse, keine oder im Vergleich zum Bildungsniveau unterqualifizierte Arbeit, etwa als Reinigungskräfte oder im Gastgewerbe).[134] In Österreich hat sich der Anteil der Rückkehrwilligen von 2022 auf 2023 deutlich verringert. Für Frauen mit Kindern, deren Mann in der Ukraine lebt und nicht ausreisen darf, bedeutet dies eine massive Einschränkung der familiären Lebensqualität für die Männer, Frauen und ihre Kinder. Viele alleinstehende Frauen werden sich einen Partner suchen; viele Ukrainerinnen taten dies schon vor dem Krieg mit guten Gründen.[135] Dies würde für die Ukraine einen erheblichen Aderlass an qualifizierten Erwerbstätigen bedeuten, für die Aufnahmeländer jedoch einen langfristigen Gewinn. So wird in Bezug auf die Flüchtlinge in den Visegrád-Ländern festgestellt, dass sie deren Arbeitsmärkte stärken und helfen können, das Wirtschaftswachstum anzukurbeln.[136] Nicht dazugesagt wird, dass für die Ukraine genau das Gegenteil der Fall sein wird – ein weiteres Absinken der Bevölkerungszahl und zusätzliche Schwächung der wirtschaftlichen Entwicklung. So wird auch über das genannte Faktum viel seltener berichtet, dass der größte Teil dieser Flüchtlinge nicht mehr zurückkehren wird, je länger der Krieg dauert. Nur in einer Umfrage wurde auch etwas darüber erhoben, unter welchen Bedingungen man zurückkehren würde. Hier wurden vor allem zwei Gründe genannt: Sicherheit und das gute Funktionieren der Infrastrukturanlagen in der Ukraine. Ein Viertel stellte fest, erst nach voller Beendigung der Kampfhandlungen zurückkehren zu wollen; von einem vollen Sieg über die Russen war nicht die Rede.[137]

Weniger bekannt ist, dass Russland mit 2,8 Millionen das größte Aufnahmeland von Flüchtlingen war.[138] In vielen Statistiken und Grafiken, die die Aufnahmeländer der Flüchtenden zeigen, wird Russland gar nicht angeführt. Warum flüchteten Ukrainer nach Russland? Die meisten davon waren wohl Menschen aus den umkämpften Städten und Regionen im Donbass und dann im ganzen Osten, die dem brutalen Krieg entkommen wollten. Viele hatten schwere Verletzungen, darunter waren auch Soldaten. Zu ihrer Flucht hatten ohne Zweifel die fortgesetzten Bombardierungen der ostukrainischen Grenzregionen durch die ukrainischen und russischen Streitkräfte beigetragen. Als übertrieben muss jedoch die Überschrift eines ansonsten informativen Artikels bezeichnet werden, die lautet: Deportiert – Wie Ukrainer nach Russland entführt werden.[139] Tatsächlich haben die Russen Kinder entführt. Dafür wurde gegen Putin zu Recht vom Internationalen Strafgerichtshof ein Haftbefehl erlassen. Es wurden auch Erwachsene oft gegen ihren Willen in Busse Richtung Russland gesetzt; aber über zwei Millionen Menschen zu verschleppen, ohne dass die Weltöffentlichkeit davon erfahren hätte, wäre wohl unmöglich gewesen. Russland hatte die Zuwanderung von Ukrainern allerdings offiziell gefördert, indem ihnen erleichterter Zugang zur russischen Staatsbürgerschaft und Aufenthaltserlaubnis ermöglicht wurde.[140] Dahinter stand vermutlich auch ein demographisches Ziel, nämlich die sinkende Bevölkerung Russlands etwas auszugleichen. Den Ukraineflüchtlingen in Russland ging es dann allerdings viel weniger gut als jenen in westeuropäischen Ländern. Sie wurden an der Grenze und in den »Filtrationslagern« behördlich schikaniert, der Staat kümmert sich nicht um sie.[141] So bildeten sich in vielen russischen Städten freiwillige Vereine, in denen Zehntausende Russen den Ukrainern beim Überleben oder ihrer weiteren Auswanderung in westliche Länder helfen.

Wirtschaft und Gesellschaft der Ukraine können sich nicht wirklich erholen, solange der Krieg andauert. Die Entwicklung im letzten Jahrzehnt und die derzeitige Situation kann man nicht anders als dramatisch bezeichnen. Nach Daten der Weltbank hat das Pro-Kopf-Einkommen in der Ukraine zwischen 2013 und 2022 um rund 25 % abgenommen. In der EU stieg es dagegen um 15 %, selbst im ärmsten EU-Mitgliedsland Bulgarien um fast ein Drittel. Mit rund 10.700 Euro pro Kopf war das Einkommen 2022 in der Ukraine nicht einmal halb so hoch wie in Bulgarien.[142] Dazu kommen politische Probleme wie das weiterhin hohe Korruptionsniveau und ein erhebliches Ausmaß an Autoritarismus sei Februar 2022. Die Bevölkerung ist seit ihrem Höchststand von rund 52 Millionen am Anfang der 1990er Jahre bis zur Jahrhundertwende auf 49 Millionen zurückgegangen; bis 2022 kann man geradezu von einem Absturz auf 38 Millionen sprechen. Für diesen Rückgang war sowohl die starke Emigration wie eine sinkende Geburtenrate (Anzahl der Lebendgeborenen auf 1000 Einwohner) verantwortlich. Diese lag 2022 mit 6,6 hinter allen EU-Ländern (nur in Italien war sie fast ebenso niedrig) und deutlich unter dem EU-Durchschnitt von 8,6. Auch in Ländern wie Georgien, Türkei und Rumänien sind die Geburtenraten deutlich höher.[143] Die wirtschaftliche Entwicklung der Ukraine wird durch den Krieg massiv beeinträchtigt. Zwar konnten wichtige Exporte, wie etwa jener von Getreide, teilweise wieder aufgenommen werden und die massive Steigerung der eigenen Waffenproduktion kurbelte Teile der Wirtschaft an. So rechnen die EU und der IWF damit, dass die ukrainische Wirtschaft nach ihrem starken Einbruch 2022 bald wieder ein positives Wachstum erreichen werde. Die andere Seite ist jedoch, dass der Staatshaushalt infolge der hohen Kriegsausgaben immer weniger Geld für andere wichtige Ausgaben hat. Auch ein durchaus wichtiger Sektor, wie der Tourismus, wird nicht wieder in Gang kommen, bevor der Krieg zu Ende ist. Für Exporte sind die Grenzen schwerer durchlässig geworden, sogar zu Polen, einem der ansonsten stärksten Unterstützer der Ukraine. Die Ursache waren Bauernproteste gegen massenhafte Einfuhr billigen Getreides aus der Ukraine.

Die extrem schwierige sozioökonomische Situation der Ukraine spiegelt sich auch im subjektiven Wohlbefinden der Bevölkerung wider. Nach den repräsentativen Umfragen des Razumkov Centre in Kiew schätzen sich auf einer Skala der allgemeinen Lebenszufriedenheit von 1 (total unzufrieden) bis 10 (vollkommen zufrieden) 33 % der Ukrainerinnen als unzufrieden ein (Werte 1–3), nur 12 % als zufrieden (Wert 8–10).[144] Diese Werte liegen in westlichen Gesellschaften weit höher; hier schätzt sich die große Mehrheit als zufrieden ein. In einem Vergleich der Lebenszufriedenheit von 42 Ländern lag die Ukraine an vorletzter Stelle (nur vor Moldawien); das Gleiche galt für die Einschätzung der Entscheidungsfreiheit im eigenen Leben; diese beiden Dimensionen sind eng miteinander verknüpft.[145] In der Razumkow Umfrage wurde auch eine Skala im Hinblick auf Gefühle von Furcht versus Sicherheit vorgegeben; der Wert 10 bedeutete hohe Panik und Unsicherheit, der Wert 1 starke Ruhe und Vertrauen. 25 % der Befragten ordneten sich auf den Werten 8–10 ein, empfanden also sehr hohe Unsicherheit, nur 12 % auf den Werten 1 bis 3, empfanden ihre Situation demgemäß als relativ sicher.

Schlussbemerkungen

Seit Ende des zweiten Kriegsjahres ist der Krieg zwischen Russland und der Ukraine in einen Abnutzungs- und Stellungskrieg übergegangen, in welchem signifikante Gewinne einer der beiden Seiten in absehbarer Zeit nicht zu erwarten sind. Infolge der starken Involvierung westlicher Staaten und auch aufgrund der Interpretation des Krieges durch die beteiligten Parteien muss er nun auch als Stellvertreterkrieg bezeichnet werden. Die historischen Rückblicke auf die wichtigsten dieser Kriege seit 1945 haben drei wichtige, beunruhigende, aber auch ermutigende, Befunde erbracht. Zum ersten waren diese Kriege meist sehr lang und mit hohen materiellen und menschlichen Verlusten verbunden. Für die Ukraine verheißt dies nichts Gutes. Sie musste im 20. Jahrhundert bereits mehrere große Tragödien durchmachen, wie in Kapitel 1 gezeigt. Selbst seit ihrer Unabhängigkeitserklärung 1991 verlief ihre Entwicklung sehr krisenhaft; die Bevölkerungszahl stürzte von über 50 Millionen auf unter 40 Millionen ab; der Ukrainekrieg brachte nochmals einen massiven Aderlass auf unter 30 Millionen. Solange der Krieg weiterläuft, wird dieser Rückgang weitergehen. Zum zweiten zeigte sich, dass die aggressiven externen Akteure, auch wenn dies Großmächte waren, ihre Ziele bei Stellvertreterkriegen in der Regel nicht erreichten, ja oft schmähliche Rückzüge antreten mussten. Dies hatten die Russen teilweise bereits am eigenen Leib erfahren müssen. Auch die Ergebnisse der Stellvertreterkriege waren oft das Gegenteil dessen, was man beabsichtigt hatte. Hier hängt es vom weiteren Verlauf bzw. der Beendigung des Krieges ab, wie sich diese im Falle der Ukraine darstellten werden. Zum Dritten zeigte sich, dass die von außen beteiligten, großen Länder eine direkte Konfrontation peinlichst vermieden. Aus diesen Befunden ergeben sich drei Folgerungen für den Krieg in der Ukraine. So scheint es zum Ersten dringend geboten, möglichst rasch zu Verhandlungen über einen Waffenstillstand mit daran anschließenden Friedensverhandlungen zu kommen. Der Wiederaufbau kann erst wirklich beginnen, wenn die Waffen ruhen. Die Ukraine war schon vor dem Krieg durch ein komplexes Bündel schwerwiegender Probleme und einen hohen Reformbedarf charakterisiert. Diese umfassten Probleme wirtschaftlicher Art (Staatsverschuldung, Notwendigkeit einer Bankenreform, Erleichterung von Firmengründungen), soziale und kulturelle Probleme (Mängel des Bildungs-, Gesundheits- und Pensionssystems), politisch-rechtliche Probleme (Korruption, defizitäres Justiz- und Verwaltungssystem, intransparente Parteienfinanzierung, Wahlsystem, unzureichende Dezentralisierung) und Umweltprobleme (Landreform, Energieversorgung).[146] Je länger der Krieg fortdauert, desto schwieriger wird die Inangriffnahme und wirkliche Lösung dieser Probleme. Die Bedeutung, Voraussetzungen und Chancen dafür werden im folgenden Kapitel behandelt. Zum Zweiten ergibt sich aus der Analyse der Stellvertreterkriege auch eine positive Perspektive insofern, als eine Ausweitung des Krieges auf andere europäische Staaten, insbesondere auf NATO-Mitglieder, von Seiten Russlands eher nicht zu erwarten ist. Daraus ergibt sich auch zum Dritten eine kritische Sicht auf die derzeit laufende Hochrüstung des Westens, die hinter einer solchen Annahme steht. Sie hat zu einem neuen, gefährlichen Kalten Krieg geführt. Wie dieser wieder entschärft werden könnte, soll in Kapitel 8 behandelt werden.

Kapitel 7: Der Krieg als gesellschaftlicher Katalysator
Einstellungen der ukrainischen Bevölkerung zu Krieg und Frieden und zur Zukunft des Landes

»[D]ie kleinen Gesellschaften [besitzen] viel häufiger das Recht des Kriegführens [...] als die großen, weil sie öfter in die Lage kommen, ihre Vernichtung befürchten zu müssen.«
Charles L. de Secondat de Montesquieu (1689–1755), französischer Jurist und politischer Schriftsteller

»Nach jedem verheerenden Krieg ist alles Volk freudiger zur Tugend, zur Gerechtigkeit, zur Eintracht, zur gegenseitigen Hilfe und zu menschenfreundlichen Unternehmungen.«
Heinrich Daniel Zschokke (1771–1848), Schweizer Erzähler und Herausgeber der Wochenschrift »Der Schweizerbote«

Für die Beurteilung des Kriegsverlaufes in der Ukraine und für die Frage, ob und wann es zu einem Waffenstillstand und Friedensverhandlungen kommen kann, sind die Einstellungen der Bevölkerung von großer Bedeutung. Die zentrale These von Kants Friedenstheorie lautet ja, dass Kriege nur von Eliten verursacht werden und diese daraus Gewinne beziehen, während die Bevölkerung vor allem Verlierer und Opfer ist. Dass letzteres auch im Fall der Ukraine zutrifft, wurde im vorigen Kapitel gezeigt. Es wäre daher zu erwarten, dass die Ukrainerinnen stark für Friedensbemühungen eintreten. Dies ist überraschenderweise nicht der Fall. Dies zeigt eine Reihe von repräsentativen Umfragen des unabhängigen Razumkov Centre in Kiew, auf die im Folgenden ausführlich Bezug genommen wird. Um diese Tatsache besser zu verstehen, hat der Autor selbst, wie schon im Vorwort erwähnt, in der vierten Aprilwoche 2024 Lwiw und Kiew besucht und dort mit Soziologen und anderen Experten gesprochen sowie mit einem Dutzend Menschen Interviews durchgeführt. Diese Interviews erbrachten kein wesentlich anderes Bild. Bei der Durchsicht der Razumkov-Umfragen zeigte sich noch ein weiterer, ebenfalls sehr überraschender Befund: Der Krieg hat nicht nur – was zu erwarten war – die nationale Identität und den Patriotismus der Ukrainerinnen erhöht. Er führte auch zu einer stärkeren Bejahung der Demokratie und zu einer signifikanten Erhöhung des Optimismus im Hinblick auf die zukünftige Entwicklung der Ukraine. Man kann hier in der Tat die Metapher des Katalysators anwenden. In der Chemie bezeichnet der Begriff einen Stoff, der die Ablaufgeschwindigkeit einer chemischen Reaktion beschleunigt, ohne dabei Energie zu benötigen oder selbst verbraucht zu werden. Der Begriff ist jedoch in die Alltagssprache eingegangen. Hier werden Personen oder Ereignisse, die festgefahrene Prozesse wieder in Gang bringen können, als Katalysatoren bezeichnet.[1] Tatsächlich scheinen Kriege im Allgemeinen und der Krieg in der Ukraine (auch) eine solche Wirkung gehabt zu haben.[2]

In diesem Kapitel werden zunächst die Einstellungen der Ukrainerinnen zu Krieg und Frieden dargestellt. Im Anschluss daran betrachten wir den erstaunlichen Wandel im Hinblick auf die Einstellungen zur Demokratie und zur Zukunft der ukrainischen Gesellschaft. Abschließend wird versucht, die Befunde zur geringen Kriegsmüdigkeit der Ukrainerinnen mit der These von Kant in Einklang zu bringen, dass Frieden ein zentrales Anliegen aller BürgerInnen ist. Hier wird eine Reihe von Gründen dafür genannt, dass Bürgerinnen und Bürger nicht immer gegen Kriege eingestellt sein müssen. Dies wird insbesondere dann der Fall sein, wenn ein Land angegriffen wurde.

Krieg bis zum Sieg über die Russen! Die kompromisslose Haltung der Ukrainerinnen

Wir können unterschiedliche empirische Quellen zur Beantwortung der Frage der Haltungen der Bevölkerung zu Krieg und Frieden heranziehen. Dies sind zunächst repräsentative Umfragen. Das unabhängige Forschungsinstitut Razumkov Centre in Kiew führt seit Jahren regelmäßige, zuletzt sogar zweimonatliche Umfragen zu verschiedenen Aspekten des Krieges und zu den damit zusammenhängenden gesellschaftlichen Wahrnehmungen und Problemen durch. Auf sie werden wir im Folgenden ausführlich Bezug nehmen. In Umfragen können Meinungen in der Regel aber nur mit wenigen Fragen erfasst werden. Dabei weiß man oft nicht, inwieweit die Befragten über ein Thema überhaupt Bescheid wissen. Ist dies nicht der Fall, kann man den Ergebnissen nicht allzu viel Gewicht beimessen. Daher hat der Autor selber tiefergehende Interviews mit einem Dutzend Menschen in der Ukraine durchgeführt. Da es sich hierbei um eine qualitative Studie mit offenen Fragen und Antworten handelt, fällt die geringe Zahl nicht ins Gewicht. Entscheidend ist, dass Angehörige aller sozialen Gruppen erfasst wurden, was auch der Fall war (Näheres dazu unten). Es gibt auch Verhaltensindikatoren, welche viel über die Haltung der Bevölkerung zum Krieg aussagen. Einer davon ist die Bereitschaft von Männern, sich für die Kämpfe rekrutieren zu lassen oder aber dies zu vermeiden. Schließlich sind auch die Aussagen und das Verhalten der politischen Eliten relevant; in diesem Falle ist dies insbesondere Präsident Selenskyj, der hierbei eine herausragende Rolle spielt.

Der Krieg in der Ukraine hat, wie bereits festgestellt, zu einer signifikanten Erhöhung der nationalen Identität und des Patriotismus der Ukrainerinnen geführt. Dies war besonders markant auch bei den russischsprachigen Ukrainerinnen, die vor allem im Osten und Süden des Landes, etwa in Odessa, leben (wir werden darauf noch zurückkommen). Es hat sich aus den Umfragen aber noch eine weitere, höchst überraschende Tatsache ergeben: Der Krieg hat das Denken und die Haltungen der UkrainerInnen zu ihrer Gesellschaft und ihrem politischen System grundlegend beeinflusst und geändert. Der Krieg kann, wie schon angesprochen, aus beiderlei Sicht geradezu als gesellschaftlich-politischer »Katalysator« bezeichnet werden. Im Hinblick auf Nationalstolz und Patriotismus ist dies nicht wirklich überraschend, wenn man sich die Literatur zur Entstehung von Nationalbewusstsein ansieht. Es wurde gezeigt, dass dieses vielfach erst durch Kriege in weiten Kreisen der Bevölkerung entfacht wurde.[3] Die ersten nationalen Unabhängigkeitsbewegungen in Europa entstanden im Zuge der napoleonischen Kriege, in welchen viele Länder ihre Eigenständigkeit einbüßten. Auch die Einigungsprozesse Deutschlands und Italiens hingen engstens mit Kriegen zusammen, ebenso wie die Entstehung der zahlreichen neuen Nationalstaaten in Mittelost- und Südosteuropa nach dem Ersten Weltkrieg und dem Untergang der Reiche der Habsburger und Osmanen. Selbst die heute so stark gefestigte österreichische Identität entstand erst durch die Beseitigung seiner Eigenständigkeit durch den Nationalsozialismus (statt Österreich wurde es Ostmark genannt) und die darauf folgenden Kriegserfahrungen. Sehr bemerkenswert ist schließlich, dass in der Ukraine nicht nur die nationale Identität und der Nationalstolz massiv gefestigt wurden, sondern sogar eine positivere gesellschaftlich-politische Grundstimmung und Sicht der Zukunft entstanden ist. Die Gesellschaft ist durch die gemeinsamen negativen Erfahrungen, aber auch gegenseitige Hilfeleistungen zusammengewachsen.[4] All diese positiven Tendenzen könnten sich Friedensbemühungen zunutze machen, und die bellizistisch-unnachgiebige Haltung in erstgenannter Hinsicht ausgleichen. Betrachten wir zunächst jedoch die Wahrnehmungen und Haltungen der Ukrainerinnen zum Krieg und zu Friedensverhandlungen.

Hier sind zunächst vor allem Meinungsumfragen zu diesem Thema relevant. Dazu ist vorab festzustellen, dass deren Validität in einem Land, das sich im Kriegszustand befindet, grundsätzlich kritisch betrachtet werden muss.[5] Zwar besteht in der Ukraine Meinungs- und Pressefreiheit, jedoch rangierte sie schon vor dem Krieg in Bezug auf Letztere nur an 70. Stelle unter 180 Ländern.[6] Heute werden Medienschaffende, insbesondere jene mit russischer Muttersprache, vielfach behindert, ja gefährdet.[7] Es ist daher zu vermuten, dass auch Teilnehmende an Meinungsumfragen ihre Antworten zum Teil an der herrschenden öffentlichen Meinung ausrichten. Ein Problem ist auch, dass Personen in kriegsnahen Gebieten nicht persönlich erreicht werden können; das gleiche gilt natürlich für die Millionen ins Ausland Geflüchteten. Es gibt jedoch zahlreiche recht sorgfältig durchgeführte und glaubwürdige Umfragen von unabhängigen Forschungseinheiten wie dem Internationalen Institut für Soziologie an der Universität Kiew und vom anerkannten Razumkov Centre in Kiew. Letzeres führt laufend Studien zu vielfältigen wirtschaftlichen, sozialen und politischen Problemen der Ukraine durch. Im Folgenden wird auf seine repräsentativen Bevölkerungsumfragen ausführlich Bezug genommen.[8] Bei diesen Umfragen wurden jeweils 2000 zufällig ausgewählte Personen in der ganzen Ukraine befragt; im Osten nur jene Gebiete, die unter ukrainischer Kontrolle stehen.

Die Ergebnisse der Umfragen sind eindeutig: Der Krieg und seine Weiterführung werden von der Bevölkerung stark unterstützt, die Siegeszuversicht ist hoch, ein Waffenstillstand oder Frieden ohne vorhergehenden Sieg wird kaum in Betracht gezogen. So zeigte eine Umfrage kurz nach der Invasion, Anfang Mai 2022, eine überwältigende Zustimmung – über 90 % – zu Präsident Selenskyj und sehr hohes Vertrauen auf einen Sieg. Diese Einstellung hat sich im Zuge des Wandels der objektiven Lage auf den Schlachtfeldern etwas, aber nicht grundsätzlich geändert. Es ist (wie schon im vorherigen Kapitel dargestellt), eine Tatsache, dass die ukrainische Offensive zum Stehen kam und seit einiger Zeit die Russen eher im Vorteil sind. Im August 2022 glaubten noch 77 % der Befragten definitiv an einen Sieg, für weitere 15 % war er wahrscheinlich, insgesamt also für über 90 %.[9] Selbst ein Jahr später, im Oktober 2023,

Kapitel 7: Der Krieg als gesellschaftlicher Katalysator

hatten noch 93 % der Ukrainer diese positive Erwartung, nur 3 % erwarteten keinen Sieg; im März 2024 waren es immer noch 83 %. Als ukrainischen Sieg würden es die meisten sehen, wenn die Russen vom gesamten Territorium der Ukraine vertrieben und die Grenzen von 2014 wiederhergestellt würden.[10] Ein gutes Viertel der Befragten erwartet sogar, dass ein Aufstand in Russland bzw. dessen Zerfall eintreten werden.[11] Diesen Einstellungen entspricht, dass die Armee hochgeschätzt wird: 94 % vertrauen ihr. Auch das Bild von den Kriegsveteranen ist sehr positiv.[12] Diese Erwartungen in Bezug auf einen Sieg sind also nicht sehr realistisch. Verändert haben sich allerdings die Erwartungen über die weitere Dauer des Krieges: Im August 2022 erwartete ein Drittel der Befragten den Sieg noch im gleichen Jahr, ein weiteres Drittel in ein bis zwei Jahren. Im Februar-März 2023 waren diese Anteile sogar auf insgesamt 76 % (50 % bzw. 26 %) gestiegen; im Januar 2024 betrugen sie 60 % (20 % bzw. 40 %).[13] Es glaubten also immer noch gut 60 % an einen baldigen Sieg der Ukrainer. Entsprechend diesen Befunden haben sich die Einstellungen zur EU und zur NATO sowie zu verschiedenen Ländern massiv geändert. Die Zustimmung zu einem NATO-Beitritt, den 2013 gerade einmal ein Fünftel der Ukrainerinnen befürworteten, hat bis Januar 2024 auf 76 % zugenommen.[14] Die Zustimmung zu einem EU-Betritt lag schon immer höher, hat aber weiter zugenommen: Von 2013–2021 lag sie knapp über 50 %, bis 2024 ist sie auf 86 % gestiegen. Die EU-Befürwortung variiert nach Regionen, stellt jedoch überall die große Mehrheit dar (im Westen, Süden und Zentrum beträgt sie über 90 %, im Osten 82 %).[15]

Massive Veränderungen haben sich im Bild der Ukrainer von verschiedenen Ländern ergeben. So hatten 2014 insgesamt rund zwei Drittel eine positive Einstellung zu den USA; bis März 2024 stieg diese auf 80 %. Neben den USA und Kanada werden die westeuropäischen Länder generell sehr positiv gesehen. Dagegen ist das Bild von der Türkei und Ungarn deutlich schlechter; China wird vorwiegend negativ gesehen (zu 72 %).

Dramatisch verschlechtert hat sich das Bild von Russland (ähnlich jenes von Belarus). Sahen 2013 noch 53 % der Ukrainerinnen Russland eher positiv, nur 31 % negativ, so sehen im Januar 2024 95 % Russland negativ, nur mehr knapp 3 % positiv.[16] Was denken die Ukrainerinnen über die künftigen Beziehungen zu Russland? Hier ist geradezu erschreckend, dass 55 % nach dem Sieg der Ukraine auf jeden Fall für einen kompletten Abbruch aller Beziehungen mit Russland votieren, weitere 21 % eher für einen solchen sind. Das Bild Russlands hat durch den Überfall in der ganzen Ukraine also massiv gelitten. Der Historiker Andreas Kappeler hat die Beziehungen zwischen den beiden Ländern in früherer Zeit als eine »unerwiderte Liebe« beschrieben: Die Einstellung der Russen zu den Ukrainern war deutlich positiver als jene der Ukrainer zu Russland.[17] Die Meinungen der Ukrainerinnen selber waren vor dem Februar 2022 eigentlich recht positiv. 2017 war noch gut ein Viertel der Meinung, Russland und die Ukraine würden immer »brüderliche Nationen« bleiben, eine weitere Hälfte, sie seien es früher gewesen, aber heute nicht mehr. 2023 betrugen die Anteile derer, die beide Länder als »Brüder« sehen, nur mehr 4 %; dagegen ist der Anteil derer, die meinen, sie wären es nie gewesen, von 16 % auf 44 % gestiegen.[18] Man sieht hier, wie tiefgreifende aktuelle Erfahrungen auch das Bild von der Vergangenheit verändern können. Ein bekannter russischer Journalist schrieb, die Ukraine sei früher ein Teil seines »großen Landes« gewesen, nach der Erklärung ihrer Selbständigkeit jedoch als »Verräter« zu bezeichnen. Laut russischen Medien stelle die Haltung zur Ukraine eine Umkehrung des Sprichwortes dar, wie man über Tote spricht: Man spreche nur Schlechtes oder gar nichts über die Ukraine, so der Kiewer Soziologe Volodymyr Paniotto.[19] Interessant sind auch Fragen zu den Beziehungen zwischen der Ukraine und Russland bzw. Westeuropa. Die Europäische Union wird 2023 von über drei Viertel der Befragten mit Fortschritt und Entwicklung assoziiert, Russland dagegen zu 83 % mit Rückschritt; 2017 betrugen diese Werte für Russland noch deutlich weniger, 51 %; nur mehr 16 % assoziierten Russland mit Fortschritt.[20]

Leider wurden in den Bevölkerungsumfragen keine direkten Fragen gestellt zum Thema, ob man einen Waffenstillstand und Friedensverhandlungen begrüßen würde. Es scheint, dass dieses Thema selbst von den unabhängigen Sozialwissenschaftlerinnen nicht als relevant bzw. realistisch angesehen wurde. Zumindest zwei Fragen gingen jedoch in diese Richtung.[21] Eine davon lautete: »Würden Sie die Initiative einer internationalen Spitzenkonferenz über die Ukraine unterstützen?« Darauf antworten 79 % mit Ja. Allerdings würden 60 % der Befragten die Teilnahme Russlands an einer solchen Konferenz ablehnen: Dies würde ihren Erfolg allerdings grundsätzlich in Frage stellen. Im Hinblick auf eine Beendigung des Krieges durch einen Waffenstillstand und Friedensverhandlungen ist die vorherrschende Meinung eindeutig und sehr »hart«: 60 % der Befragten sind der Ansicht, Verhandlungen mit Russland sollten erst beginnen, wenn sich dessen Truppen hinter die Grenzen von 1991 zurückgezogen haben. Ende 2022 sahen rund 17 % Verhandlungen mit Russland als guten Weg zum Frieden, im Februar/März 2023 sogar nur mehr 13 %.[22]

Aufgrund der negativen Folgen des Krieges erwartete der Autor, dass die von ihm persönlich Befragten in Lwiw und Kiew im April 2024 doch eine kritische Haltung zur Fortführung des Krieges und eine positivere zu Friedensverhandlungen zeigen würden. Das war nicht der Fall. Nahezu alle Befragten, die dazu eine klare Meinung äußerten, waren fast unbedingt für eine Weiterführung des Kampfes. Darunter war etwa eine rund fünfzigjährige, einfache Frau (sie arbeitet als Küchenhelferin), die als eine recht offene und optimistische Persönlichkeit erschien: Ihr Mann war früher im Krieg und der Sohn ist es noch jetzt. Sie meinte: Ich will nicht mehr, als dass die Familie am Leben bleibt. Ganz ähnlich äußerten sich zwei junge Männer in Lwiw. Der Vater des einen hatte in einer Fabrik in dem zeitweise von den Russen besetzten und weiterhin stark gefährdeten Charkiw gearbeitet. Für beide Männer hat sich die Einstellung zum Leben geändert und ebenfalls zu einer höheren Bewertung des eigenen Familienlebens geführt. Eine junge Frau in Lwiw, gebürtig aus Dnipro, berichtet, sie sei nach der Invasion in tiefe Depression gefallen, ihre jüngere Schwester sei psychisch richtig erkrankt. Sie meint, der Kampf sollte unbedingt weitergeführt werden; wie viele Menschen bereits gefallen oder geflüchtet seien, wisse sie nicht. Eine andere junge Frau berichtete, sie sei in großer Sorge, weil sich ihr Bruder in russischer Kriegsgefangenschaft befinde; sie verfolgt die Berichte über den Krieg sehr aufmerksam. Auch ihre Antwort auf die Frage, ob der Kampf weitergehen solle, war eindeutig: Selbstverständlich! Territoriale Konzessionen kämen nicht in Frage, die Ukraine werde sich nach dem Krieg wirtschaftlich gut erholen. Ganz ähnlich zwei junge Damen beim Interview in einem Park nahe dem Chreschtschatyk, der Prachtstraße von Kiew. Eine von ihnen war 2014 mit Mann und zwei Kindern aus Donezk geflüchtet, die Eltern leben noch immer in den schwierigen Verhältnissen dort. Sie meinten: Ja, der Krieg bringt viele Probleme mit sich; sie selber seien arbeitslos und könnten daher zu dieser Tageszeit im Park spazieren gehen und Coffee to go trinken. Ihre These war dennoch: Der Krieg muss weitergehen, territoriale Zugeständnisse dürfe es nicht geben, die Ukraine müsse der EU und der NATO beitreten, sie habe geradezu ein Recht darauf erworben. Ein berufstätiger Jusstudent (er hatte auch vier Jahre in Deutschland gelebt) stellte fest – wie auch mehrere andere – man habe sich an den Krieg gewöhnt, es funktioniere alles mehr oder weniger gut. Er informiert sich laufend, unterschätzt die Anzahl der Geflüchteten aber dennoch stark (auf nur zwei Millionen). Er spricht auch Probleme der Soldaten an: Ihre Rechte würden nicht ausreichend beachtet, Zahlungen erfolgten nicht regelmäßig, ungeklärt seien die Fragen von Demobilisierung und Desertion. Er meint allerdings, den Donbass könne man aufgeben, er sei heute infolge der vielen Geflüchteten nahezu menschenleer. Schon bis 2015 hatten über zwei Millionen Menschen den Osten der Ukraine verlassen.[23] Die massiven Fluchtbewegungen haben sich seit dem Überfall im Februar 2022 nochmals verstärkt. Nach Schätzung des Soziologen Anton Grushetsky vom Kyiv International Institute of Sociology sind 60 % bis 70 % der Menschen aus dem Donbass geflüchtet. Er ist der Meinung, dass die Ukraine EU- und NATO-Mitglied werden müsse. Ähnlich kompromisslos ein älterer, sehr einfach, aber dennoch ordentlich gekleideter Mann. Er sagt, der Krieg habe für ihn wenig geändert, er sei ohnehin arm (er hatte in seinem Leben viele unterschiedliche Jobs ausgeübt). Er habe wenige Bekannte; einer, der in Moskau lebt, vermeide es, über den Krieg zu reden. Wolle die Ukraine als souveräner Staat überleben, müsse sie alle besetzten Territorien zurückgewinnen, auch Mitglied von EU und NATO werden. Er meint auch, auf gute Beziehungen zu Russland bestehe keine Aussicht mehr. Eine dezidiert negative Einschätzung des weiteren Kriegsverlaufes wurde nur von einem jungen Mann in Lwiw geäußert – vielleicht nicht zufällig, da er selbst beim Militär gewesen war. Seine sarkastische Konklusion: Wir können die Russen nicht stoppen, aber wir versuchen es! Eine sehr differenzierte Sicht vertrat ein 71-jähriger Ingenieur in Lwiw. (Er meinte zuerst, er habe nur fünf Minuten Zeit, dann dauerte das Gespräch aber eine Stunde). Auch er berichtete von einem Schock als Reaktion auf den Einmarsch, überlegte sogar wegzuziehen. Viele Menschen halfen ihm jedoch und heute habe sein Lebensablauf wieder zum Gewohnten zurückgefunden. Der anfängliche Hass auf Russland sei zurückgegangen, der Krieg werde in etwa zwei Jahren enden. Allerdings müssten auch die USA einem Friedensschluss zustimmen; dabei müsse man auf den Donbass verzichten. Für einen NATO-Beitritt ist er nicht, wohl jedoch für einen solchen zur EU. Eine kompromisslose Haltung zeigte dagegen ein 60-jähriger Übersetzer, dessen Frau Russisch als Muttersprache hat. Er nahm den Kampf um den Flugplatz Hostomel bei Kiew direkt wahr und musste wegen der Invasion eine schon gebuchte Reise in den Iran absagen. Er vertritt die eher seltene Meinung Europa (insbesondere Osteuropa) habe der Ukraine mehr geholfen als die USA. Er zeigt sich umfassend über den Krieg informiert. Würde die Ukraine den Krieg verlieren, würde Russland in der Folge auch die baltischen Staaten angreifen; der Krieg müsse weitergeführt werden, ein Waffenstillstand nütze nur den Russen, Gebietsabtretungen kämen nicht in Frage. Die gleichen Ansichten vertritt eine Pensionistin von 76 Jahren, die wenig über den Krieg weiß. Auch sie meint, die Russen hätten schon bisher alle Verträge gebrochen. Sie sieht jedoch Armut als Hauptproblem der Ukraine. Die Relevanz dieses Problems kam dem Autor selber augenfällig zu Bewusstsein im Anblick von älteren Männern und vor allem Frauen (wahrscheinlich vom Land oder Besitzer eines Gartens), die an Bushaltestellten kleine Packungen Zwiebeln, Blumen und ähnliches verkauften. Auch Bettler scheinen (im Unterschied zu Österreich und Deutschland) vor allem Einheimische zu sein.

Verhaltensindikatoren für die Einstellungen zum Krieg

Man kann auch Verhaltensindikatoren für die Einstellung der Ukrainerinnen zum Krieg heranziehen. Ein aussagekräftiges Faktum für die massive Befürwortung des militärischen Widerstandes war die Tatsache, dass sich nach dem Überfall durch Russland lange Schlangen vor den Zentren für Kriegsfreiwillige bildeten. In den Gebieten um Kiew kämpften Zivilisten freiwillig mit allen möglichen Mitteln und mangelhafter Ausrüstung gegen die vorrückenden russischen Truppen. Ihre Unterstützung in vielfältiger Form (Herstellung von Molotow-Cocktails, Aufstellen von Panzersperren usw.) war von wesentlicher Bedeutung für den Stopp und den darauffolgenden Rückzug der russischen Armee von diesem Vorstoß.

Inzwischen hat sich der Trend in Bezug auf das Verhältnis zum Krieg gewandelt. Nach verschiedenen Quellen sollen bis zu 20.000 potentiell wehrpflichtige Männer das Land illegal verlassen haben. Seit das Kriegsrecht herrscht, dürfen Männer zwischen 18 und 60 Jahren das Land nicht mehr verlassen. Dennoch gab es illegale Ausreisen; sie wurde ermöglicht u.a. durch Bestechung der Rekrutierungsbeamten bei der Musterung, Fälschung von Dokumenten und Unterstützung durch Schleuser. So entließ Präsident Selenskyj alle Leiter der Rekrutierungsbüros in der Ukraine. Es wurde die Forderung nach Auslieferung von Fahnenflüchtlingen, die sich im Ausland aufhalten, in den Raum gestellt.[24] Nach Angaben von Eurostat leben in den 27 EU-Staaten über 650.000 ukrainische Männer im wehrpflichtigen Alter von 18 bis 64 Jahren. In der Ukraine wird diskutiert, wie sie zurückgeholt werden könnten.[25] Nach Meinung des Rechtsanwaltes Alexander Gumirow aus Odessa ist das Ausreiseverbot für Männer rechtswidrig, ein solches könne nur vom Parlament erlassen werden. Er startete eine Petition zur Aufhebung dieses Verbotes.[26]

In sozialen Netzwerken wird Hilfestellung für illegale Ausreise angeboten. Auch von einem freiwilligen Massenzustrom junger Männer zu Rekrutierungsbüros ist keine Rede mehr. Mehr und mehr müssen diese durch manchmal fragwürdige Methoden zwangsweise für den Militärdienst rekrutiert werden.[27] Das Recht auf Wehrdienstverweigerung gibt es praktisch nicht. Die ukrainische Pazifistische Bewegung dokumentierte Fälle, in denen Wehrdienstverweigerer aus religiösen Gründen in menschenrechtswidriger Weise verurteilt wurden. Auch ihre Rechtsvertreter werden unter Druck gesetzt.[28]

Interessant ist hier das Ergebnis auf eine Frage betreffend die Einstellung zum Berufssoldatentum. Man hätte angesichts der angeführten Befunde zum stark gestiegenen Patriotismus der Bevölkerung erwarten können, dass auch diese positiver wurde. So wurde oben gezeigt, dass die eigene Bereitschaft, das Vaterland zu verteidigen, stark angestiegen ist. Bei dieser Frage gibt es jedoch keine derartige Veränderung. 2003 sagten 18 % der Befragten, sie würden wünschen, dass ihre Kinder Berufssoldaten würden, 2023 waren es wenig mehr (21 %). Der Anteil derer, die Nein sagen, sank von 71 % auf 54 %, während jene, die meinen, das sei schwer zu sagen, von 11 % auf 25 % stieg.[29] Angesichts der Tatsache, dass der Beruf Soldat heute in der Ukraine tatsächlich eine echte Lebensgefährdung darstellt, hat hier doch ein gewisses Bedenken Fuß gefasst.

Wie der Krieg Patriotismus, Demokratiebefürwortung und Zukunftsoptimismus stärkte

Besonders überraschende Befunde zeigen die Umfragen, wie schon angedeutet, über die Veränderung der Einstellungen der UkrainerInnen zu Freiheit und Demokratie. Sie können offenkundig als Folge des Krieges betrachtet werden, hängen aber auch mit einem Wandel der Einstellungen zur wirtschaftlichen Zukunft des Landes zusammen. Man könnte hier mit Karl-Otto Hondrich von einem gesellschaftlichen Lernen durch den Krieg sprechen[30] – auch wenn man daraus nicht folgern würde, dass Krieg in manchen verfahrenen Situationen notwendig sei. Vielleicht ist es auch verkürzt, dem Krieg diese Wirkung zuzuschreiben. Es mag eher der durch den Krieg geweckte Überlebenswille gewesen sein, der diese bemerkenswerte Wirkung erzeugte. Die Stärkung des Nationalstolzes als Folge der überraschenden Erfolge der Armee im ersten Kriegshalbjahr ist nicht überraschend. So waren die ukrainischen Soldaten (die dabei, wie festgestellt, von vielen Zivilisten durch vielfältige Hilfeleistungen unterstützt wurden) nicht nur in der Lage, die Einnahme von Kiew zu verhindern. Ihr Widerstand veranlasste die von Norden eingefallene russische Armee sogar, sich nach drei Monaten vollkommen zurückzuziehen. Auch im Nordosten konnten die Ukrainer Gelände-Rückgewinne erzielen und die Russen aus Charkiw, der zweitgrößten Stadt der Ukraine, vertreiben; im Südosten wurden sie bei Cherson zurückgedrängt. Zugleich konnte die russische Armee am Frontabschnitt entlang des Dnjepr aufgehalten und ihr durch erfolgreiche Angriffe auf Schiffe im Hafen von Sewastopol schmerzhafte Verluste zugefügt werden.

Die Umfragen des Razumkov Centre zeigen: Der Nationalstolz der Ukrainerinnen ist signifikant gestiegen. Im Jahr 2000 waren 63 % der Befragten stolz darauf, Bürgerinnen der Ukraine sein (davon 23 % sehr stolz); bis 2010 sank dieser Wert sogar auf 51 %; bis 2023 war er jedoch auf 94 % gestiegen, davon waren 71 % sehr stolz.[31] Ähnliche Trends zeigen sich beim Stolz auf nationale Symbole: Auf die ukrainische Flagge waren 2011 26 % stolz, 2015 48 % und im Mai 2013 75 %. Heute verwenden deutlich mehr Menschen das Ukrainische als Umgangssprache in der Öffentlichkeit. Es scheint allerdings auch ein gewisser Druck dahingehend zu bestehen (vergleichbar etwa dem Druck in der kanadischen Provinz Quebec, französisch zu sprechen). Für die ukrainische Nationalhymne stieg der Anteil der Stolzen von 22 % auf 68 %, für die Währung Hryvnia von 18 % auf 57 %, für ukrainisch als offizielle Sprache von 32 % auf 74 %. Als Begleiterscheinung des gestiegenen Nationalstolzes kann man wohl auch die Zunahme der Meinung sehen, die Ukraine gehöre zu Europa; dieser Meinung waren 2005 32 % der Befragten, 2012 24 %, 2017 18 %, aber im Mai 2023 weit mehr, 47 %. Das Gefühl, Europäer zu sein, stieg von 36 % 2005 auf 50 % 2023.[32]

Als Indikator für den Nationalstolz wurde in internationalen sozialwissenschaftlichen Surveys gefragt, ob man selbst bereit wäre, sein eigenes Land mit Waffen zu verteidigen. In der Ukraine stimmten dieser Aussage 2011 »nur« 40 % der Befragten zu, im Herbst 2022 jedoch 71 %, im März 2023 waren es noch immer 67 %.[33] Diese Werte liegen weit über jenen in westeuropäischen Ländern. In Frankreich und England betragen sie knapp über ein Viertel, in Deutschland, Österreich und Italien nur ein Fünftel.[34] Begriffe wie Tapferkeit und Feigheit, Stolz und Patriotismus, über die man früher wenig nachdachte, haben neue Bedeutung gewonnen.[35]

Auch die Einstellung zur Demokratie hat sich zum Positiven entwickelt. 2010 waren nur knapp die Hälfte der Ukrainerinnen der Meinung, Demokratie sei das beste politische System; dieser Anteil blieb bis 2021 praktisch gleich. 2023, also nach der russischen Invasion, war er jedoch auf 73 % gestiegen. 2010 waren 66 % der Befragten der Meinung, die Ukraine sei ein demokratisches Land; 2021 betrugt dieser Anteil 85 %. Der Anteil derer, die meinen, Freiheit sei wichtiger als Gleichheit, stieg von 64 % 2020 auf 75 % 2023.[36]

Sehr interessant und relevant ist auch, dass sogar die Zukunftsperspektiven des Landes heute positiver gesehen werden als noch vor dem Krieg. Auf die Frage, wie man die ökonomische Situation des Landes einschätze, antworteten 2022 72 % mit schlecht (davon 28 % sehr schlecht); bis 2024 ging dieser

Wert auf 57 % zurück.[37] Das sozioökonomische Befinden der eigenen Familie beurteilten 2020 48 % als schlecht, im Januar 2024 nur mehr 32 %. Es ist ein allgemeiner Befund, dass man die Lage seines Landes meist negativer einschätzt als seine eigene Lage. Dies hängt wohl mit zwei Faktoren zusammen. Zum einen erhält man Informationen zum ersteren Thema vor allem aus den Medien, die negativen gegenüber positiven Meldungen viel mehr Raum geben. Zum anderen kann man die eigene Situation selber mitbestimmen. Dass aber der Anteil jener Ukrainer, die ihre eigene Lage derzeit als besser einschätzen als vorm Krieg, ist doch besonders bemerkenswert angesichts der Tatsache, dass mehr als die Hälfte der Befragten angaben, das Familieneinkommen habe sich seit der Invasion im Februar 2022 verschlechtert. Auch negative Einschätzungen der zukünftigen Entwicklung wurden seltener. 2020 erwarteten 27 % der Befragten, die wirtschaftliche Situation der Ukraine werde sich in den nächsten 2 bis 3 Jahren verschlechtern; im Januar 2024 betrug dieser Anteil nur mehr 22 %. Eine leichte Verbesserung zeigt sich auch in den Erwartungen für die eigene Familie. Auch die Antworten auf die Frage, ob sich die Situation der Ukraine in die richtige Richtung entwickle, veränderte sich signifikant mit dem Krieg und seinem Verlauf. 2021 sehen 20 % eine Entwicklung in der richtigen, 65 % dagegen eine solche in einer falschen Richtung. Der Anteil jener, die eine positive Entwicklung erwarteten, stieg bis März 2023 auf 61 %, sank bis Dezember 2023 allerdings wieder auf 45 %.[38]

In einer Frage wurden sechs Alternativen zur Zukunft der Ukraine vorgegeben (ohne genauer zu spezifizieren, welcher Zeitraum gemeint sei). Die erste lautete: Die Ukraine wird ein hochentwickeltes, demokratisches und einflussreiches europäisches Land sein. Dieser Aussage stimmten 2003 nur 31 % der Befragten zu, im Juni 2021 waren es 41 %, nach dem Überfall Russlands schnellte der Anteil auf 64 % hoch.[39] Lediglich 16 % stimmten 2024 der Aussage zu, die Ukraine werde »einen speziellen Entwicklungsweg einschlagen (wie China)«. Alle anderen Alternativen (die Ukraine werde ein unterentwickelter Anhang des Westens oder Russlands oder ein Dritte-Welt-Land bleiben oder überhaupt nicht mehr existieren) wurden von maximal 3 % der Befragten genannt. Das allgemeine Bild von der Ukraine und ihrer Zukunft stellt sich in den Augen der Bevölkerung heute also deutlich positiver dar als vor dem Krieg. 61 % sind der Ansicht, die Ukraine bewege sich in die richtige Richtung. Vor allem die nationale Identität der Ukraine erhielt durch den Krieg einen massiven Schub. Der Stolz auf das Land ist sehr hoch; auch die russischsprachige Bevölkerung in der Ost- und Südukraine teilt diese positiven Haltungen, wenn auch etwas abgeschwächt.[40]

Das Vertrauen in die Politik, aber auch in die Mitmenschen, ist jedoch weiterhin niedrig. Eine Ausnahme ist die Armee: Zu ihr war das Vertrauen im Januar 2024 extrem hoch (71 % sehr hoch, weitere 24 % hoch). Auch dem Präsidenten vertrauten zwei Drittel der Bevölkerung (2021 waren es nur 36 % gewesen). Ähnlich hoch war das Vertrauen zu verschiedenen Sicherheitsapparaten und zum Klerus. Allen anderen Institutionen (wie Regierung. Antikorruptionsbehörden, Parteien, Gewerkschaften, Massenmedien) vertrauen aber nur ein Viertel der Befragten oder noch weniger.[41] Bemerkenswert ist, dass nahezu alle Befragten äußern, dem (öffentlichen) Rundfunk und den Medien nicht zu vertrauen; es sei ihnen bewusst, dass die Regierung die Bevölkerung nicht voll informiere. Zwei vom Autor in Lwiw befragte junge Männer meinten ebenfalls, den Massenmedien könne man nicht vertrauen; sie sagten sogar, die Fernsehberichterstattung mache ihnen Angst. So sind auch die Ergebnisse auf die Frage, ob man den derzeitigen politischen Kräften nach Ende des Krieges die Macht anvertrauen könne, nicht gerade ermutigend; nur 25 % meinten ja, 52 % jedoch nein. Die meisten würden dann dem Militär diese Macht zugestehen (45 %), allen anderen (wie Parteien u.a.) weniger als ein Viertel. Auch das Vertrauen in die Mitmenschen ist niedrig; 2011–2024 meinten nur rund ein Verteil der Befragten, man könne den meisten Menschen vertrauen. Obwohl die Demokratie von über 90 % als gutes System angesehen wird, waren 2023 62 % der Meinung, ein starker, von Wahlen und Parlament unabhängiger Führer sei eine gute Sache.

Die Zunahme von Nationalbewusstsein und Zukunftsoptimismus spiegelt sich auch in der Frage, ob man den Wunsch habe, auf Dauer in ein anderes Land auszuwandern. Seit 1991 ist die Bevölkerungszahl der Ukraine um zehn Millionen Menschen geschrumpft, was zum großen Teil auf Emigration zurückzuführen war. Wie hat sich der Wunsch auszuwandern im Laufe der Jahrzehnte entwickelt? Den Wunsch zu emigrieren äußerten im Dezember 2000 nicht weniger als 31 % der Befragten (das wären damals 13 Millionen gewesen!); im Mai 2023 waren es aber nur mehr 11 %.[42] Auch die Gründe für eine allfällige Emigration verschoben sich: 2001 waren es noch zu 82 % wirtschaftliche Gründe, 2023 nur mehr zu 33 %. Dafür wurde zuletzt vor allem der Krieg als Ursache für eine allfällige Auswanderung genannt (46 %). Als hervorstechende Gründe nicht auszuwandern wurde 2011 gesagt, man sei im Ausland nicht willkommen; 2023 war der Hauptgrund die Erwartung, das Leben in der Ukraine werde besser.

Die Haltung der Eliten

Eine kritische Analyse der Rolle der Eliten im jetzigen Krieg müsste im Grunde mit einer Betrachtung ihres Wirkens seit Erlangung der Unabhängigkeit der Ukraine 1991 beginnen. Die nahezu permanente Misere, in welcher sich das Land seither befand, ist zu einem großen Teil auf ihr Versagen zurückzuführen. Dabei trugen die jeweiligen Präsidenten die größte Verantwortung. Den beiden ersten, postkommunistischen (noch in der Sowjetunion sozialisierten) Präsidenten Leonid Krawtschuk (1991–1994) und Leonid Kutschma (1994–1999) kann man zugutehalten, dass sie die Unabhängigkeit der Ukraine von der Sowjetunion bzw. Russland erreichten und sie sicherheitspolitisch auf einen guten Weg brachten (Verzicht auf Atomwaffen, Abstimmung mit Russland). Ihr Hauptfehler oder, milder ausgedrückt, ihre Hauptschwäche war, dass sie nicht fähig waren, einen definitiven Bruch mit dem alten Sowjetsystem und einen einigermaßen sozial verträglichen Übergang zur Markwirtschaft zu vollziehen. Ihren Nachfolgern Wiktor Juschtschenko (2005–2010) und Wiktor Janukowitsch (2010–2014) ist nicht nur das Schüren ethnischer Spannungen anzukreiden, sondern auch ein Mangel an Reformwillen in Bezug auf Korruptionsabbau in Privatwirtschaft und öffentlichen Unternehmen, einen Ausbau des Sozialsystems und Abbau sozialer Ungleichheit. Darauf wurde bereits hingewiesen. Der völlig überraschende Aufstieg des politischen Einsteigers Selenskyj war ja vor allem auf ihr Versagen in dieser Hinsicht zurückzuführen. Aber auch in der heutigen Situation spielen die Eliten und ihre Spitzenvertreter eine zentrale Rolle. Es wurde bereits im vorhergegangenen Kapitel auf die entschiedene und kompromisslose Haltung von Präsident Selenskyj seit Kriegsbeginn hingewiesen. Er hat ja die öffentliche Diskussion in der Ukraine und weit darüber hinaus durch seine Auftritte in zahlreichen Parlamenten der Welt massiv beeinflusst und starke Unterstützung des Westens erreicht.

Sucht man allerdings nach kritischen Stimmen gegen eine bedingungslose Weiterführung des Krieges oder für Waffenstillstands- und Friedensverhandlungen, wird man kaum fündig. Der Krieg scheint tatsächlich alle Menschen zusammen zu schweißen. Vordem einflussreiche Politiker, wie der vorletzte Präsident Petro Poroschenko (der als früherer Finanzminister durchaus erfolgreich gewesen war) oder die damalige Ministerpräsidentin Julia Timoschenko, halten sich mit direkter Kritik an Selenskyj zurück. Sie greifen ihn allenfalls indirekt an, etwa durch Kritik an seinem Stabschef Andrij Jermak oder dadurch, dass sie militärische Erfolge ausschließlich dem damaligen Oberbefehlshaber Saluschnyj zuschrieben. Ein Journalist stellte kritisch fest, Selenskyj arbeite mit kaum jemandem außerhalb seines Teams zusammen; er habe auch Hilfsangebote von Ex-Präsident Poroschenko und anderen abgelehnt.[43] Es gibt allerdings kleine Gruppen von Aktivisten, die gegen den Krieg auftreten. Eine solche ist die ukrainische Friedensbewegung. Mit ihrem Geschäftsführer Yurii Sheliazhenko (Mitarbeiter an der Krok-Universität in Kiew) konnte der Autor in Kiew ein ausführliches Gespräch führen. Sheliazhenko wendet sich entschieden gegen die Parole, es gebe keine Alternative zu weiteren und zunehmenden Waffenlieferungen des Westens. Angebracht sei dagegen bewusster, gewaltloser Widerstand, um weiteres Blutvergießen zu vermeiden. Wohl auch wegen solcher Äußerungen wurde er wegen »Störung der Mobilisierung und Verbreitung russischer Propaganda« angeklagt.[44] Im persönlichen Gespräch stellte er fest, die Ukraine leide derzeit an einer »militärischen Vergiftung«. Sinngemäß ähnlich, wenn auch weniger scharf, drückte dies der Soziologe Yuryy Pachovsky von der Ivan-Franko-Universität Lwiw aus. Er sprach von einer Militarisierung der Gesellschaft; alles werde nur mehr schwarz-weiß gesehen. Für Sheljazhenko sind auch die westlichen Länder keine wirklichen Demokratien, der Einfluss von big business sei unübersehbar. Gegen die manipulierte Berichterstattung müsse in der Bevölkerung ein kritisches Bewusstsein entwickelt werden; die Politik verfolge nur den Weg des kleineren Übels.[45]

Gründe für die Unterstützung von Kriegen durch die Bevölkerung

Setzt man die dargestellten Befunde zu den Einstellungen der Ukrainerinnen zu Krieg und Frieden in Bezug auf die objektive Entwicklung auf den Kampffeldern und in der Gesellschaft, muss man einen klaren Widerspruch konstatieren, ja man könnte von Illusionen in der Bevölkerung sprechen. Dabei muss man es aber nicht belassen. Versuchen wir zu verstehen, warum eine Bevölkerung einen Krieg unterstützen kann. Man kann dafür zumindest fünf Gründe anführen.

Zum Ersten hängt es von der Art des Krieges ab, welche Haltung die Bevölkerung dazu einnimmt. Nach dem Kriegsvölkerrecht ist ein Krieg erlaubt (*Ius ad bellum*), wenn es um Selbstverteidigung gegen einen bewaffneten Angriff geht. Dies war im Fall der Ukraine zweifellos gegeben. Daher wird ihre Einstellung zum Krieg schon einmal grundlegend anders sein als jene der Bevölkerung in Russland. Eine Intervention in einen anderen Staat wird völkerrechtlich jedoch toleriert, wenn dieser darum bittet. So haben zahlreiche politische Führer – so auch Putin bei seiner Intervention im Donbass 2014 –

behauptet, sie seien von den politischen Vertretern dieser Gebiete bzw. Länder um Unterstützung gebeten worden. Die Frage, wie stark man den Wert des Friedens unterstützt, hängt auch davon ab, mit welchen anderen Werten er unter Umständen kollidiert. In einer Situation wie der jetzigen in der Ukraine wird offenkundig die Sicherung der Werte der Sicherheit, nationalen Selbständigkeit und Freiheit als vordringlich angesehen.

Zum Zweiten gilt ganz allgemein, dass Regierungen ihren Bürgerinnen meist wenig oder gar nichts über Kriegsvorbereitungen mitteilen und sie nur einseitig über den Verlauf von Kriegen informieren. Eine starke Unterstützung wird vorhanden sein, wenn eine Regierung dem Volk von Anfang an einpaukt, dass ein Krieg und seine Weiterführung unvermeidlich sind. So ist die aus heutiger Sicht unglaubliche Tatsache zu erklären, dass zahllose Deutsche und Österreicher den Ersten Weltkrieg (deren politische Führung diesen ja angezettelt hatte) begrüßten, ab 1939 sogar den mehr als offenkundigen Aggressionskriegen Hitlers zustimmten. Millionen von Soldaten waren bereit, ihre körperliche Unversehrtheit und ihr Leben auf Schlachtfeldern weit entfernt von ihrem Heimatland zu opfern. Wir haben bereits gezeigt, dass sich diese Situation in Russland heute nicht viel anders darstellt. Die Mehrheit der Russen unterstützt laut Umfragen Putin und ist mit seinem Krieg in der Ukraine einverstanden. Allerdings wissen die meisten wenig von den Zielen und dem Verlauf der »Spezialoperation«.[46] Demnach sind etwa die Antworten der Russen auf die Frage »Unterstützen Sie die Tätigkeit der Streitkräfte Russlands in der Ukraine?« nicht als Zustimmung zum Krieg zu sehen, sondern implizieren nur eine positive Meinung von der Armee. Wenn man weiter fragt, was die Armee dort mache, sagen gut die Hälfte, sie wüssten es nicht. Der Krieg wird als Notwendigkeit gesehen, man ist von der Richtigkeit der Politik Putins überzeugt. Alle diese Haltungen sind natürlich auch eine Folge der Regierungspropaganda und der massiven Unterdrückung jeglicher Kritik am Krieg in der Ukraine. Hier ist auch das Verhalten der politischen Führung der Ukraine kritisch zu sehen. So bestehen laut Oleksij Malnik, militärischer Experte und Co-Direktor des Razumkov Centre in Kiew, Unklarheiten über die Kriegsführung und den Bau von Befestigungsanlagen; auch das neue Mobilisierungsgesetz komme zu spät. Er sagte: »Die ukrainische Armee versucht, für einen großen Teil der ukrainischen Gesellschaft eine Art Leben im Frieden zu erhalten und gleichzeitig einen großen Krieg zu führen.«[47] Laut Malnik ist dies ein »Kommunikationsproblem«; de facto muss man wohl auch hier von einer problematischen Unklarheit über die Kriegsziele sprechen.

Dieses Problem besteht, wenn auch in weit geringerem Ausmaß, ebenso in der Ukraine. Die Medienlandschaft war dort vor der Invasion im Februar 2024 durchaus vielfältig, wenn auch von führenden Politikern und Oligarchen dominiert. Seither sind die Medien deutlich eingeschränkt und Medienschaffende gefährdet. Auch haben unabhängige Journalisten keinen Zugang zur Krim und den Kriegsgebieten im Osten.[48] Seit der Invasion haben sich alle TV-Sender zu einem »Telemarathon« zusammengeschlossen, der staatlich subventioniert wird. Wurde er anfangs von der Bevölkerung sehr geschätzt, sehen ihn heute nur mehr ein Drittel der Ukrainer als eine glaubwürdige Quelle.[49] In den vom Autor selber durchgeführten Interviews äußerten sich praktisch alle, die dazu etwas sagten, negativ über die Informationspolitik der Regierung. Als Alternative werden daher vielfach vor allem soziale Medien genutzt.

Die Einstellungen der Ukrainer zu Krieg und Frieden werden zum Dritten zweifellos auch durch die Art der russischen Kriegsführung beeinflusst. Diese verstößt nicht nur mehrfach gegen die international gültigen Normen. Diese schreiben etwa eine weitestmögliche Verschonung der Zivilbevölkerung vor und verbieten das großflächige Verlegen von Landminen, wie es die russische Armee vielfach machte. Bei manchen Aktionen handelte es sich nicht nur um eine »schmutzige« Kriegsführung, sondern um eindeutige Kriegsverbrechen. So wurden in Butscha bei Kiew, das die Russen etwa einen Monat lang besetzt hatten, erschreckende Fakten aufgedeckt. Dort wurden nach Abzug der russischen Truppen über 400 Leichen von Zivilisten gefunden, die offensichtlich als Wehrlose erschossen oder erschlagen worden waren.[50] Ähnliche Massaker gab es in anderen Gebieten der Region Kiew. Vielfach wurden Zivilisten gefoltert, die man der Spionage verdächtigte.[51] Gegen Frauen wurde sexuelle Gewalt ausgeübt und es wurden Kinder aus besetzten Gebieten der Ostukraine entführt.[52] Dies veranlasste den Internationalen Strafgerichtshof, einen Haftbefehl gegen Putin auszusprechen.

Ein vierter Grund dafür, dass die Bevölkerung der Ukraine die Weiterführung des Krieges unterstützen wird, liegt in einem Phänomen, das aus Sozialpsychologie und Studien zum Kollektivbewusstsein wohlbekannt ist. Es ist dies die Tatsache, dass Angriffe von außen dazu führen, dass sich eine Gemeinschaft enger zusammenschließt. Es werden dann vorher bestehende Spaltungen und Konflikte unterdrückt und, zumindest zeitweise, vergessen. Die Regierungen nutzen diesen Mechanismus immer wieder weidlich aus, provozieren internationale Konflikte mit anderen Staaten und rufen dann zu nationaler Geschlossenheit auf. Aufgrund all dieser Überlegungen wäre es nicht überraschend, wenn die Bevölkerung der Ukraine eher die Weiterführung des Kriegs als Bemühungen um Friedensverhandlungen befürworten wird.

Der fünfte Grund für die starke Kriegsbefürwortung ist die Tatsache, dass der Krieg im Alltag der meisten Menschen in den Regionen des Landes, die nicht nahe am Kriegsgebiet liegen, kaum unmittelbar spürbar ist. Tatsächlich beeinflusst und beeinträchtigt der Krieg die wirtschaftlich-gesellschaftliche Entwicklung des Landes massiv. Die Menschen bemerken dies im alltäglichen Leben kaum (oder schotten sich dagegen ab), auch weil die politische und militärische Führung effiziente Gegenmaßnahmen getroffen hat (Flugabwehrsysteme, schnelle Wiederherstellung beschädigter Energieversorgungssysteme).

Im Ausland herrschen weithin falsche Vorstellungen über die Sicherheitslage in der Ukraine. So wurde dem Autor von Verwandten und Freunden dringend von der Reise in die Ukraine abgeraten. Auf der Webseite des Österreichischen Außenministeriums heißt es: »Vor allen Reisen in die Ukraine wird aufgrund der unvorhersehbaren Sicherheitssituation eindringlich gewarnt. Es wird dringend geraten, die Ukraine unverzüglich zu verlassen.«[53] Ebenso die Website des deutschen Auswärtigen Amtes: »Vor Reisen in die Ukraine wird gewarnt. Deutsche Staatsangehörige sind dringend aufgefordert, das Land zu verlassen.«[54] So überlegte der Autor vor Antritt der Reise, wohin er gehen sollte, wenn er in der Öffentlichkeit unterwegs wäre und ein Alarm erfolgt. Tatsächlich gab es einen solchen in den fünf Tagen des Ukraineaufenthaltes nur ein einziges Mal. Wenn er nicht vom Begleiter darauf aufmerksam gemacht worden wäre, hätte er ihn gar nicht bemerkt. Keine einzige Person in dem Park, in dem er und sein Begleiter unterwegs waren, zeigte irgendeine Reaktion auf den Alarm.

Schlussbemerkungen

Kommen wir zurück auf die eingangs gestellte Frage, was man aus den Einstellungen der Ukrainer zu Krieg und Frieden ableiten kann. Um diese Frage adäquat beantworten zu können, muss man die starke Kriegsbefürwortung mit den so überraschend positiven Haltungen zur Zukunft des Landes in Zusammenhang bringen. Zwar scheinen auch diese (wie jene zum baldigen Sieg) von einem gewissen Wunschdenken beeinflusst zu sein. Man kann beide Haltungen aber auch positiv sehen als eine erhöhte Bereitschaft der Bevölkerung zu Kooperation und als Anzeichen für den Willen, sich im gemeinsamen Interesse einer besseren Zukunft zusammen zu raufen und einen neuen Abschnitt in der

Geschichte des Landes zu beginnen. Es würde sich eine völlig neue Perspektive eröffnen, wenn sich eine realistische Friedensperspektive auftun würde. Dafür müsste die politische Führung der Ukraine in intensiver Kommunikation mit dem Westen, insbesondere mit der Europäischen Union und den USA, konkrete und einigermaßen akzeptable Vorschläge für einen Waffenstillstand und für Friedensverhandlungen auf den Tisch legen. Dabei wären selbstverständlich die vitalen Interessen der Ukraine – Wahrung ihrer vollständigen Selbständigkeit und Sicherheit – klar festzulegen. Wenn dies gesichert wäre, würde zweifellos die Hochschätzung des Wertes des Friedens steigen, da dieser von den Ukrainerinnen nicht mehr als Alternative zu Unabhängigkeit, Freiheit und Sicherheit gesehen werden müsste. Dabei könnte man sich die so optimistischen Zukunftserwartungen und -hoffnungen der Bevölkerung zunutze machen. Wie ein solches Angebot und darauffolgende Verhandlungen aussehen könnten bzw. sollten, wird im nächsten Kapitel diskutiert.

Kapitel 8: Verhandlungen als Wege aus der Sackgasse des militärischen Patts und der politischen Selbstlähmung

»Ich mahne unablässig zum Frieden; dieser, auch ein ungerechter, ist besser als der gerechteste Krieg.«[1]
Cicero (106–43 v. Chr.), römischer Philosoph, Schriftsteller und Politiker

»Geschichte ist keine Naturwissenschaft wie Physik oder Chemie, und wir studieren sie nicht, um Vorhersagen über die Zukunft zu treffen. Wir beschäftigen uns mit ihr, um unseren Horizont zu erweitern und zu erkennen, dass unsere gegenwärtige Situation weder unvermeidlich noch unveränderlich ist und dass wir mehr Gestaltungsmöglichkeiten haben als wir uns gemeinhin vorstellen.«
*Yuval G. Harari (*1976), israelischer Historiker*

Angesichts der dargestellten militärischen Pattsituation im Krieg in der Ukraine stellt sich die Frage, was geschehen könnte, um den Krieg zu beenden. Nicht unrealistisch ist ein Szenario, dass der Krieg noch jahrelang fortgeführt wird. Dies würde allerdings zu weiteren, hohen Opfern insbesondere der Ukraine, aber auch Russlands und des Westens führen. Der einzige Ausweg daraus sind sofortige Verhandlungen über einen Waffenstillstand und einen dauerhaft gesicherten Frieden. Mit den folgenden Überlegungen ist keineswegs intendiert, den Kriegsparteien so etwas wie konkrete Vorschläge für Waffenstillstandsverhandlungen und die Bedingungen für die künftige Friedensordnung zu machen. Dies ist Sache der Verhandlungsparteien selbst. Die Wissenschaft kann jedoch aus bisherigen Erfahrungen in ähnlichen historischen Konstellationen Folgerungen ableiten und grundsätzliche Anregungen geben. Überlegungen dieser Art könnten die Konfliktparteien anregen, die eigene Haltung zu reflektieren und damit vielleicht auch zu neuen Sichtweisen und Entscheidungen zu kommen.

Die Folgerungen aus der Forschung über die Dauer und Formen der Beendigung von Kriegen, wie sie etwa der Politikwissenschaftler Andreas Heinemann-Grüder zusammengefasst hat, führen eher zu pessimistischen Folgerungen.[2] Die Kräftebalance zwischen den Kriegsparteien scheint ausgewogen – zumindest ist kein eindeutiger Vorteil einer der beiden Seiten zu erkennen; es gibt massive Interventionen ausländischer Mächte; der bisherige Verlauf des »schmutzigen Krieges« hat einen neuen, tiefen Graben zwischen den Kontrahenten erzeugt; schließlich – und dies ist besonders beunruhigend – geht es um eine existentielle Frage: Ein Kriegsziel des Aggressors ist die Auslöschung der Ukraine als selbständige Nation. All diese Faktoren scheinen gegen die Möglichkeit eines Waffenstillstands und Friedens in absehbarer Zukunft zu sprechen. Im Sinne des obenstehenden Mottos aus dem Buch des israelischen Historikers Yuval Harari *Eine kurze Geschichte der Menschheit* wäre es jedoch höchst problematisch auf eine Entscheidung auf dem Schlachtfeld zu warten. Dies aus drei Gründen: Zum Ersten: Es gibt auch Faktoren und Mechanismen, welche die Möglichkeit einer positiven Lösung nicht ausschließen. Dies auch im Sinne von Kant und Denkern im Geist von Philosophen wie Moses Dobruska und Ernst Bloch, für die das »Prinzip Hoffnung« auch in scheinbar ausweglosen Situationen Handlungsmöglichkeiten aufzeigt.[3] Zum Zweiten: Eine Weiterführung des Krieges lässt eine wesentliche Veränderung der militärischen Stärke der beiden Kontrahenten in naher Zukunft nicht erwarten; Moskau scheint sogar allmählich im Vorteil zu sein. Zum Dritten: Der Frieden muss nicht von heute auf morgen eintreten. Der nächstliegende Schritt dahin, etwa ein Waffenstillstand, muss noch keine definitiven Zugeständnisse an den jeweiligen Kontrahenten beinhalten. Dafür ist es jedoch notwendig, dass die Ukraine und der Westen klare und realistische Kriegsziele definieren. Diese müssen auch Bereitschaft zu Konzessionen beinhalten (auch wenn diese nicht von vornherein offen preisgegeben werden). Ganz wichtig erscheint es jedoch davon auszugehen, dass zwar kein »gerechter«, wohl aber ein ehrenhafter Friede möglich ist.

Um die Friedenschancen realistisch abschätzen zu können, sind noch drei weitere Argumente gegen Verhandlungen zu nennen. So müssen wir als Erstes, dem Ansatz von Kant folgend, auch die Einstellungen der Bevölkerung der Ukraine beachten. Ihre Befürwortung der Fortführung des Krieges scheint dem Vorschlag sofortiger Verhandlungen klar zu widersprechen. Diese bellizistische Haltung kann man, wie im letzten Kapitel dargestellt wurde, verstehen; es gibt jedoch gute Argumente, sie zu hinterfragen. Ein zweiter Einwand: Man kann Putin nicht trauen, er wäre dazu nicht bereit bzw. würde jedes Abkommen nach Belieben brechen bzw. hintergehen. Auch dieses Argument kann zumindest teilweise entkräftet werden, unter anderem durch einen Blick auf die gescheiterten Vereinbarungen von Kiew 2014. Ein dritter Einwand lautet, dass die Zeit für Verhandlungen noch nicht »reif« sei. Dies sei erst dann der Fall, wenn beide Parteien erschöpft und kriegsmüde geworden seien. Dieses Argument ist schon deshalb höchst fragwürdig, weil es eine unbestimmte, möglicherweise jahrelange Fortführung des Krieges hinnehmen würde. Die verhängnisvolle Auswirkung einer solchen Haltung zeigt sich besonders dramatisch, wenn man sich die Entwicklung des Ersten Weltkrieges ansieht. Auch wenn dieser in seiner Komplexität, seinem Umfang und seinen Folgen nicht direkt mit dem Ukrainekrieg zu vergleichen ist, kann man doch eine Reihe erstaunlicher Parallelen erkennen.

»Helft uns siegen!« – Warum es im Laufe des Ersten Weltkrieges keine ernsthaften Friedensbemühungen gab

Es ist weitgehend bekannt, dass die den Krieg auslösenden Akteure im Ersten Weltkrieg geradezu als »Schlafwandler« agierten, wie der Titel des Buches des britischen Historikers Christopher Clark lautet.[4] Sie waren sich der Tragweite und Folgen ihrer Entscheidungen völlig im Unklaren oder negierten sie. Österreich-Ungarn, das die Kriegsmaschinerie durch die Kriegserklärung an Serbien in Gang setzte, glaubte, dass es dieses Land, aus dem die Mörder des Thronfolgers stammten, in einem Handstreich besetzen und bestrafen könne. Ebenso wenig war sich Deutschland der ungeheuren Folgen bewusst, die seine Kriegserklärung an Russland in Gang setzen würde. Es hatte zwar den Schlieffen-Plan der Invasion Frankreichs und das »Septemberprogramm« 1914 gegeben, die beide geheim gehalten wurden, aber es verfügte über keine offen deklarierten, legitimen Kriegsziele. Die Debatte über die Kriegsziele wurde vom Reichskanzler Bethmann-Hollweg Ende 1914 sogar verboten, um den Gegnern nicht Munition für Propaganda zu liefern. Es zeigt schon dieses Faktum, das dem Prinzip der Publizität von Kant widerspricht, dass die Kriegsziele nicht als legitim empfunden wurden. So waren darin Ziele enthalten wie Kriegstribute und die Abtretung französischer Gebiete an Deutschland, die Annexion Luxemburgs, die Bildung eines deutsch dominierten mitteleuropäischen Wirtschaftsraums mit der Degradierung von Belgien und osteuropäischen Ländern zu Vasallenstaaten des Deutschen Reiches.[5] Bekannt ist auch, dass sich der Erste Weltkrieg bereits nach einem Jahr zu einem mörderischen Stellungskrieg gewandelt hatte. Da erscheint es schwer verständlich, dass keine ernsthaften Bemühungen für Waffenstillstand und Frieden in Gang kamen, obwohl die Kriegsbegeisterung der Bevölkerung signifikant abgenommen hatte. Die Regierungen der Entente hatten es leichter, die Bevölkerung bei der Stange zu halten, konnten sie doch auf die Aggressionen der Deutschen und ihre Gräueltaten in Belgien verweisen; so wurden sie als »hässliche Deutsche«, »Barbaren« und »Hunnen« bezeichnet.[6] Die Regierungen der Mittelmächte taten sich hierbei viel schwerer. Ihr Hauptargument war, dass Deutschland trotz aller Probleme siegen werde und dies mit Unterstützung des ganzen Volkes auch erreichen werde; der bekannteste Slogan lautete »Helft uns siegen!«. Es erscheint angebracht, dass wir uns hier kurz ansehen, ob es nicht doch auch Friedensbemühungen gab und, wenn ja, welchen Erfolg sie hatten. Beginnen wir mit einer knappen Darstellung des Kriegsverlaufes im ersten Jahr.[7]

Österreich-Ungarn hatte am 23. Juli 1914 Serbien den Krieg erklärt und marschierte gegen dieses Land. Dieses leistete jedoch erfolgreich Widerstand und bald darauf fielen die Russen im Osten der Monarchie ein, wo sie der k.u.k Armee schwere Verluste zufügten; bis Jahresende verlor die Monarchie 1,2 Millionen an Toten, Verwundeten und Vermissten. Die deutschen Offensiven waren teilweise erfolgreicher. Gegen Russland erzielten sie bei Tannenberg und bei den Masurischen Seen große Siege mit Hunderttausenden von Kriegsgefangenen, Luxemburg und Belgien wurden überrannt. Der laut Schlieffenplan vorgesehene Marsch auf Paris kam jedoch in der ersten Marneschlacht im September 1914 ins Stocken, man musste zum Teil sogar zurückweichen, ebenso nach der ersten Flandern-Schlacht im Oktober. Ab dieser Zeit war klar, dass ein weiterer signifikanter Vormarsch weder der Mittelmächte noch der Entente ausgeschlossen war. Man begann sich in hunderte Kilometer langen Schützengräben und Befestigungsanlagen einzumauern. Auch Deutschland und Frankreich hatten fast eine Million an Kriegstoten und Verwundeten zu beklagen, Russland noch mehr. Nun wäre wohl der Zeitpunkt gekommen, in Verhandlungen über einen Waffenstillstand und Frieden einzusteigen. Ein Hauptverantwortlicher dafür, dass dies nicht geschah, war der autoritäre Generalquartiermeister Emil Ludendorff. Er war strikt gegen Friedensverhandlungen und vereitelte im Juli 2018 die letzte Chance Deutschlands, aus einer relativ starken Position heraus Friedensverhandlungen zu beginnen. Man schaudert geradezu über die Antwort Ludendorffs auf die Frage, was passieren würde, wenn die letzte, höchst riskante Offensive bei

Ypern scheitern würde, weil sie einen fast identischen Satz von Hitler vorwegnahm: »Dann muss Deutschland eben zugrunde gehen.«[8] Hätte man zu dieser Zeit Friedensverhandlungen begonnen und wären sie erfolgreich gewesen, hätte Europa nicht in die »Urkatastrophe des 20. Jahrhunderts« (G. Kennan) schlittern müssen. Tatsächlich tobte der Krieg weiter und die blutigsten Schlachten fanden an den West- und Südfronten erst 1916 und 1917 statt (bei Verdun, an der Somme, in Flandern und am Isonzo). Auch der unbegrenzte U-Boot-Krieg Deutschlands, der zum Kriegseintritt der USA führte, wäre nicht erfolgt. Durch einen Friedensschluss nach dem ersten Kriegsjahr wären drei der gravierendsten negativen Folgen des Ersten Weltkrieges mit hoher Wahrscheinlichkeit nicht eingetreten: Die Friedensdiktate von Versailles, St. Germain usw., welche die Saat für tiefe Ressentiments in Deutschland und den Aufstieg von Hitler legten; die Machtübernahme der Bolschewisten 1917 in Russland (Deutschland hatte ja Lenin sogar bei seiner Reise aus der Schweiz nach Russland geholfen); der Zerfall der österreichisch-ungarischen Monarchie.

Es gab im Laufe der fünf Kriegsjahre vier Versuche Friedensverhandlungen in Gang zu bringen. Sie blieben allerdings durchwegs von einem Erfolg weit entfernt. Diese Bemühungen und ihr Schicksal werfen ein grelles Licht auf die Tatsache, dass die Initiierung solcher Verhandlungen im Laufe eines Krieges, in dem keine Seite entscheidende militärische Vorteile errungen hat, extrem schwierig ist. Der erste Versuch wurde auf dem Internationalen Frauenfriedenskongress in Den Haag vom 28. bis 30. April 1914 unternommen.[9] Schon seit 1899 hatten in 20 Ländern der Welt Frauenversammlungen gegen den Rüstungswahn und gegen Krieg stattgefunden. Zahlreiche Frauenbewegungen vernetzten sich für diesen Kampf international.[10] Am Frauenfriedenskongress in Den Haag nahmen über tausend Frauen aus zwölf Ländern teil. Es wurde ein sehr weitsichtiger Forderungskatalog an die Nationen der Welt verabschiedet, die Einrichtung eines internationalen Gerichtshofes und die Schaffung einer neuen Weltwirtschaftsordnung gefordert. Vielen Frauen war die Teilnahme am Kongress erschwert oder ganz untersagt worden. Während und nach der Tagung waren ihre Proponentinnen starken Anfeindungen ausgesetzt und sie wurden als »Verräterinnen am Vaterland« diskreditiert. Allerdings nicht in den USA: Sie wurden von Präsident Wilson freundlich angehört und er übernahm den größten Teil ihrer Forderungen in seinem 14-Punkte-Programm.[11]

Das zweite Ansatz war eine Friedensnote der Mittelmächte, die auf Drängen Österreich-Ungarns nach der Eroberung von Rumänien und dem

Zurückschlagen des alliierten Vormarsches auf der Halbinsel Gallipoli durch die Türken verfasst wurde.[12] Dieser Text schlug lediglich in allgemeiner Form Friedensverhandlungen vor, ohne jede Bereitschaft zu einer Räumung der besetzten Gebiete. Dies geschah noch dazu in einer hochmütigen Weise mit dem Verweis auf Siege, Widerstandskraft und Bereitschaft der Mittelmächte zum Kampf bis zum Endsieg. Für Österreich-Ungarn wäre dies vielleicht die letzte Rettung der Monarchie gewesen, Deutschland erwartete sich daraus nach der höchstwahrscheinlichen Ablehnung eine Rechtfertigung für verschärfte Kriegsführung.

Ein drittes Friedensangebot stammte von christlicher Seite. Friede ist ein Grundwert aller Weltreligionen; der Satz »Friede sei mit Euch« wird in Judentum, Christentum und Islam als Grußformel verwendet. Am 17. August 1917 richtete Papst Benedikt XV einen glühenden Appell an die kriegführenden Mächte (er hatte auch schon vorher für Frieden geworben), in welcher er die Rückgabe aller besetzten Gebiete, Räumung Belgiens, Verzicht auf Reparationen und Rückgabe der deutschen Kolonien vorschlug.[13] Die meisten Regierungen reagierten nicht auf die Note, die deutsche antwortete mit allgemeinen Friedensbeteuerungen, nur die österreichisch-ungarische drängte auf ihre Annahme. In der Folge zeigten sich sogar weitgehend ablehnende, negative Reaktionen: Jede Kriegspartei beschuldigte den Papst, Partei für den Gegner zu ergreifen. Für die Franzosen wurde Benedikt XV. zum *pape boche* (Papst der Scheißdeutschen), für Ludendorff zum »Franzosenpapst«. Selbst die meisten Bischöfe in den kriegsführenden Ländern stellten sich gegen Benedikt. So warnte der deutsche Episkopat noch 1917 in einem Hirtenbrief vor einem Frieden als »Judaslohn für Treubruch und Verrat am Kaiser«.[14]

Der vierte Versuch ging von dem erst dreißigjährigen, neuen österreichischen Kaiser Karl aus, der nach dem Ableben von Kaiser Franz Josef I. am 21. November 1916 automatisch auf den Thron gefolgt war. Er hatte, obwohl politisch sehr unerfahren, ein Programm: In einem Manifest »An meine Völker« versprach er, den Krieg zu beenden und die Verfassung und die bürgerlichen Rechte wiederherzustellen.[15] Er versuchte auch, den Einfluss des Militärs zurückzudrängen und ersetzte den Kriegstreiber Feldmarschall Conrad und die bisherige Regierung.[16] Allerdings war sein Handeln durch Widersprüchlichkeit, jähe Entschlüsse und einen Mangel an Weitsichtigkeit gekennzeichnet.[17] So unternahm er einen Versuch, zu einem Separatfrieden mit der Entente zu kommen, allerdings auf dilettantische Weise. In einem Brief an Sixtus, einen Bruder seiner Frau Zita aus dem Hause Bourbon-Parma, verpflichtete er sich zur Unterstützung der französischen Gebietsforderungen auf Elsass-Lothringen. Das Angebot wurde sowohl von Frankreich wie vom Deutschen Reich abgelehnt. Da der französische Ministerpräsident diese Briefe veröffentlichte (nach Ansicht vieler ein massiver diplomatischer *faux pas*) wurde das Ansehen des Kaisers vor allem beim deutschen Bündnispartner vollkommen ruiniert und die Abhängigkeit Österreich-Ungarns von Deutschland verstärkt. Im September 1918 richtete Karl nochmals eine Friedensnote an alle kriegführenden Mächte, die jedoch ebenfalls erfolglos blieb.

Wir können aus dem Scheitern dieser Vorschläge zu Friedensverhandlungen im Ersten Weltkrieg vier Fakten bzw. Folgerungen erkennen bzw. ableiten. Der erste ist eine klare Bestätigung der These von Kant, dass das Kriegführen vor allem im Interesse der Eliten in nichtdemokratischen Gesellschaften liegt. Eine Hauptursache für die Weiterführung des Krieges war, dass in Deutschland und Österreich-Ungarn die Militärs faktisch die Macht übernommen hatten. Für Deutschland ist dies wohlbekannt: Schon seit Beginn des Krieges hatte der schwache Reichskanzler Theobald von Bethmann-Hollweg keine eigenen politischen Initiativen entwickelt und sich zunehmend den Militärs unterworfen.[18] Keinerlei klare eigene Zielsetzungen hatten auch die politischen Letztentscheider, die Kaiser des Deutschen Reiches und Österreichs. Wilhelm II. (Regent 1888–1914) war schon seit der Jahrhundertwende durch seine großspurigen Reden für eine Großmachtstellung Deutschlands, insbesondere den Aufbau einer starken Flotte, und durch sein undiplomatisches Auftreten zu einem Mitverursacher der schweren diplomatischen Verstimmungen und gegen Deutschland gerichteten Bündnisse in Europa geworden. Seine »Politik der Eitelkeit und des Auftrumpfens« wurde vom Soziologen Max Weber scharf kritisiert.[19] Kaiser Franz Josef I. war – als einer der am längsten dienenden Monarchen in der europäischen Geschichte – zuletzt zwar ein geradezu verehrtes Symbol der Einheit der Monarchie. Aber de facto war er nichts als ein bürokratischer Verwalter des großen, ungeheuer komplexen Reiches ohne jede eigenen Reformideen und Zukunftsvisionen. Er blieb zeitlebens der überholten Idee des Gottesgnadentums eines Kaisers verhaftet. Nahezu alle seine wichtigsten Entscheidungen vom Jahr des Regierungsantritts 1848 bis zur Kriegserklärung 1914 waren Fehlentscheidungen und trugen zum Untergang der Monarchie bei. 1848 war dies die Niederschlagung der Revolution und die Aussetzung der in dieser ausgearbeiteten, konstitutionellen Verfassung, die seine Herrschaft nicht beseitigt, sondern konsolidiert hätte; den leichtfertigen Verlust der Freundschaft Russlands im Krimkrieg 1853–1856; den gegen die Heeresführung erlassenen Befehl zur Schlacht bei Königgrätz 1866, in deren Folge Österreich nicht nur seinen Einfluss in Deutschland einbüßte, sondern auch die Macht im Innern mit den ungarischen Magnaten teilen musste, was seinerseits die Loyalität der Tschechen unterminierte; und schließlich seine Kriegserklärung an Serbien, die praktisch einem Todesurteil für die Monarchie gleichkam. Diese Kriegserklärung war auch deshalb verhängnisvoll, weil Österreich-Ungarn, obwohl es sich bereits seit 1912 kriegsbereit wähnte, de facto am wenigsten auf den Krieg vorbereitet war.[20] Unbegreiflich ist die Weigerung von Franz Josef, den Thronfolger Kronprinz Rudolf an Regierungsgeschäften zu beteiligen; sie trug zweifellos zu dessen Selbstmord 1889 bei. Rudolf hatte ja insgeheim völlig andere, fortschrittlichere Vorstellungen zur Reform der Monarchie, sah für deren Realisierung aber keine Chance. Eine Entscheidung zur Beendigung des Ersten Weltkrieges erfolgte dann tatsächlich erst nach der vernichtenden Niederlage der deutschen Armee bei Ypern im Spätsommer 1918. Auf sie reagierte man mit der bedingungslosen Kapitulation und es folgte die Friedensdiktate der Siegermächte mit allen ihren negativen Folgen.

Ein zweiter Faktor für die Weiterführung des Krieges trotz Erschöpfung aller Seiten wurde bereits genannt, nämlich das Fehlen klarer Kriegsziele. Auch deswegen konnten im Laufe des Krieges die dominanten deutschen Generäle Hindenburg, Erich Ludendorff und Erich von Falkenhayn zu faktischen Diktatoren aufsteigen, die den Verlauf der Ereignisse diktierten.[21] In Österreich-Ungarn passierte Ähnliches. Hier eignete sich das Armeekommando weitgehende Befugnisse an; Politiker und alle untergeordneten Militärs waren bereit, sich seiner Befehlsgewalt zu unterwerfen. Bei den letzteren war dies auch nicht anders zu erwarten, sind sie doch reine Befehlsempfänger. So stellte ein Generalmajor der US-Armee, Smedley Butler, fest: »Wie alle Militärs fing auch ich erst nach dem Ausscheiden aus der Armee an, selbst zu denken. Meine Denkfähigkeit lag praktisch auf Eis, während ich den Befehlen der Vorgesetzten gehorchte. Das ist typisch für alle im Militärdienst.«[22] Durch das Kriegsrecht im Ersten Weltkrieg wurden u.a. die Parlamente aufgelöst, die Pressenzensur wieder eingeführt, das Standrecht bezüglich jeglichen Verdachts der Betätigung gegen den Krieg angewandt. Der Rechtshistoriker Josef Redlich nannte dies alles eine Militärdiktatur; es stellte einen klaren Bruch der seit 1867 bestehenden Verfassung dar.[23] Aus dieser Sicht ist die Kritik an der These, Europa sei in den Weltkrieg hineingeschlittert, zu Recht in Frage gestellt worden. Die verantwortlichen Politiker entschieden sich bewusst für die Entfesselung zunächst bilateraler Kriege, die für sich jeweils hätten verhindert werden können.[24] In einem solchen System war evident, dass jegliche Friedensbemühungen zu unterbinden waren; all jene, die solche Vorschläge machten, wurden diffamiert.

Zum Dritten: Jene gesellschaftlichen Gruppen und Eliten, welche Interesse an Frieden haben sollten, waren zu schwach, zu naiv, zu angepasst oder sie erwarteten sich von der Weiterführung des Kriegs selbst Vorteile. Herwig Münkler stellte zur Situation Ende 1914 treffend fest: »Es gehört zu den bemerkenswertesten Paradoxien jener geschichtlichen Augenblicke, in denen so viel physischer Mut für Kampfhandlungen aufgebracht wird, dass der moralische Mut für Initiativen, die sich gegen den Strom der Ereignisse stemmen und ihn aufzuhalten versuchen, überaus gering ist oder gänzlich fehlt.«[25] Dies traf vor allem auf die große sozialdemokratische Partei zu. Sie hatte noch 1914 wenige Tage vor Kriegsausbruch Massendemonstrationen dagegen organisiert, stimmte dann aber für die Kriegskredite. Ein Grund war, dass die Regierung in der Bevölkerung die Angst vor einer Invasion des zaristischen Russland geschürt und so ihren Patriotismus oder besser: Nationalismus, entfacht hatte.[26] Die Folge war die verhängnisvolle Abspaltung der linken Kriegsgegner und die Gründung der Unabhängigen Sozialdemokratischen Partei Deutschland (USPD) unter Karl Liebknecht und Rosa Luxemburg. Im Laufe des Krieges erreichte die SPD dann allerdings erhebliche sozialpolitische Zugeständnisse. So wird die deutsche Außenpolitik seit Bismarck bis hin zum Ersten Weltkrieg vom Historiker Hans-Ulrich Wehler als »Sozialimperialismus« bezeichnet, bei dem ein Austausch sozialpolitischer Zugeständnisse gegen die Bereitschaft der Arbeiterschaft zum Krieg erfolgte.[27]

Damit ist schon ein vierter Grund für das Fehlen ernsthafter Friedensinitiativen angesprochen. Der Erste Weltkrieg war der erste große Volkskrieg, in dem die Bevölkerung, die Medien und die öffentliche Meinung eine viel stärkere Rolle spielten als je zuvor. Um die Kriegsbereitschaft aufrecht zu erhalten, wurde von den kriegsführenden Eliten vor allem das Argument vorgebracht, dass die bisherigen Opfer bei einem Friedensschluss sinnlos gewesen und ein Verzicht auf die Eroberungen ein Verrat an den Gefallenen wäre.[28] In erster Linie ging es dabei – wie praktisch in allen Angriffskriegen – darum, den Gegnern die Schuld am Krieg zuzuweisen.[29] Dies glaubten die Deutschen damit argumentieren zu können, dass man auf die Generalmobilmachung von Russland nach der Kriegserklärung Österreichs an Serbien durch einen Präventivschlag reagieren musste. Eine entscheidende Rolle spielten im Kontext der Legitimierung des deutschen Angriffskrieges auch jene zahlreichen Intellektuellen, die den Krieg geistig vorbereiteten. Sie verliehen ihm eine Aura des Außergewöhnlichen und Großen, stellten ihn als eine gerechte Sache dar und diffamierten den Pazifismus.[30] Ein probates Mittel dabei war (und ist bis heute) den Gegner herabzusetzen. Diesen nationalen Chauvinismus pflegten auch bedeutende Intellektuelle, nicht nur in Deutschland, ebenso in Frankreich.[31] Der Ökonom und Soziologe Werner Sombart schrieb ein Buch *Händler und Helden* (gemeint waren Engländer und Deutsche), der Philosoph Max Scheler eines mit dem Titel *Der Genius des Krieges und der deutsche Krieg*, für Thomas Mann war der Krieg zwar eine Katastrophe, aber notwendig und sinnvoll. Analog hatte der Philosoph Henri Bergson von den »deutschen Barbaren« gesprochen, gegen die man die französische Zivilisation verteidigen müsse. Es gab nur wenige Intellektuelle, die diesem Chauvinismus widerstanden und den Krieg anprangerten. In Österreich war dies Karl Kraus (1874–1936), der in seinem Drama *Die letzten Tage der Menschheit* die Absurdität des Krieges durch exakte Darstellung vieler Fakten entlarvte. Ein anderer war der deutsche Soziologe Max Weber, der – obwohl selber stark deutschnational gestimmt – die unheimliche Wirkung von Kriegen auf die Massen aufzeigte. Er schrieb: »Der Krieg als die realisierte Gewaltandrohung schafft, gerade in den modernen politischen Gemeinschaften ein Pathos und ein Gemeinschaftsgefühl und löst dabei eine Hingabe und bedingungslose Opfergemeinschaft der Kämpfenden [...] aus. Und darüber hinaus leistet der Krieg dem Krieger selbst etwas, seiner konkreten Sinnhaftigkeit nach, Einzigartiges: in der Empfindung eines Sinnes und einer Weihe des Todes, die nur ihm eigen ist.«[32] Weber nahm auch – obwohl selbst der Meinung, Deutschland sei aufgrund seiner Größe und geographischen Lage gezwungen, als »Machtstaat« zu agieren – scharf gegen Annexionspläne Stellung.[33]

Das Scheitern der Friedensverhandlungen in Minsk und seine Ursachen

Im Rahmen laufender Kriege ist es also offenkundig besonders schwierig Friedensverhandlungen zu initiieren. Geschieht es doch, ist die Gefahr ihres Scheiterns hoch. Vorschläge für Verhandlungen werden meist misstrauisch beurteilt, wenn nicht sogar angefeindet. Dies zeigt sich auch in der Geschichte des Krieges in der Ukraine seit 2014. Nach dem Ausbruch des Krieges in der Ostukraine 2014 und vor dem offenen Überfall auf die ganze Ukraine im Februar 2022 gab es zwei ernsthafte Verhandlungen über einen Friedensschluss und es wurden von mehreren Seiten Verhandlungen gefordert. Es ist notwendig, dass wir uns diese kurz ansehen, auch weil vielfach argumentiert wird, das Scheitern der Abkommen von Minsk beweise, dass man mit Putins Russland keinen Waffenstillstand schließen könne.

Im Juni 2014 wurden von den Regierungschefs der Ukraine, Russlands, Deutschlands und Frankreichs in der Normandie Verhandlungen zur Beendigung der Kamphandlungen im Donbass (die damals noch selten als Krieg gesehen wurden) aufgenommen. Diese Verhandlungen wurden in der belarussischen Hauptstadt Minsk, unter Beiziehung der OSZE, fortgeführt. Hier wurde ein begrenzter Waffenstillstand vereinbart, der von der UNO als völkerrechtlicher Vertrag anerkannt wurde (Minsk I). Da er nicht eingehalten wurde, gab es im Jahr darauf neuerliche Gespräche im sog. Normandie-Format. Neben den Präsidenten Poroschenko und Putin nahmen auch Francois Hollande und Angela Merkel teil und formell auch die Führer der abtrünnigen Einheiten Donezk und Luhansk teil, die jedoch nicht anwesend waren. Diese Verhandlungen führten im Februar 2015 zum Minsk-II Abkommen, in dem u.a. der Abzug aller schweren Waffen und ausländischen Truppen, die Einrichtung einer Sicherheitszone an der Grenze zu Russland, ein effizientes Monitoring des Waffenstillstandes, Amnestie für die Sezessionisten und Lieferungen von Hilfsgütern vereinbart wurden. Für manche Autoren waren diese Verhandlungen von vornherein zum Scheitern verurteilt, weil sie der Ukraine, die verheerende Niederlagen erlitten hatte, aufgezwungen worden seien.[34] In der Folge wurde dieses Abkommen aber von beiden Seiten nicht eingehalten, nicht zuletzt, da verschiedene Bestimmungen zu ungenau formuliert waren und die verantwortlichen Akteure nicht klar benannt wurden.[35] Die Minsker Abkommen wurden dann vielfach als Sieg von Putin gesehen und als Beitrag zur Aufwertung und faktischen Anerkennung der selbsternannten Republiken Donezk und Luhansk. Russische Truppen verblieben nachweislich auf ihrem Territorium. Aber auch die Ukraine führte die vorgesehene Verfassungsänderung zur Stärkung der Autonomie der Regionen nicht durch, stoppte sogar Sozialleistungen für die Bevölkerung der Separatistenregionen und weigerte sich, mit den Separatisten zu verhandeln. In ihrem umfassenden Bericht dazu kommt Sabine Fischer zum Schluss, dass alle Verantwortlichen – die Separatisten im Donbass, die Regierungen in Kiew und Moskau – Mitverantwortung für das Scheitern tragen.[36] Mit der Anerkennung der beiden Einheiten Donezk und Luhansk als selbständige Staaten durch Putin zwei Tage vor der Invasion der Ukraine im Februar 2022 waren Verhandlungen über ihren Status endgültig gegenstandslos geworden.

Einen zweiten Ansatz für Waffenstillstands- und Friedensverhandlungen gab es schon rasch nach dem Überfall Russlands auf die Ukraine am 24. Februar 2022. Gespräche dazu fanden tatsächlich in Belarus, Istanbul und anderen Orten durch Vermittlung der Türkei und Israels statt.[37] Russland stellte anfangs unakzeptable Bedingungen (Anerkennung der Annexion der Krim, Unabhängigkeit von Donetsk und Luhansk, Demilitarisierung und »Denazifizierung« der Ukraine). Er rückte aber von den unakzeptabelsten darunter ab, so vom Ziel der »Denazifizierung«, worunter nach Putins Auffassung eine totale Auslöschung der ukrainischen Identität verstanden wurde. Durch Vermittlung des israelischen Premiers Bennett ergab sich Anfang April 2022 eine Situation, in der die Vorstellungen beider Seiten nicht mehr weit voneinander entfernt waren (laut Bennett lagen die Chancen bei 50:50). Allerdings wurden auch im Westen unterschiedliche Ansichten dazu vertreten. Während Präsident Macron und Bundeskanzler Scholz auf einen Waffenstillstand drängten, war vor allem der britische Premier Boris Johnson für einen harten Kurs gegen Russland eingetreten.[38] Zur Durchsetzung dieses Kurses trug bei, dass zu dieser Zeit das Massaker von Butscha bekannt geworden war. In diesem Vorort von Kiew, der etwa einen Monat lang von russischen Truppen besetzt worden war, entdeckte man nach deren Abzug rund 500 Leichen, großenteils Zivilisten, die offenkundig erschossen und erschlagen und vorher sogar gefoltert worden waren.[39] Drei Tage nach Abreise von Johnston aus Kiew verkündete Putin, die Gespräche mit der Ukraine seien an einem toten Punkt angelangt. Aus heutiger Sicht – zehn Jahre nach Ausbruch des Krieges und zwei Jahre nach Beginn des russischen Einmarsches mit all seinen verheerenden Folgen und der vertieften Feindschaft zwischen Russland und Ukraine – muss man wohl sagen, dass hier eine enorme Chance verpasst wurde.

Aktuelle Aufrufe zu Friedensverhandlungen und die Reaktionen darauf

Nach dem russischen Einmarsch in die Ukraine gab es neben und trotz des Druckes der öffentlichen Meinung zu bedingungslosen Waffenlieferungen auch kritische Stimmen dazu. Sie wurden zusammengefasst dargestellt vom Strafrechtler Jörg Arnold in einem Artikel »Wer will schon den ewigen Frieden der Friedhöfe?«[40] Es gab auch einige Aufrufe zu Begrenzung des Krieges und Aufnahme von Friedensverhandlungen von sehr unterschiedlichen Seiten bzw. Personen. Drei solcher und die Reaktionen darauf sollen hier kurz dargestellt werden. Es kann auch hier vorausgeschickt werden: Rufe nach Frieden werden grundsätzlich abgelehnt, ja sogar diffamiert, egal von welcher

Seite sie kommen. Man konnte dies im März 2023 wieder sehen, als der SPD-Fraktionsvorsitzende Rolf Mützenich, angesichts des militärischen Patts, von der Notwendigkeit eines »Einfrierens und einer späteren Beendigung des Krieges« sprach.[41] Man kann mit dem österreichischen Friedensforscher Werner Wintersteiner bei der dominanten Haltung zum Ukrainekrieg von einem »blinden Reflex nach einem Zurückschlagen« sprechen; davon wurden selbst Menschen erfasst, die man eigentlich zur »Friedensfraktion« zählte.[42]

Der erste Aufruf, das »Manifest für Frieden« der Linkspolitikerin Sarah Wagenknecht und der Feministin Alice Schwarzer, veröffentlicht im Februar 2023, schlug hohe mediale Wellen in Deutschland und anderen Ländern. Darin stellen die Autorinnen fest, wenn die Kämpfe so weitergingen, wäre die Ukraine bald ein entvölkertes, zerstörtes Land. Die von Russland brutal überfallene ukrainische Bevölkerung brauche unsere ganze Solidarität. Es sei zu fragen, wie lange der Kampf noch dauern und was das Ziel des Krieges sei. Die Ukraine könne gegen die größte Atommacht zwar einzelne Schlachten, aber keinen Krieg gewinnen, bei weiterer Eskalation drohe ein Dritter Weltkrieg. Notwendig sei daher, Verhandlungen in Gang zu bringen, wobei Verhandeln nicht Kapitulieren heiße. Sie forderten Bundeskanzler Scholz daher auf, »die Eskalation der Waffenlieferungen zu stoppen« und sich an die Spitze einer Allianz für Waffenstillstand und Friedensverhandlungen zu setzen, denn jeder weiter Kriegstag koste Menschenleben. Einen ähnlichen Aufruf veröffentlichte einen Monat später der Historiker Peter Brandt, ein Sohn von Willi Brandt.[43]

Man kann drei Gruppen von Reaktionen auf den Aufruf von Wagenknecht/Schwarzer unterscheiden: Zur ersten und lautesten gehörten nahezu alle größeren deutschen Medien und zahlreiche Intellektuelle, die den Aufruf scharf kritisierten. Ähnliches geschah mit einer Demonstration in Berlin, die von den beiden organisiert wurde. Die Hauptargumente dieser Autoren: Die Waffenlieferungen hätten der Ukraine erst geholfen, den Angriff auf Kiew zurückzuschlagen; sie seien weiterhin notwendig, ansonsten drohe die Gefahr, dass Putin neuerlich die ganze Ukraine angreife; man wisse von Putin aus Erfahrung, dass er Zusagen nicht einhalte und immer wieder irreführende Versprechen mache. In die zweite Gruppe kann man die Unterstützer (Unterzeichner) einordnen, die bis zu einer Million Menschen umfasste, aber auch besonnene Autoren (wie den Politikwissenschaftler Wolfgang Merkel und den Journalisten Heribert Prantl), die das Anliegen des Manifests grundsätzlich befürworteten. Auch diese Autoren argumentierten, Waffenlieferungen und Verhandlungen schlössen sich nicht gegenseitig aus. Der Reporter der Neuen Zürcher Zeitung, Oliver Maksan, stellte fest, viele Kritiker hätten eine herablassende

Haltung eingenommen, ja sich im Ton vergriffen; er nennt hier den bekannten Politologen Herwig Münkler, der das Manifest als »verlogen«, »kenntnisloses Dahergerede«, ja »gewissenlos« eingestuft habe, und den Spiegel, der von »Friedensschwurblern« schrieb.[44] Man muss Maksan wohl recht geben, wenn er meint, es gehe den Kritikern nicht nur darum, abweichenden Meinungen zu widersprechen, sondern sie grundsätzlich zu delegitimieren. Als dritte Gruppe kann man die allgemeine Öffentlichkeit nennen. Sie war geteilter, aber keineswegs einheitlich ablehnender Meinung. Nach einer Insa-Umfrage stimmten 39 % der Deutschen den im Manifest erhobenen Forderungen zu, 38 % waren dagegen. Die Erhebung »Deutschlandtrend« des ARD erbrachte, dass sich eine klare Mehrheit (59 %) der Bundesbürger große Sorgen darüber macht, dass Deutschland in den Krieg hineingezogen werden könnte; ebenso vielen gehen die diplomatischen Bemühungen zur Beendigung des Krieges nicht weit genug.[45]

Einigermaßen überraschend erscheint dem Autor, dass eigentlich keine oder keiner unter all diesen Autoren die Tatsache erwähnte, dass es sich bei den Autoren um Frauen handelte. Dies ist aus dreierlei Sicht kein Zufall. Zum ersten ist evident, dass Frauen von Kriegen stärker negativ betroffen sind als Männer. Es gibt zwar keine Evidenz dafür, dass Frauen an der Spitze von Regierungen weniger Kriege führen, wie der Kriegsforscher Martin van Creveld in seinem Buch *Frauen und Krieg* schreibt. Indira Gandhi und Golda Meir sind nur zwei neuere Beispiele von Frauen, die Kriege führten. Aber es ist offenkundig, dass Männer und Frauen in Kriegen eine höchst unterschiedliche, ungleiche Rolle spielen: Männer planen die Kriege, bilden für solche aus und führen sie durch, Frauen sind vor allem Opfer, ihre (männlichen) Kinder höchstens »Kanonenfutter«. Die Interessen und das Leben der Frauen werden missachtet; für Männer erzeugt Mitgliedschaft in einer Armee dagegen Kameradschaft, Gewaltausübung kann hohe Befriedigung verschaffen, in Kriegen wird sehr oft um Territorien gekämpft, deren Besitzer in der Regel Männer sind.[46] So ist es nicht überraschend, dass einer der wenigen persistenten Einstellungsunterschiede zwischen Männern und Frauen die Haltung zum Krieg ist. Auch hier ist jedoch zu differenzieren: Frauen sind nicht grundsätzlich gegen Krieg, sondern befürworten diesen, wenn es um den Schutz unterdrückter Gruppen oder besonders verwundbarer Menschen geht und wenn die Bedeutung von sozialer Unterstützung und Zusammenhalt in Kriegszeiten hervorgehoben wird. Männer akzeptieren Kriege primär aus »rationalen« Gründen, sie akzeptieren Gewaltanwendung und Zerstörung im Krieg eher.[47] Die besondere Betroffenheit von Frauen durch den Krieg in der Ukraine ist mehr als offenkundig. Bis Ende

Kapitel 8: Verhandlungen als Wege aus der Sackgasse des militärischen Patts

2023 haben laut Uno-Flüchtlingshilfswerk (UNHCR) 4,2 Millionen UkrainerInnen in europäischen Ländern Schutz erhalten; insgesamt haben sechs bis acht Millionen das Land verlassen. Dazu kommen fast vier Millionen Binnenflüchtlinge. Von all diesen waren geschätzte 90 % Frauen mit Kindern.

Wir haben gesehen, dass es schon im Ersten Weltkrieg Frauen waren, die den Mut hatten, ihre Stimmen gegen den Krieg zu erheben. Eine erste prominente Stimme gegen Krieg war die Österreicherin Bertha von Suttner, die schon 1889 einen Friedensbestseller (*Die Waffen nieder!*) veröffentlicht hatte. Die Tatsache, dass der 8. März als feministischer Kampftag gilt, geht auf den gleichen Tag im Jahr 1917 zurück, als Petrograder Frauen für den Frieden und gegen den Zaren auf die Straßen gingen. Sogar im heutigen, wieder autoritären Russland, sind oft Frauen unter den Wenigen, die es noch wagen, öffentlich Kritik zu äußern. Drei Wochen nach dem Überfall auf die Ukraine zeigte sich Marina Owsjannikowa im Hintergrund einer Fernseh-Livesendung mit einem Bild, das den Krieg verurteilt; die junge Aktivistin Anastasia Parschowa stellte sich mit einem Schild vor die Christ-Erlöserkathedrale in Moskau, auf dem stand: Du sollst nicht töten; die 77-jährige Jelena Osipowa zeigte ein Plakat gegen den Einsatz von Atomwaffen; die 33-jährige Künstlerin Alexandra Skotschilenko tauschte in einem Supermarkt die Preisschilder gegen Informationen über das Massaker von Butscha aus. Alle diese Frauen wurden verhaftet, eingesperrt oder flohen ins Ausland, um dem zu entgehen. Die größte Aufmerksamkeit erregte die Feministische Antikriegsbewegung (FAS), die innerhalb weniger Wochen nach Kriegsbeginn ein Manifest verfasste, das von Zehntausenden verbreitet und in zwanzig Sprachen übersetzt wurde.[48] Dass Frauen aber immer gegen den Krieg sind, wäre eine Vereinfachung. Es gibt, wie bereits angesprochen, genügend Beispiele für Frauen an der Regierung, die durch ihr Kriegsführen das Gegenteil bewiesen. Dies gilt auch für aktuelle Politikerinnen. Der am längsten anhaltende Widerstand gegen Waffenlieferung an die Ukraine kam nicht, wie aufgrund ihres parteipolitischen Hintergrundes zu erwarten, von der grünen Außenministerin Annalena Baerbock, sondern von Bundeskanzler Scholz. Die Außenministerin folgt dabei ihrem Amtsvorgänger Joschka Fischer, der den Afghanistan-Einsatz der Bundeswehr heute noch als richtig verteidigt und natürlich auch für eine Verstärkung der Waffenlieferungen an die Ukraine ist.[49] Wenn die scharfzüngige Sprecherin des Verteidigungsausschusses, Marie-Agnes Strack-Zimmermann (FDP) für die deutsche Außenpolitik verantwortlich wäre, hätte Deutschland möglicherweise schon die halben Waffenbestände der Bundeswehr in die Ukraine geliefert.[50]

Der zweite Aspekt ist die Tatsache, dass es angesichts der vorherrschenden Meinungen zum Krieg in der Ukraine auch eines erheblichen Muts bedarf, sich gegen diese zu stellen. Dass die beiden Proponentinnen des Manifests dazu bereit sind, hatten sie bereits früher vielfach bewiesen. Sarah Wagenknecht (geb. 1969) wuchs in der DDR auf, war Mitglied der SED und später Mitbegründerin der PDS/Die Linke, verließ auch diese und hat inzwischen eine eigene Partei gegründet. In der Jugend war sie SED-Mitglied und früher nach ihrem Selbstverständnis Kommunistin, seither hat sie Argumente etwa ordoliberaler Ökonomen übernommen und sich nie davor gescheut, auch Linke zu attackieren, wenn sie deren Positionen für falsch hielt. Durch zahlreiche Bücher und einen YouTube-Kanal wurde sie zu der heute wohl bekanntesten, aber auch kontroversesten Politikerin Deutschlands. Nicht weniger prominent und vielseitig aktiv war und ist Alice Schwarzer (geb. 1942). Sie kann als Ikone der deutschen Feministinnen bezeichnet werden, die noch mit Simone de Beauvoir zusammenarbeitete und 1977 die feministische Zeitschrift *Emma* gründete. Auch sie war seit jeher nicht ohne weiteres in eine Schablone einzuordnen, sondern kämpfte erfolgreich für Anliegen aller Art wie die Freigabe des Schwangerschaftsabbruches, gegen Pornographie, gegen religiösen Fundamentalismus. In den unorthodoxen gesellschaftlichen und politischen Haltungen dieser beiden Autorinnen, die vielfach vom Mainstream abweichen, liegt wohl auch ein dritter Grund für die heftige Debatte und vielfache Ablehnung ihrer Erklärung und Aktionen. Aber kann es ein ernsthafter Einwand gegen die Argumente der Autorinnen sein, dass sie häufig (auch) durch das Schielen auf mediale Öffentlichkeit und den Einsatz zugespitzter Formulierungen zur Erlangung von Aufmerksamkeit aufgefallen sind? Die schärfste Kritik scheint von Männerseite zu kommen. Zu diesen Kritiken stellte Heribert Prantl in der Süddeutschen Zeitung zu Recht fest, das Manifest sei »weder naiv noch unmoralisch«; wer von Alternativlosigkeit zu Waffenlieferungen spreche, immunisiere die eigene Position gegen Kritik und Alternativen.[51]

Aufrufe für Friedensverhandlungen gingen zum Zweiten aus vom Papst der katholischen Kirche Franziskus (geb. in Buenos Aires 1936). Er stellte in mehreren Interviews klar, dass er diesen Krieg ablehne. Seit seinem Ausbruch hat er allein bis September 2022 mehr als 80 Mal zu einer Beendigung der Feindseligkeiten aufgerufen.[52] Bemerkenswert sind die Argumente, die er in Bezug auf den Krieg in der Ukraine vorbringt: So sei dieser bereits zu einem Weltkrieg und zu einem Markt der internationalen Rüstungsindustrie geworden.[53] Daher sei auch dieser Krieg nützlich für die Produktion und das Testen neuer Waffen. Es spielten auch imperiale Interessen mit, nicht nur die von Russland, sondern auch von anderen Mächten. Franziskus bot seine Vermittlerdienste an und war bereit nach Kiew zu reisen, allerdings nur, wenn er auch Moskau besuchen könne. Außenminister Lawrow lehnte dies ab, es sei noch nicht die Zeit dafür da. Präsident Selenskyj äußerte nach seinem Besuch beim Papst, Kiew brauche keinen Vermittler, sondern einen gerechten Frieden.[54] Noch schärfer war die Kritik am Papst, als er Anfang März 2024 in einem Interview mit dem Schweizer Rundfunk der Ukraine empfahl, den Mut zu haben die weiße Flagge zu hissen und sich nicht zu schämen zu verhandeln, bevor es noch schlimmer werde. Nun wurde ihm Äquidistanz zu den Kriegsparteien vorgeworfen und er wurde nicht nur von diesen kritisiert, sondern auch von hohen Würdenträgern der katholischen Kirche. Georg Bätzing, der Vorsitzende der Deutschen Bischofskonferenz, empfahl dem Papst, er müsse sich deutlicher positionieren, für die Opfer Stellung nehmen und ihnen »versichern, dass sie den Kampf nicht aufgeben gegen das Unrecht, das ihnen widerfährt«.[55] Soll der Papst also zur Fortsetzung des Krieges aufrufen? Franziskus fühle nicht mit den Opfern und »raunt etwas von der Friedensunfähigkeit Europa; es reicht«, schreibt Daniel Deckers in der F.A.Z.[56] Auf der Website Katholisch.de behauptet die als Osteuropa-Expertin vorgestellte Regina Elser: »Papst lässt Ukraine immer wieder im Stich.«[57] Ein konkreter Vorschlag für Friedensverhandlungen kam von Stefano Zamagni, Präsident der Päpstlichen Akademie der Wissenschaften. Darin werden sieben Punkte genannt, die man wohl durchwegs als vernünftig bezeichnen kann: Neutralität der Ukraine; Garantie für ihre Souveränität; Russland behält vorläufig Kontrolle über Krim, eine dauerhafte Regelung wird später ausgearbeitet; die Regionen Luhansk und Donezk bleiben Teil der Ukraine, jedoch mit spezieller Autonomie; Russland und die Ukraine sollen garantierten Zugang zu den Schwarzmeerhäfen haben; die westlichen Sanktionen gegen Russland werden schrittweise aufgehoben, die russischen Truppen abgezogen; ein Fonds zum Wiederaufbau des Landes wird eingerichtet, zu dem auch Russland beitragen muss.[58]

Das dritte Beispiel für einen Friedensaufruf war der Aufsatz des renommierten, inzwischen 95-jährigen Philosophen Jürgen Habermas in der Süddeutschen Zeitung vom 24.02.2024 (»Ein Plädoyer für Verhandlungen«). Habermas beginnt mit einer Infragestellung der Forderung nach immer stärkeren Waffentypen, wobei es keine »roten Linien« gebe, einschließlich des Zieles Russland zu besiegen. Die immer stärkere Aufrüstung habe eine Eigendynamik angenommen, werde aber auch getrieben durch das Drängen der Ukraine und den bellizistischen Tenor der »geballten veröffentlichten Meinung«. Notwendig seien rechtzeitige Verhandlungen, die verhindern, dass der Krieg noch mehr eskaliere und Opfer fordere. Habermas kritisiert die westliche Haltung, die Ukraine »so lange wie nötig« zu unterstützen und ihrer Regierung allein die Entscheidung über Zeitpunkt und Ziel von Verhandlungen zu überlassen. Da der Westen durch seine Waffenlieferungen direkt involviert ist, habe er auch eigene Interessen und Verpflichtungen. Wichtig sei insbesondere, zu klären, was das Ziel der Unterstützung sein: Ist es den Krieg nicht zu verlieren oder Russland besiegen? Die These, den Krieg nicht verlieren zu dürfen, stelle eine Freund-Feind-Perspektive dar, die die kriegerische Lösung internationaler Konflikte auch im 21. Jahrhundert noch für »natürlich« und alternativlos hält.

Dem Einwand, Putin würde sich nicht auf Verhandlungen einlassen und er habe durch die Annexion von Donezk und Luhansk für die Ukraine unakzeptable Fakten geschaffen, hält Habermas entgegen, der Westen habe versäumt, von Anfang an seine Ziele gegenüber ihm klar zu definieren. Dies dürfe nicht (wie implizit oft gedacht) ein Sieg über oder ein Regimewechsel in Russland sein, sondern eine Wiederherstellung des Status vor 2014. Notwendig wäre, unter Einbeziehung der USA, eine generelle Regelung für die Verhältnisse in Osteuropa zu finden, die auch Sicherheitsgarantieren für die Ukraine einschließen müsse.

Auch der Aufruf von Habermas, den man wohl als sehr ausgewogen-vorsichtig bezeichnen muss, löste großenteils kritische bis negative Reaktionen aus. Scharfe Kritik übte der langjährige Leiter der Münchner Sicherheitskonferenz, Wolfgang Ischinger in der *Welt*. Seiner Meinung nach habe Habermas nichts gesagt, was er nicht schon 35 Mal gehört habe und zwar von solchen, die sich mit der Kriegslage besser auskennen; er vermisse ein Eingehen auf die Kernfrage, wie sich dieser Staat Ukraine schützen solle; auch lasse Habermas' Essay wenig Empathie für die Ukraine erkennen.[59] Für den Islamexperten Reinhard Schulze (Universität Bern) kann das Ende des Krieges nur erreicht werden, wenn der Verursacher klar benannt wird und dieser dazu gebracht wird, die Waffen niederzulegen (also besiegt zu werden?). Ähnlich Carlo Masala von der Hochschule der Bundeswehr in München: Putin werde erst dann zu Gesprächen bereit sein, wenn er durch Fortsetzung des Krieges mehr verliere als gewinne, daher sei es wichtig, dass die Ukraine auf dem Schlachtfeld erfolgreich sei.[60] Russland und die Ukraine seien nicht äquivalente Kriegspartner, für Russland sind die Kriegsziele verhandelbar, für die Ukraine nicht.[61]

Nach Meinung des Autors kann man die meisten Forderungen in den drei besprochenen Manifesten bzw. Erklärungen unterstützen. Auf mehrere davon wird im Folgenden eingegangen. Summarisch seien im Hinblick auf die Argumente der Kritiker hier nur einige Fragen formuliert: Muss man immer wieder betonen, dass Putin der Hauptschuldige am Krieg ist, wenn man Verhandlungen fordert? Der Ruf nach einem Stopp der Waffenlieferungen ist vielleicht am kontroversesten (dabei haben auch Wagenknecht/Schwarzer nur ein Ende der weiteren Eskalation gefordert), aber es steht außer Zweifel, dass die westlichen Länder durch ihre Waffenlieferungen zu einer Kriegspartei geworden sind. Kann man behaupten, dass es den Initiatoren der Aufrufe an Empathie für die Ukraine mangelt, wenn sie sofortigen Waffenstillstand fordern, um das weitere Zerstören und Töten zu beenden? Schließlich: Verhandeln heißt nicht kapitulieren; woher weiß man, dass Putin nicht auf Verhandlungen eingehen würde?

Die Notwendigkeit von Verhandlungen angesichts des militärischen Patts

Die grundsätzliche Notwendigkeit von Friedensverhandlungen ergibt sich auch aus der Sicht der Kriegs- und Friedenstheorie von Kant, wie mehrere Autoren argumentiert haben. Weitere Lieferungen von schweren Waffen und Munition werden den Krieg nur verlängern, den Blutzoll erhöhen, die atomare Bedrohung verstärken. Wirtschaftliche Beziehungen werden durch die Sanktionen zum Nachteil vieler Länder gedrosselt, ohne dass ein deutlicher Effekt auf die russische Kriegsbereitschaft zu erkennen ist. Ein polnischer und ein ukrainischer Jurist kamen schon 2020 zur Folgerung, der Krieg in der Ukraine könnte sich zu einem »eingefrorenen Konflikt« entwickeln, der die europäischen Perspektiven der Ukraine auf lange Sicht reduzieren würde.[62]

Die hochaktuelle Bedeutung eines Übergangs von einem offenen Krieg zu einem Waffenstillstand ergibt sich vor allem aus der oben dargestellten Tatsache, dass dieser Krieg seinen Charakter entscheidend geändert hat. Der Feldzug Putins gegen Kiew mit der Absicht, die ukrainische Regierung abzusetzen, scheiterte schmählich. So verkündete Putin einen Strategiewechsel, nämlich sich auf den Donbass zu konzentrieren. An der jetzigen (Frühjahr 2024), gut tausend Kilometer langen Front von Cherson nahe dem Schwarzen Meer bis zu Kupjansk östlich von Charkiw liefern die durch westliche Waffenlieferungen gestärkten Truppen der Ukraine den Russen heftige Kämpfe. Seit Herbst 2023 muss man jedoch von einem Stellungs- und Zermürbungskrieg sprechen. Ein klarer Sieg einer der beiden Seiten ist nach Meinung der meisten militärischen Experten und auch aus der Sicht des in Kapitel 2 verwendeten

Bilds Russland als einem »schlafenden Bär« nicht zu erwarten.[63] Eine Spiegel-Schlagzeile spricht schon von einem »endlosen Krieg.«[64] Im März zeichnen auch hohe ukrainische Militärs ein düsteres Bild der Kriegslage. So stellte einer fest: »Es gibt nichts, was der Ukraine jetzt helfen könnte, weil es keine ernstzunehmenden Technologien gibt, um auszugleichen, welche riesigen Mengen an Truppen Russland auf uns jagen wird. Wir haben diese Technologien nicht und der Westen hat sie nicht in ausreichenden Mengen.«[65] Es ist durchaus möglich, dass beide Kriegsparteien einander noch lange mit Raketen, Drohnen usw. angreifen und Zerstörungen anrichten, durch die auch Zivilpersonen zu Tode kommen. Typisch waren zuletzt die Ereignisse um die Jahreswende 2023/24: Am 29. Dezember 2023 gab es die schwersten Luftangriffe auf ukrainische Städte im ganzen Land; mindestens 30 Menschen kamen dabei um das Leben. Am 30. Dezember 2023 griff die Ukraine ihrerseits – offenkundig als Revanche – die russische Stadt Belgorod an; auch dabei starben wenigstens ein Dutzend Menschen. Putin kündigte dafür Revanche an und so wurden am 31. Dezember 2024 Charkiw und am 2. Januar 2024 Kiew angegriffen. Angesichts dieser fortlaufenden zerstörerischen Kämpfe – einer eindeutigen Gewaltspirale – muss man daher die möglichen, aber sehr unsicheren Gewinne bei einer Weiterführung des Krieges und seine hohen materiellen und menschlichen Kosten abwiegen gegen die sicheren und enormen Gewinne durch einen Waffenstillstand und Frieden.[66] Diese Gewinne würden nicht nur die Ukraine und Europa, sondern die ganze Welt betreffen. Der Ukrainekrieg hat einen neuen, weltweiten Rüstungswettlauf ausgelöst; seit der Jahrhundertwende hat sich das globale Militärbudget auf über 2 Milliarden Dollar verdoppelt.[67]

Welche Kosten wird die Weiterführung des Krieges mit sich bringen? Hier sind zum Ersten die im vorigen Kapitel dargestellten massiven negativen Kriegsfolgen und Opfer zu betrachten, die vor allem die Menschen, Soldaten und zivile Bevölkerung der Ukraine betreffen. Zum Zweiten werden die russischen Raketen- und Drohnenangriffe auf ukrainische Städte und Gebäude in Stadt und Land weiterlaufen. Das Gleiche kann mit Terrorakten geschehen, die große Schäden an Infrastrukturanlagen (Gas-, Strom- und Wasserversorgung, Spitäler) anrichten. Ein Beispiel war die Sprengung des Kakowka-Staudamms im Juni 2023, die katastrophale Auswirkungen auf große Landstriche hatte. Die Entminung von fast einem Drittel des ukrainischen Territoriums wird verzögert, der wirtschaftliche Wiederaufbau kann nicht umfassend in Angriff genommen werden. Die Militärausgaben der Ukraine stiegen 2022 auf das Siebenfache auf 44 Milliarden US-Dollar; sie machten etwa ein Drittel des ukrainischen BIP aus (damit wohl mehr als die Hälfte der Staatsausgaben).[68] Ein drittes Argument betrifft die längerfristigen Wirkungen langer Kriege. Die Rückkehr der Millionen ins Ausland Geflüchteten wird immer unwahrscheinlicher. Sozialpsychologische Studien zeigen, dass die Befürwortung von Gewalt gefördert wird, wenn Kinder und Jugendliche in ihrem Umfeld häufig Gewalt erleben. Die Bevölkerung ist weniger pazifistisch in Ländern, in denen es lange Zeit kriegerische Auseinandersetzungen gab. Darüber hinaus herrscht weithin eine falsche Vorstellung über die Notwendigkeit von Gewalt vor. Die meisten glauben, dass in bestimmten Umständen Gewalt notwendig ist, um etwas zu erreichen; tatsächlich wurde gezeigt, dass gewaltlose Methoden vielfach erfolgreicher sind.[69] Die These von der Effizienz friedlicher (wenn für die Beteiligter auch nicht ungefährlicher) Methoden zur Durchsetzung politischer Ziele war eine zentrale Idee von Mahatma Gandhi, die heute von Judith Butler und anderen wieder aufgenommen und weiter belegt wurde.[70]

Schließlich können wir hier auch auf den Begriff der Staatenwürde des österreichischen Philosophen und Soziologen Wilhelm Jerusalem zurückgreifen, den er in seinem Werk *Der Krieg im Lichte der Gesellschaftslehre* 1915 geprägt hat. Er knüpft dabei an Kants zentralen Begriff der Menschenwürde an. Diese ist darin begründet, dass jeder Mensch als autonom handelndes Subjekt gesehen werden kann und muss. Staatenwürde ist abzugrenzen vom Begriff der Staatenehre, die vor allem durch äußerliche Merkmale eines Staates bedingt ist (wie Größe, Entwicklungsniveau, militärische Stärke). Staatenwürde beruht auf der Gesamtheit der »sittlichen Forderungen, die der Staat an sich selbst stellt«. Sie ist der Ausdruck der moralischen Autonomie und Integrität eines Staates und seiner Bürger, eine Art innerer Souveränität. Positiv ist laut Jerusalem nur ein Verhalten von Staaten, das auf Würde beruht, d.h. auf der Beachtung grundlegender sittlicher Werte und Normen; dazu gehören zweifellos Werte wie Achtung der Menschenrechte und Friedfertigkeit.

Welche Haltungen bestehen in Europa und Amerika zur Unterstützung der Ukraine, welche Einstellungen hat die Bevölkerung in Westeuropa zum Krieg? Dazu hat das *European Council on Foreign Relations* 2022 Umfragen in 12 Ländern durchgeführt.[71] Die Befunde zeigen: Die Mehrheit der Europäer ist pessimistisch hinsichtlich des Erfolges der Ukraine und wünschen sich, dass die EU die Ukraine auf Friedensverhandlungen mit Russland drängt. Im Durchschnitt aller Länder sind 10 % der Meinung, die Ukraine würde den Krieg gewinnen, doppelt so viele (20 %) Russland werde ihn gewinnen. Ein Drittel (31 %) der Befragten meinen, Europa solle die Ukraine dabei unterstützen, alle Territorien zurückzugewinnen, jedoch 41 %, sie sollte einen Friedensvertrag mit Russland anstreben. Deutlich optimistischer im Hinblick auf die Siegeschancen für die Ukraine und ihr Weiterkämpfen sind Schweden, Polen und Portugiesen; sehr viel skeptischer Ungarn, Italiener und Griechen; die Franzosen, Deutschen und Österreicher liegen näher bei der letzteren Gruppe.

Diesen divergierenden Haltungen unter den BürgerInnen in Europa entsprechen ähnliche Diskrepanzen unter den Regierungen. Während die meisten postkommunistischen osteuropäischen Länder bedingungslos hinter den Waffenlieferungen stehen und Macron sogar die Entsendung von Bodentruppen zur Diskussion gestellt hat, gibt es bei den Deutschen und Italienern eine pragmatisch-vorsichtige Haltung; Ungarn und die Slowakei tragen nicht einmal die Sanktionen gegen Russland mit.[72] Die Autoren Ivan Krastev und Mark Lenard stellen im Zusammenhang mit den vorgenannten Umfragen die Frage, was die europäischen politischen Führer tun könnten, um die Unterstützung für die Ukraine weiter zu erhalten. Angemessener wäre jedoch die Frage, was sie tun sollten, damit die von der Mehrheit gewünschten Friedensverhandlungen in Gang kämen. Auch die Bereitschaft der USA zur Unterstützung der Ukraine geht deutlich zurück. Präsident Biden versicherte in seiner Rede zur Lage der Nation am 8. März 2024 zwar, die Ukraine weiterhin zu unterstützen. Er betonte aber neuerdings, keine US-Soldaten in die Ukraine zu schicken (typisch für einen Stellvertreterkrieg), und sagte auch nicht, was die zerstörte Ukraine nach dem Krieg tun könne oder solle. Im Repräsentantenhaus gibt es nur eine knappe Mehrheit für weitere finanzielle und militärische Unterstützung. Auch liberale Intellektuelle, Politikwissenschaftler und Regierungsberater veröffentlichen Artikel u.a. in der renommierten Zeitschrift *Foreign Affairs*, dass die Ukraine den Krieg nicht mehr gewinnen könne, Waffenstillstandsverhandlungen daher dringlich wären.[73]

Waffenlieferungen oder die Ukraine im Stich lassen? Eine falsche Alternative

Die von vielen propagierte These lautet, man müsse der Ukraine weiterhin und immer mehr Waffen liefern; alles andere hieße, sie im Stich zu lassen und Putin freie Bahn zu ihrer Unterwerfung geben.[74] Dies ist jedoch eine unhaltbare Vereinfachung. Man kann sehr wohl Waffenstillstandsverhandlungen beginnen, wenn gesichert wird, dass diese von Putin nicht zu einer Verstärkung der militärischen Präsenz und einem neuerlichen Angriff ausgenutzt werden. Absicherungsstrategien sind durchaus vorstellbar; sie werden im Folgenden näher diskutiert. Man muss sich natürlich bewusst sein, dass ein Frieden nicht von heute auf morgen erreichbar ist. Um die hier notwendigen Schritte deutlicher zu erkennen, muss man jedoch analog zur Unterscheidung zwischen vier Typen von Kriegen auch zwischen unterschiedlichen Formen von Frieden differenzieren. Wir können hier anknüpfen an die geläufige Unterscheidung zwischen einem negativen und einem positiven Frieden. Ersterer bedeutet nur die Abwesenheit von Gewalt und Krieg, letzterer auch positive internationale Beziehungen und internationale Gerechtigkeit,[75] d.h. die Abwesenheit starker Ungleichheiten zwischen Ländern. Betrachtet man das Problem systematischer, kann man zumindest vier Formen von Frieden unterscheiden: Waffenstillstand, kalter Krieg oder kalter Frieden, Sicherheitsfrieden, Freundschaftsbeziehungen. Die Unterscheidung zwischen diesen Formen ist wichtig nicht nur im Hinblick auf die Möglichkeiten eines Friedensschlusses in der Ukraine, sondern auch hinsichtlich der Frage, wie man den derzeit entstehenden neuen Kalten Krieg überwinden könnte.[76]

(1) Ein *Waffenstillstand* – man könnte auch von einem Kriegsstillstand oder einer Kriegspause sprechen – ist gegeben, wenn Länder offene militärische Auseinandersetzungen vollständig, wenn auch nur vorläufig, aber in der Regel auf bestimmte Dauer, beenden.[77] Ein solcher ist oft eine notwendige Vorstufe zu einem Friedensschluss. Er kann allerdings auch zu einem sehr ungemütlichen Dauerzustand werden. Der Koreakrieg wurde 1953 durch einen Waffenstillstand beendet, der bis heute durch keinen Friedensvertrag ersetzt wurde. Die 248 km lange »demilitarisierte Zone« zwischen Süd- und Nordkorea ist eines der militärisch gefährlichsten Gebiete der Welt. Dennoch kommt auch einem »bloßen« Waffenstillstand bereits große Bedeutung zu, weil die Spirale von Gewalt und Gegengewalt dadurch schon einmal gestoppt wird. Er ist der erste Schritt zu einem dauerhaften Frieden. Die Einhaltung des Waffenstillstandes muss allerdings streng überwacht werden.

(2) *Kalter Krieg/kalter Frieden*: Hier kann man auf Kants Ablehnung eines Weltstaats, der den Frieden sichern könnte, Bezug nehmen. Als ein »negatives Surrogat« dazu nennt er einen Bund von Staaten, der feindselige Neigungen seitens anderer aufhalten könne, »doch nur mit der beständigen Gefahr ihres Ausbruches«. Zwischen den Großmächten USA und Sowjetunion bzw. dem westlichen Block der NATO und den Mitgliedsstaaten des COMECON und des Warschauer Militärpaktes bestand von etwa 1950 bis 1990

ein höchst problematischer Kalter Krieg: Man misstraute sich gegenseitig, investierte laufend in immer gefährlichere Rüstung und Waffen und intervenierte weltweit in inner- und zwischenstaatliche bewaffnete Konflikte, um sich Einfluss zu sichern. Diese Situation und Aktivitäten trugen entscheidend zum Aufschaukeln von verheerenden Bürgerkriegen bei, so ab den 1970er Jahren in Afrika und im 21. Jahrhundert im Nahen Osten. Von einer ähnlichen Form latent feindlicher Beziehungen kann man im Verhältnis zwischen Israel und manchen seiner islamischen Nachbarstaaten sprechen. Vor allem jene darunter, die regionale Großmachtambitionen haben oder von islamistischen Regierungen beherrscht werden (wie der Iran und Saudi-Arabien) stellen eine ständige Bedrohung für Israel dar.[78] Selbst die Beziehungen zwischen bestimmten arabischen Staaten untereinander sind als kalter Krieg zu bezeichnen; so finanzieren Saudi-Arabien und der Iran jeweils unterschiedliche Gruppen von Untergrundkämpfern bzw. Terroristen in benachbarten arabischen Ländern.

(3) Der Begriff *Sicherheitsordnung* scheint für die Beziehungen zwischen Staaten angebracht, die sich zwar nicht unbedingt als Freunde betrachten, sich aber auch nicht gegenseitig grundsätzlich misstrauen und latent bedrohen. Sie sind nicht zuletzt aufgrund eines engen wirtschaftlichen Austauschs an geregelten und relativ konfliktfreien wechselseitigen Beziehungen interessiert; im Falle von Atommächten kommt die Gefahr eines Atomkrieges dazu. Im Rahmen derartiger Beziehungen gibt es, wie J. F. Kennedy in einer berühmten Rede zum Frieden im Jahr 1963 feststellte, durchaus Streit und Interessenskonflikte; sie werden jedoch auf friedlichem Wege beigelegt.[79] Zwischen der Ukraine und Russland ist heute und wohl auch in der nächsten Zeit eine solche Art der Beziehung die einzig realistische. Um dahin zu gelangen, wären zweifellos auch von Seiten der Ukraine Konzessionen notwendig. Auf globaler Ebene wäre eine solche Ordnung ein enormer Fortschritt (Näheres zu beidem im folgenden Kapitel).

(4) *Gemeinschaftliche Beziehungen:* Diese optimale Form von internationalen Beziehungen beinhaltet nicht nur enge wirtschaftliche Kooperation und Austausch und hohes politisches Vertrauen zueinander, sondern auch zahlreiche weitere Formen enger Beziehungen im Bereich von Wirtschaft, Gesellschaft und Kultur. Derartige Beziehungen bestehen heute etwa zwischen allen Mitgliedsländern von EU und EWR, zwischen Europa, Nord- und Südamerika, und tendenziell zwischen allen demokratischen Staaten der Erde. So kann man nach Meinung des renommierten Politikwissen-

schaftlers Karl W. Deutsch von einer »nordatlantischen Gemeinschaft« sprechen, die Westeuropa, Nordamerika und Australien umfasst.[80] Typisch für solche Beziehungen bzw. Gemeinschaften ist ein intensiver wirtschaftlicher, kultureller und wissenschaftlicher Austausch, basierend auf einem hohen gegenseitigen Vertrauen, das trotz mancher Interessenkonflikte und zeitweiliger Verstimmungen nicht wirklich erschüttert werden kann. Grundvoraussetzung für sie ist, dass die involvierten Länder Demokratien sind. Gefördert werden sie durch einen ähnlichen kulturellen Hintergrund (etwa eine gemeinsame Sprache), eine Geschichte historischer Zusammenarbeit und tendenziell auch durch geografische Nähe. Im Falle der Beziehungen zwischen allen angelsächsischen Ländern, zwischen den skandinavischen Ländern oder zwischen Deutschland und Österreich sind die zwei ersteren Aspekte tendenziell zugleich gegeben. So kann man durchaus behaupten, dass auch die Durchsetzung einer Weltsprache, des Englischen, einen Beitrag zu höherem Verständnis auf globaler Ebene leisten kann. Ein Hauptfaktor für die stabilen und gefestigten guten Beziehungen zwischen den vorgenannten Ländern ist jedoch die Tatsache, dass sie alle Demokratien sind. Wenn diese nicht mehr gegeben ist und in einem Land autoritäre Führer an die Macht kommen würden, könnten alle Faktoren sehr rasch an Bedeutung verlieren.

Sieben Bedingungen für nachhaltige Waffenstillstands- und Friedensverhandlungen

Es kann nicht Ziel einer wissenschaftlichen Arbeit sein, konkrete Vorschläge für Vereinbarungen und Konzessionen bei Waffenstillstands- und Friedensverhandlungen zu machen. Dies ist ausschließlich die Aufgabe der politischen Verhandlungspartner. Aus der Sicht von Kant enthält eine empirisch fundierte, starke Theorie auch grundsätzliche Anleitungen zum Handeln. Hier ist ein Punkt relevant, den schon der Kriegstheoretiker Clausewitz nachdrücklich betont hat, nämlich die Tatsache, dass der Krieg letztlich immer durch die Politik bestimmt wird.[81] Dies bezieht sich seiner Meinung zwar nicht auf einzelne militärische Operationen, wohl jedoch auf den Krieg als Ganzes: »Die Politik hat den Krieg erzeugt, sie ist die Intelligenz, der Krieg aber bloß das Instrument.« Der politische Gesichtspunkt würde nur verschwinden, wenn ein Krieg aus bloßer Feindschaft als Kampf auf Leben und Tod geführt würde. So ist es für Machiavelli auch unklug, immer den Sieg davontragen zu wollen.[82] Politisches Handeln setzt aber Wissen über Möglichkeiten neuer Strategien und über die Chancen ihrer Verwirklichung voraus.

Dass man konkrete politische Vorstellungen über die Ziele des Krieges auch in den westlichen Ländern, welche die Ukraine unterstützen, entwickeln muss, steht außer Frage. Die Realität sieht anders aus, wie ein Autor feststellt: »Die großen Unterstützer-Länder der Ukraine stochern im Nebel, was die Kriegsziele betrifft.«[83] Hochrangige US-Politiker, aber auch der Historiker Timothy Snyder argumentieren, die Ukraine müsse und werde gewinnen, Russland den Krieg verlieren und Putin gedemütigt werden; nur so gebe es die Chance auf einen Neubeginn.[84] Auch in Deutschland, das der größte europäische Waffenlieferant für die Ukraine ist, herrscht Ratlosigkeit: »Auf die Frage, wie das Ende aussehen könnte, gibt es kaum konkrete Antworten.«[85] Was könnte in einem solchen Falle passieren? Putin würde und könnte, auch angesichts seiner ultranationalistischen Gegner im eigenen Lande, eine solche Demütigung nicht hinnehmen. Es wäre nicht auszuschließen, dass er zu taktischen Atomwaffen greifen würde; sein früherer Platzhalter Medwedew hat dies auch ausgesprochen. Inzwischen scheinen allerdings auch die USA an Friedensverhandlungen zu denken, wie es auf der Website des Weißen Hauses heißt.[86] Bezeichnend dabei ist: Ein Grund gegen ihre Unterstützung könnte ein Verlust der Popularität der Regierung sein. Am 14. Januar 2024 gab es auf Anregung der Ukraine und der Schweiz in Davos »Friedensgespräche«; diese Bezeichnung war eher irreführend, da Russland nicht eingeladen war.[87] Es ging eher um Abstimmung zwischen den westlichen Partnern. Am 15. und 16. Juni 2024 hat die Schweiz offiziell zu einem »Friedensgipfel« eingeladen. Daran nehmen zwar 90 Delegationen und 40 Regierungsvertreter teil, aber wichtige Länder fehlen, darunter neben Russland (das gar nicht eingeladen wurde) auch China. Wenngleich dieser Gipfel als sinnvoll erschien, um Klärungen innerhalb der Gegner Russlands herbeizuführen, blieb sein Erfolg doch begrenzt. So bekannte man sich in der Abschlusserklärung zur territorialen Integrität der Schweiz und sprach sich gegen atomare Drohungen aus. Für Friedensgespräche ist die These von Kant essentiell, dass die Herstellung und Sicherung von Frieden eigenständige Aufgaben darstellen. Selbst in scheinbar ausweglosen kriegerischen Verstrickungen gibt es Ansätze zu Gesprächen und Verhandlungen, wie die Konflikt und Friedensforschung gezeigt hat.[88] Aus dieser Forschung hat sich auch eindeutig ergeben, dass Strategien des gewaltlosen Widerstandes mittel- und langfristig erfolgreicher sind als solche, in denen Gewalt angewandt wird (sei es in Revolutionen oder militärischen Auseinandersetzungen).[89] Um zu einem Frieden im Ukrainekrieg zu gelangen, kann man sieben Punkte bzw. Schritte als essentiell betrachten.

(1) Sofortige Waffenstillstandsverhandlungen. Die hochaktuelle Bedeutung des Übergangs von einem offenen Krieg zu einem Waffenstillstand ergibt sich vor allem aus der oben dargestellten Tatsache, dass dieser Krieg seinen Charakter entscheidend geändert hat. Seit dem Herbst 2022 muss man, wie in Kapitel 6 gezeigt, von einem Stellungskrieg sprechen. Ein klarer Sieg einer der beiden Seiten ist nicht absehbar.[90] Es ist durchaus möglich, dass beide Kriegsparteien – und beide haben auch die Mittel dazu – einander noch lange mit Raketen und Drohnen angreifen und Zerstörungen anrichten. Der Krieg könnte sich zu einem dauerhaft beide verletzenden Patt (*hurting stalemate*) entwickeln.[91] Angesichts der realen Gefahr einer eskalierenden zerstörerischen Spirale muss man daher die möglichen Gewinne, aber auch die hohen Kosten bei einer Weiterführung des Krieges gegen die sicheren und enormen Gewinne durch einen Waffenstillstand und Frieden abwiegen. Nach dem gerechten Grund für einen Krieg ist die Abwägung seiner Kosten und Nutzen die zweite Bedingung für die ethisch begründete Beendigung eines Krieges. Sie impliziert, dass die Gewinne durch den weiteren Militäreinsatz die Opfer und Kosten des Krieges überwiegen müssen.[92] Diesen Punkt hat auch der bereits zitierte Jurist Jörg Arnold vertreten. Er beruft sich auf Kant und argumentiert, Vernunft und Staatsklugheit würden es gebieten, nicht nur Waffen zu liefern, sondern auch an Waffenstillstandsverhandlungen zu denken im Sinne eines Verhandlungsfriedens, nicht eines Siegfriedens. Der Primat des militärischen Denkens, das den Gegner als »Teufel« sieht, müsse durch eine Friedensvernunft und Diplomatie ersetzt werden.[93]

Es gibt verbreitete Argumente gegen Verhandlungen, die jedoch durchwegs unhaltbar sind. Ein erstes Argument lautet, mit einem Diktator wie Putin könne man überhaupt nicht verhandeln. Dies ist ein »Totschlagargument«, das schon Kant zurückgewiesen hat, wie oben festgestellt. Damit werden Verhandlungen überhaupt unmöglich. Wir werden unten Argumente dafür anführen, dass Waffenstillstands- und Friedensverhandlungen auch im Interesse Putins bzw. Russlands liegen würden.

Ein zweites Argument lautet, es wäre verfehlt, wenn die Ukraine und der Westen einseitige Zugeständnisse machen würden. So meint der Historiker Jörn Leonhard, solche Angebote würden nur zu einem »faulen Frieden« führen, der früher oder später wieder gebrochen würde, weil sie den Aggressor in seinen Absichten bestärken würden.[94] Er verweist dabei auf das berüchtigte

Münchner Abkommen von 1938, in welchem die Regierungschefs von Großbritannien und Frankreich (Chamberlain und Daladier) Hitler freie Bahn für den Anschluss des Sudetengebietes an das Deutsche Reich gaben. Nun hinkt bereits der Vergleich Putins mit Hitler, wie in Kapitel 4 argumentiert wurde. Dieses Argument ist unhaltbar, weil Verhandlungen nicht mit einseitigen Zugeständnissen der Ukraine beginnen müssen oder sollten. Es geht nicht um ein Aufgeben, schon gar nicht um eine Kapitulation der Ukraine, um einen schnellen Frieden zu erreichen. Die Ukraine und ihre Verbündeten müssten vielmehr klare Bedingungen festlegen, unter welchen ein Waffenstillstand für sie denkbar wäre. Dazu würde auch gehören, dass weitere Truppen- und Materialbewegungen ausgeschlossen werden.

Ein drittes Argument gegen sofortige Verhandlungen lautet, dass man den Russen nicht trauen könne: Schon nach den Minsker Abkommen 2014/15 sei die Waffenruhe von den Rebellen und ihren russischen Unterstützern nicht eingehalten worden, ein Waffenstillstand würde ein Zugeständnis an Russland bedeuten, dass es die besetzten Gebiete behalten könne. Hierzu können wir wieder auf Kant zurückgreifen. Bei einem Waffenstillstand mögen, so Kant, die Parteien insgeheim den Vorbehalt hegen, die erstbeste Gelegenheit zur Fortsetzung des Krieges zu benutzen. Dies als Argument gegen Verhandlungen anzuführen, bezeichnet er jedoch als »Jesuitenkasuistik« und es zu verwenden liege unter der Würde von Regenten. Kant hätte, so der Philosoph Markus Tiedemann,[95] das Selbstverteidigungsrecht der Ukraine anerkannt, ebenso wie die Berechtigung zu Waffenlieferungen und Sanktionen. Aber die Ukraine müsse Russland nicht besiegen, Frieden sei jetzt das Gebot der Vernunft. In diesem Sinne schrieb schon Kant, »irgendein Vertrauen auf die Denkungsart des Feindes« müsse im Krieg noch übrig bleiben, weil sonst nie ein Friede geschlossen werden könne. Ein Mindestmaß an Vertrauen ist jedoch sowohl für Waffenstillstands- wie darauffolgende Friedensverhandlungen von essentieller Bedeutung, wie Andriy Tyushka und Tracey German feststellen, die vom EU-Parlament eine Studie über Friedensvorschläge (*Ukraine's 0-point peace plan*...) erstellten. Ein solches Minimalvertrauen scheint es bei Selenskyj aber nicht zu geben und die westlichen Spitzenpolitiker folgen ihm hierbei bedingungslos. Bei Selenskyj und den Ukrainern ist diese Haltung verständlich, lösen kriegerische Ereignisse ja immer starke Emotionen aus, wie auch im vorigen Kapitel gezeigt wurde.[96]

(2) Teilnahme aller in den Krieg involvierten Parteien an den Verhandlungen, gegebenenfalls unter Leitung eines Vermittlers. Wichtig ist auch die Frage, welche Län-

Kapitel 8: Verhandlungen als Wege aus der Sackgasse des militärischen Patts

der bzw. Institutionen und Personen an den Verhandlungen teilnehmen können bzw. sollen. Zentral sind natürlich die beiden Hauptakteure, die Ukraine und Russland. Dass die Ukraine teilnehmen und ein sehr gewichtiges Wort dabei spielen sollte, steht außer Frage. Gegenüber einer Einbeziehung Russlands bestehen von Seiten der Ukraine massive Bedenken, wie ein Berater von Präsident Selenskyj feststellte.[97] Diese Haltung ergibt sich aus den negativen Erfahrungen mit dem Minsker Abkommen und späteren Gesprächen mit westlichen Spitzenpolitikern, in welchen Putin Behauptungen und Versprechungen machte, die sich als reine Lügen herausstellten. Ist Putin ein »Teufel«, dem man nie vertrauen und mit dem man nicht verhandeln kann? Dies hängt auch mit dem in Kapitel 4 angesprochenen Hitler-Vergleich zusammen. Wichtige Klärungen zu diesem Thema liefert der Jurist und Konfliktlösungsexperte Robert Mnookin von der Harvard-Universität.[98] Er betont hierbei vier Aspekte.[99] Zum ersten ist es sowohl falsch, immer nach Verhandlungen zu rufen, als auch, solche – insbesondere mit einem »Teufel« – immer abzulehnen. In bestimmten Situationen sind Verhandlungen sinnvoll, in anderen nicht. Churchill war – nach dem Münchner Abkommen 1938 – nicht mehr zu Verhandlungen mit Hitler bereit, weil er darin keinen Sinn mehr sah, obwohl er wusste, dass dies Krieg bedeuten würde. Von einer so extremen Gefährdung Europas, wie sie von Hitler ausging, kann man bei Putin nicht sprechen. Falsch wäre es aber auch, Selenskyj zu Verhandlungen zu zwingen; es wäre ein Verhalten ähnlich jenem gegenüber der Tschechoslowakei in München. Die größte Barriere sieht Mnookin darin, dass man Putin dazu bringen müsste, die Souveränität der Ukraine zu respektieren und von zukünftigen Invasionen abzusehen. Genau diese Folgerung wird auch im Folgenden getroffen. Diese Sicherstellung wäre auch deshalb absolut wichtig, weil Selenskyj für ein allfälliges Abkommen dann die Zustimmung seiner Bürger benötigt. Diese wäre ja keineswegs selbstverständlich. Dies zeigen historische Erfahrungen (etwa in Kolumbien nach dem Abkommen mit der Terrororganisation FARC) ebenso wie die im vorhergehenden Kapitel dargestellte starke Befürwortung der Weiterführung des Kriegs in der ukrainischen Bevölkerung. Man muss daher wohl folgern: Zwar wäre eine Teilnahme von Putin selbst an Verhandlungen möglicherweise wenig sinnvoll; diese Verhandlungen könnten aufgrund des Haftbefehls gegen ihn auch nur in wenigen Ländern stattfinden. Verhandlungen müssten aber auf jeden Fall mit direkter Einbeziehung Russlands erfolgen. Ansonsten könnte man nur von Vorschlägen oder einem Diktat sprechen, das für Putin aber nicht das Papier wert wäre, auf dem es geschrieben wurde. Hier entsteht allerdings das Dilemma, ob man einen Kriegsverbrecher wie Putin in Verhandlungen einbeziehen und ihn gleichzeitig durch den Internationalen Strafgerichtshof verfolgen kann. Der Ausweg daraus kann darin bestehen, klar zu trennen zwischen der Aufarbeitung von Kriegsverbrechen und Bestrafung der Täter einerseits und politischen Verhandlungen über Waffenstillstand und Frieden andererseits.

Man muss aber auch alle westlichen Länder, die der Ukraine Waffen liefern, als Kriegsparteien betrachten. Daher müssen auch sie in Verhandlungen einbezogen werden, wie die US-Politikexperten Braml und Matthew in ihrem Buch *Die Traumwandler. Wie China und die USA in einen neuen Weltkrieg schlittern* argumentieren. Es müsste also ein breiterer Kreis von Ländern teilnehmen als im Normandie-Format bei den Minsker Abkommen. Neben Deutschland und Frankreich kämen dafür auch noch weitere europäische Länder in Frage, etwa Polen, das mit Abstand die meisten Flüchtlinge aus der Ukraine aufgenommen hat. Darüber hinaus müssten die Vereinigten Staaten als Hauptlieferant für militärische Unterstützung einbezogen werden. Zwischen den USA und Russland bestehen ja noch diplomatische Beziehungen. Die USA könnten signalisieren, dass sie bereit wären, das Problem der Ukraine im Kontext einer grundsätzlichen Verbesserung der wechselseitigen Beziehungen anzugehen.[100] Hierbei wäre auch die NATO-Mitgliedschaft der Ukraine zu diskutieren. Wenn man sich darauf einigen könnte, dass die Ukraine für eine gewisse Zeit nicht beitreten wird, würde das ihre grundsätzliche außenpolitische Souveränität nicht in Frage stellen. Bei all diesen Überlegungen und Verhandlungen werden sich die westlichen Bündnispartner aber zweifellos eng mit der Führung der Ukraine darüber abstimmen müssen, welche Forderungen sie aufstellen bzw. zu welchen Konzessionen sie gegebenenfalls bereit ist. Als Vermittler kämen auch große Länder des globalen Südens in Frage, die sich bereits dazu bereit erklärt haben, wie Indien, Brasilien und Südafrika. Aber auch China wäre einzubeziehen, das ja bereits einen eigenen Vermittlungsvorschlag unterbreitet hat.

Auch drei Institutionen sind hier relevant. Die Europäische Union, weil sie durch finanzielle Unterstützung sowohl für Waffen wie humanitäre Hilfeleistungen stark involviert ist. Gerade die EU als Friedensunion müsste sich für eine friedliche Lösung des Konfliktes einsetzen und auch für feste Hilfszusagen für den Wiederaufbau des Landes. Diese müssten zugleich mit der Aufnahme der Verhandlungen beginnen, nicht erst nach deren Abschluss. Die in Kapitel 7 dargestellten Befunde einer Umfrage in 12 europäischen Ländern zeigten, dass die Anteile derer, die rasche Verhandlungen wünschen, viel höher sind als die Anteile jener, die ein Weiterkämpfen bis zu einem Sieg der Ukraine befürworten. Die NATO wäre in dieser Hinsicht möglicherweise kein besonders geeigneter Verhandlungspartner. Eine wichtige internationale Organisation, die eine aktive Rolle spielen sollte, wäre die *Organisation für Sicherheit und Zusammenarbeit in Europa* (OSZE). Diese wurde 1990 gegründet und schließt alle europäischen Staaten sowie Kanada und die USA ein. Ihr Hauptziel ist die Sicherung von Menschenrechten, Demokratie und Rechtsstaatlichkeit in Europa und die Herstellung friedlicher und freundschaftlicher Beziehungen zwischen den Teilnehmerstaaten. Man könnte sagen, die OSZE ist eine UNO auf regionaler Ebene. Auf diese wird in der OSZE-Charta ausdrücklich Bezug genommen.«[101] Russland hat die UNO-Regeln eklatant verletzt. Daher gab es im Februar 2023 eine heiße Debatte darüber, ob man die russische Delegation zur Tagung der OSZE in Wien zulassen solle.[102] Der österreichische Außenminister ermöglichte dies – nach Meinung des Autors mit gutem Grund – indem er den russischen Delegierten ein Einreisevisum ausstellte. Ein Teilnehmer an den Sitzungen äußerte nachher, die Russen hätten zwar zehn Minuten Redezeit für ihre übliche Suada bekommen, sich dafür aber stundenlang die scharfe Kritik aller anderen Teilnehmer anhören müssen.

Sehr hilfreich wäre schließlich, wenn es ein Land gäbe, das bereit wäre, als Vermittler und Gastgeber von Friedensverhandlungen zu fungieren. Mediation, die Unterstützung durch neutrale Dritte, hat sich nicht nur auf familiärer und betrieblicher Ebene, sondern auch bei internationalen Konflikten oft als ausschlaggebendes Instrument zur Lösung von Konflikten erwiesen. Länder, die solche Vermittlungen durchführten und dabei auch Erfolge verzeichnen konnten, waren etwa Neutrale wie die Schweiz, Norwegen und Finnland; mit Abstand am häufigsten waren es allerdings die USA aufgrund ihres Großmachtstatus.[103] Zu den Problemen solcher Mediationen gibt es auch wissenschaftliche Literatur, etwa vom Harvard-Juristen Robert H. Mnookin, der sich auf Mediation in besonders harten Konflikten spezialisierte.[104] Eine Analyse von Florentina Debling et al. (Universität Konstanz) zeigt, dass die Zahl von Aktionen zum Management von internationalen Konflikten weltweit 1950 bis 2000 stark zugenommen hat; von rund 4400 solcher Aktionen waren 60 % Vermittlungsaktionen; als Vermittler trat die UNO am häufigsten auf; bis 1989 waren etwa ein Drittel erfolgreich, 1990 bis 2020 sogar 50 %.[105] Im Falle des Ukrainekrieges würden auch die großen Länder des globalen Südens, wie Brasilien oder Indien, dafür in Frage kommen.

(3) Formulierung und öffentliche Präsentation klarer Verhandlungsziele. Die Formulierung klarer Kriegsziele ist, wie dargestellt, ein Hauptfaktor dafür, dass sich Kriege nicht unbegrenzt fortsetzen. Die bekannte Aussage von Bundeskanzler Scholz, die Ukraine »so lange zu unterstützen, wie es nötig ist«[106], klingt zwar großherzig, ist aber fragwürdig, da sie alles offenlässt. Ähnlich vage, letztlich kompromisslose Aussagen kamen auch von ukrainischer Seite. So stellte ihr Generalkonsul in München, Yuriy Yarmilko fest: »Das ganze Volk ist bereit zu kämpfen, bis hin zum Präsidenten – so lange, wie es notwendig ist. Wir haben ganz einfach keine Alternative, keine andere Lösung.«[107] Wer Kriege für notwendig hält, muss – auch aus moralphilosophischer Sicht – ihre Gründe und Ziele, aber auch die Einsatz- und Exitoptionen definieren.[108] Natürlich ist hier in erster Linie die Regierung der Ukraine gefragt. Ihre Unterstützer – insbesondere die europäischen Länder – sind durch ihre Waffenlieferungen aber nicht nur Akteure, sondern auch Konfliktbeteiligte. Die derzeitigen Maximalforderungen beider Seiten verunmöglichen den Beginn von Verhandlungen. Was könnten grundlegende Ziele der Ukraine sein? Es scheint klar zwei zu geben: Die volle Unabhängigkeit und Selbständigkeit der Ukraine und eine politische und militärische Absicherung dieser Selbständigkeit.

(4) Ziel: ein ehrenhafter, nicht unbedingt gerechter Frieden. Vielfach und natürlich von Seiten der Ukraine wird die Forderung nach einem »gerechten Frieden« erhoben. Einen solchen forderte etwa Präsident Selenskyj bei seinem Papst-Besuch am 13. Mai 2023.[109] Dabei traten offenkundig Uneinigkeiten auf; Selenskyj lehnte das Vermittlungsangebot des Papstes brüsk ab. Dieser vermutete tieferliegende Ursachen in dem Konflikt und verwies auf den Begriff der positiven Neutralität; dieser beinhalte, Kriegsverbrechen klar zu benennen und zu verurteilen, aber dennoch nicht für eine der beiden Seiten Partei zu ergreifen. Italienische Medien kommentierten diese Begegnung sehr kritisch; der römische *Messaggero* schrieb, Selenskyj wolle den Papst zu einem Militärseelsorger machen.[110] Für Selenskyj gibt es nur einen Schuldigen und nur ein Opfer, Russland bzw. die Ukraine; für ihn impliziert ein »gerechter Friede« Bestrafung des Aggressors, Schutz der Menschenleben, Wiederherstellung der Sicherheit und der territorialen Integrität der Ukraine.[111] Jede dieser Forderungen ist legitim, aber in ihrer Gesamtheit sind sie unerfüllbar. Putin wird nur zu Waffenstillstand und Friedenbereit sein, wenn er argumentieren kann, dass der Krieg, der auch für ihn sehr kostspielig war, nicht umsonst war. De facto wird er ihn, egal was herauskommt, als Erfolg deklarieren. Kann es einen Ausweg aus dieser verfahrenen Situation geben?

Dem Autor scheint, dass ein solcher vorstellbar und möglich ist, wenn man nicht vom Ziel eines gerechten, sondern eines ehrenhaften Friedens sprechen würde. Ausgangspunkt dieser Idee ist die Erkenntnis, dass es jetzt nicht mehr um die Selbständigkeit der Ukraine geht, sondern um die Wiedergewinnung verlorener Territorien. Territorialgewinne und -verluste stellen vor allem für Großstaaten einen Prestigefaktor dar und waren deshalb sehr häufig Anlass für Kriege (so etwa in den wiederholten Erbfolgekriegen in Europa). Territorien sollten aber nicht als Selbstzweck gesehen werden, sie dienen nur dem Leben der Menschen. Es geht beim laufenden Krieg nicht mehr um die Verteidigung der ukrainischen Unabhängigkeit und schon gar nicht um den Stellvertreterkampf der Ukrainer für die europäischen Werte (eine, wie festgestellt, unerhörte Zumutung). In diesem Zusammenhang können wir wieder auf den Begriff der Staatenwürde rekurrieren, den der österreichische Philosoph Wilhelm Jerusalem in seinem während des Ersten Weltkrieges in seinem Buch *Der Krieg im Lichte der Gesellschaftslehre* geprägt hat. Er knüpft dabei an Kants zentralen Begriff der Menschenwürde an. Diese ist darin begründet, dass jeder Mensch als autonom handelndes, freies Subjekt gesehen werden muss. Staatenwürde definiert Jerusalem – in Abgrenzung zum Begriff der Staatenehre, die auf äußerlich-instrumentellen Aspekten (wie Größe, militärische Macht) beruht – als die Gesamtheit der »sittlichen Forderungen, die der Staat an sich selbst stellt«. Sie ist der Ausdruck der moralischen Autonomie eines Staates und seiner Bürger und eine Art innerer Souveränität. Die Frage ist, ob die Würde der Ukraine beschädigt würde durch einen Frieden, für den sie nicht unwesentliche Konzessionen machen müsste?

Wenn man einen Frieden im Auge hat, in dem Russland das Existenzrecht und die Selbständigkeit der Ukraine anerkennt,[112] könnte man von einem realistischen und ehrenhaften Frieden auch bei einer Reduktion der ukrainischen Maximalforderungen sprechen. Für einen solchen Friedensschluss gibt es ein historisches Beispiel. Es war dies der bereits in der Einleitung erwähnte Winterkrieg zwischen Finnland und Russland 1939/40, der erstaunliche Parallelen mit dem Ukrainekrieg aufweist. Auch Stalin begründete seinen Angriff damals mit Sicherheitsinteressen Russlands (ein Vorfeld als Schutz gegen Angriffe auf Leningrad), wollte aber (entsprechend dem Ribbentrop-Molotow-Pakt) ganz Finnland besetzen. Auch er glaubte, dies in einem Handstreich erreichen zu können. Die Finnen konnten zur Überraschung der Welt den russischen Angriff stoppen. Nachdem die russische Armee jedoch umgruppiert und verstärkt worden war, sah der finnische Armeeführer General Mannerheim keine Chance mehr zu einer erfolgreichen Weiterführung des Widerstandes. Die Regierung stimmte daher einem Friedensvertrag zu, obwohl dieser mit Gebietsabtretungen verbunden war. Dennoch gilt dieser Winterkrieg bis heute als »finnische Heldensaga«.[113]

Einige Anmerkung kann man jedoch machen in Bezug auf mögliche territoriale Konzessionen. Hier gilt zunächst einmal, dass das Territorium an sich nie einen zentralen Bestandteil der nationalen Identität der Ukraine ausmachte. Das Siedlungsgebiet der Kosaken entsprach etwa bei weitem nicht dem Territorium des heutigen Staates Ukraine. Sie kann als klarer Fall einer Willens- oder Staatsnation gesehen werden, die nicht aufgrund einer für alle Bewohner gemeinsamen Sprache oder ethnischen Herkunft (was immer das sein mag) beruht, sondern auf dem Willen ihrer Eliten und Bürger, in einem eigenen, unabhängigen Staat zu leben.[114] Territoriale Verschiebungen waren im Übrigen ja Begleiterscheinungen sehr vieler Kriege und sie wurden nach Friedensschlüssen auch meist akzeptiert. Die allergrößte neuere darunter in Europa war die Westverschiebung der Grenzen Polens und Deutschlands, die mit dem Verlust von einem Viertel der Fläche des Deutschen Reiches einherging und zur Vertreibung von über zehn Millionen Deutschen führte. Dass dies als Folge des Aggressionskrieges von Hitler-Deutschland erfolgte, legitimierte diese Vorgänge nicht; die in den Ostgebieten lebende deutsche Bevölkerung war ja nicht für den Nationalsozialismus verantwortlich. Diese Grenzverschiebung ist von der Bundesrepublik vollkommen akzeptiert worden. Was die Ukraine betrifft, muss man feststellen, dass in ihren Randgebieten im Westen, Süden und Osten ja seit jeher nicht ukrainischsprachige Bevölkerungen lebten.

Hier mag eine kurze Betrachtung dreier Territorien angebracht sein, an denen sich zeigt, wie komplex die Frage der nationalen Zugehörigkeit ist. Der erste Fall ist die Halbinsel Krim. Deren Besetzung durch Putin 2014 war ohne Zweifel völkerrechtswidrig. Sie wurde in der UNO-Resolution Nr. 68/262 verurteilt. Auf dieser seit Jahrhunderten zwischen den Großmächten (Venedig, Byzanz, Osmanisches und Russisches Reich) umstrittenen Halbinsel mit ca. 2,3 Millionen Einwohnern lebten um 1991 ca. 60 % Russen, 25 % Ukrainer und 12 % Krimtataren.[115] Sie gehörte früher (als Oblast mit relativ wenig Selbstbestimmung) zur Sowjetunion, wurde aber 1954 von Chruschtschow der Ukraine quasi geschenkt. 1991 stimmte eine große Mehrheit der Bevölkerung der Krim für den Verbleib in der Sowjetunion, allerdings wollten sie eine autonome Teilrepublik werden, 1992 wurde sogar die Selbständigkeit proklamiert. Dies unterband jedoch die Regierung in Kiew. Man kann also kaum sagen, die Krim stelle einen historisch integralen Bestandteil der ukrainischen Nation dar. Für Russland ist die Krim militärstrategisch von großer Bedeutung, da sie im Hafen Sewastopol ihre Schwarzmeerflotte stationiert hat. Ein ähnliches Interesse besteht von Seiten der Ukraine nicht.

Der zweite Fall sind die seit 2014 umkämpften Regionen im Donbass, wobei zu differenzieren ist zwischen den Oblasts Donezk und Luhansk, in denen der Krieg ausbrach, und den weiteren, von Russland besetzten Gebieten im Südosten der Ukraine. Nach Ansicht eines Militärtheoretikers wäre eine Volksabstimmung in den Regionen Donezk und Luhansk eine praktikable Teillösung.[116] Durch die Annexion beider Regionen an Russland ist diese Lösung aber wohl hinfällig geworden. In den restlichen, von Russland besetzten Regionen wäre eine solche Lösung aber immer noch denkbar. Dabei ist zu berücksichtigen, dass aus diesen Regionen bereits rund zwei Millionen geflüchtet sind und die Besatzer eine rigide Russifizierungspolitik betrieben haben. So wurden etwa eine Million russische Pässe ausgegeben.[117] Was immer hier geschehen könnte, um wieder zu einem Frieden zu kommen, wird eine Hauptaufgabe von Friedensverhandlungen sein.

Sehr interessant ist schließlich der Fall der Hafenstadt Odessa. Odessa war von Zarin Katharina 1794 als Militärhafen für die russische Marine gegründet worden. Die Stadt entwickelte sich durch ihre vielen Funktionen (für Militär, Handel, Tourismus usw.) sehr dynamisch zu einem, großen multiethnischen, wirtschaftlichen und -kulturellen Zentrum. Hier lebte ein Völkergemisch aus Russen, Ukrainern, Griechen, Juden, Bulgaren, Rumänen, Deutschen und viel anderen. Heute ist Odessa – neben Charkiw – eine der am stärksten von Raketen und Drohnen beschossenen Städte. Dabei wurden auch Kultureinrichtungen stark beschädigt, wie die orthodoxe Verklärungskathedrale. So hat selbst der früher russisch orientierte Metropolit von Odessa seinen »heiligen Zorn« gegen Russland gerichtet und von einem Genozid am ukrainischen Volk gesprochen.[118] Die starke Orientierung von Odessa an Russland wurde nach dem Einfall Putins jedoch von allen vollständig aufgegeben. Aus ökonomischer Sicht ist Odessa als Haupthafen für die Ukraine sehr wichtig.

(5) Verfolgung und Ahndung von Kriegsverbrechen. Für diese Aufgabe ist der von 120 Ländern auf Initiative der UNO 1998 eingerichtete Internationale Strafgerichtshof (IStGH) in Den Haag zuständig. Er hat diese Aufgabe bereits aufgenommen und im März 2023 einen Haftbefehl gegen Putin wegen mutmaßlicher Kriegsverbrechen erlassen. Der hier anstehende Prozess wäre allerdings klar zu trennen von Waffenstillstands- und Friedensverhandlungen; wenn nicht, würden sie von Seiten Russlands zweifellos blockiert. Dass ein solcher Haftbefehl gegen einen amtierenden Präsidenten, noch dazu eines so großen Landes, erlassen wurde, ist äußerst ungewöhnlich. Obwohl es nicht möglich sein wird, Putin noch in seiner Amtszeit dafür vor das Gericht zu bringen, ist dieser Befehl dennoch wirksam. Es kommt, wie neuerdings Michael Zürn klar feststellte, bei Verletzungen internationaler Regelungen nicht auf die Schwere der Verletzungen an, sondern auf die internationale Reaktion darauf.[119] Seither kann Putin in rund 125 Staaten der Erde nicht mehr einreisen. Sein internationales Renommee ist bereits nach seinem Angriff auf die Ukraine stark gesunken; Fotos von Putins Treffen mit befreundeten Staatschefs zeigten offenkundig, dass er selbst unter diesen als Außenseiter angesehen wird.

(6) Eindeutige Vorgaben und Sicherheitsgarantien für die Ukraine bei einem Waffenstillstand. Hier wäre im Detail und mit klaren Zeitvorgaben festzulegen: Alle Kriegsgefangenen müssen ausgetauscht werden; alle Truppen und Waffen abgezogen werden; Verteidigungsanlagen müssen abgebaut und verminte Gebiete entmint werden; die Grenzen zwischen der Ukraine und Russland müssen neu gesichert, geöffnet und ihre Kontrolle gemeinsam von beiden Ländern übernommen werden.[120] Die Überwachung all dieser Maßnahmen sollte eine Friedenstruppe der UNO übernehmen. Wenn all dies beachtet würde, fiele ein Hauptargument der Gegner von Verhandlungen weg, nämlich die These, von einem Waffenstillstand würde nur Putin profitieren.

Hier erhebt sich die Frage, wer die Sicherheit der Ukraine im Zuge von Waffenstillstandsverhandlungen gewährleisten kann. Wegen der Gefahr eines drohenden Atomkrieges kann dies nicht die NATO sein. Die Absicht der Ukraine, der NATO beizutreten und die Erklärung dieser, sie als Kandidat für Mitgliedschaft zu betrachten, war ja mit ein Grund für die Invasion durch Russland. Auch die EU könnte kein Sicherheitsgarant sein, da sie über keine eigene Armee verfügt und außerdem, weil sie, wie festgestellt, selbst als Waffenlieferantin involviert ist. In Frage kämen drei Möglichkeiten. Zum einen eine internationale, von UNO und OSZE zusammengestellte Friedenstruppe. Denkbar, aber sicher kontrovers wäre eine zweite Möglichkeit, nämlich bilaterale oder multilaterale Unterstützungsabkommen zwischen einzelnen oder mehreren europäischen Staaten und der Ukraine. Ein Vorbild dafür könnte die Beziehung zwischen den USA und Taiwan sein; hier gibt es kein formelles Verteidigungsbündnis, aber eine Zusage, dass Taiwan im Falle eines Angriffs von Seiten Chinas von den USA verteidigt würde. Eine dritte, für die Ukraine noch überzeugendere Möglichkeit wäre die Entsendung von Bodentruppen einzelner Länder, wie Deutschland, Frankeich und Großbritannien. Der französische Präsident Macron hat ja Anfang März 2024 die Option in den Raum gestellt, Bodentruppen zur Verstärkung der ukrainischen Armee dorthin zu senden. Die Reaktionen darauf waren verständlicherweise durchwegs ablehnend, weil sie ja einen direkten Krieg zwischen Westeuropa und Russland bedeuten würde. Bei der Entsendung von Bodentruppen nur zur Absicherung eines Waffenstillstandes würde diese Gefahr jedoch wegfallen.

(7) Konkrete Pläne für den Wiederaufbau der Ukraine. Essentiell wäre auch ein detaillierter Zeit- und Finanzierungsplan für den wirtschaftlich-sozialen Wiederaufbau der Ukraine. Dieser Wiederaufbau sollte in mehreren Schritten erfolgen: Nach einer Bestandsaufnahme der Zerstörungen wäre eine Abschätzung der Kosten (sie werden derzeit auf fast 500 Milliarden Dollar geschätzt[121]) und eine Zusage und Aufteilung der Unterstützungen auf relevante Länder und Institutionen vorzunehmen. Dazu gehören die Europäische Union, die USA, der Internationale Währungsfonds (er hat die Aufgabe, befristete Kredite an Staaten in besonderen wirtschaftlichen Schwierigkeiten zu vergeben), das Entwicklungsprogramm der Vereinten Nationen (UNDP), zu dessen Aufgaben explizit auch *peace building* (Friedenssicherung) zählt, sowie alle Einzelstaaten, die zu einer Hilfe bereit wären. Selbstverständlich müsste auch Russland mit erheblichen Mitteln zum Wiederaufbau beitragen.

Aber auch die Ukraine selbst ist hier gefordert. Sie stand schon vor Kriegsausbruch vor massiven wirtschaftlich-sozialen Problemen, wie in Kapitel 1 gezeigt wurde. Durch den Krieg sind viele davon noch gravierender geworden. Besonders dringlich sind eine Föderalismusreform, welche die russische Sprache als gleichberechtigt anerkennt und den russischsprachigen Regionen Autonomie gewährt, klare Eigentumsregeln in der Wirtschaft, Rechtssicherheit in allen Lebens- und Gesellschaftsbereichen, Bekämpfung der Korruption, Modernisierung der Systeme sozialer Sicherheit und Gesundheitsversorgung.[122] Die Perspektiven für den Erfolg dieser umfassenden Rekonstruktion können angesichts des Entwicklungsstandes des Landes und der hohen Bildung seiner Bevölkerung durchaus als positiv eingeschätzt werden. Hier ist die Ukraine vergleichbar etwa den post-jugoslawischen Ländern; sie steht aber weit besser da als seit langem kriegsgeplagte Länder wie der Irak oder Afghanistan. Dennoch wird der Reform- und Aufholprozess schwierig und langwierig sein.[123] Eine massive Unterstützung wird er durch die Anforderungen für den EU-Beitritt erhalten. Sie verlieh der Ukraine nach dem Assoziierungsabkommen von 2014 im Juni 2022 offiziell den Status eines Beitrittskandidaten. Allerdings ist auch bei diesem Prozess vor unrealistischen Versprechungen und Erwartungen zu warnen. Angesichts des enormen Aufholbedarfes der Ukraine wird er lange dauern. Aus dieser Sicht ist die Organisation einer Wiederaufbau-Konferenz für die Ukraine in Berlin am 10./11. Juni 2024 zweifellos zu begrüßen.[124]

Schließlich ist festzustellen, dass auch die Wiederherstellung normaler, ja guter Beziehungen der Ukraine und ganz Westeuropas zu Russland ein Ziel von Verhandlungen sein muss, auch wenn dies momentan utopisch erscheinen mag.[125] Dies wäre nicht nur wichtig für den wirtschaftlichen Wiederaufbau der Ukraine, sondern auch für die Entwicklung friedlicher Beziehungen in Europa und darüber hinaus. So schreiben die bereits zitierten US-Politikberater Braml und Burrows: »Die wirtschaftliche Strangulierung Russlands als eine Art endlose Bestrafung für seine rechtswidrigen Handlungen gegen die Ukraine und das ukrainische Volk mag zwar emotional befriedigend sein, ist aber auf längere Sicht selbstzerstörerisch.«[126] Auch sie weisen auf die wichtige Rolle der OSZE in diesem Zusammenhang hin.

Kann Russland einem Waffenstillstand und Frieden zustimmen?

Die bisherigen Ausführungen richteten sich in erster Linie an die westlichen Länder und die Ukraine, die ja eng mit diesen verbunden ist. Als Sozialwissenschaftler kann man, wenn überhaupt, nur auf Regierungen des eigenen Landes bzw. auf die EU einen Einfluss haben. Wir müssen uns aber abschließend fragen, wie Russland und sein Präsident Putin auf mögliche Friedensvorschläge reagieren würden. Auf den ersten Blick und nach der dominierenden Meinung in Westeuropa kann man hier wenig erhoffen. In Fortsetzung seiner völkerrechtswidrigen militärischen Aktionen seit 1991 und seiner zunehmenden Repression gegen jede Opposition im Innern wird Putin weiterhin Krieg führen. Seit Anfang 2024 tritt er sogar mit gesteigertem Selbstbewusstsein auf, weil offenkundig wird, dass die Ressourcen Russlands deutlich größer sind als jene der Ukraine. Dazu kommt, dass die russische Bevölkerung mehrheitlich positiv zum Krieg eingestellt ist und die Mehrheit der Bevölkerung Putin vertraut.[127] Als Hauptgründe für die Befürwortung des Kriegs sieht man die vermeintliche Unterdrückung der russischen Bevölkerung in der Ukraine und die Tatsache, der Krieg sei Russland von außen aufgezwungen worden.[128] Die Propaganda von Putin zeigt hier offensichtlich Wirkung. Hielten bei der Machtübernahme Putins Russland nur 13 % für eine Großmacht, stieg dieser Anteil bis Sommer 2023 auf 50 %. Über 70 % erwarten eine Verbesserung der Situation Russlands in den nächsten acht bis zehn Jahren.[129] Man sieht hier einen ähnlichen Effekt des Krieges wie er im vorhergehenden Kapitel für die Ukraine gezeigt wurde. Dem Krieg wird von der Bevölkerung allerdings immer weniger Aufmerksamkeit geschenkt; solange es keine Massenmobilisierung gibt und Unzufriedene ausreisen können, bleibt ein Gefühl der Normalität bestehen.[130] Dennoch muss man sagen: Russland ist heute eine traumatisierte, insgeheim tief gespaltene Gesellschaft, die durch ausgebreitetes Schweigen charakterisiert ist, wie die Moskauer ORF-Korrespondenten Paul Krisai und Miriam Beller in ihrem Buch *Russland von innen* schrieben.

Das Argument, es sei sinnlos, Putin Verhandlungsangebote zu machen, da dieser ohnehin nie wirklich darauf eingehen würde, muss als Totschlagargument bezeichnet werden; es kann sogar eine sich selbst erfüllende Prophetie werden. Ob er sich wirklich so verhalten würde, kann man ja erst sehen, wenn ihm ein Angebot tatsächlich unterbreitet würde. Es gibt aber mindestens vier Gründe, die man anführen kann, dass auch die Hoffnung auf einen Gesinnungswandel in Moskau nicht reine Illusion ist.

Eine Beendigung des Krieges würde Russland zweifellos ökonomisch entlasten. Die bisher zehn Sanktionspakete und das Einfrieren ausländischer Bankguthaben haben dem Land zweifellos geschadet, wenn auch weniger als erhofft. Seine Ausfuhr (insbesondere von Öl und Gas) ist deutlich zurückgegangen und seine Wirtschaftsleistung um 2,5 % gesunken;[131] erwartet wurde ein Einbruch um 7–8 %. Aber Russland fand Ersatzmärkte für Ex- und Importe in großen Ländern, wie der Türkei, Indien und China, die sich nicht an den Sanktionen beteiligen.[132] Viele Exporte gelangen über Umwege weiterhin in die sanktionierenden Länder. Zum Zweiten würde auch Putin durch eine Beendigung des Kriegs viel gewinnen. Die hochgefahrene Rüstungsproduktion belastet das russische Budget zweifellos enorm. Russland gerät mit seinen gigantischen Militärausgaben von über 80 Milliarden US-Dollar 2023 (ein Drittel des Staatshaushalts, 5 % des BIP) in einen Teufelskreis, schreibt die Neue Zürcher Zeitung.[133] Durch einen Waffenstillstand und Frieden würden die enormen Kriegsausgaben wegfallen.[134]

Zum Zweiten gibt es auch in Russland zunehmende Probleme mit dem militärischen Personal und dem Nachschub für die Armee. Zwar hat Russland mit seinen 143 Millionen gut dreimal so viele Einwohner wie die Ukraine und damit ein weit größeres Rekrutierungspotential. Aber dennoch gibt es Probleme der Rekrutierung. Hunderttausende Männer haben das Land verlassen, das Militär führt willkürliche Zugriffe auf Männer in Eingangsbereichen von Wohnhäusern, in Restaurants, ja sogar in Obdachlosenunterkünften durch.[135]

Die Toten und Verletzten durch den Krieg betragen inzwischen nach westlichen Schätzungen 150.000 bis 200.000[136] – eine Zahl, die mit zwei oder drei zu multiplizieren ist, wenn man auch ihre Angehörigen einbezieht, die davon direkt betroffen sind. Zahlen über Gefallene und Verletzte werden allerdings nicht veröffentlicht und Zehntausende verdächtiger Webseiten wurden gesperrt. Dennoch gibt es, obwohl der Staat Antikriegsäußerungen massiv unterdrückt, seit Beginn des Krieges vielfältigste Formen von Widerstand und Protest informeller Gruppen und von Einzelpersonen. Hunderttausende vor allem junger, gebildeter Russen haben das Land verlassen; manche von ihnen beteiligen sich an Protesten im Ausland, etwa vor russischen Botschaften.[137]

Zum Dritten ist darauf hinzuweisen, dass Russland selbst von Anfang an Friedensangebote gemacht hat, die von der Ukraine bzw. dem Westen allerdings meist brüsk abgewiesen wurden. Dies war wohl berechtigt bei dem Vorschlag von Putins zeitweiligem Platzhalter als Präsident (man könnte ihn durch seine aggressiven Äußerungen auch als Putins Kettenhund bezeichnen), Dimitri Medwedew, im Mai 2023. Sein Vorschlag lautete, die Ukraine auf die benachbarten westlichen Staaten und auf Russland aufzuteilen. Im Dezember 2021 unterbreitete die Russische Föderation den USA jedoch einen realistischeren »Vertrag über Sicherheitsgarantien«. Darin war enthalten, dass sich die NATO nicht nach Osten ausweiten dürfe, auf den Territorien der ehemaligen Sowjetunion keine Militärbasen errichtet werden und die Atommächte keine Raketen und Atomwaffen außerhalb ihrer Territorien stationieren dürfen.[138] Dieser Entwurf wurde im Westen kaum bekannt, eine Verhandlung darüber nie erwogen. Seit September 2024 scheint Putin jedoch selbst Signale auszusenden, dass er zu einem Waffenstillstand bereit und mit dem gewonnenen Territorium zufrieden sei, wie die New Times berichtete.[139] Im September 2023 hat Außenminister Lawrow angedeutet, dass es für Russland nur eine einzige Bedingung gäbe den Krieg zu beenden: Kiew dürfe kein Militärbündnis eingehen, also nicht der NATO beitreten.[140] Er verwies dabei auf die Tatsache, dass sich die Ukraine beim Austritt aus der Sowjetunion selbst zu einem neutralen Staat erklärt hatte. Tatsächlich bildete das in der Souveränitätserklärung postulierte Neutralitätsprinzip die offizielle Maxime der im Vergleich zur Innenpolitik erfolgreicheren ukrainischen Außenpolitik.[141] Allerdings ist bei Putin das auch im Westen virulente Problem der unklaren Kriegsziele noch stärker relevant. Er hat diese ja laufend verändert und erweitert – Absetzung des Naziregimes in Kiew, Schutz der russischen Bevölkerung im Donbass, Kampf gegen NATO-Hegemonie.[142]

Nicht zu unterschätzen ist auch die Möglichkeit für Putin, international wieder etwas an Einfluss und Standing zu gewinnen. Eine massive Polarisierung zwischen Westeuropa und Russland würde auch dessen Möglichkeiten zur Mitgestaltung einer neuen europäischen Sicherheitsordnung, an der auch Russland Interesse haben muss, stark einschränken. Zugleich würde Russlands Abhängigkeit von China verstärkt werden, worunter Russlands autonomer Handlungsspielraum leiden würde.[143]

Trotz aller Repression ist auch die Opposition innerhalb Russlands gegen den Krieg nicht völlig verschwunden. So gibt es auch ironisch-subversive Kritik am Krieg und an Putin. Dieser hatte im Januar 2024 ein weiteres Krönchen seiner Phantasien zur Rechtfertigung des Krieges aufgesetzt, indem er behauptete, in westeuropäischen Schulen gebe es drei Toiletten, für Buben, Mädchen und Diverse. Unter solchen Bedingungen sei es schwierig, Kinder großzuziehen, deshalb würden viele wieder nach Russland zurückkehren. In den sozialen Netzwerken wurden daraufhin Bilder in Russland gezeigt, in denen windschiefe Plumpsklos, Latrinen an Feldrändern, Schultoiletten mit herausgerissenen Türen und nicht funktionierender Spülung dargestellt wurden. Ein Boris schrieb dazu: »Alles klar, wir wissen Bescheid. Aber wäre es nicht besser, unsere Burschen zum Bau funktionierender Toiletten hier abzustellen anstatt sie zum Zerstören irgendwelcher Klos in der Ukraine einzusetzen?« Und ein Igor ergänzte: »Schnell ein Klo her, egal welches. Ich muss brechen.«[144]

Schlussbemerkungen

Belastbare Aussagen darüber, was die Ereignisse und längerfristigen Entwicklungen nach dem Abgang von Putin betrifft, sind nicht möglich. Ein absoluter Pessimismus ist dennoch fehl am Platz. Der Soziologe Lew Gudkow vom unabhängigen Lewada-Zentrum in Moskau folgert aufgrund der apathischen Einstellung der russischen Bevölkerung, es werde nach dem Abgang Putins zu einem Elitenkampf um die Macht kommen, aber damit keine Demokratie entstehen.[145] Dagegen hat der im Exil lebende russische Autor Viktor Jerofejew eine positivere Ansicht. Obwohl er feststellt, Russland sei infolge der Erschöpfung seiner Energien geradezu tot, ein Leichnam, meint er, auf die Ära Putin werde ein Tauwetter nach Art der Chruschtschow-Periode folgen.[146] Ähnlich schreibt Leonid Wolkow, früher Stadtabgeordneter in Jekaterinburg und Wahlkämpfer für Alexei Nawalny, nach der Ära Putin werde es einen demokratischen Wandel geben und dieser werde weniger schmerzhaft sein wie jener in den bereits demokratisierten postkommunistischen Ländern in Osteuropa. Von drei möglichen Szenarios am Ende der Ära Putin – das Ableben von Putin, eine Palastrevolution, ein Volksaufstand von unten – sieht er das letzte als das wahrscheinlichste.

Dem Autor scheint aber ein viertes Szenario möglich und durchaus realistisch: Nämlich die Machtübernahme durch eine relativ gemäßigte, teilweise reformbereite Gruppe von Politikern. Hier können wir auf die in Kapitel 4 aufgestellte These zurückkommen, dass man Putin eher mit Stalin als mit Hitler vergleichen könne. Was passierte nach dem Tod von Stalin? Es hat nicht ein ebenso schlimmer oder noch schlimmerer Diktator die Macht ergriffen, sondern es kam eine definitive Entstalinisierung in Gang. Sie setzte bereits drei Wochen nach Stalins Tod durch Geheimdienstchef Lawrenti Beria ein; dabei wurden u.a. 1,2 Millionen Lagerinsassen freigelassen.[147] Beria wurde allerdings dann selbst festgenommen und hingerichtet aus Furcht davor, er könne als Geheimdienstchef die Macht übernehmen. Die Entstalinisierung wurde von den engsten Mitarbeitern von Stalin, neben Beria auch Malenkow, Bulganin und Chruschtschow, initiiert. Von diesen konnte sich schließlich Chruschtschow als neuer Herrscher durchsetzen. Auch Chruschtschow war ja als Mitglied des Politbüros seit 1939 Angehöriger des engsten Machtzirkels um Stalin gewesen. Er war es, der die Entstalinisierung durch seine Geheimrede mit dem Titel »Über den Personenkult und seinen Folgen« auf dem XX. Parteitag der KPdSU im Februar 1956 forcierte. Auf dem XXII. Parteitag im Oktober 1961 wurde sie offiziell durchgesetzt. Breschnew versuchte später zwar eine vorsichtige Rehabilitierung von Stalin; bei seinem Nach-Nachfolger Gorbatschow war es damit aber endgültig vorbei. Gegen die Sicht der Entstalinisierung als Vorbild für die spätere Ablöse des Putinismus könnte man den Einwand erheben, dass sich die Entstalinisierung ja zunächst und vor allem gegen Stalins Wüten unter den eigenen Parteigenossen gerichtet hatte. Tatsächlich profitierten jedoch auch viele andere Menschen davon. Darüber hinaus kann man annehmen, dass es auch in den heutigen politischen und militärischen Führungsschichten Russlands Vorbehalte gegen Putins Krieg und Konfrontationskurs gegen den Westen gibt. Der Grund dafür, dass sie nicht laut geäußert werden, liegt auf der Hand. Man kann aber abschließend zweifellos der Schlussfolgerung des vorhin zitierten russischen Oppositionspolitiker Leonid Wolkow zustimmen. Er schreibt – auch im Sinne von Kant – in Bezug auf seine Oppositionsarbeit in Russland und seine jetzige Tätigkeit in Litauen als Leiter der Projekte der Antikorruptionsstiftung FBK: »Optimismus ist für meine Arbeit eine notwendige Voraussetzung. Man kann nicht dafür arbeiten, die soziale und politische Situation in Russland zu verändern, wenn man nicht fest daran glaubt, dass eine bessere Zukunft möglich ist.«[148]

Kapitel 9: Globaler Ausblick: Reformideen für eine friedlichere Welt von morgen

»Man kann nicht zu einem wirklichen Frieden gelangen, wenn man seine Handlungsweise nach der Möglichkeit eines künftigen Konfliktes einrichtet – besonders, da immer klarer wird, dass ein solcher kriegerischer Konflikt allgemeine Vernichtung bedeuten würde. Der leitende Gedanke allen politischen Handelns müsste sein: Was können wir tun, um ein friedliches, im Rahmen des Möglichen befriedigendes Zusammenleben der Nationen herbeizuführen? Erstes Problem ist die Beseitigung der gegenseitigen Furcht und des gegenseitigen Mißtrauens. Feierlicher Verzicht auf gegenseitige Gewaltanwendung ist zweifellos nötig. Solcher Verzicht kann aber nur wirksam sein, wenn er mit der Einführung einer übernationalen richterlichen und exekutiven Instanz verbunden ist [...]. Letzten Endes beruht jedes friedliche Zusammenleben auf gegenseitigem Vertrauen.«
Albert Einstein (1879–1955), schweizerisch-amerikanischer Physiker

Wie im Vorwort angesprochen, sollten wir den Krieg in der Ukraine als Anlass dafür sehen, die Voraussetzungen und Chancen für dir Beendigung von Kriegen und die Sicherung von Frieden auf der ganzen Welt neu zu überdenken. Dies ist nicht zuletzt deshalb notwendig, weil durch den Ukrainekrieg die Konkurrenz zwischen den Großmächten wieder verstärkt hervorgetreten ist. Der neue Kalte Krieg stellt eine ernstliche Gefährdung des Weltfriedens dar.[1] Diese Problematik ist hier auch deshalb von höchstem Interesse, weil die konflikthafte Beziehung zwischen China und Taiwan eine erschreckende Ähnlichkeit mit jener zwischen Russland und der Ukraine aufweist. Es geht im Folgenden vor allem darum grundlegende Fragen und mögliche Reformideen anzusprechen, die sich für die Politik in Europa und der Welt angesichts des Krieges in der Ukraine ergeben; in Einzelfällen werden auch konkrete Vorschläge gemacht. Bevor wir auf die konkreten Themen eingehen, ist eine kurze Klärung des Begriffes Frieden und der Strategien zu seiner Durchsetzung und Erhaltung angebracht.

Eine zentrale Annahme der Theorie von Kant lautet, wie in Kapitel 3 dargestellt, dass die Herstellung und Sicherung des Friedens eigenständige Aufgaben darstellen. Sie verlangen mehr als nur die Beendigung von Kriegen. Dabei gilt im Sinne von Kant auch hier, dass es nicht nur darum geht, in idealistischer Weise ethisch-normative Prinzipien aufzustellen, sondern konkrete friedensgefährdende Prozesse zu erkennen und friedensfördernde Institutionen und Strategien zu entwickeln. Aus der Sicht von Kant sind Demokratie und ein Völkerbund die Grundbedingungen für Frieden.[2] Durch die Demokratisierung vieler Länder der Welt, die Gründung der Vereinten Nationen und durch das Völkerrecht wurden sie zum Teil bereits verwirklicht. Ein erster Ansatz dazu war der Völkerbund. Nach 1945 wurden dessen Statuten in die Charta der Vereinten Nationen und in die *Allgemeine Erklärung der Menschenrechte* aufgenommen und weltweit anerkannt. Alle diese internationalen Abkommen und Institutionen haben den Ausbruch von Kriegen offenkundig nicht verhindern können. Ein Hauptgrund dafür ist, dass viele, darunter auch große Länder, noch keine Demokratien sind. Ein anderer ist, dass die bestehenden völkerrechtlichen Verträge und internationalen Institutionen und die Verfassung der Vereinen Nationen, aber auch die repräsentativen Demokratien selbst, noch viele Mängel aufweisen. Dazu wurden von vielen Seiten bereits konkrete Vorschläge unterbreitet; sie sollen im Folgenden durch zusätzliche Ideen ergänzt werden. Hier ist vor allem die Europäische Union wichtig. Sie ist ein welthistorisch einmaliger Zusammenschluss großer, souveräner Staaten, aber sie ist sich noch immer nicht im Klaren, ob auch sie zu einer der militärischen Supermächte aufsteigen oder ob sie ihrer Grundidee einer Zivil- und Friedensunion treu bleiben will. Schließlich wird argumentiert, dass eine Bedrohung des Weltfriedens heute wie früher (etwa vor dem Ausbruch des Ersten Weltkriegs) auch von politisch-militärischen Allianzen ausgehen kann. Das Gleiche gilt für die weltweite militärische Präsenz von Supermächten. Sie könnte durch eine neue, globale Monroe-Doktrin hintangehalten werden. Schließlich wird argumentiert, dass auch in einer Welt, in der es noch große und starke Nicht-Demokratien gibt, eine globale Sicherheitsordnung denkbar ist, welche eine gewaltfreie Koexistenz von Staaten mit sehr unterschiedlichen politischen Systemen als ein realistisches Ziel erscheinen lässt.

Strategien und Institutionen zur Durchsetzung und Sicherung des Friedens

Im Falle des Überfalls Putins auf die Ukraine schien es außer Frage zu stehen, dass diese ein Recht, ja sogar eine Pflicht zur Selbstverteidigung hat. Pazifismus erscheint hier als eine realitätsferne Ideologie. Wenn man jedoch nicht der Idealvorstellung einer konfliktfreien friedlichen Welt anhängt, sondern einen pragmatischen, realitätsbezogenen Pazifismus vertritt, sieht die Lage anders aus. Ein solcher Ansatz geht davon aus, dass Friedensbemühungen und Friedensschlüsse oft nicht voll erfolgreich sind und politische Gewalt immer wieder neu auftauchen kann.[3] Allerdings ist auch in solchen Fällen Gegengewalt nicht die einzig mögliche Lösung. Es gibt sehr viele unterschiedliche Formen des Widerstands gegen Gewalt. Dass solche Strategien auch erfolgreich sein können, wurde von Gandhi in Indien vorexerziert. Eine umfangreiche neuere Literatur belegt, dass nicht gewaltsame Formen der Konfliktlösung effizienter und nachhaltiger sind als gewaltsame Methoden.[4]

Im Fall des Ukrainekrieges kann man an die im vorhergehenden Kapitel eingeführte Unterscheidung zwischen vier Formen des Friedens anknüpfen. Als erste, unterste Stufe wurde die bloße Abwesenheit von Kriegshandlungen, etwa ein Waffenstillstand, bezeichnet, als höchste Stufe nicht nur gewaltfreie, sondern sogar freundschaftliche Beziehungen zwischen Nationen. Dazwischen finden sich der Kalte Krieg (zwar keine direkten Kampfhandlungen, aber gegenseitiges Misstrauen und Stellvertreterkriege) und Sicherheitsbeziehungen (ein grundsätzliches gegenseitiges Vertrauen auf Beziehungen ohne Gewaltanwendung). Diese Differenzierung ist abzugrenzen von einem umfassenden Begriff des Friedens, den renommierte Konflikt- und Friedensforscher wie der Norweger Johan Galtung,[5] Dieter Senghaas und der US-Amerikaner Chadwick Alger eingeführt haben. Frieden sei demnach erst dann gegeben, wenn alle Länder der Welt die Möglichkeit zu autonomer Entwicklung hätten, Ungleichheiten und Ungerechtigkeiten innerhalb und zwischen den Ländern abgebaut wurden und eine »Kultur des Friedens« herrsche. Eine solche umfassende Sichtweise sind sicherlich nützlich, um die Zusammenhänge zwischen Krieg und Frieden einerseits, und wirtschaftlichen und sozialen Problemen andererseits zu erkennen. So kann extreme Ungleichheit zwischen Ländern, Zerstörung von Landschaften durch Klimawandel usw. zum Ausbruch von Konflikten, möglicherweise sogar von Kriegen, beitragen. Es erscheint jedoch nicht sinnvoll, all dies unter das politische Ziel der Schaffung von Frieden zu subsumieren. Die Beseitigung von manifester Armut, die Reduktion extremer internationaler Ungleichheit, der Kampf gegen die Erderwärmung sind ohne Zweifel zentrale Ziele der Innenpolitik eines jeden Staates und der Weltpolitik als Ganzes.[6] Krieg kann mit allen diesen Aspekten zusammenhängen, direkt wird sich ein solcher Konnex jedoch selten nachweisen lassen. Wenn es um Beendigung von Kriegen bzw. Verhütung möglicher Konflikte in ihrem Vorfeld geht, muss man sich auf ganz konkrete Konfliktfaktoren und -anlässe konzentrieren und spezifische Strategien und Lösungen dafür suchen. Auch die Überfrachtung der Vereinten Nationen mit all diesen Aufgaben ist problematisch. Betrachten wir zunächst nochmals die von Kant genannten Voraussetzungen für Frieden im Einzelnen.

Abschaffung stehender Heere, Rüstungskontrolle, Begrenzung des internationalen Waffenhandels

Eine der zentralen, auf den ersten Blick aber auch »realitätsfernsten« Voraussetzungen von Kant für den ewigen Frieden scheint die Abschaffung der stehenden Heere zu sein. Dies sind Armeen, die dauerhaft unterhalten und nicht erst in einem Konfliktfall zusammengezogen werden (wie eine Miliz). Für diese Forderung hat Kant drei Begründungen. Die ersten beiden sind: Stehende Heere stellen eine ständige Kriegsgefahr dar und sie reizen die verschiedenen Staaten zu einem Wettlauf über die Stärke dieser Heere. Entscheidend ist jedoch der dritte Grund: Der Söldnerdienst, also der Kriegsdienst, ist unvereinbar mit der Würde des Menschen; der Soldat ist nur Mittel, Maschine zum Zweck, gleich was dieser Zweck ist.[7]

Die Abschaffung der stehenden Heere wäre die radikalste Form der Abrüstung. Wenn es kein großes, laufend zu erhaltendes Heer mehr gibt, wären auch die entsprechenden Infrastrukturen – Kasernen und Fahrzeuge, Kleidung und Verköstigung der Soldaten, militärische Ausrüstung – nicht mehr notwendig. Ist diese Vorstellung vollkommen utopisch? Dies kann man keineswegs sagen, wie schon ein Rückblick auf die Geschichte zeigt. So waren im Mittelalter stehende Heere eher die Ausnahme als die Regel. In den Krieg zogen Vasallen der Fürsten oder bezahlte Söldner. Angeworbene Landsknechte stellten noch bis zum Dreißigjährigen Krieg das Hauptkontingent der Soldaten mit der Folge, dass sie sich während und nach dem Ende der Kampfhandlungen oft selbständig machten und marodierend durch die Lande zogen.[8] Die stehenden Heere wurden erst nach dem Westfälischen Frieden 1648, der den Dreißigjährigen Krieg beendete, eingeführt. Die neuen, absolutistischen Staaten wollten sich nicht mehr auf die unzuverlässigen, oft eigenmächtig agierenden Söldnerheere verlassen. Die allgemeine Wehrpflicht entstand dann im Zusammenhang mit der bahnbrechenden Neuerung der Nationalstaatsbildung im 18. und 19. Jahrhundert. Die Volksheere des revolutionären Frankreichs erwiesen sich militärisch als hocheffizient. Allerdings führte die Massenmobilisierung auch zu den 15-jährigen napoleonischen Kriegen, dann zu den Katastrophen des Krimkrieges und der Weltkriege, in denen mehr Menschen als je zuvor ums Leben kamen.

Man kann durchaus Tendenzen sehen, welche in Richtung einer Abschaffung stehender Heere gehen. Manche sind positiv zu bewerten, andere nicht unbedingt. So gibt es einen klaren Trend dahingehend, dass die allgemeine Wehrpflicht immer weniger akzeptiert wird. Albert Einstein, der auch ein engagierter Pazifist war, bezeichnete sie als ein Verbrechen.[9] Damit befand er sich in Gesellschaft von Persönlichkeiten wie Leo Tolstoi, Bertrand Russell, Thomas Mann, Sigmund Freud und Mahatma Gandhi. Heute wird in allen westlichen Ländern Wehrdienstverweigerung inzwischen als Grundrecht anerkannt und steigende Anteile junger Männer machen davon Gebrauch. Auch in der Bevölkerung haben sich die Einstellungen zum Wehrdienst signifikant geändert. So konnte man in internationalen Umfragen noch in den 1980er Jahren die Frage, ob man bereit wäre, für das Vaterland zu sterben, als Indikator für Nationalstolz verwenden. Heute ist das kaum mehr möglich; in Westeuropa wären dazu nur mehr ein Fünftel der Bevölkerung bereit.[10] Weniger positiv zu sehen ist allerdings die Tendenz, dass das Söldnerwesen heute tendenziell zurückkehrt. Dazu zählen nicht nur so berüchtigte Einheiten wie die russischen Wagner-Truppen. Auch in den USA, Großbritannien und anderen westlichen Ländern gibt es private Sicherheitsunternehmen, die Hunderttausende von Männern beschäftigen. Sie werden von den Regierungen (insbesondere jenen der reichen, autoritären Golfstaaten) und von multinationalen Konzernen angeheuert, verhalten sich an ihren Einsatzgebieten vielfach außerhalb der Gesetze und können dafür nur schwer vor ein Gericht gezogen werden.[11]

Wer würde für Sicherheit sorgen, wenn es keine stehenden Armeen mehr gäbe? Gibt es Alternativen dazu? Es gibt tatsächlich eine, nämlich das Milizsystem oder »Volksheer«. Das sind militärische Kräfte, die nach der Ausbildung entlassen und in Reserve gehalten, zu regelmäßigen Übungen verpflichtet und nur im Bedarfsfall zu einer Armee zusammengezogen werden.[12] Nach Kant müsste auch die Teilnahme an einer Miliz freiwillig sein.[13] Die Idee dazu geht zurück auf Griechenland, wo jeder Bürger verpflichtet war, zu allen öffentlichen Aufgaben beizutragen, so auch zur Verteidigung. Ansätze zur Einrichtung von MIlizen auf staatlicher Ebene gab es in der Neuzeit in den Vereinigten Staaten (bis heute in der Nationalgarde) und in kleineren Staaten wie in der Schweiz; deren gut ausgebildete und ausgerüstete Milizarmee wirkt stark identitätsstiftend.[14] So konstatierte schon Machiavelli in seinem Werk *Der Fürst*, die Schweizer überträfen an Wehrhaftigkeit und Freiheit alle anderen. Auch das österreichische Bundesheer ist nach (etwas schwächeren) Grundsätzen eines Milizsystems eingerichtet.[15] Ein Grundprinzip aller Milizarmeen ist, dass sie nur zur Verteidigung dienen. Eine noch radikalere Idee, die allerdings noch nirgends verwirklicht wurde, ist der auf Gandhi zurückgehende Begriff einer gewaltfreien, zivilen Friedensarmee oder Eingreiftruppe; sie stellt bis heute ein Vorbild für weltweite Friedensbewegungen und Ansätze zu gewaltfreier Intervention dar.[16] Eine dritte Alternative zu stehenden Heeren wäre, dass übernationale Gemeinschaften, wie die Europäische Union, eine starke Armee aufbauen, sodass jene der Mitgliedsstaaten überflüssig werden.

Neben der Abschaffung stehender Heere hat Kant auch die Vermeidung von Staatsschulden für Zwecke der Aufrüstung als eine der wichtigen Voraussetzungen für dauerhaften Frieden genannt. Es liegt auf der Hand, dass die Entwicklung neuer und immer stärkerer Waffensysteme mit einer entsprechenden Zunahme der zerstörerischen Wirkungen von Kriegen einhergeht. Die beiden Weltkriege waren so verheerend, weil erstmals tödliche Waffensysteme zum Einsatz kamen, deren Wirkung man so nicht voraussah. Die Atomwaffe, selbst in direktem Zusammenhang mit dem Zweiten Weltkrieg entwickelt, hat die Selbstauslöschung der menschlichen Zivilisation als Möglichkeit eröffnet. Heute werden für Rüstung Unsummen ausgegeben; weltweit waren es 2022 2.240 Milliarden Euro (davon entfiel auf die USA der allergrößte Teil, 877 Mrd.).[17] Tatsächlich steigen die Rüstungsausgaben auch seit 1945 weiter stark an. Für Rüstung werden 2,3 % des Welt-Bruttoinlandsproduktes ausgegeben, für die gesamten UNO-Institutionen und Aktivitäten nur 0.06 %.[18] Der Ukrainekrieg hat in Europa und vor allem in Russland und der Ukraine zu massiver Steigerung der Militärausgaben geführt.[19]

Dass Aufrüstung und Waffenhandel ein Hauptfaktor für den Ausbruch und vor allem die Ausweitung von kriegerischen Konflikten sind, steht außer Frage.[20] Viele der Staaten, die zu den größten Käufern von Rüstungsgütern gehören, sind in zwischenstaatliche Konflikte involviert. Das gleiche gilt für den größten Produzenten von Waffen, die Vereinigten Staaten. Terroristen, aber auch die neuen *Warlords* in Ländern des globalen Südens, könnten ihr Handwerk nicht ausüben, wenn ihnen nicht bereitwillig Waffen geliefert würden, welche sie ihrerseits durch Gelder aus Raub, Erpressung und gewaltsame Aneignung von Bodenschätzen bezahlen.

Auch der internationale Waffenhandel ist höchst problematisch. Dies zeigt sich zum einen, wenn man sich ansieht, wohin Waffenexporte hauptsächlich gehen. Es sind dies vor allem Länder des globalen Südens, insbesondere sog. »Schwellenländer«, in denen noch Millionen von sehr armen Menschen leben (wie in Indien, Brasilien, Südafrika), autoritär regierte Länder (wie China, Saudi-Arabien, Iran, Nord-Korea) und Länder, die durch beide Merkmale zugleich gekennzeichnet sind (wie Ägypten und Pakistan).[21] Zum anderen ist es ein Faktum, dass durch Waffenlieferungen regionale Konflikte auch zwischen großen Staaten befeuert werden. Dabei scheint das Prinzip zu gelten: Derselbe Feind macht uns zu Freunden. So geht der größte Strom von Waffen von den USA nach Saudi-Arabien, einem die Menschenrechte verletzenden, autoritären Staat, der gegen das Nachbarland Jemen Krieg führt. Saudi-Arabien erhält umfangreiche Waffenlieferungen aus den USA, weil sie beide den gleichen Erzfeind (Iran) haben. An Saudi-Arabien und andere Ölscheichtümer werden zweifellos auch deshalb Waffen geliefert, weil diese Länder über immense finanzielle Mittel aus Erdöleinnahmen verfügen. Weitere große Waffenlieferungen gehen von China nach Pakistan (einem Feind Indiens), von Russland nach Algerien und Ägypten.[22] Dieses Land hat die stärkste Armee im Nahen Osten bzw. Nordafrika; wozu braucht es sie? Mehr denn je muss daher die Kontrolle und Einschränkung von Rüstung und Waffenhandel eine der Hauptaufgaben der Friedenssicherung sein. Um die Chancen dieser abschätzen zu können, muss man sich drei Gruppen von Fragen stellen: Wer profitiert von Rüstung? Wer profitiert von Waffenproduktion und Waffenhandel, wer ist an Rüstungskontrolle und -abbau interessiert? Welche Strategien der Rüstungskontrolle gibt es und wie effizient sind sie?[23]

Die Interessenten an Rüstungsproduktion und Waffenhandel sind nicht schwer auszumachen. Zum Ersten sind dies die Rüstungskonzerne und Waffenhändler in den waffenproduzierenden großen Ländern. An der lukrativen Waffenproduktion sind nicht nur die kapitalistischen Eigentümer interessiert, sondern auch die Arbeitnehmer ihrer Unternehmen. In den USA beschäftigen allein die acht größten Rüstungskonzerne rund 750.000 Arbeitnehmer.[24] Zum Zweiten sind es Politiker, die versprechen durch Steigerung der Verteidigungsausgaben die Macht ihres Landes zu erhöhen, womit sie Wähler gewinnen können; das typische Schlagwort hierzu lautet in den USA, nicht erst bei Trump: *Make America great again!* Unter Trump war diese Politik mit einer erklärten

Feindschaft gegen die UNO verknüpft. Ähnlich klingen Aussagen von Xi Jinping in China. Für Russland stellen die Atomwaffen das »Kronjuwel« seines ansonsten Großmachtstatus dar. Ein weiteres Argument, dem sogar manche Wissenschaftler beipflichten, lautet, dass als Nebenprodukt der Rüstungsforschung (die etwa in den USA drei Viertel aller staatlichen Forschungsausgaben ausmacht)[25] viele zivil nutzbare Erkenntnisse abfallen.

Rüstungskontrolle hat drei Ziele: Konflikt- und Kriegsverhütung, Schadensbegrenzung im Fall kriegerischer Auseinandersetzungen und Kostensenkung. Sie hat in letzter Zeit in Öffentlichkeit und Politik jedoch zunehmend weniger Aufmerksamkeit gefunden. Die Kritik daran lautet, dass sie nicht wirklich effizient war. In Öffentlichkeit und Politik war sie in den 1970er Jahren ein wichtiges Thema der Demonstrationen gegen Atomkraft und gegen Auf- und Nachrüstung. Es wurden eine Reihe von Abkommen geschlossen. In den 1970er Jahren waren dies die SALT-Verträge zu Kontrolle bzw. Abbau der Nuklearwaffen und Anfang der 1990er Jahre die START-Verträge zur Reduktion interkontinentaler Trägerraketen.[26] Es gibt eine Vielzahl weiterer Verträge und Bemühungen, auf die wir hier nicht im Detail eingehen müssen.

Ein erstes Ziel der Rüstungskontrolle müssen Vereinbarungen zur Kontrolle und zum Abbau von Kernwaffen sein. Was geltende internationale Regelungen betrifft, sieht es hier düster aus. Die SALT- und START-Verträge zur Kontrolle der Kernwaffen sind ausgelaufen, der von Obama und Medwedew 2010 unterzeichnete NEW START Vertrag über die Verringerung strategischer Waffen wurde von Putin ausgesetzt. Sollte auch der Vertrag über das Verbot landgestützter nuklearer Kernwaffen (INF) gekündigt werden, was Präsident Trump seinerzeit ankündigte, gäbe es kein Abkommen zur Kontrolle der Atomrüstung mehr. Auch hier hat der Ukrainekrieg zu einer neuen Bedrohung geführt: In Russland denkt man zusehends über den Einsatz taktischer Atomwaffen nach, nachdem die konventionellen Streitkräfte offenkundig nicht den erhofften Erfolg hatten.[27] Für Europa ist das Auslaufen dieser Verträge besonders gefährlich, weil es durch Mittelstreckenraketen unmittelbar bedroht ist. Gesteigerte Zielgenauigkeit von Raketen, neue Möglichkeiten der Datenverarbeitung, Entwicklung von Hyperschall- und Cruise-Missile-Systemen, Möglichkeiten zur Störung von Frühwarnsystemen und Cyberwar erhöhen die Risiken eines unkontrollierten Einsatzes von Atomwaffen. Zwei anerkannte Experten, Josef Braml und Mathew Burrows, argumentieren, dass heute (wieder) die reale Gefahr eines Atomkrieges besteht. So hätten sich vor allem die USA mit ihren Taiwan-Unterstützungserklärungen in eine höchst gefährliche Situation manövriert.[28] Laut Oliver Thränert vom *Center for*

Security Studies der ETH Zürich sind die Grundideen der Verträge zur Kontrolle der Atomwaffen verloren gegangen.[29] Diese bestanden nicht zuletzt darin, dass man im Nuklearzeitalter immer auch an die Sicherheit des Gegenübers denken müsse. Dies werde nicht getan, wenn man selbst überlegene Waffen entwickeln wolle; dadurch könnte der Gegner zu einem Präventivschlag verleitet werden.

Die zweite Grundidee der Abrüstungsverhandlungen waren der permanente Dialog, Transparenz und gemeinsame Verantwortlichkeit durch Möglichkeiten wechselseitiger Kontrolle. Die wichtigste Voraussetzung für zielführende Gespräche sind laut Wolfgang Ischinger (wie für Einstein im Motto zu diesem Kapitel) Dialog und Vertrauen.[30] Dass ein solches Grundvertrauen heute notwendiger ist denn je, ergibt sich aus dem enormen Arsenal an Atomwaffen und entsprechenden weitreichenden Trägerraketen. Russland und die USA besitzen jeweils über 6000 nukleare Sprengköpfe, Frankreich und China rund 300, Großbritannien 200, Indien und Pakistan je ca. 150, Israel 80–90, Nordkorea 30.[31] Sie sind meist um ein Vielfaches stärker als jene, die über Hiroshima und Nagasaki abgeworfen wurden und dort zum Tod von über hunderttausend Menschen innerhalb von 24 Stunden führten. Auch nur ein Dutzend dieser Bomben würde reichen, um einem feindlichen Land immense, irreversible Schäden zuzufügen. Die Großmächte haben ihr Arsenal zwar verringert, modernisieren ihre Waffensysteme jedoch laufend, aggressive kleinere Staaten (Nordkorea, bald vielleicht auch der Iran) sind Atommächte geworden, weitere können es noch werden. Auch im asiatischen Dreieck China-Indien-Pakistan erfolgt eine nukleare Aufrüstung.[32]

Rüstungskontrolle muss jedoch über Nuklearwaffen hinaus auch alle Formen von konventionellen Waffen einschließen. Hierzu gibt es aber noch viel zu wenig verbindliche, internationale Regelungen und völkerrechtliche Verträge. Die Vielzahl laufender kriegerischer Auseinandersetzungen und Konflikte in der Welt von heute wird ja mit solchen Waffen ausgetragen. Auch hier hat der Ukrainekrieg eine Lehre erteilt und gezeigt, dass zwischenstaatliche Kriege weiterhin mit solchen Waffen geführt werden – im Gegensatz zu Prognosen der Theoretiker der neuen Kriege, solche würden aus Kostengründen obsolet.[33]

Ein erster, wichtiger Schritt auf internationaler Ebene wurde durch den 2014 von der großen Mehrheit der UNO-Generalversammlung beschlossenen *Arms Trade Treaty* (ATT) gemacht.[34] Er verbietet, Waffen in Länder zu liefern, in denen u.a. das Risiko besteht, dass mit ihnen schwere Menschenrechtsverletzungen oder Kriegsverbrechen begangen werden. Dieser Vertrag wurde bis 2019 von 83 Staaten ratifiziert (unter ihnen fünf der größten europäischen

Waffenexporteure), nicht jedoch von den USA; China und Russland traten gar nicht bei. Der Vertrag weist mehrere Schwachstellen auf, etwa Lücken in seinem Geltungsbereich, mangelnde Präzision der Kriterien, nach denen Rüstungstransfers verboten sind und Fehlen von starken Mechanismen zur Kontrolle der Einhaltung.[35] Der Ukrainekrieg hat auch die Schwellen gegen Exporte in Länder, die in Kriege involviert sind, herabgesetzt. So hat auch Deutschland eine Kehrtwende von einer wertebasierten zu einer interessengeleiteten Politik vollzogen. Der frühere Beschluss, an Saudi-Arabien keine Waffen zu verkaufen, wurde rückgängig gemacht, ab 2024 werden auch Kampfjets und Raketen geliefert.[36]

Die EU hat sich hier ja bereits engagiert durch die Beteiligung an Verhandlungsrunden und Abkommen zur Abrüstung und eigene, im Prinzip bindende Richtlinien über mögliche Empfängerländer erlassen. Tatsächlich jedoch waren gut ein Dutzend Länder, in die Waffenexporte aus Europa gingen, in bewaffnete interne (bei denen Oppositionsparteien unterdrückt wurden) und äußere Konflikte involviert.[37] Die Vorgabe der EU, dass die Mitgliedsstaaten ihre Verteidigungsanstrengungen erhöhen sollten, widerspricht ihrem Abrüstungsziel.

Aus friedenspolitischer Sicht erscheinen weitergehende Einschränkungen des internationalen Waffenhandels als notwendig. Besonders problematisch ist, dass Entwicklungs- und Schwellenländer, die durch extreme Ungleichheit und hohe Anteile von Menschen in absoluter Armut gekennzeichnet sind, in großen Mengen teure Waffen einkaufen. Die Ausgaben für Soziales und Gesundheit sind in Ländern, die diese am nötigsten brauchen, nicht nur absolut, sondern auch im Verhältnis zum Bruttonationalprodukt viel niedriger als in den wohlhabenden Ländern. Länder wie Indien, Äthiopien, Pakistan, die DR Kongo gehören zu den größten Empfängern von Entwicklungshilfe, importieren gleichzeitig aber Waffen für Milliarden. Bezeichnenderweise gibt es zur Verteilung der Staatsausgaben in solchen Staaten kaum verlässliche Daten.[38] So beträgt der Anteil der Sozialausgaben am Bruttonationalprodukt in den OECD-Ländern ca. ein Viertel bis ein Drittel, in Ländern wie Mexiko und Indien und wohl auch in allen afrikanischen Staaten nur 10 % oder weniger.[39] Hier wäre eine internationale Regel dahingehend denkbar, dass Staaten verpflichtet werden, nur einen begrenzten Anteil ihres Budgets für militärische Zwecke (Rüstung und Personal) auszugeben. Dem könnte Nachdruck verliehen werden dadurch, dass die Gewährung von Entwicklungshilfe und (subventionierten) Investitionen von der Einhaltung dieser Regeln abhängig gemacht wird. Auch wären gegen Länder, in denen Militärputsche stattfanden, viel effizientere Sanktionen zu verhängen. Auch die Entwicklungshilfe könnte an signifikante Reduktionen der Militärausgaben gebunden werden.

Die letzte der eingangs gestellten Fragen lautete: Wer ist an Rüstungskontrolle interessiert? Hier kann man drei Gruppen nennen. Zum ersten müssten im Prinzip alle Staaten der Welt daran interessiert sein, um die Kosten zu begrenzen, nicht nur für den Unterhalt der überportionierten Armeen, sondern auch für die Beschaffung von Waffen, die bei neuesten Systemen geradezu explodieren. Besonders relevant müsste Rüstungskontrolle und -abbau vor allem für kleinere und mittelgroße Staaten sein, die nicht über eigene Rüstungsindustrien verfügen, die sich nicht unmittelbar bedroht fühlen und die auch nicht dahin streben, einen einflussreicheren militärischen Status zu erlangen. Diese Gruppe dürfte die klare Mehrheit der UNO-Mitgliedsstaaten darstellen. Als zweite Gruppe von Akteuren, die an Abrüstung interessiert sind, kann man internationale Organisationen und NGOs nennen, die explizit zur Schaffung von Sicherheit und Frieden gegründet wurden. Dies sind vor allem die Vereinten Nationen, aber auch regionale politische Gemeinschaften, wie die Europäische Union und ähnliche Assoziationen auf anderen Kontinenten. Eine dritte Gruppe sind Friedensaktivisten und friedensbezogene NGOs. Seit Ende des 19. Jahrhunderts gibt es weltweit eine Vielzahl von Friedensbewegungen.[40] Diese können durchaus Erfolg haben. So wurde der oben besprochene Waffenhandelsvertrag (ATT) nicht zuletzt auf ihren Druck hin initiiert und durchgesetzt. Diese Gruppen werden vor allem dann erfolgreich sein, wenn sie durch große Teile der Bevölkerung unterstützt werden; dies hat sich auch bei der Durchsetzung von Menschenrechten gezeigt.[41] Massenhafte Protestaktionen in Amerika, Europa und weltweit haben entscheidend zur Beendigung des Vietnamkrieges beigetragen.

Selbstbestimmung, Unabhängigkeit und Sicherheit aller Nationen

Das Recht auf Selbstständigkeit, Selbstbestimmung und Unabhängigkeit aller Nationen ist laut Kant eine der fünf Voraussetzungen (Präliminarien) für dauerhaften Frieden. Er schreibt dazu: »Kein Staat soll sich in die Verfassung und Regierung eines anderen Staats gewalttätig einmischen.« Auch diese Idee wurde nach dem Ersten Weltkrieg aufgegriffen und im Völkerbund im Anschluss an Wilsons 14 Punkte niedergelegt. Man kann hier drei Teilprobleme unterscheiden: die Unabhängigkeit, die Sicherheit und das Selbstbestimmungsrecht der kleinen Nationen.

Die Gleichheit, Unabhängigkeit und Selbstbestimmung aller Völker stellt ein Grundprinzip der UNO dar und wird in der UNO-Charta mehrfach genannt. Auch der UNO-Zivilpakt und der Wirtschafts- und Sozialpakt von 1966 betonen das Recht der Völker auf Selbstbestimmung. Demnach entscheiden sie frei über ihren politischen Status und »gestalten in Freiheit ihre wirtschaftliche, soziale und kulturelle Entwicklung«. Bei diesem Völkerrecht der Selbstbestimmung handelt es sich um *ius cogens*, d.h. eine Norm, von der nicht abgewichen werden darf. Nach dem Zweiten Weltkrieg bildete dieses Recht die Basis für die Entkolonialisierung. Heute werden die darauf bezogenen völkerrechtlichen Prinzipien weltweit anerkannt.[42]

Ein zweiter Aspekt ist die Frage der nationalen Selbstbestimmung, also des Rechts auf Sezession einzelner Regionen bzw. Volksgruppen von einem Staat. Diese Prozesse laufen keineswegs einfach und problemlos ab. Hier ergeben sich Probleme aus der Definition eines »Volkes«.[43] Darunter wird üblicherweise eine Gruppe von Menschen verstanden, die auf einem bestimmten Territorium leben, sich durch gemeinsame soziokulturelle Merkmale (Religion, Sprache) definieren und den Willen haben, ihre Identität zu bewahren. Völker können jedoch nicht per se als Inhaber völkerrechtlicher Kollektivrechte angesehen werden. So ist die Frage eines Rechtes auf Sezession sehr komplex. Die Völkerrechtslehre steht diesem Prinzip eher skeptisch gegenüber. Von den Staaten selber wird dem Prinzip der territorialen Integrität ein hoher Wert beigemessen. Dieser ist aber vor allem symbolischer Natur und beruht nicht auf entsprechend hohen materiellen Vorteilen. Tatsächlich haben Sezessionsprozesse in vielen Fällen zu Konflikten innerhalb der neu geschaffenen Einheiten und dieser mit anderen Staaten geführt.[44] Kant war dieses Problem bewusst und er spezifiziert den genannten Artikel noch weiter, indem er feststellt, ein neuer Staat könne innerlich gespalten sein und es wäre dann die Frage, ob dann ein anderer Staat eingreifen dürfe. Er meint, dies wäre legitim, wenn einer der neuen Teilstaaten »für sich einen besonderen Staat darstellt, der sich für das Ganze ausgibt«. Wenn aber dieser innere Streit noch nicht entschieden sei, wäre der Eingriff eines anderen Staates »ein Skandal«. Das Prinzip der Nichteinmischung wurde in der UNO-Charta bekräftigt (Art.1/Abs.2); die UNO-Zivil- und Sozialpakte von 1966 bestätigten es.[45] Allerdings wurde dieses Prinzip auch von westlichen Staaten und der NATO mehrfach verletzt. Eine besonders infame, völkerrechtswidrige Strategie gewaltsamer Intervention besteht heute in der Form tödlicher Drohnenangriffe auf Personen in feindlichen Ländern, die man als Terroristen oder gefährliche Militärführer einstuft;

dass die USA dies mehrfach angewandt haben, erscheint besonders problematisch.[46]

Probleme der Nichtanerkennung der Unabhängigkeit und des Selbstbestimmungsrechts kleiner Nationen bzw. ihrer umstrittenen Zugehörigkeit zu größeren Staaten gibt es heute ja noch weltweit und sie tragen zu einigen der gefährlichsten Konfliktherde bei. Hier geht es um die Frage der Sicherheit dieser Nationen. Dazu ist zuallererst festzustellen, dass die Annexion eines Teilgebietes eines anderen Staates oder eines solchen insgesamt einen klaren Bruch des Völkerrechts bedeutet. Letzteres war der Fall bei der Annexion Tibets durch China 1950 oder bei jener von Nordzypern durch die Türkei 1974. Für die internationale Anerkennung solcher Annexionen spielt der Umfang des Gebiets, aber oft auch die Größe und Stärke des Aggressors eine Rolle. So hat sich die internationale Staatengemeinschaft mit der Annexion des Tibet abgefunden (obwohl dessen Charakter als Volk bzw. Nation außer Frage steht), nicht jedoch mit jener von Nordzypern. Höchst gefährlich sind Situationen, in welchen in einem Teil eines Staatsgebietes eine Minderheit lebt, deren »Muttervolk« durch einen anderen Staat vertreten wird. Man denke hier an die Konflikte um den ehemaligen indischen Fürstenstaat Kaschmir, der zu Teilen von Indien, Pakistan und China kontrolliert wird. Die Konflikte um seine staatliche Zugehörigkeit (Indien beansprucht das gesamte Gebiet) haben zu einem halben Dutzend Kriegen zwischen Indien und Pakistan geführt. Hier ist auch wieder der höchst gefährliche Streit zwischen China und den USA um Taiwan zu nennen, der sich daraus ergibt, dass China Taiwan als integralen Teil seines Staates betrachtet und seine Selbständigkeit nicht anerkennt. Probleme dieser Art traten auch in den postsowjetischen Staaten Georgien, Moldawien und in der russischen Teilrepublik Tschetschenien auf, in die Moskau völkerrechtswidrig interveniert bzw. mit militärischer Härte Sezessionsbestrebungen unterdrückt hat. Der Ukrainekrieg ist nicht zuletzt genau aus diesem Grund entstanden. Zwar wurde die Trennung der Ukraine von der Sowjetunion 1991 konsensuell mit der Russischen Föderation und Belarus beschlossen. Die Selbstdefinition der Ukraine als »unitarischer« Staat und die Herabstufung der Rechte der großen russischen Sprachgruppe und die zunehmende Westorientierung des Landes war jedoch, wie in Kapitel 5 gezeigt wurde, mit ein Grund für den Aufstand von Sezessionisten und den folgenden Krieg im Donbass. Die angebliche Unterdrückung der russischen Volksgruppe wurde von Putin als Legitimation für seine zunächst versteckte, dann immer offenere Intervention und letztendlich auch für den Überfall auf die ganze Ukraine im Februar 2022 angeführt. Es steht außer Frage, dass diese Interventionen und der Angriff völkerrechtswidrig waren. So wurde er von der großen Mehrheit der UNO-Mitglieder in Resolutionen vom 2. März und vom 12. Oktober 2022 verurteilt. Sanktionen gegen Russland werden von fast allen Staaten in Europa, von den USA, Kanada und Australien bis hin zu Japan mitgetragen.[47] Angesichts all dieser Probleme ist es daher notwendig sich sehr gut zu überlegen, wie Prozesse der Selbstbestimmung und Sezession friedlich und erfolgreich ablaufen können.

Bei der Gründung neuer Staaten durch Sezession von einem größeren Staat tritt immer wieder das Problem auf, dass auch diese neuen Nationen intern ethnisch-national nicht homogen sind und meist selbst wieder Minderheiten einschließen. Wenn die Mehrheitsbevölkerung einer ethnisch-national spezifischen Teilregion eines Landes aber dennoch die Absicht hat, sich als eigener Staat zu konstituieren, reicht es daher nicht aus, wenn die Mehrheit der Region dies befürwortet. Wenn eine mehr oder weniger große Minderheit innerhalb der Teilregion dies nicht will, würde es bedeuten, dass die Sezession gegen deren Willen geschehen würde. Um einigermaßen sicherzustellen, dass solche Prozesse gewaltfrei ablaufen, wäre daher ein vierstufiges Verfahren notwendig. Zum Ersten müsste im Rahmen des Gesamtstaates geklärt werden, ob eine Sezession aufgrund von dessen Verfassung überhaupt möglich ist. So ist es staats- und völkerrechtlich umstritten, ob die Schotten und die Katalanen ein Recht auf Sezession haben oder nicht. Die derzeitigen Verfassungen Großbritanniens und Spaniens schließen es recht eindeutig aus. Aufgrund der Tatsache, dass die Integration dieser Landesteile in den jeweiligen Staat längst demokratisch legitimiert wurde, kann eine Sezession in diesen Fällen nicht völkerrechtlich begründet werden.[48] Auch das völkerrechtlich verbürgte Recht auf Schutz der Minderheiten,[49] der in ihrem Fall ja zu einem guten Teil besteht, spricht dafür, dass eine Sezession nicht unbedingt notwendig ist. Hier müsste man zuerst also eine Verfassungsänderung durchführen und auf gesamtstaatlicher Ebene zu einer Einigung darüber kommen. Der zweite Schritt bestünde darin, innerhalb der Teilregion bzw. Subnation abzustimmen, ob eine Mehrheit der Bevölkerung überhaupt für eine solche Abstimmung ist. So hat die Mehrheit (etwa zwei Drittel) der in der Provinz Katalonien Lebenden Spanisch als Muttersprache.[50] Erst wenn diese Abstimmung positiv ausgeht, würde im dritten Schritt eine direkte Abstimmung über die faktische Sezession erfolgen. Parallel mit diesen Schritten wären viertens auch gute Beziehungen zu allen Nachbarstaaten herzustellen, insbesondere jenen, die der gleichen ethnisch-nationalen Gruppen angehören wie die Minderheiten in den neuen Staaten.

Weiterentwicklung der repräsentativen Demokratie

Die Durchsetzung der Demokratie ist, wie in Kapitel 3 dargelegt wurde, für Kant eine der drei Hauptbedingungen für Frieden auf der Welt. Da in Demokratien die Bürgerinnen selbst über alle wichtigen politischen Probleme entscheiden, werden sie schwerlich Kriegen zustimmen, von denen sie nur Nachteile befürchten müssen. Die empirischen Daten zeigen, dass Demokratien in der Tat gegeneinander noch nie Kriege führten. Es gibt hier jedoch zwei Probleme. Zum einen ist es ein Faktum, das auch manche Demokratien andere, insbesondere nichtdemokratische, Länder mit Kriegen überzogen haben, die völkerrechtlich alles andere als legitim waren. Dies gilt vor allem für die Vereinigten Staaten von Amerika und die von ihr dominierte NATO. So kann man deren militärische Intervention im Kosovo geradezu als Blaupause für Putins Besetzung der Krim sehen. Der damalige Bundeskanzler Schröder hatte dies selber wörtlich so ausgedrückt und zugegeben, dass durch die Beteiligung Deutschlands am Kosovokrieg Völkerrecht gebrochen worden war.[51] Ein zweites Problem ist die Tatsache, dass die Bevölkerung in Demokratien oft keinen Widerstand gegen Kriege zeigt, ja diese anscheinend sogar befürwortet.

Aus beiden Fakten folgt, dass auch die westliche, repräsentative Demokratie noch Mängel aufweist und weiterentwickelt werden muss. Hier ist an die drei zentralen Merkmale einer Demokratie nach Kant zu erinnern: Freiheit und Gleichheit aller Menschen und die moralische Fundierung der Politik. Tatsächlich sind diese Merkmale im Rahmen der repräsentativen Demokratie nur in begrenztem Ausmaß gegeben. In dieser kann man zwar frei wählen, hat aber keine Gewähr dafür, dass jene Partei an die Macht kommt, die man gewählt hat. Selbst wenn dies der Fall ist, werden die in den Wahlprogrammen verkündeten Maßnahmen oft nicht umgesetzt. Dies ist auch nicht möglich, weil in der Regel Koalitionsregierungen gebildet werden, bei denen jede Partei Abstriche von ihrem Programm machen muss. Menschen mit hoher Bildung und wirtschaftlich starke Personen und gesellschaftliche Gruppen haben sehr viel mehr Möglichkeiten, aktiv an politischen Prozessen teilzunehmen und sie durch finanzielle Unterstützung von Parteien, Beeinflussung von Politikern, Kontrolle von Medien mitzubestimmen. Wenn dabei moralische Grundprinzipien verletzt werden, kann dies durch Verheimlichung und Desinformation verleugnet oder verschleiert werden. In dieser Hinsicht weist insbesondere die älteste, große Demokratie, die Vereinigten Staaten von Amerika, massive Defizite auf; in der Amtszeit von Trump sind einige davon in besonders erschreckender Weise hervorgetreten. Sie beinhalten einen massiven Einfluss von Kapitalinteressen bei der Finanzierung der überteuren Wahlkämpfe (2020 wurden zusammen unglaubliche 14 Milliarden Dollar dafür ausgegeben); sich über Monate hinziehende Vorwahlkämpfe, bei denen zuletzt oft die Kandidaten mit den schrillsten Tönen siegen (nur so konnte Trump Kandidat der Republikaner werden); eine unzureichende Erfassung der Wählerinnen (durch die Selbsteintragung in Wählerverzeichnisse werden Minderheiten benachteiligt); mangelndes Funktionieren der *Checks-and-Balances* zwischen Parlamenten und Exekutive, die dem Präsidenten oft ein Übergewicht verleiht; eine tiefgehende Verfilzung zwischen den wirtschaftlichen, politischen und militärischen Eliten durch den schon von Präsident Eisenhower gegeißelten »militärisch-industriellen Komplex«; dieser führt dazu, dass es bei Militärausgaben kaum Bremsen gibt.[52]. Acht von zehn Amerikanern sind der Meinung, dass sich die gewählten Politiker nicht um das scheren, was die Menschen möchten; ähnlich hohe Anteile gibt es nur in Argentinien, Nigeria, Spanien und Griechenland.[53] Eine Schwäche der Demokratie in Europa besteht vor allem im überproportionalen Einfluss der Parteien.

Dennoch stellt die repräsentative Demokratie einen immensen Fortschritt dar. Neuere Forschungen zeigen, dass Demokratie sogar das Wirtschaftswachstum fördert.[54] Die These, sie stehe in ernster Gefahr oder stelle sogar keine wirkliche Demokratie mehr dar,[55] ist überzogen.[56] Das Gleiche gilt für die Rede von einer neuen Mediokratie.[57] Man kann nicht behaupten, dass die Medien heute weitgehend selbständig über die politische Berichtsrelevanz von Themen entscheiden. Die Situation in autoritären Ländern wie Russland und China zeigt, dass es markante Unterschiede zwischen Demokratien und Autokratien gibt. Trump konnte trotz seiner Geld- und Medienmacht nicht verhindern, dass er abgewählt und sogar vor Gericht gestellt wurde.

Es gibt verschiedene konkrete Möglichkeiten zur Weiterentwicklung der repräsentativen Demokratie, wie schon Hannah Arendt argumentiert hat.[58] Drei davon sind bekannt: Es sind dies die Stärkung von Mitbestimmung auf allen Ebenen bzw. Einheiten, wie sie in Räterepubliken (allerdings immer nur kurzfristig) realisiert wurde; deliberative Bürgerräte, deren Mitglieder durch Los bestimmt werden; und direkte Volksentscheide zu wichtigen und kontroversen Einzelfragen. Auf deren Bedeutung und Vereinbarkeit mit dem Prinzip des Parlamentarismus, aber auch auf die Gegnerschaft der Berufspolitiker dazu, hat der Staatstheoretiker Hans Kelsen schon 1920 hingewiesen.[59] Referenden sind auch in modernen Großgesellschaften ohne weiteres durchführbar und es gibt einen klaren Trend zu ihrer zunehmenden Anerkennung.[60] Solche Referenden würden sich insbesondere im Hinblick auf die existentielle Frage von Krieg oder Frieden nahelegen. Dabei müssten, der Publizitätsforderung von Kant entsprechend, von den Regierungen sämtliche Kriegsvorbereitungen im Vorfeld öffentlich zur Diskussion gestellt werden. Allein eine solche Anforderung würde sie viel stärker zögern lassen, sich irgendwo auf der Welt in militärische Abenteuer zu stürzen.

Perspektiven für die Europäische Union: militärische Großmacht oder Zivil- und Friedensunion?

Die Europäische Union kann als ein neuer und extrem wichtiger Fall einer bis dato noch nie dagewesenen Form von Friedensunion betrachtet werden. Durch die Verschränkung der Kohle- und Stahlproduktion der Teilnehmerstaaten in der Montanunion (EGKS) sollte, so die Idee des französischen Außenministers Robert Schuman, hinfort eine nationale, feindselig motivierte Rüstungsproduktion unterbunden werden. Durch die Etablierung einer eigenen Behörde für die Durchsetzung der Regelungen (die Hohe Behörde) wurde die Zusammenarbeit auf Dauer gestellt.[61] Diese begrenzte Zusammenarbeit wurde sukzessive um weitere wirtschaftliche, soziale und politische Agenden erweitert und durch den Vertrag von Maastricht 1992 zur Europäischen Union ausgebaut. Diese Union stellt eine einzigartige politische Gemeinschaft dar, die bereits Elemente eines Staates besitzt, aber trotzdem noch nicht als ein voller Bundesstaat betrachtet werden kann.[62] Man kann die Geschichte der EU, trotz ihrer Mängel, zweifellos als einen großen Erfolg betrachten.[63] So wurde der EU 2012 der Friedensnobelpreis verliehen, weil sie Europa von einem Kontinent des Krieges in einen des Friedens transformiert hatte. Der amerikanische Autor Jeremy Rifkin spricht von einem »europäischen Traum«.[64] Diese Zuschreibungen sind allerdings nur teilweise richtig, da nicht die Integration für die Friedenserhaltung seit 1945 entscheidend war, sondern die Durchsetzung von Demokratien in allen Mitgliedsländern.[65] Mit dieser Entwicklung stellt sich auch die Frage, welche Rolle die EU im Hinblick auf militärische Sicherheit spielt. Vielfach wird sie als ökonomischer Gigant und militärischer Zwerg bezeichnet.

Die Europäische Union ist in mehrfacher Hinsicht direkt in den Krieg in der Ukraine involviert. Sie sollte ihre Einigkeit in der Ukraine-Unterstützung aber nicht nur durch immer umfangreichere Waffenlieferungen zeigen, sondern auch zu realistischen Friedensverhandlungen beitragen. Es gibt drei Pfade, welche die Union im Hinblick auf ihre weltpolitische Rolle einschlagen kann: Der erste wäre die Beibehaltung des jetzigen Zustandes, in dem sie ihre Sicherheit in die Hände der NATO und damit der Vereinigten Staaten legt; eine zweiter wäre, dass sie zu einer neuen Weltmacht aufsteigt mit einer ihrer wirtschaftlichen Stärke entsprechenden militärischen Macht; die dritte, dass sie ihren Friedensauftrag ernst nimmt und ihre Ressourcen und Bemühungen darauf konzentriert. Alle drei Pfade waren im Laufe der Entstehung und Entwicklung der EU relevant.

Der erste Pfad, die Weiterführung des derzeitigen Zustandes, bestünde darin, dass die militärische Sicherheit Europas durch die NATO gewährleistet wird und die EU sich auf Fragen der weltweiten wirtschaftlich-sozialen Integration konzentriert. Dieser Aspekt beinhaltet auch Bemühungen zum Ausgleich der enormen Ungleichheiten zwischen den Regionen und Ländern der Welt. Hier spielt die EU in der Tat eine positive Rolle. Sie und ihre Mitgliedstaaten sind heute der größte Geldgeber für Entwicklungshilfe. Wenig befriedigend erscheint jedoch, dass die EU sich in militärischer Hinsicht auf die NATO und damit vor allem auf die USA verlässt. Letztere agiert ja, wie bereits mehrfach gezeigt wurde, als ein globaler Akteur, der eindeutig imperialistische Ambitionen zeigt. Dies wurde neuerdings von Sevim Magdalen belegt, einem langjährigen Mitglied der Parlamentarischen Versammlung der NATO, in welcher Abgeordnete aus den Mitgliedsländern über sicherheitspolitische Fragen beraten.[66] Vielfach zeigt sich eine geradezu perverse Arbeitsteilung zwischen »Mars und Venus«: Die USA leisten militärische Unterstützung oder intervenieren selbst mit ihrer eigenen Armee, richten massive Verwüstungen an und die europäischen Länder kümmern sich um die Folgen (oder sind dazu gezwungen), indem sie finanzielle Wiederaufbauhilfe leisten oder Millionen von Flüchtlingen aufnehmen.

Die Problematik dieser Situation hat sich auch im Ukraine-Konflikt gezeigt hat. Während die EU bzw. ihre großen Mitgliedsstaaten in Bezug auf die Osterweiterung der NATO zu Bedachtsamkeit neigten, wurde diese letztlich von den USA forciert und durchgesetzt. De facto war es oft allerdings so, dass nicht alle EU-Mitgliedsstaaten das aggressive Auftreten der USA auf der globalen Bühne mittrugen. So verweigerten Frankreich und Deutschland mit guten Gründen die Teilnahme am Irakkrieg. Die NATO-Osterweiterung wurde auch von den neuen osteuropäischen Mitgliedsstaaten gefordert. Faktum bei all diesen Problemen war, dass innerhalb der EU keine Einigkeit bestand, ihr Gewicht damit von vornherein stark eingeschränkt wurde. Im Falle der Jugoslawienkriege trat dies ganz eklatant zutage.[67] Diese internen Diskrepanzen können auch als Schwäche der EU gesehen werden und sie wurden etwa von neokonservativen US-Politikern ausgenutzt. Der seinerzeitige Verteidigungsminister Donald Rumsfeld sprach hämisch von einem »alten« und »neuen« Europa; unter dem Letzteren verstand er die postkommunistischen Länder Osteuropas, die voll auf der Linie der amerikanischen Wünsche standen.

Ein zweiter Entwicklungspfad würde das Problem der Machtlosigkeit der Europäischen Gemeinschaft lösen. Hier sollte die EU zu einem eigenständigen globalen Machtplayer neben den Großmächten USA, Russland und China aufsteigen. Aufgrund ihrer Bevölkerungszahl und Wirtschaftsmacht, aber auch des bereits vorhandenen militärischen Potentials erscheint dies keineswegs als unrealistisch. Das Argument der Befürworter einer europäischen Militärmacht lautet, dass durch die Schaffung einer gemeinsamen Armee die militärische Stärke ohne große Zusatzkosten signifikant erhöht würde.[68]

Die Idee von Europa auch als einer starken Militärmacht ist keineswegs neu. Sie wurde forciert bereits von einem der geistigen Väter der europäischen Integration, dem Aristokraten und »Weltbürger« Richard von Coudenhove-Kalergi. Sein Pan-Europa sollte auch die Kolonialreiche Frankreichs und Belgiens in Afrika einschließen; damit würde Europa »ein machtvolles Weltreich sein, ebenbürtig seinem und britischen amerikanischen Verbündeten«.[69] Seine Idee Europas als militärischer Großmacht ging durchaus in die Verfassung der EU ein.[70] So wurde in den EU-Gründungsvertrag von Maastricht das Ziel *Gemeinsame Außen- und Sicherheitspolitik* (GASP) aufgenommen. 2003 verabschiedete und seither aktualisierte der Europäische Rat die *Europäische Sicherheitspolitik*.[71] Der Vertrag von Lissabon 2009 legt in Art.11(1) fest, die Zuständigkeit der Union beziehe sich »auf sämtliche Fragen im Zusammenhang mit ihrer Sicherheit, einschließlich einer gemeinsamen Verteidigungspolitik«. 2017 beschlossen die Außen- und Verteidigungsminister der EU das PESCO-Abkommen (*Permanent Structured Cooperation*), das die militärische Zusammenarbeit vertieft. Mit all dem besitzt die EU noch keine eigene Armee, aber als konkrete Ansätze dazu können die geplanten *battlegroups* angesehen werden, hochflexible militärische Verbünde von einigen Tausend Mann, die in einem Radius von 6000 km (!) um Brüssel für das Krisenmanagement eingesetzt werden sollen. Über ihren Einsatz wie die gesamte Sicherheits- und Verteidigungspolitik der EU bestimmen der Rat und das Politische und Sicherheitskomitee bestehend aus hohen Beamten und Ständigen Vertretungen. Von einer Mitbestimmung des Europaparlaments, gar nicht zu sprechen von den Bürgerinnen, ist keine Rede. Eine Inhaltsanalyse der von der Bevölkerung Frankreichs und der Niederlande abgelehnten *Verfassung für Europa*, deren Text weitgehend in den Vertrag von Lissabon übernommen wurde, ergibt, dass Begriffe, die sich auf Werte wie Sicherheit, Freiheit und Recht beziehen, weit öfters (über hundertmal) vorkommen als der Wert Frieden; dieser wird ganze elfmal genannt.[72] Am 21. März 2022, einen Monat nach dem Einmarsch Putins in die Ukraine, wurde von der EU der *Strategische Kompass für Sicherheit und Verteidigung* beschlossen, der von »vielfältigen Bedrohungen« in der Welt von heute spricht, die Bemühungen um gemeinsame Verteidigung nochmals bündelt und eine Erhöhung der Verteidigungsausgaben der Mitgliedsstaaten vorsieht.[73] Zur Begründung heißt es, wir erlebten heute eine Rückkehr der Machtpolitik, es gebe einen Wettbewerb der Regierungssysteme und einen Kampf der Narrative, die einen Quantensprung nach vorn, zu einer stärkeren EU als Bereitsteller von Sicherheit erforderten.[74] Heute sieht unter anderen Herwig Münkler die Europäische Union als eine der zukünftigen fünf Weltmächte.[75]

Kritische Beobachter, Experten und NGOs argumentieren, dass die Europäische Union mit all diesen Maßnahmen durch die Hintertür, ohne systematische Einbeziehung von Öffentlichkeit und Bürgerinnen, zu einer Militärmacht aufgebaut wird. Anstatt den Ukrainekrieg als Chance zum Aufbau einer europäischen Friedensordnung zu sehen, wurde der Strategische Kompass ein bloßes Arbeitsprogramm zur Aufrüstung der Union, so die deutsche EU-Abgeordnete Özlem Demirel.[76] International tätige NGOs, wie Attac, weisen darauf hin, dass die europäische Rüstungs-Lobby eng in die Entwicklung der EU-Verteidigungs- und Militärpolitik eingebunden und ihr Hauptprofiteur ist.[77] Tatsächlich ist die Idee von »Europa« (gemeint ist damit natürlich nur die EU) als einer neuen, global agierenden politisch-militärischen Macht aus einer Reihe von empirischen und normativen Gründen sehr kritisch zu beurteilen. Der renommierte Politikwissenschaftler Wolfgang Streeck sieht die EU als »ein zum Scheitern verurteiltes Imperium«.[78] Dies zum einen, weil ihr Modell eines ökonomischen und politischen Liberalismus eine starke Zentralregierung voraussetze, die sie nicht besitzt. Zum anderen könne die EU kein Imperium werden, weil sie keine eigene Armee aufbauen könne, da ihr die innere Einigkeit ebenso fehle wie ein klar definierter äußerer Feind. Heute scheint man allerdings in Putins Russland wieder einen solchen zu erkennen.

Die Idee einer neuen »Militärmacht Europa« ist auch aus ethisch-normativer Sicht fragwürdig. Zum ersten: Sie widerspricht der Friedensidee von Kant und letztlich auch der Gründungsidee für die europäische Integration selber, nämlich Europa zu einem Kontinent friedlicher Beziehungen zwischen seinen Völkern und darüber hinaus zu machen. Zum Zweiten: Es gibt keine einheitliche Zielsetzung darüber, welche Rolle die EU als globaler Machtplayer wirklich spielen kann und soll; so ist insbesondere ihr Verhältnis zur NATO und zu den USA ungeklärt.[79] Die größeren Mitgliedsstaaten sind erpicht darauf, dass ihre eigenen Rüstungsfirmen durch eine Zusammenlegung der europäischen Industrien nicht ins Hintertreffen geraten. Tatsächlich haben allein Frankreich, Deutschland und Italien 2021 zusammen Waffen um fast 74 Milliarden US-Dollar exportiert (die USA allerdings um 600 Milliarden).[80] Daher bestehen in dieser Hinsicht höchst unterschiedliche Vorstellungen zwischen den großen EU-Mitgliedsstaaten, sowie diesen und den kleineren Ländern, insbesondere den neutralen darunter. Zum Dritten: Es gibt keine globale Bedrohung, die den Aufbau einer europäischen Militärmacht als notwendig erscheinen lässt. Terrorismus kann nicht durch einen »Krieg« dagegen bekämpft werden, China hat schon aus Eigeninteresse keinen Grund, internationale Handelswege zu unterbrechen. Ein militärischer Angriff auf westeuropäische Länder durch Russland ist eine sehr weit hergeholte Befürchtung, wie in Kapitel 4 argumentiert wurde.

Demgegenüber wird hier die These vertreten, dass die Europäische Union die Idee einer Zivilmacht weiterverfolgen, konkretisieren und ausbauen sollte. Dieser Begriff wurde geprägt vom Francois Duchene (1927–2005), einem Mitarbeiter von Jean Monnet. Er besagt, dass die Europäische Union eine vor allem auf gemeinsamen ökonomischen Interessen, sozialen und demokratischen Werten begründete Gemeinschaft bleiben sollte. Obwohl das Konzept der Zivilmacht relativ vage ist, wurde es in der Folge vielfach aufgegriffen.[81] Die Frage ist, ob dieses Konzept in der Entwicklung der EU-Institutionen und ihrer Politik eine reale Rolle gespielt hat und weiterhin spielt. Der Politikwissenschaftler Henrik Larsen vom *Center for Security Studies* in Brüssel hat diese Frage anhand der Protokolle des Europäischen Rats in den 1990er Jahren und der Reden des einflussreichen Europapolitikers Javier Solana[82] untersucht.[83] Er kommt zum Schluss, dass man diese Frage eindeutig bejahen kann. Selbst ab Ende der 1990er Jahre, als die gemeinsame Verteidigung zu einem wichtigen Pfeiler der EU wurde, hatte sie immer noch ein grundsätzlich anderes Selbstverständnis als die USA. Sie blieb konzentriert auf Herstellung von Stabilität und Sicherheit in der EU-Nachbarschaft in Südeuropa, auf dem Balkan und in Osteuropa – sowie auf die Heranführung dieser Staaten an die Grundwerte der EU. Als Mittel werden vor allem politische Überzeugungsarbeit und ökonomische Anreize eingesetzt (etwa durch Assoziationsabkommen) und nicht Druckmittel. Dabei soll zwar, wenn nötig, auch begrenzte militärische Unterstützung erfolgen, der Aufbau einer militärischen Macht zur Verteidigung der EU gegen Angriffe ist jedoch nicht geplant. Die Idee einer Zivilmacht Europa ist vereinbar mit dem Konzept der EU als einer Rechtsgemeinschaft, das dem Staatsrechtler und ersten Präsidenten der EWG, Walter Hallstein (1901–1982), vorschwebte[84]; es wird auch von Staatswissenschaftlern, wie Josef Weiler, vertreten.

Wie hat sich die Außen- und Sicherheitspolitik der EU im Hinblick auf die Thematik der Friedenssicherung entwickelt und worauf sollte sie sich heute konzentrieren? Im Vertrag von Lissabon, der »Verfassung« der EU, wird ein umfassendes Bündel von Zielen genannt (Art.2/5): Sie leistet einen Beitrag zu Frieden, Sicherheit, globaler nachhaltiger Entwicklung, Solidarität und Achtung unter den Völkern, zu freiem und gerechtem Handel, Beseitigung der Armut, Schutz der Menschenrechte, insbesondere der Kinder, zur Einhaltung und Weiterentwicklung des Völkerrechts und zur Wahrung der Grundsätze der UNO. Im Rahmen der *Gemeinsamen Sicherheits- und Verteidigungspolitik* (GASP) sollen die Mitgliedsstaaten Mittel (z.B. Streitkräfte) zur Verfügung stellen; dafür sollen sie ihre militärischen Fähigkeiten schrittweise verbessern. In der 2016 verabschiedeten »Globalen Strategie für die Außen- und Sicherheitspolitik der EU« wurden fünf Prioritäten festgelegt: die Sicherheit der EU, die Unterstützung von Staaten in der südlichen und östlichen EU-Nachbarschaft, die Entwicklung eines integrierten Ansatzes der Konfliktbewältigung und eine globale Ordnungspolitik für das 21. Jahrhundert.[85] Die EU will diese Ziele in enger Kooperation mit anderen Partnern realisieren, insbesondere mit den USA und der NATO, aber auch mit Russland, China, Japan, Indien und anderen.

Zusammenfassend kann man sagen, dass die EU tatsächlich weiterhin primär mit ihrer zivilen und normativen Macht agieren und (begrenzte) militärische Mittel nur in besonders kritischen Situationen einsetzen will.[86] Man kann diesen Intentionen zweifellos zustimmen. Es erhebt sich jedoch die Frage der Effizienz. Wenn man sich die Rolle der EU bei den Kriegen in Jugoslawien, im Nahen Osten (insbesondere beim Palästinaproblem), und bei den Übergriffen Russlands in Tschetschenien, Georgien und zuletzt auf die Ukraine ansieht, kann man keine wirksamen Effekte der EU-Außenpolitik erkennen. Dieses Effizienzproblem hat sie selber erkannt. Hier ist die EU-Sicherheits- und Friedenspolitik kritisch zu sehen, weil sie sich zu viel vornimmt bzw. die Vermeidung von Kriegen und Sicherung des Friedens mit zu vielen anderen politischen Zielen verknüpft. Notwendig wäre eine Fokussierung auf direkt friedensfördernde Ziele und Aufgaben. Hier wäre vor allem das auch von der EU genannte Konzept von Friedenskonsolidierung (*peace building*) zentral.[87] Voraussetzung dafür wäre eine klare, einhellige Zielsetzung, ihr entsprechende

Maßnahmen und die Zustimmung aller Mitgliedsstaaten zu einer solchen Politik. Eine solche Orientierung wäre nicht nur auf dem Wert des Friedens basiert, sie läge auch im Interesse der EU. So stellte der Politikwissenschaftler Gerhard Mangott zutreffend fest, die EU solle im Hinblick auf ihre militärischen Aufgaben grundsätzlich bescheidener auftreten, weil sie nie eine den USA vergleichbare Stärke erreichen könne. Dagegen sollte sie dort, wo sie unter Berufung auf Werte agiere, konsequenter sein. De facto sei sie in ihren Äußerungen und Sanktionen gegenüber autoritären Staaten viel zu sanft.[88]

Reform und Stärkung der Vereinten Nationen

Die Vereinten Nationen können als direkte Realisierung einer zentralen Idee von Immanuel Kant angesehen werden, Kriege zu verhindern und den Weltfrieden für alle Zeit zu sichern. Sein zweiter Definitivartikel zum ewigen Frieden lautet: »Das Völkerrecht soll auf einen Föderalismus freier Staaten gegründet sein«.[89] Dieser sollte durch einen Völkerbund »besonderer Art« realisiert werden, den man Friedensbund nennen könnte, der Kriege auf immer verhindern sollte. Er zielt »auf keinen Erwerb irgendeiner Macht des Staats, sondern lediglich auf Erhaltung und Sicherung der *Freiheit* eines Staats«. In dieser Hinsicht spielten die Vereinigten Staaten von Amerika eine wichtige positive Rolle. Schon Woodrow Wilson, Präsident der USA von 1913–1921, hatte die Gründung des Völkerbundes angeregt (dem die USA selber allerdings nicht beitraten). Der Hauptbetreiber der Gründung der Vereinten Nationen war Franklin D. Roosevelt, 32. Präsident der Vereinigten Staaten von 1933 bis 1945. Er hatte die Grundideen dazu in der mit Churchill 1941 auf einem Kriegsschiff verfassten Atlantik-Charta entwickelt, und in der Konferenz von Jalta im Februar 1945 auch mit Stalin abgestimmt. Durch seinen Tod am 12. April 1945, noch während der dritten Amtszeit und kurz vor der bedingungslosen Kapitulation Deutschlands, erlebte er die Gründung der UNO nicht mehr, obwohl er selbst daran teilnehmen wollte. Es ist eine unglaubliche Koinzidenz der Geschichte, dass die Amtszeit Roosevelts 1933 bis 1945 exakt mit jener von Adolf Hitler zusammenfällt, seinem absoluten Gegenpol im Hinblick auf die Beziehungen zwischen den Völkern und Staaten der Erde.

In den 1945 gegründeten Vereinten Nationen wurden die Ideen von Kant praktisch umgesetzt. In ihrer Charta werden als Hauptziele genannt die Bewahrung der Menschheit vor der Geißel des Krieges, die Sicherung der Grundrechte aller Menschen und die Herstellung von Bedingungen, unter denen Gerechtigkeit und Achtung des Völkerrechts herrschen. Hat die UNO ihre Ziele erreicht? Wird sie sie je erreichen?[90]

Wenn man sich die Antworten darauf ansieht, kann man drei Gruppen unterscheiden. Eine erste Gruppe sieht die UNO als wichtig an; diese Autoren glauben auch, dass sie reformfähig ist und damit in Zukunft noch effizienter werden kann. Dazu gehören neben all jenen, die mehr oder weniger direkt mit der UNO verbunden sind, auch mehrere Wissenschaftler. Einige davon verfassten auch informative Monografien über sie.[91] Eine zweite Gruppe sind jene, welche die UNO eigentlich ignorieren; dies heißt wohl nichts anderes, als dass sie sie für irrelevant halten. So wird die UNO oft selbst in Abhandlungen zu Themen, für welche sie zentral zuständig ist, gar nicht erwähnt. Dies hat auch eine Entsprechung in der Politik. Inzwischen haben sich die EU und vor allem die NATO-Kompetenzen angemaßt und sog. humanitäre und friedensschaffende Interventionen in verschiedenen Staaten durchgeführt, die eigentlich Aufgabe der UNO sind. So ist heute die Rede von einer »globalen NATO« als Vertreterin westlicher Sicherheitsinteressen.

Eine dritte, in der Öffentlichkeit vielfach vorherrschende Meinung besagt: Die UNO ist ein reiner Debattierklub, die hohen finanziellen Aufwendungen (2022 über 3 Milliarden US-Dollar) für ihre extensiven Bürokratien in New York, Genf und Wien stellten eine Geldverschwendung dar. Für rechtspopulistische Politiker und einflussreiche Boulevardblätter ist die EU ein nutzloser Debattierklub.[92] Trump hat der UNO vorgeworfen, dass sie mehr Probleme schaffe als löse. Die Bild-Zeitung schreibt, die UNO-Resolution zum Krieg im Gaza-Streifen Ende 2023 sei eine »Resolution der Schande«, da der Hamas-Terror darin nicht verurteilt werde; die Abstimmung zeige erneut, dass die »Weltregierung« durch die UNO »schon lange als völlig dysfunktional« gelten kann.[93] Das gleiche gilt für die österreichische *Kronenzeitung*, die mit 1,7 Millionen täglichen Lesern eine der weltweit stärksten Meinungsmacher ist. Sie veröffentlicht auf ihren Leserbriefseiten (die ja gesteuert werden) massenhaft Briefe, in welchen die Nutzlosigkeit der UNO gegeißelt wird. Ihr langjähriger Chefkommentator »Staberl« (Rudolf Nimmerrichter), der »tägliche Wutschreiber«,[94] bezeichnete die UNO-City in Wien als nutzlosen »babylonischen Turm«.[95] Bedeutungslosigkeit wird der UNO aber auch von Wissenschaftlern attestiert. Herfried Münkler schreibt unter der Überschrift »Die notorische Schwäche der UNO«, ihre Politik werde im Wesentlichen bestimmt durch die Pentarchie der fünf Mitglieder des Sicherheitsrates. Dies ist schon faktisch nicht richtig, weil die UNO tatsächlich wichtige Beschlüsse und Einrichtungen auch gegen den Willen der Großmächte durchgesetzt hat (so waren die USA strikt gegen den Internationalen Strafgerichtshof).[96] Nach Meinung all dieser Kritiker muss man von einer weitgehenden Handlungsunfähigkeit der Vereinten Nationen in allen wichtigen Fragen sprechen, von denen des Friedens in der Welt bis zu denen einer nachhaltigen Begrenzung des Klimawandels«, der Bekämpfung des Hungers im globalen Süden und der Steuerung von Migrationsbewegungen.[97] So befasst sich die UNO zu Recht auch mit diesen Problemen. Aber wenn sie für deren Lösung als Hauptverantwortliche gesehen wird, unterstellt man ihr, dass sie eine Weltregierung sei bzw. zu sein beanspruche – ein Ziel, das sie nicht verfolgt und das auch Kant explizit ausgeschlossen hat.

Die Handlungskapazität der UNO ist tatsächlich stark eingeengt durch das Übergewicht der fünf Großstaaten, die als ständige Mitglieder des Sicherheitsrates ein Vetorecht haben und damit alle Beschlüsse blockieren können, die eigenen Interessen zuwiderlaufen. Sie hat dazu geführt, die UNO auch bei schwersten Konflikten und Kriegen, vom Vietnamkrieg bis zu den Kriegen im Nahen Osten, keine effizienten Aktionen durchführen konnte. Die Beseitigung oder zumindest Abschwächung dieser Einseitigkeit ist daher eine zentrale Reformnotwendigkeit. Die Etablierung demokratischer Strukturen und Verfahren ist jedoch ein Grundproblem aller internationalen Institutionen.[98] Eine Abschwächung dieses Prinzips könnte etwa so erfolgen, dass bei sehr wichtigen Entscheidungen eine qualifizierte Mehrheit für Beschlüsse ausreicht.[99] Eine parallele Reform wäre, die Zahl der ständigen Mitglieder um einige große Staaten zu erweitern. Zusätzlich fehlen der UNO selbst bei einstimmigen Beschlüssen oft geeignete Mittel zu ihrer Durchsetzung.

Trotz all dieser Schwächen steht außer Zweifel, dass die UNO ein extrem wichtiges, welthistorisch neues und einmaliges Forum für internationalen Austausch und Dialog darstellt. Man kann sie in der Tat als *Parlament der Menschheit* bezeichnen.[100] Sie bietet eine globale Bühne, auf der Verletzungen gesellschaftlicher Grundwerte und Mängel bei ihrer Realisierung angeprangert werden können. Ihre Bedeutung zeigt sich auch daran, dass neu entstehende Staaten höchsten Wert darauf legen, möglichst rasch Aufnahme zu erlangen, weil dies praktisch ihre internationale Anerkennung bedeutet. Das von der UNO geschaffene kollektive Sicherheitssystem mit der Idee, den Einzelstaaten das Recht auf Kriegsführung zu entziehen, ist zu einer weithin akzeptierten, fundamentalen Norm des modernen Völkerrechts geworden.[101] Sie verhinderte zwar nicht völkerrechtswidrige militärische Interventionen von Großstaaten, hatte im Rahmen zahlreicher Friedensmissionen der UNO aber zweifellos Erfolge zu verbuchen. Allein im Jahr 2015 gab es 16 solcher

Einsätze mit über 125.000 beteiligten militärischen und zivilen Friedensschützern. Relevant ist hier auch die Gründung wichtiger neuer internationaler Regelungen und Institutionen im Rahmen der UNO. Besonders zu erwähnen sind die Verabschiedung der *Allgemeinen Erklärung der Menschenrechte* 1948, die Gründung der *Organisation für Sicherheit und Zusammenarbeit in Europa* (OSZE) 1975 und des *Internationalen Strafgerichtshofes* (ICC) 2002. An letzterem wenig interessiert sind vor allem die Großmächte; die USA und Russland haben ihn nicht ratifiziert, China und Indien nicht einmal unterschrieben. Auch der ICC bedeutete einen weiteren, welthistorischen Durchbruch. Er kann auch einzelne Politiker und Militärführer anklagen und verurteilen, die Völkermord, Verbrechen gegen die Menschlichkeit oder Kriegsverbrechen begangen haben. Nach dem ehemaligen Präsidenten des Sudan, Omar al-Bashir, wurde deshalb auch Putin angeklagt, wie bereits oben festgestellt.

Wann und wo hat die UNO versagt? Was ihre Friedensmissionen betrifft, kann man zwei Fälle nennen – die Einsätze bei den Völkermorden in Ruanda 1994 und Srebrenica 1995. Ihr Versagen dabei war jedoch nicht auf ein unlösbares strukturelles Problem ihrer Organisation zurückzuführen, sondern eher auf eine Nichtausschöpfung ihrer Möglichkeiten. Beim Völkermord in der zentralafrikanischen Republik Ruanda wurden innerhalb von nur vier Monaten (April bis Juli 1994) mindestens 800.000 Mitglieder, rund drei Viertel, der ethnischen Gruppe der Tutsi (aber auch Hutus, die sich mit den Tutsi solidarisierten) von radikalisierten Gruppen der Hutu geradezu hingeschlachtet (u.a. mit Macheten).[102] Zu dieser Zeit war auch eine UNO-Friedenstruppe (UNAMIR) von ca. 2500 Mann in der Hauptstadt Kigali stationiert, befehligt vom kanadischen General Romeo Dallaire. Ihre Ausbildung und Ausrüstung war jedoch mangelhaft und Waffeneinsatz war nur zur Selbstverteidigung erlaubt. Dallaire ersuchte dringend um Verstärkung, erhielt sie jedoch nicht. Spätere Untersuchungen belegten, dass der seinerzeitige UNO-Generalsekretär die dringenden Hilfsersuchen des UN-Kommandanten zurückgehalten und nicht an den UN-Sicherheitsrat weitergeleitet hatte; auch war kein Staat zu Hilfeleistungen bereit gewesen. Das Massaker von Srebrenica fand im Juli 1995 statt. Im Rahmen des Bosnienkrieges (1992–1995) wurden von der UNO-Schutzzonen eingerichtet, die UNPROFOR-Blauhelme überwachten. Deren Ausrüstung war allerdings nur sehr leicht, nicht für kriegerische Einsätze gedacht. Eine solche Zone wurde in der Kleinstadt Srebrenica in Ostbosnien eingerichtet, wo Kriegshandlungen stattfanden.[103] Auch hier gab es nur ein kleines niederländisches UN-Bataillon zum Schutz der Bevölkerung. Truppen der bosnischen Serben drangen schließlich in die Stadt ein und deportierten alte Menschen, Frauen und Kinder. Ein Teil der verbliebenen Männer unternahm einen Fluchtversuch; auf diesem wurden 6.000 bis 8.000 Männer von den bosnischen Serben gefangen genommen und an entlegenen Orten exekutiert. Auch hier versagte die UNO und ihre Mitgliedstaaten. Generalsekretär Boutros-Ghali hatte schon 1993 eine Aufstockung der UN-Truppen auf 34.000 Mann gefordert, was nicht bewilligt wurde. Auch hier war kein UNO-Mitglied bereit, stärkere Truppen für den UNO-Einsatz zur Verfügung zu stellen.[104]

In beiden dieser Fälle kann man feststellen, dass es die UNO bei entschiedenerem Vorgehen in der Hand gehabt hätte, die Massaker zu verhindern. Man kann daraus folgern, dass es nicht in jeder Hinsicht einer grundlegenden Reform der UNO bedürfte, damit sie erfolgreiche, auch militärische Interventionen bei Völkermord oder Verbrechen gegen die Menschlichkeit durchführen könnte. Dies gilt aber offenkundig nur für kleinere Staaten. Großstaaten würden sich derartige Interventionen zweifellos verbitten. Wie sieht es daher mit dem Weltfrieden in Zukunft aus, wenn die zentrale Voraussetzung dafür – die Durchsetzung von Demokratien – in großen Staaten wie Russland und China nicht gegeben ist? Es gibt aber auch in diesem Falle Ideen für eine positive Entwicklung. Bei der Realisierung der ersten davon könnte die UNO entscheidend, bei der zweiten zumindest unterstützend mitwirken. Befassen wir uns abschließend damit.

Weltweite Interventionen der Großmächte als größtes Sicherheitsrisiko. Plädoyer für eine globale Monroe-Doktrin

In den USA und in der Sowjetunion entwickelte sich seit 1945 eine neue Allianz zwischen wirtschaftlichen, militärischen und politischen Großmachtinteressen, die zu einer bis heute andauernden Rüstungsspirale beigetragen hat.[105] Seit der Jahrhundertwende ist auch China in diesen Wettbewerb eingetreten. Der Ukrainekrieg hat, wie gezeigt wurde, zur Wiedererweckung eines Kalten Krieges zwischen dem Westen und einer erneuerten Allianz Russland/China beigetragen. Die derzeit noch bestehende Situation mit den USA als Welthegemon wird nicht nur von Russland und China, sondern auch von anderen großen Staaten des globalen Südens wie Indien, Brasilien nicht akzeptiert. Gibt es andere Modelle und Konstellationen geopolitischer Machtverhältnisse, die trotzdem hoffnungsvollere Aussichten für eine sichere und friedliche Welt ergeben?

Der Politikwissenschaftler Herfried Münkler hat zu dieser Frage eine prägnante Perspektive entworfen.[106] Sie soll hier kurz dargestellt werden, weil es sich um eine klassische Anwendung der realistischen Theorie der internationalen Beziehungen handelt, die als Gegenfolie zum hier entwickelten Ansatz dienen kann. Basis und Ausgangspunkt von Münklers Überlegungen ist die These, dass geopolitische Machtinteressen sich letztlich immer gegenüber Werten durchsetzen. Damit dennoch eine erträgliche internationale Ordnung herrscht, müsse es einige wenige Großmächte geben, die für Sicherheit sorgen. Je nach Anzahl der beteiligten Mächte können sich daraus unipolare, bipolare und multipolare geopolitische Weltordnungen bilden. Die Geschichte habe gezeigt, dass eine Pentarchie – mit fünf annähernd gleich starken Großmächten – die stabilste, auch gegenüber Verschiebungen des Machtgleichgewichts resilienteste Ordnung darstelle. Die dominanten Mächte scharen Mächte zweiter und dritter Ordnung um sich; zwei der Großmächte können auch eine Allianz gegen zwei andere bilden, wobei der Fünfte als Vermittler fungieren kann. Die zukünftigen fünf Großen werden laut Münkler China, Russland, Indien, Brasilien und die USA sein. Diese hier nur knapp skizzierte Theorie ist allerdings in mehrfacher Hinsicht diskutabel. Zum Ersten ist diese These recht mechanisch: Weniger als fünf sind zu wenige, mehr als fünf zu viele Mächte für eine stabile internationale Ordnung. Die Anzahl von Mitgliedern einer Einheit ist wichtig, aber daraus allein kann man noch nicht viel ableiten, wie Georg Simmel schon 1923 feststellte.[107] Zum Zweiten ist die historische Evidenz für die Stabilität von Fünferkoalitionen schwach; die Abwesenheit großer Kriege in der Geschichte Europas von 1815 bis 1914 kann dadurch allein wohl kaum erklärt werden. Außerdem gab es auch in dieser Zeit durchaus Kriege (den Krimkrieg, Befreiungskriege in Italien, Kriege zwischen Frankreich und Deutschland) und letztendlich brach auch der Erste Weltkrieg aus, als es noch die fünf Großmächte gab. Schließlich erscheint es als sehr unplausibel, dass weit schwächere bzw. intern höchst gespaltene Staaten wie Brasilien und Indien zu den USA und China aufschließen können.

Der russische Überfall auf die Ukraine hat neuerlich gezeigt, dass ein Hauptproblem für Frieden in der Welt heute darin besteht, dass sich Großstaaten direkt oder indirekt in Belange anderer Staaten einmischen, insbesondere jene ihrer unmittelbar benachbarten, aber auch weit entfernter Länder. Sie können das aus Sicherheitsinteressen tun, aber auch viele andere Gründe dafür vorschieben. Unter solchen Interventionen hatte die Ukraine oder, genauer gesagt, die Regionen, welche heute die Ukraine bilden, ja seit Jahrhunderten zu leiden, wie in Kapitel 1 dargestellt wurde. So befürwortete der tschechische Historiker und Politiker Frantisek Palacky (1798-1876) den Fortbestand des Habsburgerreiches, weil er dieses große, föderalistische und multinationale, nach außen vergleichsweise weniger aggressive Reich als Garant für die Sicherheit seiner vielen kleinen Teilnationen sah.[108] Wie treffend diese Annahme war, zeigte sich im 20. Jahrhundert, als die kleinen Nachfolgestaaten der Habsburger-Monarchie (Tschechoslowakei, Ungarn, Ukraine) von autoritären Großmächten (Nazi-Deutschland, Sowjetunion) überfallen wurden.

Hier wären durchaus internationale Regelungen vorstellbar, die eine Alternative zur Verfestigung der zwei globalen Macht- und Militärblöcke darstellen würden. Man könnte an ein Verbot der weltweiten militärischen Präsenz von Großmächten denken. Indem diese – und natürlich in allererster Linie die USA – militärisch durch Stützpunkte, Flugzeugträger usw. in weit entfernten Weltregionen präsent sind, tragen sie zu Spannungen bei. Eine Alternative dazu wäre, dass die jeweiligen regionalen Mächte bzw. Assoziationen selbst stärker für die Sicherung des Friedens in ihren Gebieten zuständig sein würden. Die Statuten dieser regionalen Assoziationen beinhalten ja in aller Regel auch die Zusammenarbeit in Fragen der Sicherheit. Weltweit gibt es bereits Hunderte solcher Assoziationen; bei ihrer Gründung stand meist die EU Pate.[109] Diese Regelungen müssten aber auch beinhalten, dass es den Großmächten strikt untersagt wird, sich militärisch, aber auch in einer ökonomisch aggressiven Weise (wie es China in seiner Strategie der Neuen Seidenstraße praktiziert) in Nachbarstaaten einzumengen oder diese damit unter Druck zu setzen. So hätte man im Zusammenhang mit der Verurteilung des russischen Einmarsches in die Ukraine auch eine ähnliche Bedrohung des Weltfriedens anprangern müssen, welche das Ziel Pekings beinhaltet, sich Taiwan einzuverleiben – notfalls auch mit militärischen Mitteln. Regionale Konflikte zwischen Großstaaten um Einfluss in diesen Nachbarstaaten und -regionen sind, wie bereits erwähnt, so nichtig sie von außen betrachtet erscheinen mögen, häufig Anlass für höchst gefährliche Eskalationen.

Es gibt ein historisches Beispiel, in welchem ein Großstaat sich aus (zunächst) uneigennützigen Motiven gegen eine Einmischung ausländischer Mächte in kleinere Länder in seiner Nachbarschaft verwahrte. Am 2. Dezember 1823 hielt Präsident James Monroe vor dem US-Kongress eine Rede, in welcher er die irreversible Unabhängigkeit aller Staaten in Amerika von den europäischen Mächten unter der Parole »Amerika den Amerikanern« betonte.[110] Diese Erklärung richtete sich gegen die europäischen Kolonialmächte, die ihre Stellung nach dem Ende der napoleonischen Kriege konsolidiert hatten; die Erklärung warnte sie davor, die Souveränität der neuen Staaten wieder in Frage zu stellen. Es ist leider eine Tatsache, dass die USA die Monroe-Doktrin nach 1945 mehrfach grob missbrauchten. So intervenierten sie illegal in Lateinamerika mit der Begründung, dort kommunistische Regierungen zu verhindern, die einem Einfluss der Sowjetunion Tür und Tor öffnen würden.[111]

Es wäre durchaus vorstellbar, dass die Vereinten Nationen eine ähnliche völkerrechtlich verbindliche Doktrin formulieren und verabschieden könnten, die sich auf die ganze Welt beziehen würde. Natürlich würden die Großmächte dem nicht ohne weiteres zustimmen. Das muss aber kein Argument gegen die Sinnhaftigkeit und Chancen einer solchen Resolution sein, wie auch andere Fälle gezeigt haben. Eine Mehrheit dafür würde sich in der UNO-Vollversammlung sicher herstellen lassen, auch wenn man die Abhängigkeit vieler kleinerer Staaten von den Großmächten in Rechnung stellt. In den internationalen Beziehungen spielt nicht nur die pure Macht eine Rolle. Auch ethisch-moralische Prinzipien und rationale Überzeugungskraft können langfristig effizient sein, wie Historikerinnen und Politikwissenschaftlerinnen wie Jan Eckel, Micheline Ishay, Thomas Risse und andere am Beispiel der Durchsetzung der Menschenrechte zeigten.[112] Die Wirksamkeit einer solchen Resolution könnte durch regionale Staatengemeinschaften abgestützt werden, die sich im Gefolge der Europäischen Union inzwischen auf allen Kontinenten herausgebildet haben.[113] Allerdings wäre auch bei diesen, ähnlich wie in der EU, zu verhindern, dass eine dominante Macht den Ton darin angibt. Dies würde aber gesichert, wenn in einer solchen regionalen Verbindung mindestens zwei Großmächte Mitglied wären. Im Falle der EU war dies mit Frankreich und Deutschland genau der Fall. In Ostasien könnten Japan und Korea einen starken Gegenpart zu China bilden. Die Beziehungen zwischen China und Japan waren historisch zwar häufig schwer belastet (vor allem durch die Kriege 1894–1895 und 1937–1945), es gab aber immer wieder, und auch seit 1945, Phasen der Entspannung und Bereitschaft zu Zusammenarbeit. Dazu trugen und tragen auch die sehr engen wirtschaftlichen Beziehungen zwischen beiden Ländern bei.[114] Auch in Südasien wäre eine solche Assoziation denkbar. Der pakistanisch-englische Politikwissenschaftler und Autor Tariq Ali schlägt die Gründung einer südasiatischen Union vor, der neben Indien und Pakistan auch Bangladesch, Sri Lanka und Nepal angehören sollten.[115]

Eine internationale Sicherheitsordnung als realistische Perspektive für die nächste Zukunft

Im vorigen Kapitel wurde argumentiert, dass man zumindest vier Formen von Frieden bzw. Nichtkrieg in den Beziehungen der Völker zueinander unterscheiden kann: Waffenstillstand, Kalter Krieg, Sicherheitsordnung und Freundschaftsbeziehungen. Das Ziel einer internationalen Sicherheitsordnung müsste sein, nicht nur eine direkte Konfrontation der Atom- und Großmächte zu verhindern, sondern auch Stellvertreterkriege hintanzuhalten, die seit 1945 immer wieder zu Hunderttausenden von Toten und Millionen von Flüchtlingen geführt haben. Wie könnte eine solche Ordnung hergestellt werden, in wessen Interessen würde sie liegen? Die Antwort auf diese Fragen liegt auf der Hand: Sie müsste im Interesse aller Länder, auch der Großmächte selbst liegen. Kriege mögen zwar bestimmten Gruppen von ökonomisch Mächtigen und politisch Herrschenden nützen. Irgendwann werden aber auch sie umdenken und einsehen (müssen), dass die durch Kriege erreichbaren Vorteile die Risiken, die sie damit eingehen und die Verluste, die sie dadurch erleiden, nicht aufwiegen. Eine Begründung dafür hat der berühmte Theoretiker der Gerechtigkeit, John Rawls, gegeben.[116] Er argumentiert, man müsse bei der Frage, wie friedliche internationale Beziehungen aussehen würden, ebenso vorgehen wie bei der Frage nach sozialer Gerechtigkeit innerhalb einer Gesellschaft, d.h. von einem »Schleier der Unwissenheit«. Das heißt, man müsste sich fragen, wie Menschen und rational überlegende politische Führer entscheiden und handeln würden, wenn sie nicht wüssten, in welcher Art von Staat (reich oder arm, groß oder klein usw.) sie selbst leben müssten. Die entscheidende Frage für ein Völkerrecht, das Frieden sichert, lautet nach Rawls: Wie kann eine internationale, friedliche Ordnung in einer Welt hergestellt werden, in der es noch große, nichtdemokratische Gesellschaften gibt? Bei diesen letzteren unterscheidet Rawls zwei Typen: geordnete, gut integrierte Gesellschaften, in denen es zwar keine volle Meinungsfreiheit gibt oder eine Staatsreligion privilegiert wird, welche aber Konsultationsmechanismen besitzen, durch welche die Interessen und Anliegen der Bürgerinnen artikuliert werden können und die Befriedigung der grundlegenden Bedürfnisse aller gesichert ist. Die Regierungen solcher politischen Gemeinschaften können daher als legitim angesehen werden. Wenn man etwa China heute betrachtet, kann man diese Voraussetzungen als gegeben betrachten. So gibt es in China trotz einer starken politischen Zentralisierung, einer Kontrolle aller Bürger und einer Dominanz der Kommunistischen Partei, auch der

Verletzung von Menschenrechten, eine Vielzahl an Möglichkeiten zur Artikulation von Unzufriedenheit und zur Anprangerung von Missständen durch Mitbestimmung auf allen Ebenen der Gesellschaft.[117] Auch im Hinblick auf wirtschaftlichen Wohlstand und soziale Sicherheit hat China viel geleistet. Staaten eines solchen Typs, so Rawls, würden selbst ein hohes Interesse an internationaler Sicherheit haben. Ähnlich argumentiert der Sinologe Harro von Senger unter Bezug auf zahlreiche chinesische Quellen.[118]

Die Beziehungen zwischen dem Hegemon USA und der aufsteigenden Macht China stellen heute allerdings ein immenses weltpolitisches Sicherheitsproblem dar. Sie betreffen drei Aspekte. Das erste ist die militärische Aufrüstung Chinas. Seine Rüstungsproduktion und Militärausgaben steigen überproportional stark an und liegen mit rund 250 Milliarden Dollar inzwischen höher als jene Russlands, Großbritanniens, Frankreichs oder Deutschlands.[119] Allerdings wird China auf absehbare Zeit keine mit den USA vergleichbare militärische Macht aufbauen können. Die chinesischen Atomraketen, in Verbindung mit Langstreckenraketen, würden aber ausreichen, um die USA von einem direkten militärischen Angriff abzuhalten genauso wie die immense Macht Amerikas China von einer Hasard-Aktion abhalten wird. Zum Zweiten hat der ökonomische Austausch zwischen beiden Ländern großes Gewicht. Durch den wirtschaftlichen Aufstieg Chinas zu einer neuen industriellen »Werkstatt der Welt« entstand ein starkes Ungleichgewicht in der Handelsbilanz zwischen den USA und China zu Ungunsten Amerikas; dort hing es wohl auch mit einem Abbau industrieller Arbeitsplätze zusammen. Zum Dritten ist der historisch fundierte Konflikt um Taiwan ein äußerst ernsthaftes Sicherheitsproblem, wie bereits erwähnt wurde. Es entstand, weil Taiwan seinerzeitiges Rückzugsgebiet von Chiang Kai-Shek war, dem von den USA unterstützten Feind von Mao im chinesischen Bürgerkrieg (1927–1949). Taiwan wird von der KPCh als Teil Chinas gesehen, den man sich notfalls auch mit Waffengewalt einverleiben will. Die USA dagegen wollen die Unabhängigkeit Taiwans als ehemaligem Bündnispartner, aber auch als militärischem Stützpunkt vor der Küste von China und weltweit wichtigstem Produzenten von Chips, sichern. Dieser Konflikt ist, auch aufgrund seiner Ähnlichkeit zum Verhältnis Russland-Ukraine, höchst gefährlich, weil auch die USA einen militärischen Einsatz zur Unterstützung Taiwans nicht ausschließen. Dennoch darf man auch in dieser Hinsicht nicht nur die Probleme sehen. Seit der Etablierung von diplomatischen, wirtschaftlichen und anderen Beziehungen zwischen den USA und China durch Nixon und Tschou En Lai ab den 1970er Jahren gab es neben sehr kritischen Phasen auch immer wieder Perioden der

Entspannung. Beim Besuch des chinesischen Staatspräsidenten Xi Jinping in den USA im November 2023 wurde sogar von Freundschaft gesprochen.[120] China verfolgt ohne Zweifel eine Strategie der Stärkung seines weltpolitischen Einflusses. Dass es damit jedoch langfristig die amerikanische Hegemonie durch eine chinesische ersetzen will, lässt sich schwerlich behaupten.[121]

In diesem Zusammenhang ist vor allem die Globalisierung seit den 1990er Jahren von höchster Relevanz. Sie hat durch das extreme Wachstum von China zum erwähnten starken Ungleichgewicht des Handels zwischen China und Amerika, aber auch Europa, geführt. Darüber hinaus erzeugte sie eine massive und problematische Abhängigkeit von internationalen Lieferketten, wie sich in der internationalen Finanzkrise 2008/09 und in der Covid-19 Pandemie 2020/21 zeigte. Hier ergibt sich aus ökonomischer Sicht eine analoge Folgerung wie im Hinblick auf die politische Machtverteilung in der Welt. Globalisierung wird vor allem von den multinationalen Konzernen in den großen Nationen vorangetrieben, kleinere kommen dadurch vielfach ins Hintertreffen; sie verlieren damit an wirtschaftlicher Autarkie und politischer Autonomie. Daher sind nicht nur kritische Zeitgenossen und NGOs gegen die Etablierung umfassender, unternehmensfreundlicher, aber demokratiefeindlicher internationaler Handelsabkommen (wie das dann ad acta gelegte MAI-Abkommen oder den Freihandelsvertrag TTIP zwischen den USA und der EU). Auch Autoren, die einer kritischen politischen Ökonomie verpflichtet sind (wie Dani Rodrick oder Wolfgang Streeck) fordern einen Rückbau der Globalisierung und eine Stärkung von Klein- und Mittelstaaten.[122] Als sehr problematisch muss man jedoch internationale Handelsbeschränkungen sehen, die sich nicht nur gegen nationale, den WTO-Regeln widersprechenden Subventionen richten, sondern die Globalisierung aus geopolitischen Interessen heraus kontrollieren wollen. So initiierte Präsident Trump Zölle auf chinesische Importe (sie wurden von der Regierung Biden beibehalten), die China seinerseits veranlassten, Zölle auf US-Importe zu verhängen. Die Folge solcher Handelsrestriktionen ist in der Regel aber nur eine Verlagerung von Produktionsstandorten und eine Umleitung von Handelsströmen. Einen Nutzen davon haben Länder, in denen neue Unternehmen gegründet oder über welche der Handel umgeleitet wird, den Schaden haben die sanktionierenden Länder und der Wohlstand auf der Welt insgesamt.[123] Auch die EU verhängte nach dem Einmarsch Russlands in die Ukraine umfangreiche Sanktionen; die Folge war, dass aus der EU viel mehr in Länder wie Türkei und Kasachstan exportiert wird, von wo die Waren nach Russland weitergehen. Dies erklärt auch ihre relativ geringe Wirkung.

Eine weitere hochproblematische Tendenz, die kaum gesehen wird, sind die Bestrebungen der USA, ihre Militärbündnisse weltweit auszubauen. Dies geschah nicht nur in Europa durch die NATO-Osterweiterung, sondern passiert auch in Zusammenarbeit mit Ländern in Ostasien und im Südpazifik. Ein Berater von Präsident Biden weist mit Stolz auf die neue Sicherheitspartnerschaft der USA mit Großbritannien und Australien hin (AUKUS).[124] An ähnlichen strategischen Partnerschaften mit Vietnam und den Philippinen werde gearbeitet. Aus historischer Sicht ist ein großes Fragezeichen hinter diese Sicht zu stellen. Hier ist an das Faktum zu erinnern, dass bi- und trilaterale Militärbündnisse, die in Europa um 1900 geschlossen wurden, einen wesentlichen Beitrag zu steigendem gegenseitigem Misstrauen zwischen den großen Ländern führten und ein Mitauslöser für den Ersten Weltkrieg waren. So entstand durch die Bündnisse zwischen Großbritannien, Frankreich und Russland bei den Mittelmächten das Gefühl der Einkreisung. Daran trugen sie Mitschuld, weil sie sich durch ihre sehr ungeschickte Diplomatie auch frühere Freunde zu Feinden gemacht hatten.[125] Diese Bündnissysteme trugen auch zur Verlängerung des Weltkrieges bei, weil sich jeder Staat trotz einzelner Niederlagen immer noch die Hoffnung auf Unterstützung durch seine Allianzpartner machen konnte.[126]

Ein Vorbild für ein Instrument zur Herstellung einer internationalen Sicherheitsordnung könnte die bereits mehrfach genannte *Organisation für Sicherheit und Zusammenarbeit in Europa* (OSZE, engl. OSCE) sein.[127] Ihre Vorläuferin, die *Konferenz für Sicherheit und Zusammenarbeit in Europa* (KSZE), wurde – interessanterweise auf Initiative der Warschauer-Pakt-Staaten – erstmals in Helsinki 1973 abgehalten. Ihr Ziel war, zur Zeit des Kalten Krieges ein Forum für kontinuierliche blockübergreifende Begegnungen und Besprechungen zu schaffen. An der Gründung nahmen neben allen europäischen Staaten auch die USA und Kanada teil. 1995 wurden diese Konferenzen institutionalisiert in der OSZE. Ihr Wirkungsbereich war breit angelegt als kooperative Sicherheitspolitik, die wirtschaftliche, soziale, politische und militärische Aspekte beinhaltete. Sie sollte vor allem der Prävention von Konflikten dienen; wichtig war die Anerkennung der Unverletzlichkeit aller Grenzen in Europa. Man könnte sie sogar als eine Realisierung der in Kapitel 5 dargestellten, ab 1990 kurz ins Gespräch gekommenen NATO-Russland Partnerschaft sehen. In der OSZE gilt das Konsensprinzip, wobei alle Teilnehmer gleichberechtigt sind. Sie erschien zunächst vor allem als Erfolg der Ostblockstaaten, weil sie ihnen quasi internationale Anerkennung brachte; so konnten sich etwa die Regierungschefs der Bundesrepublik und der DDR in ihrem Rahmen treffen. In der Fol-

Kapitel 9: Globaler Ausblick: Reformideen für eine friedlichere Welt von morgen

ge inspirierte sie aber auch die Gründung zahlreicher Bürgerbewegungen für mehr Demokratie (»Helsinki-Gruppen«) innerhalb der kommunistischen Länder und galt dort als Legitimation für Dissidenten- und Menschenrechtsgruppen.[128] In Bezug auf friedensschaffende Maßnahmen konnte die OSZE wichtige Beiträge leisten für den Abschluss von Verträgen zur Überwachung von Manövern und Abrüstung und Konfliktlösung in bestimmten Regionen. Die OSZE wäre natürlich für den Ukraine-Konflikt zuständig. Sie hat auch bereits 2014 eine Sonder-Beobachtermission (mit zeitweise 500 Mitarbeiterinnen) in die Ostukraine entsandt. Aber durch das Veto Russlands und die Obstruktion der Verwalter der Regionen Donezk und Luhansk konnte sie nicht wirklich tätig werden und wenig erreichen. Auch die NATO-Osterweiterung hat, neben den aggressiven Aktionen von Putin, zur Schwächung der OSZE beigetragen.[129] Sie würde einen robusteren Beobachtungsauftrag brauchen.[130]

Auf der globalen Ebene gibt es mit der UNO ja bereits eine Organisation mit ähnlichen Aufgaben wie die OSZE. Die UNO hat bereits eine Reihe von Maßnahmen gesetzt bzw. Kommissionen etabliert, die solche Aufgaben beinhalten.[131] So etwa eine Abrüstungskommission (NDC), die in Genf ansässige *Conference on Disarmament* und die in Wien ansässige Internationale *Atomenergie-Organisation* (IAEO), die über die Einhaltung des Atomwaffen-Sperrvertrags wacht. Auch diesen Institutionen kann man relative Machtlosigkeit vorwerfen. Dennoch haben auch sie in vielfacher Hinsicht Erfolge zu verzeichnen; ihre Durchsetzungskraft könnte sehr wohl gestärkt werden.

Abschließende Bemerkungen

Der Überfall Russlands auf die Ukraine am 24. Februar 2022 war der erste Krieg in Europa seit 1945, in welchem ein Staat einen anderen militärisch angegriffen hat. Er führte zu einer Erschütterung von Öffentlichkeit und Politik und hatte weltweite Auswirkungen wie steigende Inflation und aussetzende Getreidelieferungen in Länder des globalen Südens. Vor allem hatte er eine massive Umorientierung der Sicherheits- und Rüstungspolitik in Europa und darüber hinaus zur Folge. Fast überall werden die Verteidigungsausgaben erhöht, bislang überzeugt neutrale Länder, wie Finnland und Schweden, sind der NATO beigetreten. Diese hat über Nacht neue Bedeutung erlangt als Bollwerk gegen eine befürchtete weitere neoimperiale Expansion Russlands. Diese Veränderungen sind deshalb besonders tragisch, weil die Entwicklung in Europa in den letzten dreißig Jahren einen ganz anderen Verlauf hätte nehmen können. 1991 wurde die Sowjetunion aufgelöst, schon vorher hatte sie begonnen, ihre Truppen aus Osteuropa abzuziehen. In der Folge erklärten eine Reihe ehemaliger Sowjetrepubliken vom Baltikum bis zum Kaukasus, darunter auch die Ukraine, ihre politische Unabhängigkeit, Deutschland erreichte die von vielen nicht mehr erhoffte Wiedervereinigung. Als Folge dieser tiefgreifenden Ereignisse hatte sich die Möglichkeit zu einer revolutionären sicherheitspolitischen Neuordnung Europas ergeben. Ein bereits schriftlich fixierter Vertrag über eine NATO-Russland Partnerschaft wurde fallen gelassen. Von Seiten des Westens wurde er ersetzt durch eine Expansion der NATO auf die ehemaligen Mitgliedsstaaten des Warschauer Paktes in Mittelosteuropa. Auf den völkerrechtswidrigen Angriff auf die Ukraine reagierte der Westen mehr oder weniger einstimmig: Als einzig Schuldiger wurde Putin identifiziert: Er habe durch den Aufstieg zu einem Autokraten die wahre Natur des alten KGB-Agenten gezeigt und er wolle das untergegangene sowjetische Imperium wiederherstellen. Damit handle er in Kontinuität des aggressiv-expansiven Imperialismus Russlands seit der Zeit der Zaren.

Es ist unbestritten, dass der Angriff Russlands auf die Ukraine völkerrechtswidrig war und dass dabei Verbrechen gegen die Menschlichkeit begangen wurden. Gegen den russischen Präsidenten Putin wurde dafür zu Recht 2023 vom Internationalen Strafgerichtshof ein Haftbefehl erlassen. Dennoch wird in diesem Buch eine differenziertere und im Hinblick auf die Zukunft weniger pessimistische Sichtweise entwickelt. Seine Grundlage ist die Theorie vom »Ewigen Frieden«, die der Philosoph Immanuel Kant 1975 in einem berühmten Essay entwickelt hat. Darin argumentierte er, Kriege würden nur geführt, solange die Herrschenden allein über Krieg und Frieden entscheiden könnten; nur die wirtschaftlich, politisch und militärisch Mächtigen könnten aus Kriegen profitieren, die Bevölkerung erleide durch sie nur Nachteile. Daher würden Kriege aufhören in einer Welt, in der alle Länder zu Demokratien geworden seien; diese würden keine Kriege gegeneinander mehr führen. Diese These wurde historisch in der Tat noch nie widerlegt und man kann sie auch auf den Krieg in der Ukraine anwenden. Putins zunehmende Kritik an der Entwicklung in der Ukraine ging Hand in Hand mit einer Ausschaltung der Demokratie in Russland und mit einer autoritären Festigung seiner Macht. Der Überfall auf die Ukraine hat seine Akzeptanz in der russischen Bevölkerung, wie es in allen Kriegen der Fall ist, tendenziell sogar gefestigt; jede Form von Kritik am Krieg wird massiv unterdrückt, Regimegegner werden verhaftet, eingesperrt und sogar ermordet. Aus einer historisch-vergleichenden Sicht war der Angriff auf die Ukraine aber in Europa nichts Neues. Um dies zu sehen, brauchen wir nur auf die Nachkriegszeit zurückblicken. Die Invasion in die Ukraine mit dem Ziel, die Regierung in Kiew abzusetzen und durch moskauhörige Vasallen zu ersetzen, war eine nahezu perfekte Replikation der seinerzeitigen Besetzungen von Budapest 1956 und Prag 1968 durch die Sowjetunion. Wie seinerzeit Chruschtschow und Breschnew ging es Putin vor allem um die Ausschaltung demokratischer Tendenzen, die auch auf den eigenen Staat übergreifen konnten.

In diesem Buch wurde die These vertreten, dass die westliche Reaktion einer Rückkehr zu einer verstärkten Militarisierung und einem neuen Kalten Krieg falsch, ja verhängnisvoll war. Man kann mit guten Gründen annehmen, dass das geheime Ziel von Putins Angriff der Ukraine nicht war, den ersten Schritt zur Wiederherstellung der Sowjetunion zu setzen. Es war dies vielmehr die auch bei anderen Großstaaten der Welt (etwa China) in ähnlicher Form beobachtbare Tendenz eines nach innen repressiven, nach außen aggressiven Großstaatsnationalismus. Putins Interessen an einer Verhinderung der Demokratisierung in der Ukraine und der Wiederherstellung der Einheit der großen »Russischen Welt« (Russki Mir), gingen Hand in Hand. Daneben spielten auch geopolitische Interessen Russlands eine Rolle; sie hatten 2014 zur Besetzung und Annexion der Krim geführt. Zum Überfall auf die Ukraine trug aber die Ostexpansion der NATO entscheidend bei. Nicht nur, weil sie von Putin als Angriff auf die legitimen Sicherheitsinteressen Russlands gesehen wurde, sondern auch, weil sie in der Ukraine selbst die Gesellschaft spaltete und die Politik zerriss.

Inzwischen hat sich, so eine zentrale These dieses Buches, der Charakter des Krieges in der Ukraine entscheidend gewandelt. War er am Beginn ein echter und erfolgreicher Abwehr- und Freiheitskampf, ist er zuletzt zu einem Stellungs- und Abnützungskrieg geworden, in dem keine Seite auf absehbare Zeit große Geländegewinne mehr machen wird. In jüngster Zeit (Frühjahr 2024) scheint es sogar so zu sein, dass Russland auf dem längeren Ast sitzt. Es kann auf Dauer über ein erheblich größeres Potential an Soldaten, Kriegsgeräten und Munition (auch aus eigener, hochgefahrener Produktion) zurückgreifen. Der Charakter des Krieges hat sich gewandelt: Neben die ukrainischen Interessen, die nationale Autonomie zu sichern und verlorenes Territorium zurück zu gewinnen, sind die Interessen der NATO an einer Eindämmung, ja Schwächung Russlands deutlich hervorgetreten. Die Politiker in der Ukraine und in Westeuropa sprechen selber davon, die Ukraine verteidige Europa und die westlichen Werte; sie sprechen damit selbst von einem Stellvertreterkrieg. Beide Staaten, die Ukraine und Russland, sind jedoch in der Lage, dem Gegner durch Raketen- und Drohnenangriffe kontinuierlich und auf Dauer hohe Sachschäden zuzufügen, die oft auch zu Verletzten und Toten in der Zivilbevölkerung führen. Ein Blick auf andere Stellvertreterkriege seit 1945 zeigt eine Reihe erschreckender, für die Überfallenen aber auch ermutigender Fakten: Sie alle dauerten sehr lang und waren mit extremen Opferzahlen und Zerstörungen verbunden; die involvierten Großmächte mussten sich aber letztlich vielfach erfolglos zurückziehen. Dabei ist besonders relevant: In all diesen Kriegen vermieden es die im Hintergrund agierenden Großmächte peinlich, den wirklichen, mächtigen Gegner (im Falle der Korea- und Vietnamkriege: China) direkt zu provozieren oder anzugreifen. Die Folgerungen für den Ukrainekrieg liegen auf der Hand. Es ist durchaus möglich, dass der Krieg noch Jahre weiterläuft; nicht nur Putin, auch Hardliner in Westen scheinen damit zu rechnen. Unter einer Fortführung des Krieges würden neben den Verwundeten und Gefallenen die ganze Bevölkerung der Ukraine massiv leiden, die Mehrheit der Millionen ins Ausland geflüchteten Ukrainer nicht mehr zurückkehren, die Wirtschaft sich nicht wirklich erholen, Gesellschaft und Politik sich noch lange nicht zu voller Rechtsstaatlichkeit und Demokratie weiter entwickeln können. Als positiven Aspekt kann man auch folgern, dass ein direkter Angriff Russlands auf NATO- oder andere westeuropäische Staaten sehr unwahrscheinlich ist.

Es ergeben sich schwer abweisbare Folgerungen aus diesen Fakten. Zum Ersten erscheinen sofortige Verhandlungen über Waffenstillstand und Frieden notwendig, auch wenn die Waffenlieferungen des Westens (die allerdings vor allem defensiver Natur sein sollten) bis dahin weiterlaufen müssten. In diese müssten neben den Kriegsparteien auch andere Länder, vor allem jene die durch Waffenlieferungen selbst involviert sind, einbezogen werden. Hier wäre vor allem die Europäische Union als Zivil- und Friedensmacht gefragt. Zum Zweiten müssten von der Ukraine und ihren Verbündeten die absolut wichtigen Bedingungen für einen Friedensschlusses klar definiert werden, darunter natürlich die volle nationale Selbständigkeit und Garantie der militärischen Sicherheit der Ukraine. Die Notwendigkeit einer klaren Definition der Kriegsziele betrifft auch die USA, wo Kritiker inzwischen das Fehlen einer solchen konstatieren. Sie fordern, die USA müssten darauf verzichten, ihr Engagement in der Ukraine als Eindämmung weiterer Expansion Russlands (und anderer Großmächte wie China) oder als Kampf um die Erhaltung der liberalen Weltordnung zu sehen. Stattdessen müssten sie sich auf die Sicherung der Souveränität der Ukraine konzentrieren, aber auch darauf achten, dass die Beziehungen zwischen den Vereinigten Staaten und Russland nicht völlig vergiftet würden.[1] Zum Dritten müsste man Abstand nehmen von absoluten, für die jeweils andere Seite unakzeptablen Forderungen für den Beginn von Verhandlungen. Von Seiten Russlands ist dies die Weigerung der Anerkennung der Selbständigkeit der Ukraine, von Seiten der Ukraine der Abzug der russischen Truppen hinter die Grenzen von 2012 oder gar der Sturz Putins. Anstelle eines gerechten Friedens wäre ein ehrenvoller Friedensschluss anzustreben. Dies wäre ein solcher, bei dem zwar Abstriche von Maximalforderungen gemacht werden, die Befriedigung der essentiellen nationalen Bedürfnisse der Ukraine jedoch gesichert wird.

Wenn es möglich wäre, einen für alle Seiten akzeptablen Kompromiss zur Stellung der Ukraine als einem unabhängigen und autonomen Staat zu finden, könnte sich auch die Beziehung zwischen Westeuropa/ NATO und Russland entscheidend verbessern. Es könnten dann auch enge wirtschaftliche Beziehungen zwischen der EU und der Ukraine und Russland zum Vorteil beider Seiten wieder aufgenommen werden. In der Ukraine selbst würden sich sofort signifikante positive Entwicklungsperspektiven ergeben. Die ukrainische

Bevölkerung selbst befürwortet derzeit die Weiterführung des Krieges zwar noch klar, was angesichts der Aggression von außen verständlich ist. Es steht aber außer Zweifel, dass ein Friedensschluss im vorgenannten Sinn weithin akzeptiert und bei allen Betroffenen – Soldaten und ihren Vätern, Müttern, Ehefrauen und Kindern, in der ukrainischen Bevölkerung insgesamt und bei den Millionen ins Ausland Geflüchteten – eine riesige Erleichterung auslösen würde.

Die Hoffnung auf rasche Verhandlungen und auf einen Friedensschluss in absehbarer Zeit ist nicht utopisch. Es scheint den Kriegsparteien selbst bereits klar zu werden, dass eine Weiterführung des Krieges nur mehr immense zusätzliche Schäden und Kosten, aber keinen Nutzen mehr mit sich bringen würde. Darüber hinaus kann man aus der Perspektive von Kant sagen: Trotz der tragischen Kriegsereignisse in der Ukraine seit zehn Jahren muss die Hoffnung, dass die Welt langfristig einen dauerhaften Frieden erreichen könnte, nicht als reine Utopie betrachtet werden. Dies gilt insbesondere für Europa. Wir können hier auf die in durch den Buchtitel suggerierte, in der Einleitung angesprochene Frage zurückkommen, ob die russische Invasion in die Ukraine auch in Zukunft die letzte ihrer Art in Europa bleiben wird.

Folgt man den in Kapitel 2 dargestellten, dominanten neorealistischen Theorien des Krieges, so ist die Frage zu verneinen. Demnach wird es auf der Welt immer einige wenige Großmächte geben und ihre Interessen werden die zentrale Rolle in der Geopolitik spielen; dabei werden sie sogar bereit sein, ggf. auch militärische Mittel einzusetzen. Russland wird als ein seit Jahrhunderten aggressiv-expansiver Staat gesehen, dessen diktatorische Herrscher von einer autoritätshörigen Bevölkerung nie wirklich herausgefordert wurden. Folgt man der Theorie von Kant, ergeben sich ganz andere Schlüsse. Aus einer solchen Sicht kann man zumindest vier realistische Gründe dafür angeben, dass es nicht nur möglich, sondern auf lange Sicht sogar wahrscheinlich ist, dass die Entwicklung in Europa, ja auf der ganzen Welt, letztlich in Richtung von zunehmender globaler Sicherheit und Frieden geht.[2] Betrachten wir diese Gründe im Einzelnen.

(1) Der erste Faktor ist die sozioökonomische Modernisierung. Er beinhaltete weltweit eine Zunahme von Bildung, beruflich-technischer Differenzierung und produktiver Effizienz sowie, damit in Zusammenhang, mit steigendem Wohlstand der Bevölkerungen. All dies sind entscheidende Ursachen dafür (oder zumindest Korrelate davon), dass die Menschen, vor allem die Frauen, sich nicht mehr von Obrigkeiten bevormunden und in ver-

hängnisvolle Abenteuer hineinziehen lassen. Diese Faktoren werden auch in Russland immer stärker wirken. Es wird den Eliten klar werden, dass ein Exodus gebildeter junger Menschen und beruflich-professioneller Eliten, der durch den Ukrainekrieg befeuert wurde, für seine wirtschaftliche Entwicklung höchst nachteilig ist. Es ist kein Zufall, dass die einzige größere Gruppe von Menschen, die heute noch offene Proteste gegen den Krieg in der Ukraine wagen, Frauen sind. Darunter finden sich Künstlerinnen und Musikerinnen (wie die Pussy Riot Gruppe), zivilgesellschaftliche Aktivistinnen (wie die *Feminist Anti-War Resistance Group*),[3] aber auch Mütter und Ehefrauen von Soldaten, gegen deren Demonstrationen die Polizei ratlos ist.[4] Ein indirekter Ausdruck des weiblichen Widerstands sind auch die Geburtenraten in Russland, die zu den weltweit niedrigsten gehören. Dass die Bevölkerung Russlands autoritäre und korrupte Regierungen nicht widerstandslos akzeptiert, zeigte sich 2012, als Hunderttausende im ganzen Land gegen Wahlfälschungen protestierten. Man kann hier auch auf die Macht der Ideen verweisen: Hat sich eine grundlegend neue Idee bzw. ein Wert einmal irgendwo durchgesetzt, kann diese eine weltweite Kraft entfalten, die unaufhaltsam ist.[5] In der Politik sind diese Ideen die Freiheit und Gleichheit aller Menschen; ihre Institutionalisierung ist die Demokratie.

(2) Der allmähliche Abschluss der Prozesse der Herausbildung neuer Nationen und Staaten. Diese waren weltweit sehr oft mit gewaltsamen Auseinandersetzungen und kriegerischen Konflikten verbunden. Der Krieg in der Ukraine hatte genau in diesem Problem seinen Ursprung. Putin behauptet, die Ukraine sei ein integraler Teil der »Russischen Welt«, der großen russischen Nation; er wollte die Selbständigkeit der Ukraine rückgängig machen. Russland wird jedoch zur Kenntnis nehmen müssen, dass diese Thesen heute nicht nur von der Ukraine, sondern auch von autoritär regierten postsowjetischen Staaten (wie Belarus) abgewiesen wird. Auch in Russland selbst wird die dahinterstehende obskure Theorie keineswegs von allen geteilt. Mit einer Abschwächung dieser Ambitionen werden sich jedoch auch die Probleme von scheinbar unterdrückten Minderheiten, die in postsowjetischen Staaten (etwa auf dem Kaukasus) zu inneren Konflikten und russischen Interventionen führten, im Laufe der Zeit abschwächen.

(3) Die Attraktivität von globaler Sicherheit und gewaltlosen internationalen wirtschaftlichen und politischen Beziehungen. Die enormen Kosten der Rüstung und die zunehmenden Gefahren eines global zerstörerischen Atomkrieges werden letztlich auch Entscheidungsträgern und den Bür-

gern jener Staaten bewusst werden, die sich heute noch als Imperien gebärden bzw. zu solchen aufsteigen wollen. Russland konnte den Krieg in der Ukraine und die vom Westen verhängten wirtschaftlichen Sanktionen durch Umschichtung seiner Exporte und Ausbau der Rüstungsindustrie bis dato zwar überraschend gut ausgleichen. Auf Dauer wird sich diese einseitige Ausrichtung aber nicht ohne Schaden für die eigene wirtschaftliche Entwicklung aufrechterhalten lassen. So wird man auch in Russland erkennen, dass ein enger, wissenschaftlich-technologischer und wirtschaftlicher Austausch gerade mit Europa unverzichtbar bleibt. Der Erfolg der europäischen Integration wird zweifellos auch in Russland genau registriert. So besteht die Möglichkeit, mit der EU und ihren Mitgliedsländern wieder in engere Beziehungen zu treten, ja selbst die Idee einer europäischen Sicherheitsordnung vom Atlantik bis zum Ural bzw. Pazifik, die Anfang der 1990er Jahre in greifbarer Nähe stand, wird stets attraktiv bleiben.

(4) Die bahnbrechende Rolle politischer Führungspersönlichkeiten. Es gab und gibt in der Geschichte immer wieder herausragende, charismatische Politiker, welche den Lauf der Dinge entscheidend geändert haben und ändern – und dies auch zum Positiven. So konnten selbst im Rahmen der Sowjetunion politische Führungspersönlichkeiten an die Macht kommen, die mit der dunklen Vergangenheit brachen und neue Wege einschlugen. So wurde durch einen der engsten Mitarbeiter von Stalin, Nikita Chruschtschow, in den 1950er Jahren die Entstalinisierung eingeleitet und Michail Gorbatschow führte das Land ab Mitte der 1980er Jahre in eine grundsätzliche andere, tendenziell demokratische Entwicklungsrichtung im Innern und nach Außen. Es war die Tragik der Geschichte, dass Gorbatschow selbst nicht alle zentralen Aspekte der Transformation erkannte und beachtete, der Westen ihn nicht ausreichend unterstützte und sein Nachfolger Jelzin wieder in autoritäre Muster zurückfiel. Es gab in Russland aber auch seither völlig andere politische Persönlichkeiten (etwa Boris Nemzow und Alexei Nawalny), von denen man eine Fortsetzung dieses neuen Weges hätte erwarten können. Auch Putin wird irgendwann abtreten und einem Nachfolger Platz machen müssen.

Was lässt sich für die weitere Entwicklung Russlands erwarten und wie stehen die Chancen, dass Russland in Zukunft auf militärisch aggressive Aktionen gegen Nachbarstaaten verzichtet? Für die absehbare Zukunft, etwa die kommenden Jahrzehnte, gibt es zwei gegensätzliche Haupt-Szenarien. Das erste besteht darin, dass das System Putin noch sehr lange bestehen bleibt und nach ihm eine Person mit einer ähnlichen Ausrichtung an die Macht kommt oder gebracht wird. Eine noch schlimmere Variante dieses Szenarios wäre, dass eine noch stärker nationalistisch-aggressiv ausgerichtete Gruppe, etwa aus dem Militär, die Macht übernimmt. Das positive Szenario wäre, dass wieder ein reformorientierter Politiker bzw. eine liberalere, offenere politische Gruppe die Macht übernimmt. Hier können wir an die Entwicklung in der Sowjetunion nach dem Tod von Stalin erinnern. Obwohl die Macht von seinen engsten Mitarbeitern übernommen wurde, wandten sich diese entschieden von seiner Terrorherrschaft ab. Übergänge von autoritären zu demokratischen Systemen hat es in neuerer Zeit nicht nur in der Sowjetunion gegeben, sondern auch in Südeuropa und Lateinamerika. So wurden Spanien und Portugal erst Mitte der 1970er Jahre Demokratien und Lateinamerika hat sich, trotz großer, weiterhin bestehender Probleme, seit dieser Zeit zu einer demokratischen Region entwickelt.[6] Es gibt derzeit zwar eine veritable Krise der Demokratie auch in westlichen Ländern (einschließlich der USA), sie hat die positiven längerfristigen Trends jedoch nicht wirklich umgedreht. Welches der beiden vorgenannten Szenarien sich durchsetzen wird, kann man nicht prognostizieren. Zwei Argumente kann man aus der Sicht von Kant jedoch unzweifelhaft festhalten. Zum einen: Ein positives Szenario ist kein Wunschdenken, sondern auch tatsächlich möglich. Zum anderen: Ob es eintritt oder nicht, hängt vom politischen Handeln im demokratischen Westen und im autoritären Osten ab. Dabei sind vor allem die Zielsetzungen und Entscheidungen der politischen Führungspersönlichkeiten relevant, aber ebenso die Aktionen der politischen Öffentlichkeit und Zivilgesellschaft und die Unterstützung aller Bürgerinnen und Bürger.

Literatur

Abbott, Pamela/Roger Sapsford (2006), Life-satisfaction in post-Soviet Russia and Ukraine, Journal of Happiness Studies 7(2), S. 251–287

Abelow, Benjamin (2022), Wie der Westen den Krieg in die Ukraine brachte, Great Barrington, Mass: Siland Press

Alamir, Fouzieh M./August Pradetto (1998), Identitätssuche als Movens der Sicherheitspolitik, Osteuropa 48(2), S. 134–147

Alger, Chadwick F. (1996), The emerging tool for peacebuilders, International Journal of Peace Studies 1(2), S. 21–45

Ali, Tariq (2002), Fundamentalismus im Kampf um die Weltordnung, München: Wilhelm Heyne

Anastasiou, Harry (2007), The EU as a peace building system. Deconstructing nationalism in an era of globalization, International Journal of Peace Studies 12(2), S. 31–50

Anderson-Gold, Sharon/Pablo Muchnik, eds. (2010), Kant's Anatomy of Evil, Cambridge, UK/New York: Cambridge University Press

Applebaum, Anne (2021), Die Verlockung des Autoritären. Warum antidemokratische Herrschaft so populär geworden ist, München: Siedler

Arel, Dominique/Blair A. Ruble, eds. (2006), Rebounding Identities. The Politics of Identity in Russia and Ukraine, Washington D.C./Baltimore: Woodrow Wilson Center Press/The Johns Hopkins University Press

Arendt, Hannah (1970), Macht und Gewalt, München: R. Piper

Arendt, Hannah (1974), Über die Revolution. München: R. Piper

Arnold, Eckhart (2006), Eine unvollendete Aufgabe: Die politische Philosophie von Kants Friedensschrift, in: Nebil Reyhani, Hg., Immanuel Kant. Ankara: Vadi Yainlaz Verlag, S. 496–512

Aron, Raymond (1971), Hauptströmungen des soziologischen Denkens, 2. Band, Köln: Kiepenheuer & Witsch

As, Berit (1982), A materialistic view of men's and women's attitudes toward war, Women's Studies International Forum 3(3/4), S. 355–364
Ashford, Emma/Joshua Shiffrin/Stephen Wertheim (2024), What does America want in Ukraine? Cao Institute (https://www.cato.org/commentary/what-does-america-want-ukraine, abgerufen am 14.05.2024)
Auer-Frege, Ilona (2010), Wege zur Gewaltlosigkeit, Wissenschaft und Frieden 2010/4, S. 32–36
Auer-Frege, Ilona, Hg. (2010), Wege zur Gewaltfreiheit. Methoden der internationalen zivilen Konfliktbearbeitung, Berlin: Büttner Verlag
Bakatin, Wadim (1993), Im Innern des KGB, Frankfurt a.M.: S. Fischer
Baker, Paula, eds. (2002), Money and Politics, University Park, PA: Pennsylvania State University Press
Bammé, Arno (2015), »Die Normalität des Krieges. Ein blinder Fleck der Soziologie«, Soziologie 44(3), 277–291
Barber, Benjamin (1994), Starke Demokratie. Über die Teilhabe am Politischen. Berlin: Rotbuch
Barnett, Michael/Raymond Duvall (2005), Power in International Politics, International Organization 59(1), S. 39–75
Basina, Tetyana (2007), Untrusted political elite and citizens: Is it a contradiction of the transformation period or...? (Ukrainian case), in: Martin Muránki/Jozef Kovalcik, eds., Collection of Papers from the 1st Students International Conference »my-PhD«, Bratislava, Friedrich Ebert Stiftung, S. 5–10
Baud, Jacques (2023), Putin – Herr des Geschehens? Frankfurt a.M.: Westend
Beebe, George/Anatol Lieven (2024), The diplomatic path to a secure Ukraine, Quincy Institute for Responsible Statecraft, Washington (https://quincyinst.org/research/the-diplomatic-path-to-a-secure-ukraine/#h-executive-summary, abgerufen am 15.04.2024)
Belton, Catherine (2022), Putins Netz. Wie sich der KGB Russland zurückholte und dann den Westen ins Auge fasste, Hamburg: Harper Collins
Benedek, Wolfgang, Hg. (2017), Menschenrechte verstehen. Handbuch zur Menschenrechtsbildung, Graz: Europäisches Trainings- und Forschungszentrum für Menschenrechte
Bennet. D. Scott/Allan C. Stam III (1996), The Duration of Interstate Wars, 1816–1985, American Political Science Review 90(2), S. 239–257
Benz, Wolfgang (1987)., Pazifismus in Deutschland. Dokumente zur Friedensbewegung 1890–1939, Frankfurt a.M.: Fischer Taschenbuch

Blagermann, Boris (2010), Ukraine. Immigration und Emigration seit 1991, SI-AK- Zeitschrift für Polizeiwissenschaft und polizeiliche Praxis 1, S. 51–61 (doi: 10.7396/2010_1_E)

Boese-Schlosser, Vanessa A./Markus Bernhardt (2023), Does democracy cause growth? WZB Discussion Paper 501, July 2023, Berlin Social Science Center

Boll, Christina u.a. (2023), Ukrainische Geflüchtete in Deutschland, Forschungsbericht, München: Deutsches Jugendinstitut

Botscharow, Gennady (1991), Die Erschütterung Afghanistan. Das sowjetische Vietnam, Berlin: Aufbau Taschenbuch Verlag

Boudon, Raymond (2013), The Origin of Values. Sociology and Philosophy of Beliefs. London/New York: Routledge

Braml, Josef (2008), Defizite der Vorbild-Demokratie USA, Bundeszentrale für politische Bildung (https://www.bpb.de/shop/zeitschriften/apuz/30984/d efizite-der-vorbild-demokratie-usa/, abgerufen am 14.12.2023)

Braml, Josef/Mathew Burrows (2023), Die Traumwandler. Wie China und die USA in einen neuen Weltkrieg schlittern, München: C.H.Beck

Breithaupt, Fritz (2022), Das narrative Gehirn. Was unsere Neuronen erzählen, Frankfurt a.M.: Suhrkamp

Brink, Tobias ten (2013), Chinas Kapitalismus. Entstehung, Verlauf, Paradoxien, Frankfurt/New York: Campus

Brock, Lothar (2011), Frieden und Demokratie, in: Gießmann/Rinke, Handbuch Frieden, S. 281–293

Brücker, Herbert u.a. (2023), Geflüchtete aus der Ukraine, DIW-Wochenbericht 28

Buller, Leszek/Hubert Kotarski/Yuriy Pachkovskyy, eds. (2017), Contemporary Socio-Economic Issues of Polish-Ukrainian Cross-border Cooperation, Warsaw: PL-BY-UA, Center of Europe Projects

Büscher, Klemens (2007), Gemeinsam zerrissen. Die innere Spaltung der Ukraine, Bundesministerium für Landesverteidigung, Wien (https://www .bmlv.gv.at/wissen-forschung/publikationen/beitrag.php?id=1607, abgerufen am 23.12.2023)

Butler, Judith (2020), Die Macht der Gewaltlosigkeit. Über das Ethische im Politischen, Berlin: Suhrkamp

Cederman, Lars-Erik (2001), Back to Kant: Reinterpreting the Democratic Peace Process as a Macrohistorical Learning Process, American Political Science Review 95(1), S. 15–31

Chomsky, Noam (2001), War against People. Menschenrechte und Schurkenstaaten. Hamburg/Wien: Europaverlag

Clark, Christopher (2013), Die Schlafwandler. Wie Europa in den Ersten Weltkrieg zog, München: Deutsche Verlags-Anstalt (engl. The Sleepwalkers, 2012)

Clausewitz, Carl von (1963), Vom Kriege, Reinbek: Rowohlt (zuerst 1832)

Cortright, David (2008), Peace. A History of Movements and Ideas. Cambridge: Cambridge UP

Craft, Cassidy/Joseph P. Smaldone (2002), The arms trade and the incidence of political violence in Sub-Sahara Africa, 1967–97, Journal of Peace Research 39(6), S. 693–710

Creveld, Martin van (2000), Frauen und Krieg, München: Gerling Akademie Verlag

Crouch, Colin (2008), Postdemokratie, Frankfurt a.M.: Suhrkamp

Czempiel, Ernst-Otto (1996), Kants Theorem. Oder: Warum sind Demokratien (noch immer) nicht friedlich? Zeitschrift für Internationale Beziehungen 3(1), S. 79–101

Dagdalen, Sevim (2024), Die NATO: Eine Abrechnung mit dem Wertebündnis, Neu Isenburg: Westend Verlag

Davies, Franziska, Hg. (2023), Die Ukraine in Europa. Traum und Trauma einer Nation, Darmstadt: wbg

De Federicis, Nico (2018), Kant's Theorie der Demokratie, in: Violetta Weibel/Margit Ruffing/Sophie Gerber, Hrsg, Natur und Freiheit, Berlin: De Gruyter (verfügbar unter https://www.degruyter.com/document/doi/10.1515/9783110467888).

Debling, Florentina/Sven-Oliver Proksch/Gerald Schneider (2002), Aktuelle Trends im Management von internationalen Konflikten, Universität Konstanz (https://kops.konstanz.de/server/api/core/bitstreams/28f833b7-2b97-4419-889a-099e8c9c08c2/content, abgerufen am 04.01.2024).

Decker, Frank/Hans-Georg Wehling (2022), Rechtspopulismus, Stuttgart: Kohlhammer

Dedring, Juergen (1999), On peace in times of war: Resolving violent conflicts by peaceful means, International Journal of Peace Studies 4(2), S. 1–26

Deutsch, Karl W. (1954), Political Community at the International Level, New York: Doubleday

Deutsch, Karl W. (1968), Analyse internationaler Beziehungen. Konzeptionen und Probleme der Friedensforschung, Frankfurt a.M.: Europäische Verlagsanstalt

Dolinska, Anna (2019), Socio-economic costs of systemic transformation in Ukraine in the lens of the biographical experiences of Ukrainian female migrants to Poland, Qualitative Sociology Review XV(4) (DOI: 10.18778/1733-8 077.15.4.07)

Dörfler-Bolt, Sonja/Markus Kaindl (2023), Ukraine Vertriebene in Österreich ein Jahr nach Kriegsbeginn, Forschungsbericht, Wien: Österreichisches Institut für Familienforschung

Doshi, Rush (2023), The Long Game. China's Grand Strategy to Displace American Order, Oxford: Oxford UP

Dünnebier, Anna (2003), Pazifistinnen mitten im Kriegstaumel, Emma März-April 2003 (https://www.emma.de/artikel/gegen-den-krieg-mutige-pazif istinnen-mitten-im-kriegstaumel-265090, abgerufen 02.01.2024)

Ebert, Theodor (2010), Was ist unter einer gewaltfreien Aktion zu verstehen, gewaltfreie aktion – Vierteljahreshefte für Frieden und Gerechtigkeit 42(160-161) (verfügbar unter https://www.lebenshaus-alb.de/magazin/o11 382.html)

Echeverria, Nohemi/Hemmerechts, Kenneth/Dimokritos Kavadias (2019), The legacy of country-level experiences of armed conflict on emancipative values preferences. International Journal of Comparative Sociology 60(5), S. 301–381

Eckel, Jan (2014), Die Ambivalenz des Guten. Menschenrechte in der internationalen Politik seit den 1940er, Göttingen: Vandenhoeck & Ruprecht

Eigendorf, Katrin (2023), Putins Krieg. Wie die Menschen in der Ukraine für unsere Freiheit kämpfen, Frankfurt a.M.: Fischer Taschenbuch Verlag

Einstein, Albert (1981), Mein Weltbild, Frankfurt/Berlin/Wien: Ullstein

Entman, Robert M. (1993), Framing. Toward clarification of a fractured paradigm, Journal of Communication 43(4), S. 51–58

Essen, Hugo von/Andreas Umland (2022), Russlands diktierter Nicht-Frieden im Donbas 2014–2022: Warum die Minsker Abkommen von Anbeginn zum Scheitern verurteilt waren, SIRIUS – Zeitschrift für strategische Analysen (Open access unter https://www.degruyter.com/document/doi/10.1515/sir ius-2022-3004/html, abgerufen am 02.01.2024)

Europäische Gemeinschaften (2009), Europäische Sicherheitsstrategie. Ein sicheres Europa in einer besseren Welt, Brüssel: Rat der Europäischen Union

Farber, Henry S./Gowa Joanne (1997), Common interests or common polities? Reinterpreting the Democratic Peace, The Journal of Politics 59(2), S. 393–417

Fediunin, Jules S./Helene Richard (2024), Wie imperialistisch ist Putins Russland? Le Monde diplomatique, 30(1), S. 10–12

Feffer, John (2023), Die Rolle der USA im Ukraine-Krieg, New York: Rosa-Luxemburg-Stiftung (https://www.rosalux.de/fileadmin/rls_uploads/pdfs/Policy_Paper/Feffer_Ukraine_DEU.pdf, abgerufen am 10.05.2024)

Fenkart, Stephanie (2022), Krieg in der Ukraine – Krieg in Europa, in: Gärtner, Die Ukraine im Krieg – ist Frieden möglich? S. 25–38

Fernandez Sola, Nativithumanntad (2013), Reasons for the current failure of the European Union as an International Security Actor, in: Astrid Boening et al., eds., Global Power Europe, vol.1, Wiesbaden: Springer, S. 73–91

Fest, Joachim (2004), Hitler. Eine Biografie, Berlin: Ullstein

Fischer, Fritz (1979), Griff nach der Weltmacht. Die Kriegszielpolitik des kaiserlichen Deutschland 1914/18. Königstein/Ts.: Athenäum

Fischer, Martina (2023), Wie ist dieser Krieg zu deeskalieren und zu beenden? 1. Perspektiven für Sicherheit und einen gerechten Frieden in der Ukraine und Europa; 2. Empfehlungen aus der Friedens- und Konfliktforschung, Deutschland Archiv 27.07.2023 (http://www.bpfb.de/523377 und http://www.bpb.de(52379, abgerufen am 01.01.2024)

Fischer, Sabine (2019), The Donbas Conflict. Opposing Interests and Narratives, Difficult Peace Process, Stiftung Wissenschaft und Politik, Berlin (https://www.swp-berlin.org/10.18449/2019RP05/)

Fischer, Sabine (2023), Die chauvinistische Bedrohung. Russlands Kriege und Europas Antworten, Berlin: Ullstein/Econ

Fischler, Franz/Christian Ortner (2006), Europa – der Staat, den keiner will, Salzburg: ecowin

Frey, Marc (2022), Geschichte des Vietnamkriegs. Die Tragödie in Asien und das Ende des amerikanischen Traums, München: C.H.Beck

Frisk, Kristian (2018), Post-Heroic Warfare Revisited: Meaning and Legitimation of Military Losses, Sociology 52(5), S. 898–914

Fukuyama, Francis (2022), Das Ende der Geschichte, Hamburg: Hoffmann & Campe (englisch zuerst als Aufsatz in The National Interest 1989)

Gabriel, Markus (2021), Moralischer Fortschritt in dunklen Zeiten. Universale Werte für das 21. Jahrhundert. Berlin: Ullstein

Galeano, Eduardo (2009), Die offenen Adern Lateinamerikas. Die Geschichte eines Kontinents, Wuppertal: Peter Hammer Verlag

Galtung, Johan (2007), Frieden mit friedlichen Mitteln. Friede und Konflikt, Entwicklung und Kultur, Münster: agenda

Ganser, Daniele (2022), Illegale Kriege. Wie die NATO-Länder die UNO sabotieren. Eine Chronik von Kuba bis Syrien. Frankfurt a.M.: fifty fifty

Gareis, Sven B. (2015), UNO – Stärken und Schwächen einer Weltorganisation, Bundeszentrale für politische Bildung (https://www.bpb.de/shop/zeitsch riften/izpb/209686/uno-staerken-und-schwaechen-einer-weltorganisati on/, abgerufen am 13.12.2023)

Gareis, Sven B./Johannes Varwick (2014), Die Vereinten Nationen. Aufgaben, Instrumente und Reformen, Opladen: Budrich/UTB

Gärtner, Heinz (2002), Vergangenheit und Zukunft von Militärbündnissen, in: A. Sahm u.a., Hg., Die Zukunft des Friedens. Wiesbaden: VS Verlag, S. 335–353

Gärtner, Heinz, Hg. (2022), Die Ukraine im Krieg – Ist Frieden möglich? Wien: Lit Verlag

Gärtner, Heinz, Hg. (2022a), »Der geopolitische Kontext der Ukraine-Krise: Modelle und Szenarien«, in: Gärtner, Die Ukraine im Krieg – ist Frieden möglich? S. 39–63

Gasimov, Zaur (2010), ›Mova‹ und ›Jazyk‹: Die Sprachenfrage in der Ukraine, Osteuropa 60(2-4), S. 403–411

Geis, Anna/Harald Müller/Wolfgang Wagner, Hg. (2007), Schattenseiten des Demokratischen Friedens. Zur Kritik einer Theorie liberaler Außen- und Sicherheitspolitik, Frankfurt/New York: Campus

Gerhardt, Volker (2023), Das Neue in Kants Theorie des Friedens, in Volker Gerhardt/Rochus Leonhardt/Johannes Wischmeyer, Hg., Friedensethik in Kriegszeiten, Leipzig: Evangelische Verlagsanstalt, S. 91–150

Giddens, Anthony (1987), The Nation State and Violence, Cambridge: Polity

Gießmann, Hans J./Bernhard Rinke, Hg. (2011), Handbuch Frieden, Wiesbaden: VS Verlag

Ginsberg, Roy H. (2007), Demystifying the European Union. The Enduring Logic of Regional Integration, Landham: Rowman & Littlefield

Goehrke, Carsten u.a., Hg. (1973), Russland, Fischer Weltgeschichte (Bd. 31). Frankfurt a.M.: Fischer Taschenbuch Verlag

Goffman, Erving (1997), Rahmen-Analyse. Ein Versuch über die Organisation von Alltagserfahrungen, Frankfurt a.M.: Suhrkamp

Golovakha, Yevgen/Natalia Panina (2006), Main stages and tendencies in transformation of Ukrainian society: From Perestroika to Orange Revolution, Ukrainian Sociological Review 2006–2007, S. 3–24

Gorbatschow, Michail (1987), Perestroika. Die zweite russische Revolution. Eine neue Politik für Europa und die Welt, München: Droemer Knaur

Gössler-Leirer, Irmtraud (1977), Staberl. Eine Dokumentation, Wien: Arbeitsgemeinschaft für sozialwissenschaftliche Publizistik

Graf, Wilfried (2006), Die EU Sicherheitspolitik. Militärische Supermacht oder Friedensordnung? In Attac, Hg., Das kritische EU-Buch. Warum wir ein anderes Europa brauchen, Wien: Deuticke, S. 254–268

Greco, Silvana (2022), Moses Dobruska and the Invention of Social Philosophy, Berlin/Boston: de Gruyter/Oldenbourg

Greenstein, Fred I. (1992), Can personality and politics be studied systematically? Political Psychology 13(1), S. 102–128

Grinin, Leonid E. (2010), The role of an individual in history, Social Evolution and History 9, S. 95–136

Grushetskyi, Anton/Volodymyr Paniotto, eds. (2024), War and the Transformation of Ukrainian Society (2022–23), Stuttgart: ibidem (im Erscheinen)

Gu, Xuewu/Hendrik W. Ohnesorge (2017a), Wer macht Politik? Überlegungen zum Einfluss politischer Persönlichkeiten auf weltpolitische Gestaltung, in: diess., Politische Persönlichkeiten und ihre weltpolitische Gestaltung, S. 3–14

Gu, Xuewu/Hendrik W. Ohnesorge, Hg. (2017), Politische Persönlichkeiten und ihre weltpolitische Gestaltung. Analysen in Vergangenheit und Gegenwart, Wiesbaden: Springer VS

Gulina, Olga (2015), Nie wieder Krieg. Flüchtlinge aus der Ostukraine, Osteuropa 65(4), S. 131–142

Haas, Christoph M./Simon Koschut, Christian Lammer (2018), Politik in den USA. Institutionen – Themen – Akteure, Stuttgart: Kohlhammer

Habermas, Jürgen (1995), Kants Idee des Ewigen Friedens – aus dem historischen Abstand von 200 Jahren, Kritische Justiz 28(3), S. 293–319

Haerpfer, Chistian W., ed. (2002), Democracy and Enlargement in Post-Communist Europe. The Democratization of the General Public in Fifteen Central and Eastern European Countries, 1991–1998, London/New York: Routledge

Haller, Max (1996), Identität und Nationalstolz der Österreicher. Gesellschaftliche Ursachen und Funktionen – Herausbildung und Transformation seit 1945 – internationaler Vergleich (mit Beträgen von S. Gruber, J. Langer, G. Paier, A. F. Reiterer, P. Teibenbacher), Wien/Köln/Weimar: Böhlau

Haller, Max (2003), Soziologische Theorie im systematisch-kritischen Vergleich. Wiesbaden: VS Verlag.

Haller, Max (2009), Die europäische Integration als Elitenprozess. Das Ende eines Traums? Wiesbaden: VS Verlag für Sozialwissenschaften.

Haller, Max (2010), Nationale Identität und Nationalstolz im Zeitalter der Globalisierung, Austrian Journal of Statistics 39 (1 + 2), 47-56

Haller, Max (2011), Values and Interests in Processes of Macro-Regional Integration, in: Nikolai Genov, ed., Global Trends and Regional Development, New York/London: Routledge, S. 25–44

Haller, Max (2015), Ethnic Stratification and Socioeconomic Inequality around the World. The End of Exclusion and Exploitation? Ashgate, Farnham/Surrey (UK) and Routledge, London/New York

Haller, Max (2016), Why empires build walls. The New Iron Curtain between Africa and Europe, in: Alberto Gasparini, ed., The Walls between Conflict and Peace, Leiden/Boston: Brill, S. 98–125

Haller, Max (2021), Does dual citizenship endanger ethnic cohabitation? How the South Tyrolean population views a supplementary Austria citizenship, in: Dual Citizenship and Naturalisation. Global, Comparative and Austrian Perspectives, Hg. Von Rainer Bauböck und Max Haller, Wien: Austrian Academy of Sciences Publishing, S. 293–317

Haller, Max (2022), Die revolutionäre Kraft der Ideen. Gesellschaftliche Grundwerte zwischen Interessen und Macht, Recht und Moral. Wiesbaden: Springer VS

Haller, Max (2024), Radikale Werte. Die Interessen der Menschen und ihre gesellschaftlich-politische Durchsetzung, Wiesbaden: Springer

Haller, Max/Markus Hadler (2004), Happiness as an Expression of Freedom and Self-determination. A Comparative, Multilevel Analysis in: Wolfgang Glatzer/Susanne von Below/Matthias Stoffregen, eds., Challenges for the Quality of Life in Contemporary Societies, Dordrecht/Boston/London: Kluwer Academic Publishers, 2004, S. 207–231

Haller, Max/Wirnsberger Sarah (2015), Politikverdrossenheit oder kritische Demokraten? Eine Analyse der Einstellungen zur direkten Demokratie in Österreich im Lichte von drei theoretischen Ansätzen. Österreichische Zeitschrift für Politikwissenschaft 44(3), S. 21–38

Haller, Reinhard (2017), Die Macht der Kränkung. Wals bei Salzburg: Ecowin

Hanisch, Ernst (1994), Der lange Schatten des Staates. Österreichische Gesellschaftsgeschichte im 20. Jahrhundert. Wien: Ueberreuter

Harari, Yuval N. (2018), Eine kurze Geschichte der Menschheit, München: Penguin

Hartmann, Jürgen (2012), Das politische System der Europäischen Union. Eine Einführung, Frankfurt/New York: Campus

Hauser, Gunther (2022), Die Ukraine und die euro-atlantischen Beziehungen im Spannungsverhältnis zur Russischen Föderation, in: Gärtner, Die Ukraine im Krieg, S. 96–113

Hayoz, Nicolas/Victor Stepanenko (2023), The social organization of war: Ukrainian and Russian societies mobilized for war, in: Kuchler, Der Krieg in der Ukraine, S. 341–370

Heinemann-Grüder, Andreas (2023), Wie enden Kriege? Einsichten für den Ukrainekrieg, Zeitschrift für Außen- und Sicherheitspolitik 16, S. 227–239

Hennes, Michael (2003), Der neue Militärisch-Industrielle Komplex in den USA, APuZ (https://www.bpb.de/shop/zeitschriften/apuz/27289/der-neue-militaerisch-industrielle-komplex-in-den-usa/, abgerufen am 14.12.2023)

Herdegen, Matthias (2023), Völkerrecht, München: C.H.Beck

Hilpold, Peter (2015), Die Ukraine-Krise aus völkerrechtlicher Sicht: ein Streitfall zwischen Recht, Geschichte und Politik, SZIER-Schweizerische Zeitschrift für internationales und europäisches Recht 2, S. 171–181

Hilpold, Peter (2023), Justifying the Unjustifiable: Russia's aggression against Ukraine, International Law, and Carl Schmitt's ›Theory of Greater Space,‹ Chinese Journal of International Law 22(3) (https://doi.org/10.1093/chinesjil/mad039)

Hilpold, Peter, Hg. (2009), Das Selbstbestimmungsrecht der Völker. Vom umstrittenen Prinzip zum vieldeutigen Recht? Lausanne: Peter Lang

Hinsch, Wilfried (2017) Die Moral des Krieges. Für einen aufgeklärten Pazifismus, München/Berlin/Zürich: Piper

Hochleitner, Erich P., Hg. (2000), Das europäische Sicherheitssystem zu Beginn des 21. Jahrhunderts, Wien/Köln/Weimar: Böhlau

Hofbauer, Hannes (2003), Ost Erweiterung. Vom Drang nach Osten zur peripheren EU-Integration, Wien; Promedia

Hofbauer, Hannes (2016), Feindbild Russland. Geschichte einer Dämonisierung, Wien: Promedia

Höffe, Otfried (2001), Königliche Völker. Zu Kants kosmopolitischer Rechts- und Friedenstheorie. Frankfurt a.M.: Suhrkamp

Höffe, Otfried (2011), Immanuel Kant: Schriften zur Geschichtsphilosophie, Berlin: Akademie Verlag

Hondrich, Karl-Otto (2022), Wieder Krieg, Frankfurt a.M.: Suhrkamp

Howes, Dustin E. (2013), The failure of pacifism and the success of nonviolence, Perspectives on Politics 11(2), S. 427–446

Hrytsak, Yaroslav (2023), Ukraine. The Forging of a Nation, Leipzig: sphere

Huntington, Samuel (1988), Kampf der Kulturen. München: Goldmann/Siedler

Ishay, Micheline (2022), The Human Rights Reader, New York: Routledge

Jaberg, Sabine (2022), Wie weiter im Ukrainekrieg? Einige friedenslogischen Reflexionen, in: Gärtner, Die Ukraine im Krieg, S. 114–138

Jäger, Thomas/Beckmann, Rasmus, Hg. (2011), Handbuch Kriegstheorien, Wiesbaden: VS Verlag für Sozialwissenschaften

Jahn, Egbert (2014), Niemand ist hineingeschlittert: Hundert Jahre Streit über die Schuld am Ersten Weltkrieg, Osteuropa 64(11/12), S. 3–28

Jerusalem, Wilhelm (1915), Der Krieg im Lichte der Gesellschaftslehre. Stuttgart: Ferdinand Enke. (verfügbar als Nabu Public Domain Reprint)

Joas, Hans/Knöbl Wolfgang (2008), Kriegsverdrängung. Ein Problem in der Geschichte der Sozialtheorie. Frankfurt a.M.: Suhrkamp

Jobst, Kerstin S. (2022), Geschichte der Ukraine, Stuttgart: Reclam

Johnson, John M./Andrey Melnikov (2009), The wisdom of distrust: reflections on Ukrainian society and sociology, in Denzin, N.K. (Ed.) Studies in Symbolic Interaction, Leeds: Emerald Group Publishing, S. 9–18

Judson, Pieter M. (2017), Habsburg. Geschichte eines Imperiums 1740–1918, München: C.H.Beck

Kaczmar, Olga (o.J.), The sad history of the ›two‹ Ukraines, verfügbar unter http://www.dpcamps.org/histukr6.html (abgerufen am 18.04.2024).

Kaldor, Mary (2007), Neue und alte Kriege. Organisierte Gewalt im Zeitalter der Globalisierung, Frankfurt a.M.: Suhrkamp

Kang, Bong-koo (2020), Understanding the Ukrainian conflict from the perspective of post-Soviet decolonization, Region 9(2), S. 1–28

Kant Immanuel (1962[1785]), Grundlegung zur Metaphysik der Sitten. Hamburg: Felix Meiner

Kant, Immanuel (1784), Idee zu einer allgemeinen Geschichte in weltbürgerlicher Absicht. Berlinische Monatsschrift, Nov. 1984, 385–411 (verfügbar unter https://www.projekt-gutenberg.org/kant/absicht/Kapitel1.html)

Kant, Immanuel (1795), Zum ewigen Frieden. Ein philosophischer Entwurf (zuerst 1795), in: Immanuel Kant, Schriften zur Geschichtsphilosophie, Ethik und Politik e-artnow/Amazon 2022

Kant, Immanuel (2011), Zur Kritik der praktischen Vernunft, Köln: Anaconda Verlag (zuerst 1788)

Kappeler, Andreas (2017), Ungleiche Brüder. Russen und Ukrainer vom Mittelalter bis zur Gegenwart, München: C.H.Beck

Kelsen, Hans (2018), Vom Wesen und Wert der Demokratie, Ditzingen: Reclam (zuerst 1920)

Kende, Istvan (1971), Twenty-Five Years of Local Wars, Journal of Peace Research 8(1), S. 5–22

Kennedy, John F. (1984), Der Weg zum Frieden, München/Zürich: Droemer Knaur (amerik. zuerst 1960)
Kennedy, Paul (2007), Aufstieg und Fall der großen Mächte. Ökonomischer Wandel und militärischer Konflikt von 1500 bis 2000, Frankfurt a.M.: Fischer Taschenbuch Verlag
Kennedy, Paul (2007), Parlament der Menschheit. Die Vereinten Nationen auf dem Weg zur Weltregierung, München: C.H.Beck
Kerschbaumer, Johannes (2000), Europa 2000 – neue Risiken, Unsicherheiten und Bedrohungsbilder, in: Hochleitner, Das europäische Sicherheitssystem zu Beginn des 21. Jahrhunderts, S. 21–31
Kersting, Wolfgang (2017), Globaler Rechtsfrieden – Immanuel Kants Entwurf eines ›ewigen Friedens, in: Werkner/Ebeling, Handbuch Friedensethik, S. 485–499
Khislavski, Gregory (2023), Russische Kriegssemantik zwischen GULAG-Trauma und Antiamerikanismus, in: Kuchler, Der Krieg in der Ukraine, S. 372–403
Klingholz, Reiner/Lutz Wolfgang (2016), Wer überlebt? Bildung entscheidet über die Zukunft der Menschheit. Frankfurt/New York: Campus
Knoblauch, Hubert (2010), Wissenssoziologie. Konstanz/München: UVK/Lucius
Koddenbrock, Kai (2022), Kapitalismus und Krieg, Wirtschaft und Gewalt. Fünf Thesen und ein Überblick. Wissenschaft und Frieden, H.4, S. 6–9
Kohnstamm, Max (1964) The European Community and its Role in the World, Columbia, MI: University of Missouri Press
König, Helmut/Manfred Sicking, Hg. (2004), Der Irak-Krieg und die Zukunft Europas, Bielefeld: transkript
Koschut, Simon (2011), Eine Gemeinschaft der Gemeinschaften. Konzeptionelle Überlegungen zur transatlantischen Sicherheitsgemeinschaft, Soziale Sicherheit und Frieden 29(4), S. 260–265
Kost, Andreas (2008), Direkte Demokratie. Wiesbaden: VS Verlag für Sozialwissenschaften
Krastev Ivan/Mark Leonard (2024), Wars and elections: How European leaders can maintain public support for Ukraine, European Council on Foreign Relations, Policy Brief (https://ecfr.eu/wp-content/uploads/2024/02/Wars-and-elections-How-European-leaders-can-maintain-public-support-for-Ukraine.pdf)
Krisai Paul/Miriam Beller (2023), Russland von innen, Wien: Zsolnay

Krone-Schmalz, Gabriele (2023), Russland verstehen? Der Kampf um die Ukraine und die Arroganz des Westens, Isenburg: Westend Verlag
Kruse, Volker (1999), »Geschichts- und Sozialphilosophie« oder »Wirklichkeitswissenschaft«? Die deutsche historische Soziologie und die logischen Kategorien René Königs und Max Webers. Frankfurt a.M.: Suhrkamp
Kruse, Volker (2017), Kriegsgesellschaftliche Moderne. Zur strukturbildenden Dynamik großer Kriege. Köln: Halem
Kübler, Lukas/Leggewie Claus/Nanz Patrizia (2021), Demokratische Innovation durch Bürgerräte, Aus Politik und Zeitgeschichte, 25.06.2021
Kuchler, Barbara (2013), Kriege. Eine Gesellschaftstheorie gewaltsamer Konflikte. Frankfurt a.M.: Campus
Kuchler, Barbara (2023a), Einleitung: Der Krieg in der Ukraine, in diess., Der Krieg in der Ukraine, S. 203–215
Kuchler, Barbara, Hg. (2023), Der Krieg in der Ukraine, Soziale Systeme 28/2
Kundera, Milan (2023), Der entführte Westen. Die Tragödie Mitteleuropas, Zürich: Kampa
Kutsenko, Olga (2006), Ukraine under societal transformation; Quo vadis? Ukrainian Sociological Review 2006–2007, S. 58–104
Kuzmics, Helmut/Haring Sabine (2013), Emotion, Habitus und Erster Weltkrieg. Soziologische Studien zum militärischen Untergang der Habsburger Monarchie, Göttingen: Vandenhoeck & Ruprecht
Lane, David (2006), Elites, classes, and civil society in the transformation of state socialism, Ukrainian Sociological Review 2006–2007, S. 25–44
Lane, David (2009), Russia's transition to capitalism: The rise of a world power? in Andrew Gamble/David Lane, eds., The European Union and World Politics. Consensus and Division, Houndmills, Basingstoke: palgrave macmillan, S. 58–78
Lang, Kai-Olaf (2003), Die baltischen Staaten vor den Toren von EU und NATO, Bonn: Friedrich-Ebert-Stiftung (https://library.fes.de/pdf-files/id/02 614.pdf, abgerufen am 25.11.2023).
Lange, Nico (2009), Taumelt die Ukraine am Abgrund? Konrad-Adenauer-Stiftung, Länderbericht Ukraine 11.03.2009 (https://www.kas.de/o/webfr iend-to-liferay-url-rest-endpoint/urlredirect/url/wf/doc/kas_15916-544-1 -30.pdf, abgerufen am 12.11.2023)
Larsen, Henrik (2002), The EU – A global military actor? Cooperation and Conflict 37(3), S. 243–360
Layne, Christopher (1994), Kant or Cant: The Myth of Democratic Peace. International Security 19(2), S. 5–49

Lebov, Richard N. (2010), Why Nations Fight: Past and Future Motives of War. Cambridge: Cambridge UP

Leidinger, Hannes/Verna Moritz/Berndt Schippler (2003), Schwarzbuch der Habsburger. Die unrühmliche Geschichte eines Herrscherhauses, Wien: Deuticke P. Zsolnay

Lenk, Kurt/Franke, Berthold (1987), Theorie der Politik. Eine Einführung. Frankfurt/New York: Campus

Leonhard, Jörn (2023), Über Kriege und wie man sie beendet, München: C.H.Beck

Lepsius, M. Rainer (1990), Interessen, Ideen und Institutionen. Opladen: Westdeutscher Verlag.

Lewada, Juri (1992), Die Sowjetmenschen 1989–1991. Soziogramm eines Zerfalls., Berlin: Argon.

Lichterman, Andrew (2022), The peace movement and the Ukraine war. Where to now? Journal for Peace and Nuclear Disarmament 5(1),185-197 (https://doi.org/10.1080/25751654.2022.2060634)

Lorenz, Chris (1997), Konstruktion der Vergangenheit. Eine Einführung in die Geschichtstheorie, Köln/Weimar/Wien: Böhlau

Losurdo, Domenico (2022), Eine Welt ohne Krieg. Die Friedensidee von den Verheißungen der Vergangenheit bis zu den Tragödien der Gegenwart. Köln: PapyRossa Verlag

Lottaz, Pascal (2022), Zum Ewigen Krieg: und über die Notwendigkeit der Deeskalation, in: Gärtner, Die Ukraine im Krieg, S. 184–201

Lüders, Michael (2021), Die scheinheilige Supermacht. Warum wir aus dem Schatten der USA heraustreten müssen, München: C.H.Beck

Ludwig, Bernd (2022), ›Realisten‹ und Idealisten. Eine Replik auf Roland Czada. Leviathan 50(3), 381–394

Machiavelli, Nicolò (2007), Der Fürst, Köln: Anaconda (italienisch: Il principe, um 1513)

MacMillan, Margaret (2020), War. How Conflict Shaped Us, London: Profile Books

Mann, Michael (1991/1998), Geschichte der Macht, 2 Bde., Frankfurt a.M.: Campus

Mann, Michael (2003), Die ohnmächtige Supermacht. Warum die USA die Welt nicht regieren können. Frankfurt/New York: Campus

Mann, Michael (2018), Have wars and violence declined? Theory and Society 47(1), S. 37–60

Marshall, Tim (2015), Die Macht der Geographie. Wie sich Weltpolitik anhand von 10 Karten erklären lässt, München: dtv (engl Prisoners of Geography 2015)

Masala, Carlo (2023), Bedingt Abwehrbereit. Deutschlands Schwäche in der Zeitenwende, München: C.H.Beck

Mason, Paul (2022), Faschismus. Und wie man ihn stoppt, Berlin: Suhrkamp

Mayntz, Renate/Brigitta Nedelmann (1987), Eigendynamische soziale Prozesse. Anmerkungen zu einem analytischen Paradigma, Kölner Zeitschrift für Soziologie und Sozialpsychologie, 39(4), S. 648–668

Mead, George H. (1968), Geist, Identität und Gesellschaft. Frankfurt a.M.: Suhrkamp

Mearsheimer, John H. (2003), The Tragedy of Great Power Politics, New York: W.W. Norton & Company

Mearsheimer, John H. (2014a), Putin reagiert. Warum der Westen an der Ukraine-Krise schuld ist, IPG Newsletter 01.09.2014 (https://www.ipg-journal.de/kommentar/artikel/putin-reagiert-560/, abgerufen am 22.11.2023)

Mearsheimer, John H. (2014b), Why the Ukraine Crisis is the West's Fault, Foreign Affairs 93(5), S. 77–89

Mearsheimer, John H. (2023), The Darkness ahead: Where the Ukraine war is headed (verfügbar unter https://mearsheimer.substack.com/p/the-darkness-ahead-where-the-ukraine, abgerufen am 12.03.2024)

Mearsheimer, John H. (2024), Bound to lose. Ukraine's 2023 Counteroffensive, verfügbar unter https://www.mearsheimer.com/opeds/bound-to-lose-ukraines-2023-counteroffensive/(abgerufen am 12.03.2024)

Merkel, Wolfgang et al. (2003/2006), Defekte Demokratien (2 Bde). Wiesbaden: VS Verlag

Merl, Stephan (2002), Entstalinisierung, Reformen und Wettlauf der Systeme 1953–1964, In: Stefan Plaggenborg u.a., Hg., Handbuch der Geschichte Russlands, Band 5/Teilband 2: 1945–1991. Vom Ende des Zweiten Weltkrieges bis zum Zusammenbruch der Sowjetunion, Stuttgart: Hiersemann, S. 175–203

Meyers, Reinhard (2011), Krieg und Frieden, in: Gießmann/Rinke, Handbuch Frieden, S. 21–50

Mills, C.W. (1956), The Power Elite, London: Oxford UP

Mishchuk, Zoriana/Roman Vlasenko (2023), Ukrainian refugees in Visegrad countries, Globsec (https://www.globsec.org/what-we-do/publications/ukrainian-refugees-visegrad-countries-societal-attitudes-and-challenges, abgerufen am 02.12.2023)

Mnookin, Robert H. (2010), Bargaining with the Devil. When to Negotiate. When to Fight, New York: Simon & Schuster
Mommsen, Margareta (2003), Wer herrscht in Russland? Der Kreml und die Schatten der Macht, München; C.H.Beck
Montesquieu, Charles L. de Secondat de (1965), Vom Geist der Gesetze. Stuttgart: Reclam (De l'esprit des loix 1748)
Müller, Albrecht (2009), Meinungsmache. Wie Wirtschaft, Politik und Medien uns das Denken abgewöhnen wollen, München: Droemer Knaur
Müller, Derek (1998), Die Aussen- und Sicherheitspolitik der Ukraine seit 1990/91, Zürich: Forschungsstelle für Sicherheitspolitik und Konfliktanalyse an der ETH
Müller, Henriette (2012), The Point of No Return. Walter Hallstein and the EEC Commission between Institutional Ambitions and Political Constraints, Les Cahier Europeen de Sciences Po No. 03/2012, Paris: Sciences Po, Centre d'études européennes
Müller, Wolfgang (2021), Die Haager ›Friedenskonferenzen 1899/1907 und die Blüte der Völkerrechtswissenschaft in Russland, in: Alma Hannig/Claudia Reichl-Ham, Hg., Zwischen Krieg und Frieden, Wien: Militaria Verlag, S. 254–270
Müller, Wolfgang (o.J.), Die UNO und ihre Generalsekretäre in der Epoche des Kalten Krieges, verfügbar unter: www.vogelsanginstitut.at/at/?page_id=3 186 (abgerufen am 21.03.2024)
Münkler, Herfried (2002), Die neuen Kriege, Reinbek: Rowohlt
Münkler, Herfried (2015), Der große Krieg. Die Welt von 1914 bis 1918, Reinbek: Rowohlt
Münkler, Herfried (2023), Welt in Aufruhr. Die Ordnung der Mächte im 21. Jahrhundert, Berlin: Rowohlt
Münnich, Sascha (2010), Interessen und Ideen: Die Entstehung der Arbeitslosenversicherung in Deutschland und den USA, Frankfurt/New York: Campus
Naßmacher, Hiltrud (1995), Politikwissenschaft. München/Wien: Oldenbourg
Nichols, Mary (1986), Kant's teaching of historical progress in its cosmopolitan goal, Polity 19(2), S. 194–212
Nohlen, Dieter, Hg. (1995), Wörterbuch Staat und Politik. Bonn: Bundeszentrale für politische Bildung
Nowak, Sandra (2005), Der Beitritt der Volksrepublik Polen in die NATO, verfügbar unter https://repozytorium.ukw.edu.pl/bitstream/handle/item/42 72/ (abgerufen am 10.11.2023)

Nowakowa, Zuzana (2017), Four dimensions of societal transformation. An introduction to the problematique of Ukraine, International Journal of Social Equality 7(2), 1–29

Nowicki, Jedrzey (2024), Ukraine Shock will last for generations. Photographs of how two years of war transformed a society, The Atlantic Febr. 23, 2024

Orbie, Jan (2006), Civilian power Europe. Review of original and current debates, Cooperation and Conflict 41(1), S. 123–128

Pachkovskyy, Yuriy (2022), Collective and individual trauma, ISA Global Dialogue 2(3) (https://globaldialogue.isa-sociology.org/articles/collective-and-individual-trauma)

Paniotto, Volodymyr (2020), The attitude of Ukraine's population to Russia and Russia's population to Ukraine (2008–2020), available at https://www.researchgate.net/publication/346254404_The_Attitude_of_Ukraine%27s_Population_to_Russia_and_Russia%27s_Population_to_Ukraine_2008-2020, abgerufen am 10.02.2024)

Pankevych, Ivan/Iryna Slovska (2020), Military conflict in Ukraine: Ukraine's challenge's and world's challenge's, Balkan Social Science Review 16 (Dec), 197–213

Piketty, Thomas (2014), Das Kapital im 21. Jahrhundert, München: C.H.Beck

Pohorila, Natalia (2015), Political/national identity in the regions of the Ukraine: Where is the center? Polish Political Science Review 41(1), S. 18–32

Popper, Karl R. (1973), Objektive Erkenntnis. Ein evolutionärer Entwurf, Hamburg: Hoffmann & Campe

Pradetto, August (2022), NATO oder Neutralität. Der Ukraine-Krieg und die europäische Sicherheitsordnung, in: Gärtner, Die Ukraine im Krieg, S. 202–214

Rahr, Alexander (1994), Russland, Ukraine, Weißrussland. Zwischen Reform und Restauration, in; Franz-Lothar Altmann/Edgar Hösch, Hg., Reformen und Reformer in Osteuropa, Regensburg: Friedrich Pustet, S. 179–202

Rauch, Carsten (2005), Die Theorie des demokratischen Friedens. Grenzen und Perspektiven. Frankfurt/New York: Campus

Rauchensteiner, Manfried (2013), Der Erste Weltkrieg und das Ende der Habsburgermonarchie 1914–1918, Wien: Brill Österreich

Rawls, John (1993), The Law of Peoples, Critical Inquiry 20, S. 36–68

Richards, Caspian (1999), A commentary on the ›Perpetual Peace‹ of Immanuel Kant, Journal for Interdisciplinary and Cross-Cultural Studies 2, L1-L6

Rifkin, Jeremy (2004), Der europäische Traum. Die Vision einer leisen Supermacht, Frankfurt a.M.; Fischer Taschenbuch Verlag

Rimoux, Frédéric (2015), Zwischen apriorischen Rechtsprinzipien und politischer Praxis. Phil. Dissertation, Universität Tübingen.
Risse, Thomas/Anja Jetschke/Hans P. Schmitz (2002), Die Macht der Menschenrechte. Internationale Normen, kommunikatives Handeln und politischer Wandel in den Ländern des Südens, Baden-Baden: Nomos
Risse, Thomas/Stephen Ropp/Kathryn Sikkink (1999), The Power of Human Rights, Cambridge: Cambridge UP
Rodrik, Dani (2011), The Globalization Paradox. Why Global Markets, States and Democracies Can't Coexist, Washington, DC: Institute for International Economics
Röper, Thomas (2023), Vladimir Putin: Sehr ihr, was ihr angerichtet habt? Gelnhausen: J. K. Fischer Verlag
Rosato, Sebastian (2003), The flawed logic of democratic peace theory, American Political Science Review 97/4, S. 585–602
Royen, Christoph (2000), Polens Mitgliedschaft in EU und NATO. Aus polnischen Fachzeitschriften 1999, SWP Zeitschriftenschau, 03/2000
Rüb, Matthias (2007), Jugoslawien unter Milosevic, in: Dunja Melcic (Hg.), Der Jugoslawienkrieg. Handbuch zu Vorgeschichte, Verlauf und Konsequenzen, Wiesbaden: VS Verlag für Sozialwissenschaften, S. 327–343
Russett, Bruce (1996), Grasping the Democratic Peace Theory. Principles for a Post-Cold War World. Princeton: Princeton University Press
Sarotte, Mary E. (2023), Nicht einen Schritt weiter nach Osten. Amerika, Russland und die wahre Geschichte der NATO-Osterweiterung, München: C. H. Beck
Sasse, Gwendolyn (2022), Der Krieg gegen die Ukraine. Hintergründe, Ereignisse, Folgen, München: C. H. Beck
Schattenberg, Susanne (2011), Das Ende der Sowjetunion in der Historiographie, APuZ (https://www.bpb.de/shop/zeitschriften/apuz/59630/das-ende-der-sowjetunion-in-der-historiographie/, abgerufen am 18.01.2024)
Scheer, Evelyn/Irina Serdyuk (2011) KulturSchock Ukraine, Bielefeld: Reise-Know-How Verlag
Schlichte, Klaus (2022), 3 x Ukraine: Zur Politischen Soziologie eines Angriffskriegs. Leviathan 50(3), S. 413–438
Schmidt, Dorothea (2023), Nukleare Zerstörungsarsenale und Versuche der Rüstungskontrolle seit den 1970er Jahren, PROKLA 53(213), S. 663–684
Schmidt, Hajo (1996), Kant und die Theorie der Internationalen Beziehungen. Zeitschrift für Internationale Beziehungen 3(1), S. 103–116
Schmidt, Manfred u.a., Hg., Der Wohlfahrtsstaat, Wiesbaden: VS Verlag

Schneckener, Ulrich (2016), Hybrider Krieg in Zeiten der Geopolitik? Zur Deutung und Charakterisierung des Donbass-Konfliktes, Politische Vierteljahresschrift 57(4), S. 586–613

Schörnig, Niklas (2017), Rüstung, Rüstungskontrolle und internationale Politik, in: Frank Sauer/Carlo Masala, Hg., Handbuch Internationale Beziehungen, Wiesbaden: Springer, S. 959–960

Schor-Tschudnowskaja, Anna (2011), Gesellschaftliches Selbstbewusstsein und politische Kultur im postsowjetischen Russland, Baden-Baden: Nomos

Schreiber, Wolfgang (2016), Der neue unsichtbare Krieg? Zum Begriff der hybriden Kriegsführung, Aus Politik und Zeitgeschichte 26.08.2016 (https ://www.bpb.de/shop/zeitschriften/apuz/232962/der-neue-unsichtbare-k rieg/, abgerufen am 22.11.2023)

Schröder, Martin (2011), Die Macht moralischer Argumente. Produktionsverlagerungen zwischen wirtschaftlichen Interessen und gesellschaftlicher Verantwortung. Wiesbaden: VS Verlag

Schulze-Wessel, Martin (2023), Der Fluch des Imperiums. Die Ukraine, Polen und der Irrweg in der russischen Geschichte, München: C.H.Beck

Schumacher, Juliane (2005), Krieg dem Heer? Über das antimilitaristische Element in Kants Friedenstheorie, MenschenRechtsMagazin, H.3, S. 273–281

Schützeichel, Rainer (2009), Neue Historische Soziologie, in: Georg Kneer/ Schroer, Markus, Hg., Handbuch Soziologische Theorien. Wiesbaden: VS Verlag für Sozialwissenschaften, S. 277–298

Senger, Harro von (2018), Moulüe – Supraplanung. Unerkannte Denkhorizonte aus dem Reich der Mitte, München: Hanser

Shifrinson, Joshua (2022), What is America's interest in the Ukraine War? The National Interest, October 30, 2022 (https://nationalinterest.org/feature/ what-americas-interest-ukraine-war-205555, abgerufen am 14.05.2024)

Simmel, Georg (1923), Der Streit, in ders., Soziologie. Untersuchungen über die Formen der Vergesellschaftung, München/Leipzig: Duncker & Humblot (Neuauflage Frankfurt a.M. 1992)

Simon, G. (2022), »Russlands Griff nach der Weltmacht«, Zeitschrift für Außen- und Sicherheitspolitik 15, S. 139–149

Singer, Peter (2016), One World Now. The Ethics of Globalization, New Haven: Yale University Press

Smith, Anthony D. (2001), Nationalism. Theory, Ideology, History, Cambridge: Polity Press

Snyder, Timothy (2011),Bloodlands. Europa zwischen Hitler und Stalin. C.H. Beck, München 2011

Spektor, Matias (2023), In defence of fence sitters, Foreign Affairs 102(3), S. 8–16
Spohn, Wilfried (1996), Zur Problematik und Entwicklung der neuen Historischen Soziologie. Berliner Journal für Soziologie 3, S. 363–376
Stivachtis, Yannis A./Chris Price/Mike Habegger (2013), The European Union as a Peace Actor, Review of European Studies 5(3), S. 4–16 (DOI: 10.5539/res.v5n3p4)
Stölting, Erhard (1990), Eine Weltmacht zerbricht. Nationalitäten und Religionen in der UdSSR, Frankfurt a.M.: Eichborn Verlag
Streeck, Wolfgang (2021), Zwischen Globalismus und Demokratie. Politische Ökonomie im ausgehenden Neoliberalismus, Berlin: Suhrkamp
Streeck, Wolfgang (2023), Die EU, die NATO und die nächste neue Weltordnung, Makroskop, 22.09.2023
Sullivan, Jake (2023), The Sources of American Power, Foreign Affairs, Nov./Dec. 2023, S. 8–29
Sungurovskyi Mykola/Aleksiy Meliyk (2023), War of attrition. Comparing Capabilities, Razumkov Centre, Analytical Report, September 2023 (https://www.newgeopolitics.org/2023/08/10/war-of-attrition-comparing-capabilities/, abgerufen am 02.12.2023)
Swoboda, Hannes (2022), Ukraine – Ursachen und Folgen eines Kriegs aus Revanche, in: Gärtner, Die Ukraine im Krieg, S. 220–237
Talos, Emmerich/Ernst Hanisch/Wolfgang Neugebauer, Hg. (2002), NS-Herrschaft in Österreich, Wien: Österreichischer Bundesverlag
Tardy, Thierry (2007), The European Union. From conflict prevention to »preventive engagement,« still a civilian power lacking a strategic culture, International Journal 62(3), S. 539–555
Tariq, Ali (2002), Fundamentalismus im Kampf um die neue Weltordnung, München: Wilhelm Heyne
Terhalle, Maximilian (2023), Die Theorie zum Krieg? Klassischer Realismus, Strategie und Russlands Angriffskrieg, Sirius 7(1), S. 80–86
Thies, Christian (2011), Kants Geschichtsphilosophie aus heutiger Sicht, in: O. Agard/F. Lartillot, Hg., Kant: l'anthropologie e l'histoire, Paris: L'Harmattan, S. 35–49
Thumann, Michael (2023), Revanche. Wie Putin das bedrohlichste Regime der Welt geschaffen hat, München; C.H.Beck
Tilly, Charles (1981), As Sociology Meets History. New York: Academic Press
Toggenburg, Gabriel N./Günther Rautz (2010), ABC des Minderheitenschutzes in Europa. Stuttgart: UTB

Tyushka, Andriy/Tracey German (2024), Ukraine's 10-point peace plan and the Kyiv Security Compact – An assessment, European Parliament, Policy Department for External Relations (https://www.europarl.europa.eu/RegData/etudes/STUD/2024/754444/EXPO_STU(2024)754444_EN.pdf, abgerufen am 08.04.2024)

Ulfkotte, Udo (2014), Gekaufte Journalisten. Wie Politiker, Geheimdienste und Hochfinanz Deutschlands Massenmedien lenken. Rottenburg: Kopp Verlag.

UNDP (2005), Proposals for the President, United Nations Development Progrmme, Blue Ribbon Report (https://carnegieendowment.org/files/BRCReport121204Eng2.pdf, abgerufen am 17.04.2024).

Unser, Günther (2004), Die UNO – Aufgaben, Strukturen, Politik, München: dtv

Vetschera, Heinz (2000), Grenzen und Möglichkeiten kooperativer Sicherheitspolitik in Europa am Beispiel der Organisation für Sicherheit und Zusammenarbeit in Europa (OSZE), in Erich P. Hochleitner, Hg., Das europäische Sicherheitssystem zu Beginn des 21. Jahrhunderts, Wien/Köln/Weimar: Böhlau Verlag, S. 93–151

Vetter, Nadine (2017), Josef Stalin: Der Einfluss seiner Sozialisation auf das außenpoolitische Handeln der Sowjetunion nach 1945, in: Gu/Ohnesorge, Politische Persönlichkeiten und ihre weltpolitische Bedeutung, S. 17–36

Vidal, Gore (2002), Ewiger Krieg für ewigen Frieden. Wie Amerika den Hass erntet, den es gesät hat. Hamburg: Europäische Verlagsanstalt

Vocelka, Michaela und Karl ((2015), Franz Joseph I. Kaiser von Österreich und König von Ungarn. 1830–1916, München: C.H.Beck

Vogelsang, Kai (2019), Geschichte Chinas, Stuttgart: Reclam

Volkov, Denis/Andrei Kolesnikov (2022), My country, right or wrong: Russian public opinion on Ukraine, Carnegie Endowment of International Peace (https://carnegieendowment.org/2022/09/07/my-country-right-or-wrong-russian-public-opinion-on-ukraine-pub-87803, abgerufen am 08.12.2023)

Wallace Claire/Florian Pichler/Christian Haerpfer (2012), Changing Patterns of Civil Society in Europe and America 1995–2005: Is Eastern Europe Different? East European Politics and Societies 26(1), S. 3–19

Walter, Franz (1996), Rußland und die NATO-Osterweiterung, Osteuropa 46(8), S. 741–757

Weber, Marianne (1984), Max Weber. Ein Lebensbild, Tübingen: J.C.B. Mohr (zuerst 1926)

Weber, Max (1964), Wirtschaft und Gesellschaft. Grundriss der verstehenden Soziologie (2 Bände). Köln/Berlin: Kiepenheuer & Witsch

Weber, Max (1973), Die ›Objektivität‹ sozialwissenschaftlicher Erkenntnis (zuerst 1904), in: ders., Soziologie – Universalgeschichtliche Analysen – Politik. Stuttgart: Kröner, S. 186–262

Weber, Max (1988a), »Die Wirtschaftsethik der Weltreligionen. Vergleichende religionssoziologische Untersuchungen, in: ders., Gesammelte Aufsätze zur Religionssoziologie I. Tübingen: Mohr Siebeck/UTB, S. 536–573

Weber, Max (1988b), Deutschland unter den europäischen Weltmächten, in: ders., Gesammelte politische Schriften. Tübingen: Mohr Siebeck/UTB, S. 157–177 (zuerst 1916)

Weber, Max (1988c), Gesammelte Aufsätze zur Religionssoziologie I, Tübingen: J.C.B.Mohr/UTB

Weck, Roger de/2020), Die Kraft der Demokratie. Eine Antwort auf die autoritären Reaktionäre. Berlin: Suhrkamp.

Weissensteiner, Friedrich (2009), Die großen Herrscher des Hauses Habsburg. 700 Jahre europäische Geschichte, München/Zürich: Piper

Wendland, Anna V. (2022), Zur Gegenwart der Geschichte im russisch-ukrainischen Krieg, Aus Politik und Zeitgeschichte 08.07.2022 (https://www.bpb.de/shop/zeitschriften/apuz/krieg-in-europa-2022/510255/zur-gegenwart-der-geschichte-im-russisch-ukrainischen-krieg/, abgerufen 18.11.2023)

Wengeler, Martin (2023), Reden über den Krieg. Einige Anmerkungen zu Kontinuitäten im Sprechen über Krisen, Kriege und Aufrüstung, APuZ, 06.03.2023

Werkner, Ines-Jacqueline/Ebeling, Klaus, Hg. (2017), Handbuch Friedensethik. Wiesbaden: Springer Fachmedien

Wilcox, Clyde/Lara Hewitt/Dee Alsop (1996), The gender gap in attitudes toward the Gulf War. A cross-national perspective, Journal of Peace Research 33(1), S. 67–82

Wilhelm, Andreas (2017), Diplomatie und internationale Politik, in Frank Sauer/Carlo Masala, Hg., Handbuch Internationale Beziehungen, Wiesbaden: Springer, S. 881–990

Willaschek, Marcus (2023), Kant. Die Revolution des Denkens, München: C.H.Beck

Winkler, Heinrich A. (2019), Werte und Mächte. Eine Geschichte der westlichen Welt, München: C.H.Beck

Wintersteiner, Werner (2022), Friedenspolitik auf dem Prüfstand. Nachdenken über den Ukrainekrieg, in: Gärtner, Die Ukraine im Krieg, S. 267–281

Wolf, Klaus D. (2016), Die UNO – Geschichte, Aufgaben, Perspektiven, München: C.H.Beck

Wolkow, Leonid (2023), Putinland. Der imperiale Wahn, die russische Opposition und die Verblendung des Westens, München: Droemer Knaur

Zavarsky, Clemens (2011), Politik und Militär im 1. Weltkrieg am Beispiel von Österreich-Ungarn, Politikwissenschaftliche Magisterarbeit, Universität Wien

Zhurzhenko, Tatiana (2002), The myth of two Ukraines, Wien: Institut für die Wissenschaften vom Menschen (https://www.iwm.at/publication/trnsit-online/the-myth-of-two-ukraines, abgerufen am 23.12.2023)

Zielonka, Jan (1998), Explaining Euro-Paralysis. Why Europe is Unable to Act in International Politics, Houndmills: palgrave

Zumach, Andreas (2021), Reform oder Blockade – welche Zukunft hat die UNO? Zürich: Rotpunktverlag

Zur, O. et al. (1985), Men, women and war: Gender differences in attitudes towards war, Paper presented at the Meeting of the Western Psychological Association, San Jose 1985 (ERIC – ED261949 – Men, Women and War: Gender Differences in Attitudes towards War., 1985-Apr, abgerufen am 03.01.2024)

Zürn, Michael (1998), Regieren jenseits des Nationalstaates? Globalisierung und Denationalisierung als Chance, Frankfurt a.M.: Suhrkamp

Zürn, Michael (2022), Macht Putin den (Neo-)Realismus stark? Leviathan 50(3), S. 395–412

Anmerkungen

Vorwort

1 Das Bundesministerium für Bildung, Wissenschaft und Forschung hat dazu eine Dokumentation veröffentlicht; vgl. https://www.geistes-und-s ozialwissenschaften-bmbf.de/de/hintergruende-ukraine-2552.html (abgerufen am 28.01.2024).
2 Ein Beispiel für ein umfangreiches Werk ist S. Dembithskyi et al., eds., Ukrainian Society in Wartime, Kyiv 2022, Institute of Sociology of the National Academy of Sciences of Ukraine, mit drei Dutzend Beiträgen auf 400 Seiten (in Ukrainisch).
3 Einen kurzen, konzisen Überblick über die wichtigsten Theorien in Politikwissenschaft und Soziologie liefert Barbara Kuchler (2023), Einleitung: Der Krieg in der Ukraine.
4 Harari (2018), Eine kurze Geschichte der Menschheit, S. 295.
5 Vgl. dazu auch Anderson-Gold/Muchnik (2010), Kant's Anatomy of Evil.
6 Vgl. Arnold Suppan, Warum muss Österreich die Ukraine unterstützen?, Die Presse, 7.1.2023.

Einleitung

1 Eine meiner Interviewpartnerinnen im April 2024 in Kiew berichtete, sie sei von einer Bekannten aus Australien angerufen worden mit der Mitteilung, die Russen seien in die Ukraine einmarschiert.
2 Zitiert nach https://de.wikipedia.org/wiki/Russische_Ostasienpolitik (abgerufen am 01.05.2024).

3 Zum Krieg vgl. Winkler (2019), Werte und Mächte, S. 225; zum Überblick siehe auch https://de.wikipedia.org/wiki/Russisch-Japanischer_Krieg (abgerufen am 01.05.2024).
4 Kennedy (1989), Aufstieg und Fall der großen Mächte, S. 330ff.
5 Zur Geschichte des Ersten Weltkrieges vgl. Clark (2013), Die Schlafwandler; Münkler (2013), Der große Krieg; Rauchensteiner (2013), Der Erste Weltkrieg und das Ende der Habsburgermonarchie 1914–1918. Eine gute Übersicht findet sich in https://de.wikipedia.org/wiki/Erster_Weltkrieg (abgerufen am 02.05.2024).
6 Hanisch (1994), Der lange Schatten des Staates, S. 236.
7 Vgl. Vocelka (2015), Franz Joseph I., S. 353.
8 Das Völkermanifest ist verfügbar unter https://wk1.staatsarchiv.at/diplomatie-zwischen-krieg-und-frieden/voelkermanifest-kaiser-franz-josephs-1914/ (abgerufen am 02.05.2024).
9 Winkler (2019), Werte und Mächte, S. 234.
10 Fest (2004), Hitler. Eine Biografie.
11 Josef Kirchengast, Das Österreich des Widerstands. Der französische Historiker Jean Sévillia würde in einem neuen Buch die Österreicher, die sich Hitler wiedersetzt haben, Der Standard 4.5.2024.
12 Talos et al. (2002), NS-Herrschaft in Österreich.
13 Vgl. dazu https://www.planet-wissen.de/geschichte/deutsche_geschichte/flucht_und_vertreibung/fluechtlingsstroeme-106.html (abgerufen am 02.05.2024).
14 Vgl. https://de.wikipedia.org/wiki/N%C3%BCrnberger_Prozesse (abgerufen am 02.05.2024).
15 Man kann auch den Einmarsch der sowjetischen und anderer Truppen der Hitler-Gegner in die von Nazideutschland beherrschten Länder und Deutschland als Invasion bezeichnen. Völkerrechtswidrig war auch die faktische Beherrschung der osteuropäischen Staaten durch die UdSSR von 1945 bis 1989. Völkerrechtlich hatte die Invasion von Hitler-Deutschland jedoch einen weit eher legitimierten Status, da es sich bei ihnen um einen Verteidigungskrieg gegen ein verbrecherisches Regime handelte.
16 Vgl. für eine Übersicht https://de.wikipedia.org/wiki/Ungarischer_Volksaufstand (abgerufen am 16.05.2024).
17 Vgl. für eine Übersicht https://de.wikipedia.org/wiki/Prager_Fr%C3%BChling (abgerufen am 16.05.2024).
18 Zum Überblick vgl. https://de.wikipedia.org/wiki/Krieg_in_Afghanistan_(1979%E2%80%931989) (abgerufen am 02.05.2024).

19 Botscharow (1991), Die Erschütterung Afghanistan. Das sowjetische Vietnam.
20 Zu den Afghanistankriegen vgl. Tariq (2002), Fundamentalismus im Kampf um die Weltordnung; Lüders (2021), Die scheinheilige Supermacht; Ganser (2022), Illegale Kriege; zum Überblick vgl. https://de.wikipedia.org/wiki/Krieg_in_Afghanistan_2001%E2%80%932021 (abgerufen am 02.05.2024).
21 Kennedy (189), Aufstieg und Fall der großen Mächte, S. 322.
22 Hanisch (1994), Der lange Schatten des Staates, S. 212.
23 Winkler (2019), Werte und Mächte, S. 218.
24 Winkler (2019), Werte und Mächte, S. 228.
25 Clausewitz (1963), Vom Kriege, S. 240.

Kapitel 1: Die schwierige Geburt der ukrainischen Nation

1 Zitiert nach Die deutsche Gedichtebibliothek, https://gedichte.xbib.de/gedicht_Schewtschenko%2C+Taras.htm (abgerufen am 18.12.2023)
2 Für eine engagierte, kritische Darstellung dieser Geschichte vgl. Kaczmar (o.J.), The sad history of the »two« Ukraines.
3 Pachkovskyy (2022), Collective and individual traumata.
4 Arel/Ruble (2006), Rebounding Identities. The Politics of Ukraine and Russia; vgl. auch Hrytsak (2023), Ukraine.
5 Mearsheimer (2003), The Tragedy of Great Power Politics.
6 Das Chasarenreich, das vom 9. bis zum 11. Jahrhundert bestand, erstreckte sich entlang von Wolga und Dnjepr von der heutigen Westukraine bis zum Aralsee im Osten und von Südrussland bis in den Kaukasus. Besonders bemerkenswert an diesem Reich war, dass seine führende Elite zur jüdischen Religion übertrat. Es gibt eine Theorie, wonach ein Großteil der Juden in Europa aus diesem Reich stammte, also keine Juden im ethnischen Sinne sind.
7 Vgl. Jobst, Geschichte der Ukraine in https://de.wikipedia.org/wiki/Geschichte_der_Ukraine (abgerufen am 18.12.2023).
8 Vgl. Gasimov (2010), »Mova« und »Jazyk«: Die Sprachenfrage in der Ukraine.
9 Vgl. dazu u.v.a. Anthony Smith (1986), The Ethnic Origin of Nations; Haller (1996), Identität und Nationalstolz der Österreicher.

10 Vgl. dazu Arel/Ruble (2006), Rebounding Identities. The Politics of Identity in Russia and the Ukraine; Davies (2023), Die Ukraine in Europa.
11 Als Referenzen für die Geschichte der Ukraine dienten mir: Kappeler (2017), Ungleiche Brüder. Russen und Ukrainer; Jobst (2022), Geschichte der Ukraine; vgl. auch Geschichte der Ukraine im Überblick, Bundeszentrale für politische Bildung, https://www.bpb.de/shop/zeitschriften/izpb/info-aktuell/209719/geschichte-der-ukraine-im-ueberblick/ (abgerufen am 19.10.2023). Einen informativen Abriss gibt auch Sasse (2022), Der Krieg gegen die Ukraine, S. 25–40.
12 Vgl. Arel/Ruble (2006), Rebounding Identities, S. 335.
13 Scheer/Serdyuk (2011), Kulturschock Ukraine, S. 51ff.
14 Kappeler (2017), Ungleiche Brüder, S. 97ff.
15 Scheer/Serdyuk (2011), Kulturschock Ukraine, S. 27.
16 Vgl. Scheer/Serdyuk (201), Kulturschock Ukraine, S. 65; für eine Übersicht vgl. https://de.wikipedia.org/wiki/Taras_Schewtschenko (abgerufen am 18.10.2023).
17 Vgl. Arel/Ruble (2006), Rebounding Identities.
18 Vgl. Pohorila (2015), Political/national identity in the regions of the Ukraine.
19 Vgl. Zhurzhenko (2002), The myth of two Ukraines.
20 Kappeler (2017), Ungleiche Brüder – Russen und Ukrainer, S. 113ff.
21 Vgl. dazu allgemein Haller (2010), Nationale Identität und Nationalstolz im Zeitalter der Globalisierung; Haller (2011), Values and Interests in Processes of Macro-Regional Integration.
22 Snyder (2011), Bloodlands. Europa zwischen Hitler und Stalin, München; C.H.Beck.
23 Vgl. Buller et al. (2017), Contemporary Socio-Economic Issues of Polish-Ukrainian Cross-border Cooperation.
24 Eigendorf (2022), Putins Russland, S. 63.ff.
25 Schulze-Wessel (2023), Der Fluch des Imperiums.
26 Vgl. für eine konzise, kritische Zusammenfassung aus ukrainischer Sicht Kaczmar (o.J.), The sad history of the »two« Ukraines.
27 Vgl. Holodomor: Remnants of Ukraine's silent massacre, BBD-News. 23.11.2013.
28 Historisch ist die Frage, ob es sich um einen geplanten Völkermord handelte, umstritten, wenngleich die Verantwortung der Sowjetführung in Moskau außer Frage steht. Vgl. dazu auch Jobst (2022), Geschichte der

Ukraine, S. 209ff.; https://de.wikipedia.org/wiki/Holodomor (abgerufen am 18.12.2023).
29 Markus Pöhlmann, Raum (2022), Operationen und Besatzungsherrschaft in der Ukraine im Zweiten Weltkrieg, https://zms.bundeswehr.de/de/zm sbw-dossier-ukraine-poehlmann-zweiter-weltkrieg-5427778 (abgerufen am 10.03.2024).
30 Vgl. dazu auch Davies (2023), Die Ukraine in Europa, S. 144ff.
31 Jobst (2022), Geschichte der Ukraine, S. 209.
32 Jobst (2022), Geschichte der Ukraine, S. 248.
33 Sasse (2022), Der Krieg in der Ukraine, S. 46ff.
34 Hayoz/Stepanenko (2023), The social organization of war: Ukrainian and Russian societies mobilized for war.
35 Vgl. dazu auch Rainer Lindner, Essay: Unvollendete Transformation, Bundeszentrale für politische Bildung 15.09.2011, https://www.bpb.de/t hemen/europa/ukraine-analysen/70456/ (abgerufen am 19.12.2023).
36 Vgl. Ukraine in https://www.google.com/search?client=firefox-b-e&q=u kraine (abgerufen am 19.12.2023); die Datenquelle ist meist die Weltbank.
37 Vgl. Arel/Ruble (2006), Rebounding Identities.
38 Der Autor war über diesen Zustand bei seinem Besuch im April 2024 geradezu schockiert. Die wenigsten der schönen Häuser sind renoviert, die Straßen mit groben Pflastern versehen, viele Straßenbahnen und Autobusse dürften aus den 1950er und 1060er Jahren stammen.
39 Fabian Nemitz, Struktur der Landwirtschaft, Germany Trade and Invest 08.09.2023, https://www.gtai.de/de/trade/ukraine/branchen/struktur-d er-landwirtschaft-640164 (abgerufen am 16.05.2024).
40 Kutsenko (2006), Ukraine under societal transformation.
41 Scheer/Serdyuk (2011), Kulturschock Ukraine, S. 117ff. im internationalen Vergleich war die wirtschaftliche Ungleichheit in der Ukraine um 2000 eher niedrig (Gini-Koeffizient 28 bis 38). Es handelte sich dabei aber wohl um ein Modell einer Schichtstruktur mit einer breiten, relativ armen Bevölkerung und einem kleinen Anteil Reicher; vgl. Haller (2015), Ethnic Stratification and Economic Inequality around the World, S. 6.
42 Johnson/Melnikov (2009), The wisdom of distrust.
43 Vgl. Golovakha/Panina (2006), Main stages and tendencies in transformation of Ukrainian society.
44 Vgl. Golovakha/Panina (2006), Main stages and tendencies in transformation of Ukrainian society.

45 Global Competitiveness Report, https://de.wikipedia.org/wiki/Global_C ompetitiveness_Report (abgerufen am 16.05.2024).
46 Vgl. Wirtschaft in der Ukraine, Landeszentrale für politische Bildung Baden-Württemberg, https://www.lpb-bw.de/ukraine-wirtschaft (abgerufen am 19.12.2023).
47 Mattia Nelles, Wes Brot ich ess, des Lied ich sing. China, Russland und die Ukraine, Osteuropa 7–9/2023, https://zeitschrift-osteuropa.de/he fte/2023/7-9/wes-brot-ich-ess-des-lied-ich-nicht-sing/ (abgerufen am 19.12.2023).
48 Vgl. Alexiy Haran, Wie hat sich die Ukraine seit der Unabhängigkeit entwickelt, Bundeszentrale für politische Bildung 04.10.2021, https://ww w.bpb.de/themen/europa/ukraine-analysen/341251/kommentar-wie-hat -sich-die-ukraine-seit-der-unabhaengigkeit-entwickelt/ (abgerufen am 19.12.2023).
49 Kutsenko (2006), Ukraine under societal transformation.
50 Haran, Wie hat sich die Ukraine entwickelt (s. Fußnote oben).
51 Vgl. https://de.statista.com/statistik/daten/studie/232387/umfrage/gesa mtbevoelkerung-in-der-ukraine/ (abgerufen am 19.12.2023).
52 Blagermann (2010), Ukraine. Immigration und Emigration seit 1991.
53 Dolinska (2019), Socioeconomic costs of systemic transformation in Ukraine.
54 Abbott/Sapsford (2006), Life-satisfaction in post-Soviet Russia and Ukraine.
55 Anna Melnik/Dzvenyslava Hryniv/Khrysttyna Petrynka (2023), Discovering Happiness, https://voxukraine.org/en/discovering-happiness-iden tification-of-key-determinants-of-life-satisfaction-among-ukrainians (abgerufen am 19.12.2023).
56 Vgl. https://hdr.undp.org/data-center/human-development-index#/ind icies/HDI (abgerufen am 19.12.2023).
57 Aus dem Buchumschlag von Hrytsak (2023), Ukraine. The Forging of a Nation.
58 Eigendorf (2023), Putins Krieg.
59 Kerschbaumer (2000), Europa 2000 – neue Risiken, Unsicherheiten und Bedrohungsbilder.
60 Kundera (2023), Der entführte Westen. Die Tragödie Mitteleuropas.

Kapitel 2: (Westliche) Erklärungen und Narrative zu Putins Überfall auf die Ukraine

1 Zitiert in Reich des Bösen, https://de.wikipedia.org/wiki/Reich_des_B%C3%B6sen (abgerufen am 17.01.2024).
2 Zitiert in Andra Kucera/Alan Cassidy/Alain Berset, Ich spüre heute in gewissen Kreisen einen Kriegsrausch; Neue Zürcher Zeitung am Sonntag, 11.03.2023.
3 So in einem Zeitungsglosse: »Keiner will einen echten Krieg. Warum wir auf das Säbelrasseln der Großmächte rund um die Ukraine nicht hereinfallen sollten«, Wiener Zeitung, 15.02.2022, S. 12.
4 Vgl. dazu Wintersteiner (2022), Friedenspolitik auf dem Prüfstand.
5 Vgl. Hilpold (2014), Die Ukraine-Krise aus völkerrechtlicher Sicht; Hilpold (2023), Justifying the Unjustifiable.
6 Francis Fukuyama (2022), Das Ende der Geschichte.
7 Huntington (1988), Kampf der Kulturen.
8 So Nazar Gorin (2022), Soviet Economic Integration or Industrial Colonialism? Heinrich Böll Stiftung, Kiew, https://ua.boell.org/en/2022/09/01/soviet-economic-integration-or-industrial-colonialism (abgerufen am 11.03.2024).
9 Vgl. Alexandr Danilzew, Russlands Handelsbeziehungen zur Ukraine: Verschenktes Potential und sinkende Attraktivität, Bundeszentrale für politische Bildung, 26.06.2017.
10 Ludwig, Bernd (2022), ›Realisten‹ und Idealisten.
11 Vgl. Bundeszentrale für politische Bildung, Gewaltsame Konflikte und Kriege – aktuelle Situation und Trends, https://www.bpb.de/themen/kriege-konflikte/dossier-kriege-konflikte/54569/gewaltsame-konflikte-und-kriege-aktuelle-situation-und-trends/ (abgerufen am 23.10.2023).
12 Vgl. Kaldor (2007), Neue und alte Kriege.
13 Vgl. Schneckener (2016), Hybrider Krieg in Zeiten der Geopolitik?; Schreiber (2016), Der neue unsichtbare Krieg?.
14 Vgl. dazu insbesondere Thumann (2023), Revanche.
15 Eine sehr zutreffende kritische Analyse dieser Rede verfasste Wilma R. Albrecht in SOZIOLOGIE HEUTE, Dezember 2022, S. 7–10.
16 Vgl. dazu Zeitenwende im verteidigungspolitischen Meinungsbild, https://zms.bundeswehr.de/de/zeitenwende-im-verteidigungspolitischen-meinungsbild-5497508 (abgerufen am 05.08.2023).
17 Vgl. dazu Rahr (1994), Russland, Ukraine, Belarus.

18   Wengeler (2023), Reden über den Krieg.
19   Lutherbibel, Matthaeus 24:6.
20   Man spricht von einer »neorealistischen Theorie«, weil eine erste Version davon bereits in den 1930er Jahren entwickelt worden war. Vgl. auch Naßmacher (1975), Politikwissenschaft, S. 327–344; Creveld (2000), Frauen und Krieg; zum Einstieg https://de.wikipedia.org/wiki/Realismus_(Internationale_Beziehungen) und https://de.wikipedia.org/wiki/Kenneth_Waltz (beide abgerufen am 24.03.2021).
21   Machiavelli (2007), Der Fürst, S. 58.
22   Vgl. https://de.statista.com/statistik/daten/studie/157935/umfrage/laender-mit-den-hoechsten-militaerausgaben/ (abgerufen am 23.10.2023).
23   Barbara Kuchler (2023, Einleitung: Der Krieg in der Ukraine) argumentiert, man könne aus der realistischen Theorie sehr unterschiedliche praktische Folgerungen im Hinblick auf den Ukrainekrieg ziehen, sowohl jene nach mehr westlicher Aufrüstung wie nach einer Eindämmung dieser, um nicht weltpolitische Spannungen weiter aufzuheizen. Dies ist sicher richtig. Dem Autor scheint aber, dass die einflussreichsten ersten Theoretiker dieses Ansatzes, wie auch ihre ›Anwender‹, eindeutig die erste Folgerung zogen.
24   Zitiert nach Lüders (2021), Die scheinheilige Supermacht, S. 123.
25   Vgl. Dazu die differenzierten Ausführung von Michael Zürn (2022), Macht Putin den (Neo-)Realismus stark?
26   Vgl. »Unser Europa kann sterben«, Der Spiegel 25.4.2024.
27   Vgl. Kang (2002), Understanding the Ukrainian conflict from the perspective of post-Soviet decolonization.
28   Vgl. dazu Clark (2013), Die Schlafwandler.
29   Vgl. Braml/Burros (2023), Die Traumwandler.
30   Wolfgang Benz, Pazifismus in Deutschland.
31   Zitiert in Weltmeister im Pazifismus, taz 27.07.2022, https://taz.de/Intellektuelle-zum-Krieg-in-der-Ukraine/!5867320/ (abgerufen am 08.02.2023).
32   Vgl. dazu Hinsch (2017), Die Moral des Krieges.
33   Mogens Glistrup in https://de.wikipedia.org/wiki/Mogens_Glistrup (abgerufen am 17.01.2024).
34   Terhalle (2023), Die Theorie zum Krieg.
35   Zit. in Terhalle, Die Theorie zum Krieg, S. 83.
36   Vgl. Masala (2023), Bedingt abwehrbereit.

37 Markus Langenstraß, Was meint der Verteidigungsminister mit »kriegstüchtig« werden?, BR24, 31.10.2023.
38 Die Presse, 29.03.2024; t-online, 30.03.2024.
39 So der Kieler Ökonom Moritz Schularik (Aufrüsten für den Wohlstand) in Der Spiegel Nr. 14, 28.03.2024. Auch der renommierte österreichische Journalist Peter Michael Lingens propagiert diese These; so in »Rüstung macht die EU sicherer und reicher«, Der Falter 13/2024.
40 Vgl. Schlichte (2022), 3 x Ukraine.
41 Vgl. als Einstiegsinformation den Artikel https://de.wikipedia.org/wiki/Ochrana (abgerufen am 17.05.2024).
42 Khislavski (2023), Russische Kriegssemantik zwischen GULAG-Trauma und Antiamerikanismus.
43 Eigendorf (2022), Putins Krieg, S. 167.
44 Belton (2022), Putins Netz.
45 Vgl. Münkler (2015), Der große Krieg, S. 216.
46 Weber (1988b), Deutschland unter den europäischen Weltmächten, S. 132.
47 Vgl. die Dokumentation dazu inklusive des Wortlautes in https://de.wikipedia.org/wiki/Reich_des_B%C3%B6sen (abgerufen am 15.5.2024).
48 Vgl. Lüders (2021), Die scheinheilige Supermacht.
49 Goehrke et al. (1973), Russland, S. 75ff.
50 Wolkow (2023), Putinland, S. 18f.
51 Vgl. Lewada (1992): Die Sowjetmenschen 1989–1991; Haller (2015), Ethnic Stratification and Socioeconomic Inequality around the World, S. 187–207.
52 Michael Thumann, Opfer des staatliche geförderten Hasses, Zeit.de, 28.02.2015.
53 Kommt nun die Festnahmewelle?, Tagesspiegel 05.03.2024
54 Vgl. dazu Geld in die Müllgrube werfen, Der Spiegel 23/1991 https://www.spiegel.de/politik/geld-in-die-muellgrube-werfen-a-9bff685c-0002-0001-0000-000013487616 (abgerufen am 20.06.2023).
55 Vgl. dazu und zum Folgenden im Text oben Goehrke et al. (1973), Russland, S. 246–258.
56 Vgl. Goehrke et al. (1973), Russland, S. 266ff.
57 Dieser Satz stammt vom Historiker H.W. Chamberlin (Die Russische Revolution, veröffentlicht 1858), zitiert in Goehrke et al. (1973), Russland, S. 271.

58 Vgl. Lewada (1992), Die Sowjetmenschen 1989–1991. Soziogramm eines Zerfalls. Zu Lewada vgl. https://en.wikipedia.org/wiki/Yuri_Levada (abgerufen am 31.12.2023).
59 Lewada (1992), Die Sowjetmenschen, S. 295.
60 Vgl. Haerpfer (2002), Democracy and Enlargement in Post-Communist Europe.
61 Wallace et al. (2012), Changing Patterns of Civil Society in Europe and America 1995–2005.

Kapitel 3: Immanuel Kants Theorie von Krieg und Frieden

1 Aus Kant (1795), Vom Ewigen Frieden, S. 108.
2 Dies ist auch die Auffassung von Volker Gerhardt (2023), dessen *Aufsatz Das Neue in Kants Theorie des Friedens* wohl die konziseste Zusammenfassung von Kants Friedenstheorie darstellt. Kant befasste sich auch in anderen Werken mit dem Thema Krieg, so in der Metaphysik der Sitten und im Essay Idee zu einer allgemeinen Geschichte in weltbürgerlicher Absicht.
3 Näheres dazu in Haller (2022), Die revolutionäre Kraft der Ideen, S. 127–228; Haller (2024), Radikale Werte, S. 59–156.
4 Eine sehr gute Übersicht über die ideengeschichtlichen Vorläufer findet sich in der Einleitung zur englischen Ausgabe von *Eternal Peace*, erschienen in London 1903. Sie ist verfügbar unter https://www.gutenberg.org/files/50922/50922-h/50922-h.htm (abgerufen am 15.06.2023).
5 Vgl. dazu Domenico Losurdo (2022), Eine Welt ohne Krieg; Haller (2024), Radikale Werte, S. 187–222.
6 Vgl. Rimoux (2022), Kants Rechtstheorie vom Weltfrieden.
7 Hier seien nur erwähnt Rauch (2005), Die Theorie des demokratischen Friedens; Höffe (2011), Immanuel Kant; Gerhardt (2023), Das Neue in Kants Theorie des Friedens; für Literaturüberblicke vgl. https://de.wikipedia.org/wiki/Zum_ewigen Frieden und https://en.wikipedia.org/wiki/Democratic_peace_theory (beide abgerufen am 01.08.2023).
8 Das erscheint auch gar nicht notwendig, da sich sehr viele dieser Arbeiten doch weitgehend auf eine Darstellung der Thesen von Kant beschränken.
9 Zu diesem wirklichkeitswissenschaftlichen Ansatz in der Soziologie vgl. Weber (1973), Die Objektivität sozialwissenschaftlicher Erkenntnis; Lepsius (1990), Ideen und Interessen; Kruse (1999), Geschichts- und Sozialphi-

losophie; Haller (2003), Soziologische Theorie im systematisch-kritischen Vergleich.

10 Vgl. dazu Tilly (1981), As Sociology meets History; Mann (1990ff.), Geschichte der Macht; Spohn (1996), Zur Problematik und Entwicklung der neueren historischen Soziologie; Schützeichel (2009), Neue historische Soziologie.

11 Zur Darstellung der Theorie von Kant vgl. Russett (1996), Grasping the democratic peace theory; Richards (1999), A commentary...; Höffe (2001), Königliche Völker; Rauch (2005), Die Theorie des demokratischen Friedens; Brock (2011), Frieden und Demokratie ; Kersting (2017), Globaler Rechtsfrieden; De Federicis (2018), Kant's Theorie der Demokratie; Losurdo (2022), Eine Welt ohne Krieg; Willaschek (2023), Kant; kritisch gegenüber Kant Layne (1994), Kant or Cant; Habermas (1995), Kants Idee des ewigen Friedens; Schmidt (1996), Kant und die Theorie der internationalen Beziehungen.

12 Vgl. dazu Layne (1994), Kant or Cant; Farber/Gowa (1997), Common interests or common politics?; Rosato (2003), The flawed logic of democratic peace theory; Geis et al. (2007), Schattenseiten des Demokratischen Friedens; zusammenfassend Rauch (2005), Die Theorie des demokratischen Friedens, S. 41–62.

13 Vgl. Piketty (2014), Das Kapital im 21. Jahrhundert, S. 156ff., 357–361.

14 Mead (1968), Geist, Identität und Gesellschaft; Münnich (2010), Interessen und Ideen; Haller (2022), Die revolutionäre Kraft der Ideen, S. 78–92.

15 Boudon (2013), The Origin of Values.

16 Richards (1999), A commentary on the ›Perpetual Peace‹ of Immanuel Kant; Höffe (2001), Königliche Völker; Haller (2022), Die revolutionäre Kraft der Ideen, S. 279–366.

17 Vgl. Willaschek (2023), Die Revolution des Denkens, S. 37.

18 Kant (1962), Grundlegung zur Metaphysik der Sitten, S. 30.

19 Der Begriff »Demokratie« ist für Kant, wie andere Denker seiner Zeit und auch schon für griechische politische Philosophen, negativ behaftet; darunter wurde eine vom »Pöbel« gesteuerte, meist diktatorische Regierung verstanden. Dieser Aspekt kommt auch im aktuellen Begriff der plebiszitären Demokratie zum Ausdruck.

20 Cederman (2001), Back to Kant; Rauch (2005), Die Theorie des demokratischen Friedens; Arnold (2006), Eine unvollendete Aufgabe.

21 Layne (1994), Kant or Cant; Rosato (2003), The flawed logic of democratic peace theory; zusammenfassend Rauch (2005), Die Theorie des demokratischen Friedens, S. 41–62.
22 Rosato (2003), The flawed logic of democratic peace theory.
23 Vgl. Rauch (2005), Die Theorie des demokratischen Friedens; ferner auch Russett (1996), Grasping the Democratic Peace Theory.
24 Chomsky (2001), War against People; Tariq (2002), Fundamentalismus im Kampf um die Weltordnung; Vidal (2002), Ewiger Krieg für ewigen Frieden; Mann (2003), Die ohnmächtige Supermacht; Ganser (2022), Illegale Kriege.
25 Spektor (2023), In defence of fence sitters.
26 Vgl. z.B. Lenk/Francke (1987), Theorie der Politik; Naßmacher (1995), Politikwissenschaft; Nohlen (1995), Wörterbuch Staat und Politik.
27 Vgl. Rimoux (2015), Kants Rechtstheorie vom Weltfrieden.
28 Die andere Seite dieser Einigungsprozesse durch »Blut und Eisen« war ein starker Autoritarismus im Innern Deutschlands und – in der Folge, als die Weitsicht des »eisernen Kanzlers« (Bismarck) nicht mehr mäßigend wirkte – eine zunehmende Aggressivität nach außen.
29 Weber (1973), Die ›Objektivität‹ sozialwissenschaftlicher Erkenntnis.
30 Vgl. Aron (1971), Hauptströmungen des soziologischen Denkens, S. 199f.; Haller (2022), Die revolutionäre Kraft der Ideen, S. 30.
31 Entman (1993), Framing; vgl. Auch Lüders (2021), Die scheinheilige Supermacht.
32 Zu nennen sind hier neben den Gräueltaten der Nazis auch die Bombardierung deutscher Städte und der Abwurf der Atombomben in Japan im Zweiten Weltkrieg. In den erwähnten Kriegen der USA heute wurden Folterungen und willkürliche Festhaltungen von Kriegsgefangenen (Guantanamo!), aber auch massive Menschen- und Sachopfer unter der Zivilbevölkerung bewusst in Kauf genommen, ja sogar intendiert. Der Irak etwa leidet bis heute unter den Zerstörungen im Krieg gegen Saddam Hussein.
33 Zu diesen und anderen Theorien in der Geschichtswissenschaft vgl. Lorenz (1997), Konstruktion der Vergangenheit.
34 Kant (2011), Zur Kritik der praktischen Vernunft.
35 Zitiert nach Nichols (1986), Kant's teaching of historical progress.
36 Vgl. dazu Greenstein (1992), Can personality and politics be studied systematically?; Gu/Ohnesorge (2017), Politische Persönlichkeiten und ihre weltpolitische Gestaltung, Einleitung. S. 3–14.
37 Vgl. Weber (1964), Wirtschaft und Gesellschaft, S. 832–873.

38 Kersting (2017), Globaler Rechtsfrieden.
39 Vgl. dazu zahlreiche relevante Beiträge in Grießmann/Rinke (2011), Handbuch Frieden.
40 Deutsch (1954), Political Community at the International Level.
41 Diese These von Kant wurde in überzeugender Weise wieder aufgenommen durch den Philosophen Markus Gabriel (2021), Moralischer Fortschritt in dunklen Zeiten. Zur immanenten Diskussion der Geschichtsphilosophie von Kant und ihrem Vergleich mit Hegel und anderen vgl. Höffe (2011), Immanuel Kant; Haller (2022), Die revolutionäre Kraft der Ideen, S. 188–195.
42 So in seinem Aufsatz Idee zu einer allgemeinen Geschichte in weltbürgerlicher Absicht (1784). Vgl. dazu auch Thies (2011), Kants Geschichtsphilosophie aus heutiger Sicht; Höffe (2011), Immanuel Kant: Schriften zur Geschichtsphilosophie.
43 Nichols (1986), Kant's teaching of historical progress.
44 Evidenz für Österreich, das den Krieg ja auslöste, findet sich in Hanisch (1994, S. 235–241). Die Interessen der deutschen Wirtschaftseliten und ihr Zusammenwirken mit nationalistischen Großmachtinteressen hat Fritz Fischer (1979) belegt.
45 Näheres dazu in Haller (2022), Die revolutionäre Kraft der Ideen, S. 511–514.

Kapitel 4: Putins Aufstieg, seine Netzwerke und der großrussische Nationalismus

1 Vgl. dazu auch Sasse (2022), Der Krieg gegen die Ukraine, S. 67.
2 Vgl. dazu insbesondere Thumann (2023), Revanche.
3 Insiderin berichtet aus der Trollfabrik des Kreml, Der Spiegel 29.05.2022, https://www.spiegel.de/netzwelt/netzpolitik/russische-trollfabrik-eine-insiderin-berichtet-a-1036139.html (abgerufen am 18.01.2024).
4 Simmel (1923), Der Streit, S. 186ff.
5 Vgl. dazu Mayntz/Nedelmann (1987), Eigendynamische soziale Prozesse. Eine Anwendung auf den Fall des Ukrainekonflikts findet sich in Schneckener (2016), Hybrider Krieg in Zeiten der Geopolitik?.
6 Weber (1964), Wirtschaft und Gesellschaft I, S. 3.
7 Vgl. Popper (1973), Objektive Erkenntnis, S. 176f.; Haller (2003), Soziologische Theorie, S. 561–564.

8   Goffman (1977), Rahmenanalyse.
9   Zur Verbreitung des Begriffs Putin-Versteher vgl. insbesondere Hofbauer (2016), Feindbild Russland, S. 286.
10 Vgl. dazu https://de.wikipedia.org/wiki/Residenz_am_Kap_Idokopas (abgerufen am 19.01.2024).
11 Wolkow (2023), Putinland, S. 35.
12 Vgl. dazu etwa Grinin (2010), The role of an individual in history; Lorenz (1997), Konstruktion der Vergangenheit.
13 Vgl. Mommsen (2003), Wer herrscht in Russland.
14 Vgl. ZEIT ONLINE, 12.05.2022, https://www.zeit.de/news/2022-05/12/schaeuble-zieht-parallelen-zwischen-putin-und-hitler (abgerufen 28.10.2023).
15 Don't mess with Putin, The Economist, 13.12.2006.
16 Tariq (2002), Fundamentalismus im Kampf um die Weltordnung, S. 474f.
17 Winkler, Was Putin mit Hitler verbindet, Zeit Online 12.3.2022, https://www.zeit.de/2022/11/wladimir-putin-russland-ukraine-krieg-adolf-hitler-nationalismus (28.3.2023).
18 Es ist hier nicht möglich, systematisch und ausführlich auf Persönlichkeit und Tätigkeit von Stalin einzugehen. Einen guten ersten Einblick liefert Nadine Vetter (2017), Josef Stalin. Der Einfluss seiner Sozialisation…; einen Überblick zu Leben und Wirkung Stalins findet man in https://de.wikipedia.org/wiki/Josef_Stalin (abgerufen am 14.05.2024).
19 Paul Lendvai, Stalins Schatten über Putin, Der Standard 6.3.2023.
20 Zur Biografie Putins vgl. Belton (2022), Putins Netz; Baud (2023), Putin – Herr des Geschehens; Thumann (2023), Revanche.
21 Bakatin (1993), Im Innern des KGB.
22 Der Film kann angesehen werden unter: https://www.youtube.com/watch?v=ipAnwilMncI (abgerufen am 19.01.2024).
23 Vgl. Wolkow (2023), Putinland, S. 36.
24 Dies ergab sich aus einer detaillierten Untersuchung der Arbeit durch zwei US-Ökonomen; vgl. https://de.wikipedia.org/wiki/Wladimir_Wladimirowitsch_Putin (29.10.2023).
25 Wolkow (2023), Putinland, S. 35.
26 Röper (2023), Vladimir Putin, S. 15.
27 Thumann (2023), Revanche, S. 8ff.
28 Diese These vertritt etwa Sasse (2022), Der Krieg in der Ukraine, S. 21.
29 Dietmar Schumann, Ex-Moskau-Korrespondent: Wie ich Putin traf und er mich das Fürchten lehrte, Bundeszentrale für politische Bildung,

16.03.2022 (https://www.bpb.de/themen/deutschlandarchiv/506247/wie-ich-putin-traf-und-er-mich-das-fuerchten-lehrte/ (abgerufen am 14.05.2024).
30 Vgl. dazu auch Mommsen (2003), Wer herrscht in Russland, S. 198.
31 Vgl. Wolkow (2023), Putinland, S. 178–184.
32 Thumann (2023), Revanche.
33 Hayoz/Stepanenko (2023), The social organization of war: Ukrainian and Russian societies mobilized for war.
34 Wolkow (2023), Putinland, S. 128ff.
35 Vgl. Mommsen (2023), Wer regiert in Russland, S. 202, 210.
36 Vgl. dazu das Buch von Nawalnys Mitarbeiter Leonid Wolkow (2023), Putinland.
37 Putins Losung ist: Nach mir die Sintflut, Der Spiegel Nr. 12, 16.03.2024, S. 70f.
38 Deutscher Bundestag, Wortprotokoll der Rede Wladimir Putins im Deutschen Bundestag am 25.09.2001, https://www.derstandard.at/story/2000006331597/macht-korrumpiert-auch-die-ehrlichen (abgerufen am 29.12.2023).
39 Eigendorf (2022), Putins Krieg, S. 107f.
40 Schulze-Wessel (2023), Der Fluch des Imperiums, S. 267ff.
41 Vgl. dazu https://de.wikipedia.org/wiki/Oligarch (abgerufen am 15.06.2023).
42 Wolkow (2023), Putinland, S. 30ff.
43 Vgl. dazu den informativen Artikel Lukaschenko, Encyclopedia Britannica, https://www.britannica.com/History-Society (abgerufen am 18.01.2024).
44 Vgl. Macht korrumpiert auch die Ehrlichen, Der Standard, 02.10.2014, https://www.bundestag.de/parlament/geschichte/gastredner/putin/putin_wort-244966 (abgerufen am 18.01.2024)
45 Thumann (2013), Revanche, S. 93ff.
46 Für eine informative Übersicht vgl. das Stichwort Viktor Orbán, https://www.gisreportsonline.com/r/hungary-orban-political/ und https://de.wikipedia.org/wiki/Viktor_Orb%C3%A1n (beide abgerufen am 08.12.2023).
47 Vgl. dazu How Victor Orban Wins, https://www.google.com/search?client=firefox-b-d&q=how+victor+orban+wins und Christina Koenen, Understanding Victor Orbans political hold on Hungary in https://www.gisreportsonline.com/r/hungary-orban-political/ (beide abgerufen am 29.12.2023).

48 Vgl. zum Einstieg den Wikipedia-Artikel zu Erdogan: https://de.wikiped ia.org/wiki/Recep_Tayyip_Erdo%C4%9Fan (abgerufen am 08.12.2023).
49 Vgl. dazu Kang (2020), Understanding the Ukraine conflict from the perspective of post-Soviet decolonization. Vgl. auch Goehrke et al. (1973), Russland, S. 217f.
50 Vgl. Hans Rauscher, Was die Putin-Versteher nicht verstehen, Der Standard 27.12.2023
51 Vgl. Haerpfer (2002), Democracy and Enlargement, S. 49.
52 Wolkow (2023), Putinland, S. 129–131.
53 Decker/Wehling (2022), Rechtspopulismus.
54 Für detaillierte Informationen vgl. https://de.wikipedia.org/wiki/Rechts populismusn (abgerufen am 19.01.2024).
55 Mason (2022), Faschismus.
56 Hilpold (2023), Justifying the unjustifyable.
57 Vgl. dazu Fediunin/Richard (2024), Wie imperialistisch ist Putins Russland?
58 Bakatin (1993), Im Innern des KGB, S. 244.
59 Stefan Schocher, Sie haben kein Zukunftsprojekt, Der Standard 13.05.2024, S. 3.
60 So der Schweizer Slawist Ulrich Schmid in der *Neuen Zürcher Zeitung* vom 27.12.2021.
61 Fediunin/Richard (2024), Wie imperialistisch ist Putin Russland?
62 Vgl. https://de.wikipedia.org/wiki/Wladimir_Wladimirowitsch_Putin (abgerufen am 03.08.2023).
63 Kang (2020), Understanding the Ukrainian conflict from the perspective of post-Soviet decolonization.
64 Gerd Fesser, Krimkrieg: Europas erstes Verdun. Die Zeit. Nr. 33, 07.08.2003, (https://www.zeit.de/2003/33/A-Krimkrieg/komplettansi cht). Für eine umfassende Darstellung des Krimkrieges vgl. https://ww w.zeit.de/2003/33/A-Krimkrieg/komplettansicht (beide abgerufen am 18.05.2024).
65 Vgl. zum Überblick Slobodan Milosevic,https://de.wikipedia.org/wiki/Sl obodan_Milo%C5%A1evi%C4%87 (abgerufen am 23.12.2023).
66 Vgl. dazu Rüb (2007), Jugoslawien unter Milosevic.
67 Vgl. dazu Schulze-Wessel (2023), Der Fluch des Imperiums, S. 267ff.
68 Thumann (2023), Revanche.
69 So US-Präsident Barack Obama nach der Besetzung der Krim durch Putin. Der Spiegel schrieb dazu, Obama habe Russland verspottet und

verhöhnt (https://www.spiegel.de/politik/ausland/ukraine-krise-obama-verspottet-russland-als-regionalmacht-a-960715.html, abgerufen am 20.06.2023).
70 Vgl. dazu auch Swoboda (2022), Ukraine – Ursachen und Folgen eines Kriegs aus Revanche.
71 Fischer (2023), Die chauvinistische Bedrohung, S. 306.
72 Das BIP von Russland betrug 2022 2,2 Milliarden US-Dollar, jenes von Frankreich 2,7, von Deutschland 4,0; die USA mit 25,4 und China mit 17,8 liegen weit darüber. Vgl. https://de.wikipedia.org/wiki/Liste_der_L%C3%A4nder_nach_Bruttoinlandsprodukt (abgerufen am 21.10.2023).
73 Vgl. Lane (2009), Russia's transition to capitalism.
74 Lane (2009), Russia's transition to capitalism.
75 Haller R. (2017), Die Macht der Kränkung.
76 Jerusalem (1915), Der Krieg im Lichte der Gesellschaftslehre, S. 42ff.
77 Jerusalem (1915), Der Krieg im Lichte der Gesellschaftslehre, S. 106.
78 Vgl. z.B. https://www.spiegel.de/politik/ausland/alle-grafiken-so-angesehen-sind-die-grossen-staaten-der-welt-a-544948.html (abgerufen am 18.09.2023).
79 Vgl. dazu https://www.nzz.ch/meinung/ukraine-oligarchen-sind-feinde-und-helfer-der-demokratie-ld.1468638 (abgerufen am 17.09.2023).
80 Vgl. dazu https://de.wikipedia.org/wiki/Euromaidan; ferner z.B. https://www.theguardian.com/world/2014/may/02/ukraine-dead-odessa-building-fire (beide abgerufen am 22.06.2023).
81 Im Westen wurden die Demonstrationen von 85 % der Bevölkerung, im Süden von 33 % und im Osten von nur 13 % unterstützt. Vgl. https://en.interfax.com.ua/news/general/184540.html (abgerufen am 17.09.2023).
82 Fenkart (2022), Krieg in der Ukraine.
83 Der Autor weilte, wie schon im Vorwort festgestellt, 2005–2010 mehrmals an soziologischen Instituten in Lwiw, Kiew und Charkiv und entwickelte im Anschluss daran ein Projekt für eine Tagung zum Thema »The Ukraine – Working toward national identity and integration«.
84 Vgl. dazu https://taz.de/Sprachgesetz-in-der-Ukraine/!5868935/ (abgerufen am 22.06.2023).
85 Kerstin Holm, Das Russische abwürgen, FAZ.Net 18.01.2022, https://www.faz.net/aktuell/feuilleton/debatten/ukraine-neues-sprachgesetz-soll-das-russische-zurueckdraengen-17736397.html (abgerufen am 21.10.2023).

86 Vgl. Mayer, Wir müssen uns vor Russland fürchten, Der Standard 27.02.2023, S. 3.
87 Vgl. den Wortlaut der Rede in: https://www.zeit.de/politik/ausland/202 2-02/wladimir-putin-rede-militaereinsatz-ukraine-wortlaut (abgerufen am 21.11.2023).
88 Wendland (2022), Zur Gegenwart der Geschichte im russisch-ukrainischen Krieg.
89 Sarotte (2023), Nicht einen Schritt weiter.
90 So formulierten 1997 50 ehemalige US-Senatoren, Botschafter usw. eine Erklärung, dass die NATO-Osterweiterung ein großer Fehler sei.
91 Vgl. dazu auch Gärtner (2022), Der geopolitische Kontext der Ukraine-Krise; Abelow (2022), Wie der Westen den Krieg in die Ukraine brachte.
92 Vgl. dazu Merkel und der Wolf, Der Spiegel 38 16.09.2023, S. 8–19.
93 Der Wortlaut der Erklärung findet sich in https://www.archives.gov/mil estone-documents/list (abgerufen am 21.11.2023).
94 Eine ausführliche, informative Zusammenstellung der Diskussionen und Stellungnahmen zu diesem Thema in Europa, Amerika und Russland findet sich in https://de.wikipedia.org/wiki/NATO-Osterweiterung (abgerufen am 18.09.3023).

Kapitel 5: Wie der Westen eine welthistorische Chance für dauerhaften Frieden in Europa vergab

1 Zitiert aus Aron (1971), Hauptströmungen des soziologischen Denkens, S. 189.
2 Vgl. zu den Ausführungen in diesem Abschnitt vor allem Sarotte (2023), Nicht einen Schritt weiter nach Osten, S. 211–252.
3 Sarotte (2023), Nicht einen Schritt weiter nach Osten, S. 245.
4 Heute gehören der Partnership for Peace rund 40 Staaten an, darunter 19 Nicht-NATO Mitglieder, darunter auch Russland (vgl. Partnership for Peace Programme: https://www.nato.int/cps/en/natohq/topics_50349.ht m, abgerufen am 09.11.2023).
5 Sarotte (2023), Nicht einen Schritt weiter nach Osten, S. 259.
6 Vgl. Pradetto (2012), NATO oder Neutralität.
7 Gorbatschow (1987), Perestroika, S. 261.
8 Sarotte (2023), Nicht einen Schritt weiter nach Osten, S. 81.

9   Die direkten Zahlungen betrugen über zehn Milliarden (Gorbatschow hatte zunächst allerdings das Dreifache davon gefordert); daneben wurde noch günstige Kredite gewährt.
10 Wiegrefe, Was Geheimakten über das wahre Verhältnis von Kohl zu Gorbatschow verraten, Der Spiegel 28.03.2018.
11 Vgl. zusammenfassend dazu Görtemaker, Probleme der inneren Einigung, Bundeszentrale für politische Bildung 26.03.2009, https://www.bpb.de/themen/deutsche-einheit/deutsche-teilung-deutsche-einheit/43787/probleme-der-inneren-einigung/ (abgerufen am 09.11.2023); umfassende Informationen und Literaturhinweise enthält der Wikipedia-Artikel Deutsche Wiedervereinigung, https://de.wikipedia.org/wiki/Deutsche_Wiedervereinigung (abgerufen am 09.11.2023).
12 Sarotte (2023), Nicht einen Schritt weiter nach Osten, S. 137; Basina (2007), Untrusted political elites and citizens.
13 Vgl. dazu Visegrád-Gruppe, https://de.wikipedia.org/wiki/Visegr%C3%A1d-Gruppe (abgerufen am 10.11.2023).
14 Vgl. dazu Nowak (o.J.), Der Beitritt der Republik Polen in die NATO.
15 Alamir/Pradetto (1998), Identitätssuche als Movens der Sicherheitspolitik.
16 Nowak (2005) spricht hier von einer Russia-first Politik der USA; deren Annäherung hätte aber keine Garantie für die Sicherheit Polens gewährt. Dieses Argument scheint mir unverständlich.
17 Royen (2000), Polens Mitgliedschaft in EU und NATO.
18 Vgl. dazu Lang (2003), Die baltischen Staaten vor den Toren von EU und NATO.
19 Vgl. dazu Schneckener (2016), Hybrider Krieg in Zeiten der Geopolitik?.
20 Simmel (1923), Der Streit.
21 Zur Geschichte der Ukraine seit ihrer Unabhängigkeit 1991 vgl. https://de.wikipedia.org/wiki/Geschichte_der_Ukraine_(seit_1991) (abgerufen 13.11.2023); weiters Kappeler (2017), Ungleiche Brüder; Jobst (2022), Geschichte der Ukraine.
22 Die Daten sind enthalten in https://de.statista.com/statistik/daten/studie/232390/umfrage/bruttoinlandsprodukt-bip-in-der-ukraine/ (abgerufen am 12.11.2023).
23 Golovakha/Panina (2006), Main stages and tendencies in transformation of Ukrainian society.
24 Vgl. Lange (2009), Taumelt die Ukraine am Abgrund?.
25 Vgl. dazu auch Scheer/Serdyuk (2011), KulturSchock Ukraine, S. 15ff.

26   Lange (2009), Taumelt die Ukraine am Abgrund?.
27   Vgl. dazu https://de.wikipedia.org/wiki/Euromaidan; ferner z. B. https://www.theguardian.com/world/2014/may/02/ukraine-dead-odessa-building-fire (beide abgerufen am 22.06.2023).
28   Fenkart (2022), Krieg in der Ukraine – Krieg in Europa.
29   Schulze-Wessel (2023), Der Fluch des Imperiums.
30   Der Autor dieses Aufsatzes weilte, wie im Vorwort festgestellt, 2005–2010 mehrmals an soziologischen Instituten in Lwiw, Kiew und Charchiv.
31   Vgl. dazu https://taz.de/Sprachgesetz-in-der-Ukraine/!5868935/ (abgerufen am 22.06.2023).

Kapitel 6: Der Stellvertreterkrieg – eine unerhörte Zumutung an die Bevölkerung der Ukraine

1   Aus Clausewitz (1963), Vom Kriege, S. 240.
2   Originaltext verfügbar unter The White House 25.01.2023, https://www.whitehouse.gov/briefing-room/speeches-remarks/2023/01/25/remarks-by-president-biden-on-continued-support-for-ukraine/ (abgerufen am 20.01.2024; Übersetzung aus dem Amerikanischen M. Haller).
3   Vgl. dazu auch Meyers (2011), Krieg und Frieden.
4   Clausewitz (1963), Vom Kriege, S. 17.
5   Vgl. dazu den Artikel Humanitäres Völkerrecht, https://de.wikipedia.org/wiki/Humanit%C3%A4res_V%C3%B6lkerrecht (abgerufen am 30.11.2023).
6   Vgl. Kende (1971), Twenty-Five Years of Local Wars.
7   Vgl. auch Münkler (2002), Die neuen Kriege.
8   Bennet/Stam III (1996), The Duration of Interstate Wars, 1816–1985.
9   Vgl. dazu diesen informativen Wikipedia-Artikel: https://en.wikipedia.org/wiki/United_States_support_for_Iraq_during_the_Iran%E2%80%93Iraq_War (abgerufen am 07.12.2023).
10   Fürstenau, Afghanistan-Mission: Ziele, Fehler, Lehren, DW 04.07.2023, https://www.dw.com/de/afghanistan-mission-ziele-fehler-lehren/a-66101073 (abgerufen am 12.03.2024).
11   Informationen zu diesen Aussagen sind im Internet leicht aufzufinden. Vgl. etwa Abschiedsgruß an die westliche Welt?, https://newsv2.orf.at/stories/2226520/ (abgerufen am 15.11.2023). Eine sehr gute Dokumentation des ganzen Kriegsverlaufes findet sich auf der Website der Landeszentra-

le für politische Bildung Baden-Württemberg, https://www.lpb-bw.de/c hronik-ukrainekonflikt#c105274 (abgerufen am 15.11.2023).
12 Dies wurde von der Washington Post unter Berufung auf amerikanische und ukrainische Quellen berichtet; vgl. https://www.t-online.de/nachric hten/ausland/id_91732430/ukraine-krieg-usa-wollen-praesident-selens kyj-retten-doch-der-lehnt-ab.html (abgerufen am 15.11.2023).
13 Vgl. Hayoz/Stepanenko (2023), The social organization of war.
14 Clausewitz (1963), Vom Kriege, S. 240.
15 Eigendorf (2022), Putins Krieg, S. 118.
16 Dies ist historisch allerdings nicht eindeutig belegt. Vgl. dazu https://w ww.ndr.de/geschichte/chronologie/Mythos-Varusschlacht-Wie-besieg ten-die-Germanen-die-Roemer,varusschlacht124.html (abgerufen am 15.11.2023).
17 Vgl. dazu u.a. https://de.wikipedia.org/wiki/Chronologie_des_russische n_%C3%9Cberfalls_auf_die_Ukraine (abgerufen am 15.11.2023).
18 Mearsheimer (2024), Bound to lose.
19 Vgl. Krieg in der Ukraine, Tagesspiegel 15.11.2023, https://interaktiv.tage sspiegel.de/lab/wie-weit-sind-die-soldaten-aktuelle-karte-der-russisch en-invasion-in-der-ukraine/ (abgerufen am 20.11.2023).
20 Franz-Stefan Gady, Die Verrohung des Krieges ist unübersehbar, Die Presse 11.03.2024, S. 26f.
21 Andreas Szigetvari, Florierende Kriegswirtschaft, Der Standard 16./17.12.2023, S. 10.
22 So Oberst Reisner vom Österreichischen Bundesheer; vgl. Winter über Kiew, Profil 46, 12.11.2023, S. 40–41.
23 Ronald Schönhuber, Russland dominiert den Drohnenkrieg, Kleine Zeitung 09.01.2024.
24 Zitiert in https://exxpress.at/seymour-hersh-zitiert-geheimdienst-ukrai ne-hat-keine-chance-mehr-auf-einen-sieg/ (abgerufen am 20.11.2023).
25 Sungurovskyi/Meliyk (2023), War of attrition.
26 Ukrainische Armee will 450.000 neue Soldaten, Die Welt 20.12.2023.
27 Der Spiegel, Nr. 49/2023, 02.12.2023.
28 Morgenjournal, ÖS, 27.12.2023. vgl. auch Ukraine: Wie lange kann der Westen noch Waffen liefern? Wiener Zeitung 27.09.2023.
29 Benjamin Reuter, Ukraine-Invasion Tag 617, in Tagesspiegel 02.11.2023, https://www.tagesspiegel.de/internationales/ukraine-invasion-tag-617-ukrainischer-armeechef-gibt-fehler-zu--und-erklart-wie-er-doch-noch-gewinnen-will-10723075.html (abgerufen am 20.11.2023). Das Interview

findet sich in https://www.economist.com/by-invitation/2023/11/01/the-commander-in-chief-of-ukraines-armed-forces-on-how-to-win-the-war (abgerufen am 20.11.2023).
30 Florian Niederndorfer, Ernüchterung vor dem Winter, Der Standard 20.11.2023.
31 Kom Son Huang, Statt auf Gegenoffensive setzt Kiew nun auf Verteidigung, Der Standard, 02.12.2023, S. 15.
32 Vgl. Anmerkung 346 oben (exxpress.at).
33 Vgl. Interview mit Reisner in Winter über Kiew, Profil 46, 12.11.2023, S. 40–41.
34 Eine sehr detaillierte Übersicht über den Kriegsverlauf bietet dieser Wikipedia-Artikel: https://en.wikipedia.org/wiki/Russian_invasion_of_Ukraine (abgerufen am 15.11.2023).
35 Vgl. Luca Steinmann, Wo Russland sich festbeisst, Die Weltwoche Nr. 45 2023, S. 44–45.
36 Vgl. dazu u.v.a. LEMO (Lebendiges Museum online), Der Stellungskrieg, https://www.dhm.de/lemo/kapitel/erster-weltkrieg/kriegsverlauf/stellungskrieg.html (abgerufen am 15.11.2023), sowie die zahlreichen Bücher zur Geschichte des Ersten Weltkriegs. Das neueste darunter ist Clark (2013), Die Schlafwandler.
37 Vgl. Neue Zürcher Zeitung 14.05.2022, https://www.nzz.ch/international/ukraine-krieg-russland-gibt-eroberung-von-charkiw-vorerst-auf-ld.1684049 (abgerufen am 20.01.2024).
38 Stichwort »Stellvertreterkrieg«, https://www.duden.de/rechtschreibung/Stellvertreterkrieg (abgerufen am 18.11.2023).
39 Vgl. zu einer informativen Kurzübersicht Hubertus Volmer, ntv 05.12.2022, https://www.n-tv.de/politik/Krieg-in-der-Ukraine-Reine-Abwehr-gegen-Russland-oder-Stellvertreterkrieg-article23759460.html (abgerufen am 17.04.2024).
40 Thomas Dudek, Kein Stellvertreterkrieg, aber vertretend, https://www.zdf.de/nachrichten/politik/stellvertreterkrieg-ukraine-krieg-russland-100.html (abgerufen am 18.11.2023).
41 So der Potsdamer Militärhistoriker Christian Müller, zitiert in Führt die Ukraine einen Stellvertreterkrieg für den Westen? Das spricht dafür, https://www.gmx.at/magazine/politik/russland-krieg-ukraine/fuehrt-ukraine-stellvertreterkrieg-westen-spricht-dafuer-37749544 (abgerufen am 21.11.2023).

42 Vgl. dazu das Buch von Breithaupt (2022), Das narrative Gehirn, in welchem der Autor zeigt, dass eine Gesamterzählung sehr vielen persönlichen und sozialen Problemen eine prägnantere Deutung verleiht.
43 Vgl. u.a. Jäger/Beckmann (2011), Handbuch Kriegstheorien; Heinemann-Grüder (2023), Wie enden Kriege; Leonhard (2023), Kriege und wie man sie beendet.
44 Vgl. als kurzgefassten, informativen Überblick Die Domino Theorie, https://de.alphahistory.com/kalter-Krieg/Domino-Theorie/ (abgerufen am 05.03.2024).
45 Frey (2022), Geschichte des Vietnamkriegs, S. 104.
46 Frey (2022), Geschichte des Vietnamkriegs, S.80ff.
47 Frey (2022), Geschichte des Vietnamkriegs.
48 *War Remnants Museum* in Saigon; der Autor konnte dieses Museum am 08. und 09.02.2024 im Rahmen einer Reise durch Vietnam besichtigen. Vgl. dazu die Website des Museums: https://baotangchungtichchientranh.vn/?language=en (abgerufen am 05.03.2024).
49 Domino-Theorie, https://de.wikipedia.org/wiki/Domino-Theorie (abgerufen am 20.01.2024).
50 Vgl. Karin Leukefeld, Woher kommt ISIS? AG Friedensforschung, www.ag-friedensforschung.de/regionen/Irak1/is-herkunft.html (abgerufen am 05.03.2024).
51 Vgl. Tagesschau.de, 27.02.2024, https://www.tagesschau.de/ausland/europa/macron-bodentruppen-ukraine-100.html (abgerufen am 05.03.2024).
52 Vgl. dazu Eine merkwürdige, eine sehr, sehr verhaltene Selbstkritik, https://taz.de/Archiv-Suche/!1512210&SuchRahmen=Print/ (abgerufen am 05.03.2024).
53 Gärtner (2022), Der geopolitische Kontext der Ukraine-Krise.
54 Eine ausführliche, informative Zusammenstellung der Diskussionen und Stellungnahmen zu diesem Thema in Europa, Amerika und Russland findet sich in https://de.wikipedia.org/wiki/NATO-Osterweiterung (abgerufen am 18.09.2023).
55 Vgl. dazu Tariq (2002), Fundamentalismus im Kampf um die Weltordnung, S. 474f.; Mann (2003), Die ohnmächtige Supermacht; Lüders (2021), Die scheinheilige Supermacht; Ganser (2022), Illegale Kriege.
56 Vgl. dazu Merkel und der Wolf, Der Spiegel 38 16.09.2023, S. 8–19.

57 So formulierten 1997 50 ehemalige US-Senatoren, Botschafter und andere politische Persönlichkeiten eine Erklärung, dass die NATO-Osterweiterung ein großer Fehler sei.
58 Vgl. www.bpb-bw.de/ukraine-eu-nato (abgerufen am 19.09.2023).
59 Adam Entous und Michael Schwirtz, The Spy War: How the C.I.A. secretly helps Ukraine fight Putin, The New York Times 25.02.2024, https://www.nytimes.com/2024/02/25/world/europe/cia-ukraine-intelligence-russia-war.html (abgerufen am 06.03.2024).
60 Vgl. https://www.deutschlandfunk.de/ukraine-konflikt-usa-wollen-keine-waffen-liefern-100.html (abgerufen am 11.06.2023).
61 Vgl. https://www.businessinsider.de/politik/welt/diese-laender-liefern-die-meisten-waffen-an-die-ukraine/ (abgerufen am 11.06.2023).
62 Vgl. https://www.derstandard.at/story/2000143804561/wer-hat-der-ukraine-welche-waffen-geliefert (abgerufen am 16.06.2023). Vgl. https://www.derstandard.at/story/2000143804561/wer-hat-der-ukraine-welche-waffen-geliefert (abgerufen am 16.06.2023).
63 Cameron, Kiew kann britische Raketen in Russland einsetzen, https://orf.at/stories/3356289/ (abgerufen am 19.05.2024).
64 Die Ukrainer können gewinnen, wenn sie nur die richtige Ausrüstung haben, Die Welt 25.04.2022.
65 Francis Fukuyama, Putin wird die Niederlage seiner Armee nicht überleben, Neue Zürcher Zeitung 16.03.2022.
66 Mearsheimer (2014a), Putin reagiert; Mearsheimer (2014b), Why the Ukraine Crisis is the West's Fault.
67 Sullivan (2023), The Sources of Human Power.
68 Thomas Mayer, Felsenfest hinter der Ukraine, Der Standard 06./07.04.2024, S. 14.
69 Michael Hesse, Soziologe Streeck im Interview, Frankfurter Rundschau 24.02.2023.
70 Florian Niederndorfer, Ernüchterung vor dem Winter, Der Standard 20.11.2023.
71 Vgl. Chicken Kiev speech, https://en.wikipedia.org/wiki/Chicken_Kiev_speech (abgerufen am 21.11.2023).
72 Vgl. auch Sven C. Schulz, Brutaler Stellungskrieg in der Ukraine: Pattsituation vor dem Winterkrieg, Redaktionsnetzwerk Deutschland, 02.11.2023, https://www.rnd.de/politik/ukraine-krieg-brutaler-stellungskrieg-vor-wintereinbruch-wie-raus-aus-der-pattsituation-R4LY2ZAHEBF3TOK7V3XDK3EVYA.html (abgerufen am 23.11.2023).

73 Vgl. Christoph Scheuermann und Christina Hebel, Ziemlich neue Freunde, Der Spiegel 16.07.2018.
74 Bericht in der Tagesschau vom 28.12.2023, https://www.tagesschau.de/ausland/usa-ukaine-hilfe-100.html (abgerufen am 20.01.2024).
75 Ingo Malcher, Ist er irre oder hat er einen Plan?, Zeit Online 21.12.2023, https://www.zeit.de/politik/ausland/2023-12/javier-milei-argentinien-praesident-wirtschaftspolitik (abgerufen am 20.01.2024).
76 Benjamin Bidder, Vereint gegen liberale Werte: Wie Russland den rechten Rand in Europa inspiriert und fördert, Bundeszentrale für politische Bildung, 24.07.2017.
77 Zitiert nach Mearsheimer (2023), The darkness ahead.
78 Vgl. Der Vor-Krieg zum großen Krieg? Gewerkschafter/innen gegen Atomenergie und Krieg, 2/2023, vgl. www.atomgegner.at.
79 Vgl. Eric Lipton, Global arms sales surge, The New York Times, 30.10.2023.
80 Vgl. https://www.gmfus.org/news/us-military-support-ukraine-helping-put-american-industry-back-track (abgerufen am 21.11.2023).
81 Vgl. dazu insbesondere Abelow (2022), Wie der Westen den Krieg in die Ukraine brachte.
82 Feffer (2023), Die Rolle der USA im Ukraine-Krieg, S. 7.
83 Interview mit Harald Kujat am 24.1.2023; vgl. https://www.alexander-wallasch.de/gesellschaft/interview-mit-general-a-d-harald-kujat-ueber-den-ukrainekonflikt (abgerufen am 11.03.2024).
84 Vgl. Statistik der Zerstörung: https://taz.de/Infrastruktur-in-der-Ukraine/!5856403/ (abgerufen am 11.6.2024).
85 Vgl. den Wortlaut der Rede auf https://luxembourg.representation.ec.europa.eu/actualites-et-evenements/actualites/discours-de-la-presidente-von-der-leyen-la-pleniere-du-parlement-europeen-sur-lagression-de-lukraine-2022-03-01_de (abgerufen am 20.11.2023).
86 Der Wortlaut der Rede findet sich in https://www.bundesregierung.de/resource/blob/992814/2131062/78d39dda6647d7f835bbe76713d30c31/bundeskanzler-olaf-scholz-reden-zur-zeitenwende-download-bpa-data.pdf (abgerufen am 20.11.2023).
87 Vgl. Tagesschau vom 24.02.2023, Wie aus Panzern Haubitzen wurden.
88 Vgl. Tagesschau 21.04.2022, Warum Deutschland bei schweren Waffen zögert, https://www.tagesschau.de/inland/innenpolitik/waffenlieferung-ukraine-103.html (abgerufen am 20.11.2023).

89 https://www.bundesregierung.de/breg-de/service/bulletin/regierung serklaerung-von-bundeskanzler-olaf-scholz-2169350 (abgerufen am 20.11.2023).
90 Vgl. dazu Furcht vor dem Stillstand, Der Spiegel 49, 02.12.2023, S. 12.
91 Vgl. https://carnegieendowment.org/europe/strategic-europe/2024/05/j udy-asks-are-europeans-prepared-to-send-troops-to-ukraine?lang=en &center=global (abgerufen am 11.6.2024).
92 Vgl. Was könnten Macrons Motive sein?, Tagesschau 27.02.2024, https://www.tagesschau.de/ausland/europa/macron-ukraine-bodentruppen-1 00.html (abgerufen am 06.03.2024).
93 Vgl. Sie haben mutige Entscheidungen getroffen, Tagesschau 09.02.2023, https://www.tagesschau.de/ausland/europa/selenskyj-eu-parlament-10 3.html (abgerufen am 20.11.2023).
94 Deutscher Bundestag, Ansprache des Präsidenten der Ukraine, Wolodymyr Selenskyj, im Deutschen Bundestag, https://www.bundestag.d e/dokumente/textarchiv/2022/kw11-de-selenskyj-rede-deutsch-884872 (abgerufen am 20.11.2023).
95 Mattia Nelles, Die Ukraine kämpft für Europa, https://www.laender-an alysen.de/ukraine-analysen/263/die-ukraine-kaempft-fuer-europa/ (abgerufen am 20.11.2023)
96 Vgl. dazu auch Gärtner (2022a), Der geopolitische Kontext der Ukraine-Krise; Spektor (2023), In defence of fence sitters.
97 Andras Szigetvari, Der Krieg interessiert hier niemanden, Der Standard 18.04.2024, S. 14.
98 John P. Neelsen (2024), Die BRICS und Geopolitischer Wandel, International II/2023, S.47–49.
99 So auch nach Aussage des früheren Ministerpräsidenten Sachsens, heute Sonderbeauftragter der Deutschen Bundesregierung, Georg Milbradt. Vgl. Jakob Pflügl, Müssen ukrainischen Oligarchen die Macht nehmen, Der Standard 21.03.2024, S. 14.
100 Andreas Ernst, Welche Rolle spielten die ukrainischen Oligarchen im Abwehrkampf gegen Russland? Neue Zürcher Zeitung 02.05.2022; vgl. auch Steffen Halling, Die Rolle der Oligarchen und der Umbruch in der Ukraine, OWEP 4/2014; Michajlo Minakow, Kommentar: Die Rolle der Oligarchen bleib unverändert, Bundeszentrale für politische Bildung, 30.03.2020.
101 Andreas Rüesch, Selenski steht auf dem Höhepunkt seiner Macht – aber die Präsidentschaft des einstigen Komikers hat auch dunkle Flecken, NZZ

03.05.2022, https://www.nzz.ch/international/ukraine-selenski-brilliert-aber-es-gibt-auch-schattenseiten-ld.1681137 (abgerufen am 07.12.2022).
102 Vgl. Oleh Dubyna, Die zwei Gesichter des Wolodymyr Selenskyj, https://ukraineverstehen.de/trubetskoy-zwei-gesichter-des-praesidenten-selenskyj/ (abgerufen am 07.12.2023).
103 Sasse (2022), Der Krieg gegen die Ukraine, S. 42.
104 Vgl. dazu Johannes Hillje, Selenskyj liefert ein Meisterstück der Kommunikation, ntv 01.03.2022.
105 Razumkov Center, Asessment of the Economic Situation, social-wellbeing of citizens, faith in victory (January 2024).
106 Vgl. Lara Jäkel, Minister Berater Soldaten: Das sind die wichtigsten Vertrauten des ukrainischen Präsidenten Selenskyj, BusinessInsider.de, 01.03.2023. Vgl. auch Andreas Rüesch, Selenski stgeht auf dem Höhepunkt seiner Macht – aber die Präsidentschaft des einstigen Komikers hat auch ihre dunklen Flecken; Neue Zürcher Zeitung 3.5.2022.
107 Klitschko spricht über schlechtes Verhältnis zu Selenskyj, Frankfurter Allgemeine Zeitung 09.04.2024.
108 Vgl. Marko Langer, Was Trump am Telefon besprach, https://www.dw.com/de/was-trump-mit-selenskyj-am-telefon-besprach/a-50594954 (abgerufen am 08.12.2023).
109 Euronews 19.02.2022, https://de.euronews.com/2022/02/19/selenskyj-vom-westen-enttauscht-wir-werden-hier-vergessen (abgerufen am 17.04.2024).
110 Wir werden gewinnen, weil wir vereint sind, Tagesschau 22.12.2022, https://www.tagesschau.de/ausland/amerika/selenskyj-us-kongress-103.html (abgerufen am 17.04.2024).
111 Vgl. ntv 09.02.2023; https://www.n-tv.de/mediathek/videos/politik/Selenskyjs-erste-Rede-vor-EU-Parlament-in-voller-Laenge-article23905078.html (abgerufen am 17.04.2024).
112 Jutta Sommerbauer, Das ist ein Krieg um die neue Weltordnung, Die Presse 19.03.2024, S. 4–5.
113 Sven Christian Schulz, Am Ende könnte die Masse der Soldaten entscheiden: Wie viele Ukrainer kämpfen noch?, Redaktionsnetzwerk Deutschland, 01.02.2023.
114 Dies äußerten mehrere der vom Autor im April 2024 in Lwiw und Kiew Interviewten.
115 Die Regierung der Ukraine veröffentlicht dazu keine regelmäßigen Daten. Aus verschiedenen Quellen (UNO, USA, Regionalbehörden) lassen

sich die groben Zahlen jedoch erschließen. Vgl. dazu zusammenfassend: Opfer des Russisch-Ukrainischen Krieges, https://de.wikipedia.org/wiki/Opfer_des_Russisch-Ukrainischen_Krieges. Für die Opferzahlen im ersten Jahr vgl. https://www.faz.net/aktuell/wirtschaft/schneller-schlau/ein-jahr-ukraine-krieg-die-zahl-der-toten-ist-sechsstellig-18672875.html (abgerufen am 23.11.2023).
116 Daniela Prugger, Der Krieg vergisst dich nicht, Der Standard 02./03.02.2024, S. 12–13. Vgl. auch http://www.lifeline-ukraine.org.
117 Frankfurter Allgemeine Zeitung 15.10.2023, https://www.faz.net/aktuell/politik/ausland/ukraine-krieg-roman-kostenko-ueber-kiews-gegenoffensive-19233628/martialische-kulisse-roman-19233629.html (abgerufen am 12.03.2024).
118 Max Perry, Grüner Marshallplan für Umwelt in der Ukraine, Kronenzeitung 12.05.2024, S. 30f.
119 Vgl. Statistik der Zerstörung, taz, https://taz.de/Infrastruktur-in-der-Ukraine/!5856403/ (abgerufen am 21.11.2023).
120 Berichtet in https://orf.at/stories/3341480/ (abgerufen am 02.11.2023).
121 Anastasia Magasowa, Statistik der Zerstörung, taz 04.06.2022, https://taz.de/Infrastruktur-in-der-Ukraine/!5856403/ (abgerufen 02.12.2023).
122 Vgl. Die Monroe-Doktrin, Zusammenfassung in https://www.geschichte-in-5.de/index.php/12-nordamerika/57-die-monroe-doktrin (abgerufen am 21.11.2023).
123 Nowicki (2024), Ukraine's shock will last for generations.
124 Daniela Prugger, Ein Jahr nach der Rückeroberung Chersons. Befreit, aber immer noch nicht frei, Der Standard 13.11.2023.
125 Razumkov Centre (Jan. 2024), Assessment of the economic situation, social well-being of citizens, faith in victory, https://razumkov.org.ua/en/research-areas/.
126 Eigendorf (2022), Putins Krieg, S. 101ff.
127 Pachkovskyy (2022), Collective and individual trauma.
128 Vgl. Tagesschau 21.01.2024, https://www.tagesschau.de/ausland/europa/ukraine-donezk-lngterminal-100.html (abgerufen am 07.03.2024).
129 Stern 29.07.2023, https://www.stern.de/politik/ausland/russland-wirft-der-ukraine-terror-vor---und-greift-weiter-ziele-in-kiew-an-33693570.html (abgerufen am 07.03.2024).
130 Vgl. Humanitäre Krise in der Ukraine, Stand 14.11.2023, https://www.uno-fluechtlingshilfe.de/hilfe-weltweit/ukraine (abgerufen am 23.11.2023).

131 Vgl. zum Überblick zur Situation in verschiedenen Ländern Ave Mauren/ Jean-Christophe Dumont, What are the integration challenges of Ukrainian refugee women? OECD Policy Responses, 30.30.2023.
132 Für Deutschland siehe Brücker (2023), Geflüchtete aus der Ukraine; für Österreich Dörfler-Bolt/Kaindl (2023), Ukraine Vertriebene in Österreich ein Jahr nach Kriegsbeginn.
133 Vgl. Herbert Brücker et al., Geflüchtete aus der Ukraine, DIW-Wochenbericht 28/2023.
134 Vgl. dazu die Erhebungen von Dörfler/Bolt (2023), Ukraine Vertriebene in Österreich ein Jahr nach Kriegsbeginn; Boll et al. (2023), Ukrainische Geflüchtete in Deutschland; Brücker et al. (2023), Geflüchtete aus der Ukraine.
135 Eine mit einem Amerikaner »glücklich« verheiratete Frau gibt dafür vier Gründe an; vgl. Tatiana Vorozko, Why we marry foreign men, Kyiv Post 14(4), 02.04.2009.
136 Vgl. Mishchuk/Vlasenko (2023), Ukrainian refugees in Visegrad countries; Dörfler-Bolt/Kaindl (2023), Ukraine-Vertriebene in Österreich ein Jahr nach Kriegsbeginn. Siehe auch: Ukrainische Bevölkerung in Österreich, Österreichischer Integrationsfonds/Bundesamt für Fremdenwesen und Asyl, Wien 2024.
137 Die Umfrage wurde durchgeführt vom Kyiv International Institute of Sociology; ein Kurzbericht über die Ergebnisse findet sich in https://www.msn.com/en-us/news/world/survey-indicates-half-of-ukrainian-refugees-in-eu-unlikely-to-return-home/ar-BB1mnADy (abgerufen am 15.05.2024).
138 Vgl. Ines Eisele, Wo die meisten ukrainischen Geflüchteten sind, DW.com, 10.04.2023, https://www.dw.com/de/wo-die-meisten-ukrainischen-gefl%C3%BCchteten-sind/a-65235034 (abgerufen am 02.12.2023).
139 Vgl. https://www.mdr.de/nachrichten/welt/osteuropa/politik/ukrainer-verschleppt-russland-gesinnung-100.html (abgerufen am 07.12.2023).
140 Roman Goncharenko, Ukrainer als »neue Russen«, https://www.dw.com/de/warum-ukrainer-zu-neuen-russen-werden-sollen/a-48962894 (abgerufen am 08.12.2023).
141 Vgl. Masha Gessen, The Ukrainians forced to flee to Russia, https://www.newyorker.com/magazine/2023/08/21/the-ukrainians-forced-to-flee-to-russia (abgerufen am 07.12.2023).
142 Beebe/Lieven (2024), The diplomatic path to a secure Ukraine.

143 Bevölkerungswachstum in der Ukraine, https://www.laenderdaten.info/Europa/Ukraine/bevoelkerungswachstum.php (abgerufen am 17.04.2024).

144 Razumkow Centre, Bericht 24/3.

145 Haller/Hadler (2004), Happiness as an expression of freedom and self-determination.

146 Novakova (2010), Four dimensions of societal transformation.

Kapitel 7: Der Krieg als gesellschaftlicher Katalysator

1 Benjamin Steininger, Katalysatoren. Von der Chemie zur Metapher, science orf 11.05.2024, https://sciencev2.orf.at/stories/1651026/index.html (abgerufen am 11.05.2024).

2 Auch Hayoz und Stepanenko (2023), The social organization of war) verwenden die Metapher des Ukrainekrieges als eines sozialen Katalysators. Sie beziehen sich dabei auch auf das interessante Werk der Historikerin Margaret MacMillan (2020), War. How Conflict Shaped Us.

3 Vgl. dazu u.a. Giddens (1987), The Nation State and Violence; Smith (2001), Nationalism; Haller (2015), Ethnic Stratification and Economic Inequality around the World.

4 Vgl. Harald Stutte, Wunsch nach Selbstbehauptung: Wie der Krieg die Menschen in der Ukraine beeinflusst, Redaktionsnetzwerk Deutschland 2.12.2022.

5 Vgl. https://www.zdf.de/nachrichten/politik/ausland/stimmung-bevoelkerung-umfrage-ukraine-krieg-ssland-100.html (abgerufen am 02.12.2023).

6 Dieser Index wird von *Reporter ohne Grenzen* erstellt. Der Index der Pressefreiheit schwankt zwischen dem niedrigsten Wert von 21/22 (Nordkorea, China) und dem höchsten von 95 in Norwegen. Österreich hat einen Wert von 77, Deutschland von 81, die Schweiz von 84, vgl. https://de.wikipedia.org/wiki/Rangliste_der_Pressefreiheit (abgerufen am 30.11.2023).

7 Vgl. Reporter ohne Grenzen, Länderbericht Ukraine, https://www.reporter-ohne-grenzen.de/ukraine (abgerufen am 30.11.2023).

8 Auswertungen aus den zahlreichen neueren Umfragen dieses Zentrums wurden mir von seinem soziologischen Forschungsdirektor Mikhailo Mishchenko zur Verfügung gestellt. Im Einzelnen handelt es sich um folgende neuesten Umfragen von 2023 und 2024 (im Text mit Monat und

Jahr zitiert):
April 23: Public opinion on the war, victory and security guarantees;
Juni 23: Socio-political orientations of Ukrainian citizens;
Juni 30: Efficiency of implementation of state policy in the field of Ukrainian nation- and civil-identity building;
August 23: Identity of Ukrainian citizens: trends of change;
Nov 23: Religiosity, trust in the church, confessional affiliation;
January 24: Citizens assessment of the situation in the country and actions of the authorities;
Februar 24a: Assessment of the economic situation;
Februar 24b: Attitude to foreign countries, international organizations and politicians;
April 24: Assessing the situation in the country trust in social institutions, belief in victory;
March 24: Assessment of foreign political factors impact on Ukraine;
April 24: Assessing the situation in the country, trust, belief in victory, elections.

9   Razumkov Bericht Februar 2024.
10 Razumkov Bericht Februar 2024.
11 Razumkov Centre (Jan. 2024), Assessment of the economic situation, social well-being of citizens, faith in victory, https://razumkov.org.ua/en/research-areas/.
12 Kyiv International Institute of Sociology, 05.–07.09.2023, https://ratinggroup.ua/en/research/ukraine/dvadcyat_chetverte_zagalnonac_onalne_opituvanny_ukra_na_v_umovah_v_yni_nastro_ta_ekonom_chne_stanovi.html (abgerufen am 30.11.2023).
13 Razumkov Bericht Februar 2024a.
14 Razumkov Bericht Februar 2024a.
15 Länderanalysen 263, 14.03.2022, https://laender-analysen.de/ukraine-analysen/263/einstellung-der-ukrainischen-bevoelkerung-zum-krieg/ (abgerufen am 30.11.2023).
16 Razumkov Bericht März 2024.
17 Kappeler (2017), Ungleiche Brüder.
18 Razumkov Bericht August 2023.
19 Paniotto (2020), The attitude of Ukraine's population to Russia.
20 Razumkov Bericht April 2023.
21 Razumkov Bericht Januar 2024.
22 Razumkov Bericht April 2023.

23 Gulina (2015), Nie wieder Krieg.
24 Baha Kirlidokme, Fahnenflucht im Ukraine-Krieg, 05.09.2023 https://www.fr.de/politik/korruption-ukraine-krieg-wolodymyr-selenskyj-fahnenflucht-militaer-kriegsdienst-92499887.html (abgerufen am 02.12.2023).
25 Harald Stutte, Redaktionsnetzwerk Deutschland, 18.09.2023 https://www.rnd.de/politik/ukraine-krieg-kiew-sucht-650-000-verschwundene-wehrpflichtige-LGSOXAFH6NEE3LCNW5CFGG466E.html (abgerufen am 02.12.2023).
26 Irina Chevtayaeva, DW.com 19.07.2022, https://www.dw.com/de/ich-bin-kein-verr%C3%A4ter-wie-m%C3%A4nner-trotz-verbots-die-ukraine-verlassen/a-62514249 (abgerufen am 02.12.2023).
27 Sebastian Scheffel, Wie die Ukraine Männer mit Zwang rekrutiert – und diese dem Militärdienst entkommen wollen, Redaktionsnetzwerk Deutschland, 01.02.2024.
28 Ukrainian Pacifist Movement, Violations of human right to conscientious objection to military service in Ukraine from 24 February 2022 to November 2023, www.pacifism.org.ua). Vgl. auch European Bureau for Conscientious Objection, Ukraine, https://ebco-beoc.org/ukraine (abgerufen am 10.04.2024).
29 Razumkov Bericht Januar 2023.
30 Hondrich (2002), Wieder Krieg.
31 Razumkov Bericht April 2023.
32 Razumkov Bericht April 2023.
33 Razumkov Bericht Februar 2023.
34 Florian Stark, Die Welt 24.06.2015, https://www.welt.de/geschichte/article142886294/Nur-wenige-Deutsche-wuerden-fuer-ihr-Land-kaempfen.html (abgerufen am 11.05.2024).
35 Nowicki (2024), Ukraine's shock will last for generations.
36 Razumkov Bericht Februar 2023.
37 Razumkov Bericht Februar 2024.
38 Razumkov Bericht Januar 2024.
39 Razumkov Bericht Februar 2023.
40 Vgl. dazu auch Volodymyr Kulyk, Ukrainian Identity in Time of War, Institut für die Wissenschaften vom Menschen, Wien, https://www.iwm.at/publication/iwmpost-article/ukrainian-identity-in-time-of-war-more-salient-and-radical (abgerufen 02.12.2023).
41 Razumkov Bericht Januar 2024.
42 Razumkov Bericht März 2024.

43 Vgl. Schweizerischer Rundfunk, Echo der Zeit, https://www.srf.ch/news/international/opposition-im-krieg-die-einigkeit-in-der-ukrainischen-politik-taeuscht-wohl-etwas (abgerufen am 21.01.2024).
44 Markus Schauta, Mehr Waffen bedeuten mehr Blutvergießen, Wiener Zeitung 17.06.2022, https://www.wienerzeitung.at/h/mehr-waffen-bedeuten-mehr-blutvergiessen (abgerufen am 12.03.2024).
45 Vgl. dazu auch das ausführliche Interview mit Sheliazhenko von Marc Winograd, https://www.counterpunch.org/2023/01/19/ukrainian-pacifist-movement-an-interview-with-yurii-sheliazhenko/ (abgerufen am 13.05.2024).
46 Über diese Ergebnisse berichtete die in der Ukraine geborene und in Leningrad aufgewachsene Sozialforscherin Anna Schor-Tschudnowskaja in einem Vortrag mit dem Titel »Der lange Schatten der politischen Kultur. Einstellungen zum Krieg gegen die Ukraine in Russland« bei der Wiener Gesellschaft für Soziologie am 02. April 2024. Sie hat selber mehrere Bücher über Russland veröffentlicht, darunter *Gesellschaftliches Selbstbewusstsein und politische Kultur im postsowjetischen Russland* (2011).
47 Daniela Prugger, Angriff bei Charkiw zeigt Kiews Schwächen, Der Standard 14.05.2024, S. 3.
48 Vgl. den Artikel Ukraine, https://www.reporter-ohne-grenzen.de/ukraine/ (abgerufen am 11.05.2024).
49 Marc Dugge, Angesichts der Lage gar nicht so schlecht, Tagesschau 03.05.2024, https://www.tagesschau.de/ausland/europa/ukraine-pressefreiheit-100.html (abgerufen am 11.05.2024).
50 Vgl. dazu https://de.wikipedia.org/wiki/Massaker_von_Butscha (abgerufen am 02.12.2023).
51 Vereinte Nationen – UNIRIC: Krieg gegen die Ukraine, https://unric.org/de/un-untersuchungskommission-immer-weitere-beweise-fuer-russische-kriegsverbrechen/ (abgerufen am 02.12.2023).
52 Vgl. World Report 2024 – Ukraine. Human Rights Watch, https://www.hrw.org/uk/world-report/2024/country-chapters/ukraine (abgerufen am 08.04.2024).
53 https://www.bmeia.gv.at/reise-services/reiseinformation/land/ukraine (abgerufen am 13.06.2024).
54 https://www.auswaertiges-amt.de/de/service/laender/ukraine-node/ukrainesicherheit/201946#content_0 (abgerufen am 13.05.2024).

Kapitel 8: Verhandlungen als Wege aus der Sackgasse des militärischen Patts und der politischen Selbstlähmung

1   Aus Cicero, Ad Atticum, VII,XIV,3.
2   Vgl. Heinemann-Grüder (2023), Wie enden Kriege?.
3   Vgl. Greco (2022), Moses Dobruska and the Invention of Social Philosophy.
4   Clark (2013), Die Schlafwandler. Wie Europa in den Ersten Weltkrieg zog; vgl. auch Münkler (2015), Der große Krieg.
5   Vgl. Fischer (1979), Griff nach der Weltmacht; Lemo, Das Septemberprogramm 1914, https://www.dhm.de/lemo/kapitel/erster-weltkrieg/innenp olitik/septemberprogramm-1914.html (abgerufen am 01.01.2024).
6   Vgl. dazu Kriegspropaganda, Lemo – Lebendiges Museum Online, h ttps://www.dhm.de/lemo/kapitel/erster-weltkrieg/propaganda.html (abgerufen am 27.12.2023).
7   Vgl. dazu zusammenfassend: Der Erste Weltkrieg – Überblick, Landeszentrale für politische Bildung, Baden-Württemberg, https://www.lpb-bw.de/erster-weltkrieg-zusammenfassung#c22052; Erster Weltkrieg – Kriegsverlauf, https://www.dhm.de/lemo/kapitel/erster-weltkrieg/krieg sverlauf.html (beide abgerufen am 28.12.2023).
8   Münckler (2015), Der große Krieg, S. 678.
9   Internationaler Frauenfriedenskongress, https://de.wikipedia.org/wiki/ Internationaler_Frauenfriedenskongress (abgerufen am 28.12.2023).
10 Anna Dünnebiert (20023), Pazifistinnen mitten im Kriegstaumel.
11 Dünnebier (2003), Pazifistinnen mitten im Kriegstaumel.
12 Friedensangebot der Mittelmächte, https://de.wikipedia.org/wiki/Fried ensangebot_der_Mittelm%C3%A4chte (abgerufen am 27.12.2023).
13 Vgl. dazu Wie Benedikt XV. den Ersten Weltkrieg beenden wollte, https: //www.welt.de/geschichte/article167232843/Als-Papst-Benedikt-XV-ver zweifelt-versuchte-den-Ersten-Weltkrieg-zu-beenden.html (abgerufen am 27.12.2023).
14 Vgl. Friedenspapst oder Fiasko?, https://www.katholisch.de/artikel/14216 -friedenspapst-oder-fiasko (abgerufen am 12.03.2024).
15 Vgl. Weissensteiner (2009), Die großen Herrscher des Hauses Habsburg, S. 393ff.; Judson (2017), Habsburg. Geschichte eines Imperiums, S. 533ff.
16 Vgl. zur Einführung Karl I. (Österreich-Ungarn), https://de.wikipedia.or g/wiki/Karl_I._(%C3%96sterreich-Ungarn) (abgerufen am 28.12.2023).
17 Vgl. Leidinger et al. (2003), Schwarzbuch der Habsburger, S. 221–230.
18 Münkler (2015), Der große Krieg, S. 80.

19 Weber Marianne (1984), Max Weber. Ein Lebensbild, S. 403.
20 Rauchensteiner (2013), Der Erste Weltkrieg und das Ende der Habsburgermonarchie.
21 Münkler (2015), Der Große Krieg, S. 197.
22 Zietiert nach Tariq (2002), Fundamentalismus im Kampf um die Weltordnung, S. 439.
23 Judson (2017), Habsburg, S. 500ff.
24 Vgl. Jahn (2014), Niemand ist hineingeschlittert.
25 Münkler (2015), Der große Krieg, S. 295.
26 Vgl. Der Sündenfall der SPD, Spiegel Geschichte 24.09.2013.
27 Vgl. zusammenfassend zu dieser Theorie von Wehler und ihrer Kritik, https://de.wikipedia.org/wiki/Sozialimperialismus (abgerufen am 28.12.l2023).
28 Vgl. Münkler (2015), Der große Krieg, S. 294.
29 Vgl. dazu auch Winkler (2019), Werte und Mächte, S. 225ff.
30 Vgl. Die geistige Mobilmachung, https://www.deutschlandfunk.de/die-geistige-mobilmachung-die-intellektuellen-und-der-erste-100.html (abgerufen am 28.12.2023).
31 Vgl. dazu ausführlich Münkler (2015), Der große Krieg, S. 213–288.
32 Weber (1988a), Zwischenbetrachtung, in ders., Gesammelte Aufsätze zur Religionssoziologie, S. 58.
33 Weber (1988b), Deutschland unter den europäischen Weltmächten.
34 Vgl. Essen/Umland (2022), Russlands diktierter Nicht-Frieden im Donbas 2014–2022.
35 Heiko Pleines, Die Umsetzung der Minsker Vereinbarungen: Was ist möglich?, Ukraine-Analysen 261, 14.02.2022, https://www.laender-analysen.de/ukraine-analysen/261/die-umsetzung-der-minsker-vereinbarungen-was-ist-moeglich/ (abgerufen am 23.11.2023).
36 Fischer (2019), The Donbass Conflict.
37 Vgl. dazu ausführlich https://en.wikipedia.org/wiki/Peace_negotiations_in_the_Russian_invasion_of_Ukraine (abgerufen am 03.12.2023)
38 Vgl. Westen hat Waffenstillstand nicht verhindert, Tagesschau 17.02.2023, https://www.tagesschau.de/faktenfinder/ukraine-russland-frieden-101.html (abgerufen 03.12.2023).
39 Vgl. Massaker von Butscha, https://de.wikipedia.org/wiki/Massaker_von_Butscha (abgerufen am 02.01.2024).

40 Erschienen in der Berliner Zeitung, 05./06.11.2022. Arnold wird allerdings vorgehalten, dass er ab 1985 für das Ministerium für Staatssicherheit der DDR arbeitete.
41 Vgl. Jan Dörner, Jetzt erklärt Mützenich, was er wirklich gemeint hat, Berliner Morgenpost 20.03.2024.
42 Werner Wintersteiner, Gastkommentar: Frieden ist die einzige Option, Wiener Zeitung 25.02.2022.
43 Vgl. Frieden schaffen, Frankfurter Rundschau 02.01.2023, https://www.fr.de/politik/frieden-schaffen-92185182.html (abgerufen am 02.01.2023).
44 Oliver Maksan, Demo für den Frieden, Neue Zürcher Zeitung 23.02.2023, https://www.nzz.ch/meinung/der-andere-blick/wagenknecht-und-schwarzer-viele-kritiker-vergreifen-sich-im-ton-ld.1727403 (abgerufen am 02.01.2024).
45 Oliver Maksan, Demo für den Frieden, s. vorhergehende Fußnote.
46 Vgl. As (1982), A materialistic view of men's and women's attitudes toward war.
47 Vgl. Zur (1985), Men, women and war; Wilcox et al. (1996), The gender gap in attitudes toward the Gulf War.
48 Feministinnen in Russland protestieren gegen Putins Krieg, Attac 08.03.2022, https://www.attac.de/neuigkeiten/detailansicht/news/attac-unterstuetzt-feministinnen-in-russland-in-ihrem-protest-gegen-putins-krieg (abgerufen am 20.01.2024); Leandra Bias, Weiblicher Widerstand gegen den Krieg, https://www.dekoder.org/de/gnose/weiblicher-widerstand-gegen-den-krieg (abgerufen am 10.03.2024).
49 Joschka Fischer zeigt kaum Reue, taz 03.07.2022, https://taz.de/Kommission-zum-Afghanistan-Einsatz/!5941784/ (abgerufen am 12.03.2024).
50 Die Glaubwürdigkeit dieser Politikerin wurde allerdings etwas erschüttert, als im Bundestag die Abstimmung über die von ihr lange geforderte Lieferung von Taurus-Marschflugkörpern stattfand; sie stimmte aus Parteiräson dagegen. Vgl. Stephan-Andreas Castorff, Umgekippt bei Taurus-Entscheidung. Strack-Zimmermanns Worte werden plötzlich sehr klein, Tagesspiegel 18.01.2024.
51 Heribert Prantl, Kommentar »Manifest für den Frieden« ist weder naiv noch unmoralisch, Süddeutsche Zeitung 18.02.2023.
52 Giovanni Tridente, Ein katholischer Vorschlag für glaubwürdige Friedensverhandlungen in der Ukraine in sieben Punkten, https://omnesmag.com/de/nachrichten/la-proposta-per-un-credibile-negoziato-di-pace-in-ucraina/ (abgerufen am 04.01.2024).

53 Vgl. Julius Baumeister, NZZ 10.03.2023, https://www.nzz.ch/internatio nal/man-macht-krieg-verkauft-die-alten-waffen-und-probiert-die-neu en-aus-sagt-der-papst-ueber-den-ukraine-krieg-ld.1729804 (abgerufen am 02.01.2024).
54 Vgl. dazu Swissinfo 13.03.2023, https://www.swissinfo.ch/ger/politik/papst-franziskus---der-ukrainekrieg-ist-ein-weltkrieg-/48349834; und Selenskyj bei Papst, ZDF heute https://www.zdf.de/nachrichten/politik/selenskyj-rom-ukraine-krieg-russland-100.html (beide abgerufen am 02.01.2024).
55 Vgl. Die Tagespost 22.12.2023, https://www.die-tagespost.de/kirche/vatikan-und-papst/baetzing-kritisiert-papst-diplomatie-in-israel-und-ukraine-art-246298 (abgerufen am 02.01.2024).
56 Vgl. Decker, F.A.Z 04.08.2023.
57 Vgl. https://www.katholisch.de/artikel/40729-osteuropa-expertin-papst-laesst-die-ukraine-immer-wieder-im-stich (abgerufen am 02.01.2024).
58 Vgl. Tridente, Ein katholischer Vorschlag... (s. Fußnote oben).
59 J.P. Burgard, Bei allem Respekt für Habermas, https://www.welt.de/politik/ausland/article243814323/Plaedoyer-fuer-Verhandlungen-Bei-allem-Respekt-fuer-Juergen-Habermas-Ischinger-kritisiert-Ukraine-Essay.html (abgerufen am 03.01.2024).
60 Zitiert in https://www.journal21.ch/artikel/krieg-und-gegenkrieg-auch-eine-antwort-auf-juergen-habermas (abgerufen am 03.01.2024).
61 R. Schulze, Krieg und Gegenkrieg, https://www.journal21.ch/artikel/krieg-und-gegenkrieg-auch-eine-antwort-auf-juergen-habermas (abgerufen am 03.01.2024).
62 Pankevych/Slovksa (2020), Military conflict in Ukraine.
63 Antonia Cllibasanu, Cicero. Magazin für politische Kultur 11.01.2024, https://www.cicero.de/aussenpolitik/ukraine-krieg-die-einheit-des-westens-wird-2024-auf-die-probe-gestellt (abgerufen am 20.01.2024); Ukraine war: Three ways the conflict could go in 2024, BBC News 29.12.2023, https://www.bbc.com/news/world-europe-67760067 (abgerufen am 20.01.2024).
64 Der endlose Krieg (Titelblatt), Der Spiegel Nr. 4912, 2.12.2023.
65 Zitiert in Focus online, 3.4.2014.
66 Lichterman (202), The Peace Movement and the Ukraine War.
67 Daten dazu erhebt das Stockholmer Institut für Friedensforschung; vgl. Krieg in der Ukraine als Trigger, taz 19.1.2022.

68 Militärausgaben in Europa so hoch wie seit dem Kalten Krieg nicht mehr Der Spiegel, 24.04.2023.
69 Howes (2013), The failure of pacifism and the success of nonviolence.
70 Butler (2020), Die Macht der Gewaltlosigkeit.
71 Vgl. Krastev/Leonhard (2024), Wars and elections. How European leader can maintain public support for Ukraine.
72 Ulrike Schuler, Wie kann Europa Frieden schaffen und sichern? Bundeszentrale für politische Bildung, 11.03.2024.
73 Michael von der Schulenburg/Hans-Joachim Funke, Makroskop.du 20.03.2024, https://makroskop.eu/10-2024/mit-ihrer-ukraine-politik-ri skiert-die-eu-ihre-politische-zukunft/ (abgerufen am 15.04.2024).
74 Nur ein Beispiel für diese Argumentation: Robert Treichler, Und wenn wir sie einfach im Stich lassen?, Profil 24.09.2023, S. 59.
75 Zur Thematik von Krieg und Frieden vgl. u.a.: Demokratie und Frieden, Landeszentrale für politische Bildung Baden-Württemberg, https ://www.lpb-bw.de/demokratie-frieden-leichte-sprache (abgerufen am 23.11.2023); Brock (2011): Frieden und Demokratie; Gießmann/Rinke (2011), Handbuch Frieden; Losurdo (2022), Eine Welt ohne Krieg; Meyers (2011), Krieg und Frieden.
76 Diese Differenzierung wurde ausgeführt in Haller (2022), Die revolutionäre Kraft der Ideen, S. 290–292
77 Vgl. dazu den Wikipedia-Artikel https://de.wikipedia.org/wiki/Waffenst illstand (abgerufen am 09.12.2023).
78 Im April 2018 hat der saudische Kronprinz Mohammed bin Salman in einem Interview allerdings erstmals das Existenzrecht Israels anerkannt. Vgl. Süddeutsche Zeitung, 03.04.2018.
79 Kennedy (1984), Der Weg zum Frieden.
80 Deutsch (1968), Analyse internationaler Beziehungen.
81 Clausewitz (1963), Vom Kriege, S. 217–221.
82 Zitiert nach Lüders (2021), Die scheinheilige Supermacht, S. 5.
83 Kevin Schulte, Kreml-Herrscher will Zar werden, ntv 20.02.2022, htt ps://www.n-tv.de/politik/Ukraine-Krieg-Waffenstillstand-fuer-Putin -wohl-nur-Pause-Wieder-was-gelernt-Podcast-article23402816.html (abgerufen am 08.12.2023).
84 Timothy Snyder, Natürlich können wir Putin demütigen, Interview von Fabian Sommavilla, Der Standard 14.7.2023.
85 Vgl. Die Wehrhaften, Der Spiegel Nr. 20, 11.05.2024.

86 Andrew Rodriguez, White House, https://www.msn.com/en-us/news/world/white-house-the-only-way-ukraine-war-ends-is-through-negotiation/ar-AA1mqkNN (abgerufen am 20.01.2024).
87 Schweizerische Eidgenossenschaft, Medienmitteilung 15.01.2024, https://www.eda.admin.ch/countries/chile/de/home/aktuell/news.html/content/eda/de/meta/news/2024/1/15/99672 (abgerufen am 20.01.2024).
88 Vgl. Dedring (1999), On peace in times of war; vgl. auch Jaberg (2022), Wie weiter im Ukrainekrieg?.
89 Vgl. zum Überblick etwa Howes (2013), The failure of pacifism and success of non-violence; Butler (2020), Die Macht der Gewaltlosigkeit.
90 Ein möglicher Vergleich mit den schmählichen Rückzügen der Amerikaner aus Vietnam und Afghanistan ist hier völlig fehl am Platz. Die USA kämpften in weit entfernten Weltregionen, die Ostukraine grenzt direkt an Russland an.
91 Tyushka/German (2024), Ukraines-0-point peace plan. Institut für Strategie und Sicherheitspolitik, Akteure und Mächte, Österreichisches Bundesheer, ISS Lagebild 2/24.
92 Hinsch (2017), Die Moral des Krieges, S. 194ff.
93 Arnold, Wer will schon den ewigen Frieden der Friedhöfe, Berliner Zeitung 5./6.11.2022.
94 Leonhard (2023), Über Kriege und wie man sie beendet; vgl. auch das Interview mit Leonhard in Der Standard, 21.12.2023, S. 6.
95 Markus Tiedemann, Kant und die Waffenlieferungen an die Ukraine – Vertrauen in die Denkungsart des Feindes, Frankfurter Rundschau 14.04.2023.
96 Kuzmics/Haring (2013), Emotion, Habitus und Erster Weltkrieg.
97 Zitat aus einem Interview mit Stefan Schocher; Der Standard, 11./12.05.2024, S. 11.
98 Mnookin (2010), Bargaining with the Devil.
99 Vgl. Dazu das ausführliche Interview mit Mnookin von Jack Nasher, Bargaining with the devil? Forbes 30.01.2023, https://www.forbes.com/sites/jacknasher/2023/01/30/bargaining-with-the-devil-a-conversation-with-bob-mnookin-about-negotiating-in-the-ukraine-war/?sh=41eaddea1c19 (abgerufen am 15.05.2024); außerdem Sherman Vogel, Current Literature in ADR, verfügbar auf https://www.shermanfolge.com/ (abgerufen am 15.05.2024).
100 Beebe/Rieven (2024), The diplomatic path to a secure Ukraine.

101 Charta von Paris für ein Neues Europa, 1990, verfügbar auf der Website der OSZE https://www.osce.org/de/mc/39518. Vgl. auch https://de.wikipedia.org/wiki/Organisation_f%C3%BCr_Sicherheit_und_Zusammenarbeit_in_Europa/ (beide abgerufen am 04.01.2024).
102 Chatrin Kahlweit, Reden mit Russland, Süddeutsche Zeitung 23.02.2023.
103 Vgl. dazu Verhandeln mit dem Teufel, Swissinfo.ch, https://www.swissinfo.ch/ger/politik/friedensmediation-friedensfoerderung-ukraine-ngo_verhandeln-mit-dem-teufel--wie-mediation-im-krieg-funktioniert/48122238 (abgerufen am 05.01.2024).
104 Mnookin (2010), Bargaining with the Devil.
105 Debling et al. (2002), Aktuelle Trends im Management of internationalen Konflikten. Vgl. https://www.unibw.de/home/news/2022/podiumsdiskussion-zum-krieg-in-der-ukraine (abgerufen am 12.03.2024).
106 Kanzler Scholz will Ukraine »so lange wie nötig« unterstützen; Der Spiegel 29.8.2022.
107 Universität der Bundeswehr München: Podiumsdiskussion an der ubw zum Krieg in der Ukraine
108 Martin Reh in Hinsch (2017), Die Moral des Krieges, S. 55.
109 Vgl. Sonntagsblatt Steiermark 16.05.2023, https://www.meinekirchenzeitung.at/steiermark-sonntagsblatt/c-kirche-hier-und-anderswo/was-ist-gerechter-friede_a45884 (abgerufen am 23.11.2023).
110 Ludwig Ring-Eifel, Selenskyj und der Papst und ihre Differenzen, Domradio.de, 17.05.2023,https://www.domradio.de/artikel/selenskyj-und-der-papst-und-ihre-differenzen (abgerufen am 09.12.2023).
111 Vgl. Vereinte Nationen, UNRIC, Der ukrainische Präsident stellt eine Friedensformel vor, die Aggression bestraft und Sicherheit wiederherstellt, https://unric.org/de/220922-selenskyj/ (abgerufen am 23.11.2023).
112 Dies ist etwa die Meinung des griechisch-katholischen ukrainischen Großerzbischofs Swjatoslaw Schewtschuk; vgl. https://www.vaticannews.va/de/welt/news/2023-06/ukraine-krieg-russland-schewtschuk-kirche-friede.html (abgerufen am 23.11.2023).
113 Vgl. dazu https://www.suedkurier.de/ueberregional/wissenschaft/die-finnische-heldensaga-wie-sich-das-land-im-winterkrieg-gegen-die-rote-armee-hielt;art1350069,11145434 (abgerufen am 19.09.2023).
114 Vgl. dazu auch Yaroslav Hrytsak (2024), The third Ukraine: A case of civic nationalism, Philosophy and Social Criticism, 50(4) S.674–687.
115 Vgl. zum Überblick den Wikipedia-Eintrag https://de.wikipedia.org/wiki/Krim (abgerufen am 09.12.2023).

116 So der Strategie-Experte Edward Luttwak, zitiert in https://www.focus. de/politik/ausland/ukraine-krise/edward-luttwak-strategie-experte-ue ber-ein-kriegsende-loesung-muss-eine-volksabstimmung-sein_id_1079 44055.html (abgerufen am 23.06.2023).
117 »Große Russifizierung«: Wie Russland die besetzten Gebiete verändert, Ukraine Crisis Media Center, 30.07.2021, https://uacrisis.org/de/massiv e-russification-how-russia-populates-the-occupied-territories (abgerufen am 16.05.2024).
118 Christian Esch, Tagsüber Monaco, nachts Afghanistan, Der Spiegel Nr. 20, 11.05.2024, S. 72–74.
119 Zürn (2022), Macht Putin den Neorealismus stark?
120 Vgl. dazu auch Hannes Swoboda, Ukraine: Der komplizierte Weg zum Frieden. Die Wiederherstellung einer europäischen Friedensordnung muss mit Sicherheitsgarantien einhergehen; Der Standard 1.12.2022.
121 Riesige Chancen für Unternehmen, Die Zeit Nr.26, 13.6.2024.
122 Vgl. dazu UNDP (2005), Proposals for the President: A new wave of reform in the Ukraine.
123 Vgl. dazu etwa Howard J. Schatz et al., The RandBlog 21.6.2923, https://w ww.rand.org/pubs/commentary/2023/06/mapping-the-route-to-ukrain es-reform-and-reconstruction.html (abgerufen am 04.01.2024).
124 Vgl. Massive Investitionen für Wiederaufbau nötig, tagesschau 11.6.2024 (https://www.tagesschau.de/inland/wiederaufbaukonferenz-berlin-ukr aine-100.html, abgerufen am 12.6.2024).
125 Vgl .dazu auch Braml/Burrows (2023), Die Traumwandler, S. 199ff.
126 Braml/Burrows (2023), Die Traumwandler, S. 121.
127 Merkur 07.03.2023, https://www.merkur.de/politik/ukraine-krieg-russl and-putin-umfrage-zustimmung-regime-bevoelkerung-verkommen-u nd-unterwuerfig-92130532.html (abgerufen am 08.12.2023).
128 Volkov/Kolesnikov (2022), My country, right or wrong.
129 Maximilian Gang, Vielsagende Staats-Umfrage in Putins Land, Frankfurter Rundschau 09.08.2023, https://www.fr.de/politik/umfrage-russla nd-grossmacht-ukraine-krieg-wladimir-putin-vertrauen-bevoelkerung -zr-92448169.html (abgerufen am 08.12.2023).
130 Volkov/Kolesnikov (2022), My country, right or wrong.
131 Europäischer Rat, Auswirkungen der Sanktionen auf die russische Wirtschaft, https://www.consilium.europa.eu/de/infographics/impact-sanct ions-russian-economy/ (abgerufen am 09.12.2023).

132 Planet Money Newsletter 06.12.2022, in: https://www.npr.org/sections/money/2022/12/06/1140120485/why-the-sanctions-against-russia-arent-working-yet (abgerufen am 08.12.2023).
133 Markus Ackeret, Priorität Krieg: Russland gerät mit seinen gigantischen Militärausgaben in einen Teufelskreis, Neue Zürcher Zeitung 14.11.2023
134 Markus Hofstetter, Übergang zur Kriegswirtschaft, Frankfurter Rundschau 29.08.2023.
135 Sandra Kathe, Rekrutierung in Russland, Frankfurter Rundschau 17.10.2022.
136 Othmara Glas/Johannes Thielen, Die Zahl der Toten in der Ukraine ist sechsstellig, FAZ.net 13.02.2023, https://www.faz.net/aktuell/wirtschaft/schneller-schlau/ein-jahr-ukraine-krieg-die-zahl-der-toten-ist-sechsstellig-18672875.html (abgerufen am 14.12.2023).
137 Jan Matti Dollbaum, Protest und Widerstand gegen den Krieg, in https://www.dekoder.org/de/gnose/protest-widerstand-gegen-krieg-ukraine/ (abgerufen am 8.12.2023).
138 Der Text des Vertragsentwurfes findet sich in Solidarwerkstatt, 25.03.2023, https://www.solidarwerkstatt.at/frieden-neutralitaet/warum-war-der-westen-nicht-bereit-ueber-diese-beiden-russischen-vertragsentwuerfe-zu-verhandeln (abgerufen am 12.03.2024).
139 Anton Troianovski et al., Putin Quietly Signals He Is Open to a Cease-Fire in Ukraine, https://www.nytimes.com/2023/12/23/world/europe/putin-russia-ukraine-war-cease-fire.html (abgerufen am 20.01.2024).
140 Nail Akkoyun, Neue Töne aus Russland, Frankfurter Rundschau 29.09.2023, https://www.fr.de/politik/verzicht-lawrow-putin-russland-ukraine-krieg-ende-verhandlungen-nato-beitritt-zr-92545223.html (abgerufen am 08.12.2023).
141 Vgl. dazu die grundlegende Arbeit von D. Müller (1998), Die Aussen- und Sicherheitspolitik der Ukraine seit 1990/91.
142 Vgl. dazu auch Tyushka/German (2024), Ukraines-O-point peace plan.
143 Beebe/Lieven (2024), The diplomatic path to a secure Ukraine.
144 Inna Hartwick, Putins bizarre Propaganda, Die Presse 23.01.2024, S. 5.
145 Nadja Austel, Verkommen und unterwürfig, Merkur.de 07.03.2023.
146 Wir stehen um Russlands Leichnam herum, Interview mit V. Jerofejew (von Ronald Pohl) in Der Standard 22.11.2023.
147 Vgl. dazu Merl (2002), Entstalinisierung, Reformen und Wettlauf der Systeme 1953–1964. Zum Überblick https://de.wikipedia.org/wiki/Entstalinisierung (abgerufen am 20.05.2024).

148 Wolkow (2023), Putinland, S. 211.

Kapitel 9: Globaler Ausblick: Reformideen für eine friedlichere Welt von morgen

1   Vgl. dazu insbesondere Braml/Burrows (2023), Die Traumwandler.
2   Kant nannte auch noch eine dritte Bedingung, die »universelle Gastfreundschaft«. Darunter verstand er, dass jede/r Zugang zu jedem Land haben müsse, dieses aber nicht verpflichtet sei, für ihn zu sorgen. Dem Verfasser scheint dies ein sehr wichtiger Grundsatz zu sein, jedoch ist der Bezug zu Krieg und Frieden nicht unmittelbar einsichtig.
3   Howes (2013), The failure of pacifism.
4   Vgl. dazu u.a. Butler (2022), Die Macht der Gewaltlosigkeit.
5   Vgl. Galtung (2007), Frieden mit friedlichen Mitteln.
6   Vgl. dazu insbesondere das Buch des Philosophen Singer (2016), One World Now.
7   Schumacher (2005), Krieg dem Heer?
8   Vgl. Eintrag Stehendes Heer, https://de.wikipedia.org/wiki/Stehendes_ Heer (abgerufen am 25.01.2024).
9   Vgl. Einstein (1981), Mein Weltbild, S. 46ff.
10 Susanne Sasse, Sterben? Fürs Vaterland nicht mehr, Merkur.de 27.04.2023, https://www.merkur.de/welt/sterben-fuers-vaterland-nicht-mehr-3603 954.html (abgerufen am 26.01.2024).
11 Vgl. Die Rückkehr der Söldner, Deutschlandfunk 26.01.2024, https://ww w.deutschlandfunk.de/privatisierter-krieg-die-rueckkehr-der-soeldner -100.html (abgerufen am 26.01.2024).
12 Vgl. militia movement, https://www.britannica.com/event/militia-move ment (abgerufen am 13.03.2024).
13 Schumacher (2005), Krieg dem Heer?
14 Vgl. Das Schweizer Milizsystem, https://www.swissinfo.ch/ger/kultur/b log-schweizerisches-nationalmuseum_das-schweizer-milizsystem/4537 5540; weiter auch Miliz/Volksheer, https://de.wikipedia.org/wiki/Miliz_(Volksheer) (beide abgerufen am 13.03.2024).
15 Vgl. Miliz, https://www.bundesheer.at/miliz/ (abgerufen am 13.03.2024).
16 Auer-Frege (2010), Wege zur Gewaltfreiheit; Theodor Ebert (2014), Die gewaltfreie Zivilarmee. Tagebuch eines pazifistischen Experiments, Berlin, www.theodor-ebert.de/DieGewaltfreieZivilarmee.pdf.

17 Rüstungsausgaben 2022 auf neuem Rekordhoch, ZDF heute https://www.zdf.de/nachrichten/politik/sipri-waffen-militaer-ausgaben-ruestungsausgaben-krieg-100.html (abgerufen am 22.01.2024).
18 Zumach (2021), Reform oder Blockade, S. 35.
19 SIPRI 24.04.2023, https://www.sipri.org/media/press-release/2023/world-military-expenditure-reaches-new-record-high-european-spending-surges (abgerufen am 25.02.2024).
20 Für Sub-Sahara Afrika, eine der konfliktträchtigsten Regionen der Welt, wurde dies gezeigt von Craft/Smaldone (2002), The Arms trade and the incidence of political violence; vgl. auch Haller (2015), Ethnic Stratification and Economic Inequality around the World, S. 251–285.
21 Vgl. Globaler Waffenhandel – Übersicht und aktuelle Dynamiken, Bundeszentrale für politische Bildung, https://sicherheitspolitik.bpb.de/de/m5/articles/global-trade-in-weapons-overview-and-current (abgerufen am 10.01.2024).
22 Vgl. dazu Philippe Leymarie, Die Welt rüstet auf, Le Monde diplomatique, Januar 2024, S. 12–13.
23 Vgl. als Überblick den Artikel Rüstungskontrolle, https://de.wikipedia.org/wiki/R%C3%BCstungskontrolle (abgerufen am 24.01.2024).
24 Donata Riedel, Die USA sind die größte Waffenschmiede, Handelsblatt 10.12.2018.
25 Vgl. CEPR VoxEU, https://cepr.org/voxeu/columns/intellectual-spoils-war-how-government-spending-defence-research-benefits-private (abgerufen am 24.01.2024).
26 Vgl. Schörnig (2017), Rüstung, Rüstungskontrolle und internationale Politik.
27 IISS: Moskau offener für Einsatz taktischer A-Waffen, News ORF 22.01.2024, https://orf.at/stories/3346437/ (abgerufen am 24.02.2024).
28 Braml/Burrows (2023), Die Traumwandler, S. 78ff.
29 Oliver Thränert, Eine tiefe Krise der Rüstungskontrolle, Bundeszentrale für politische Bildung 05.11.2028, https://www.bpb.de/themen/kalter-krieg/debatte-kalter-krieg/279519/eine-tiefe-krise-der-ruestungskontrolle/ (abgerufen am 25.01.2024); zuerst erschienen in NZZ 05.11.2018.
30 Ischinger zu Rüstungskontrolle »Große sicherheitspolitische Aufgabe«, Tagesschau 05.02.2021, https://www.tagesschau.de/ausland/europa/ischinger-ruestungskontrolle-new-start-101.html (abgerufen am 25.01.2024).

31 Bundeszentrale für politische Bildung 25.2.2020, https://www.bpb.de/k urz-knapp/hintergrund-aktuell/305688/50-jahre-atomwaffensperrvertr ag-ende-des-nuklearen-wettruestens/ (abgerufen am 25.01.2024).
32 Zumach (2021), Reform oder Blockade, S. 285ff.
33 So Münkler (2002), Die neuen Kriege.
34 Vgl. dazu Arms Trade Treaty, https://thearmstradetreaty.org/ (abgerufen am 25.01.2024).
35 Max M. Mutschler, Die Regulierung des internationalen Waffenhandels, APuZ 18.08.2014, Nr. 190111.
36 Deutsche Waffen, deutsche Interessen, Der Spiegel Nr. 3, 13.01.2024, S. 6.
37 Escola de cultura de pau, The Arms trade and armed conflict. An analysis of European weapons exports to countries in armed conflict, Barcelona 2017, https://escolapau.uab.cat/img/programas/alerta/alerta/ResumenI N.pdf (abgerufen am 10.01.2024).
38 Solche Recherchen habe ich durchgeführt für das Buch Haller (2015), Ethnic Stratification and Socioeconomic Inequality around the World.
39 Vgl. https://en.wikipedia.org/wiki/List_of_countries_by_social_welfare_ spending (abgerufen am 25.01.2024).
40 Vgl. Haller (2022), Die revolutionäre Kraft der Ideen, S. 301–305.
41 Vgl. Risse et al. (1999), The Power of Human Rights.
42 Herdegen (2024), Völkerrecht, S. 10ff.
43 Vgl. dazu Herdegen (2024), Völkerrecht, S. 311–315; Dagdalen (2024), Die Nato.
44 Vgl. Hilpold (2009), Das Selbstbestimmungsrecht der Völker.
45 Vgl. dazu Selbstbestimmungsrecht der Völker, https://de.wikipedia. org/wiki/Selbstbestimmungsrecht_der_V%C3%B6lker (abgerufen am 26.01.2024).
46 Vgl. Zumach (2021), Reform oder Blockade, S. 233.
47 Welche Länder Russland sanktionieren – und wer sich enthält, Wirtschaftswoche 06.05.2022.
48 Herdegen (2023), Völkerrecht, S. 317.
49 Benedek, (2017), Menschenrechte verstehen, S. 465ff. (Minderheitenrechte); Toggenburg/Rautz (2010), ABC des Minderheitenschutzes in Europa, Stuttgart: UTB
50 Vgl. Stichwort Katalonien, https://de.wikipedia.org/wiki/Katalonien (abgerufen am 26.01.2024).
51 Zumach (2021), Reform oder Blockade, S. 211f.

52 Vgl. dazu Mills (1956), The Power Elite; Baker (2002), Money and Politics; Hennes (2003), Der neue Militärisch-Industrielle Komplex in den USA; Haas et al. (2018), Politik in den USA; Braml (2008), Defizite der Vorbild-Demokratie USA.
53 Richard Wike et al., Attitudes toward different forms of government across 24 nations, 23.02.224, https://www.pewresearch.org/global/2024/02/28/attitudes-toward-different-types-of-government-systems/ (abgerufen am 17.04.2024).
54 Boese-Schlosser/Eberhardt (2023), How does democracy cause growth?
55 So Colin Crouch (2008) in seinem bekannten Buch *Postdemokratie*.
56 Vgl. Weck (2020), Die Kraft der Demokratie; Merkel et al. (2003/2006), Defekte Demokratien.
57 Vgl. Müller (2009), Meinungsmache; Ulfkotte (2014), Gekaufte Journalisten.
58 Arendt (1974), Über die Revolution; vgl. auch Barber (1994), Starke Demokratie; Kübler et al. (2021), Demokratische Innovation durch Bürgerräte
59 Kelsen (2018), Vom Wesen und Wert der Demokratie, S. 59–60.
60 Kost (2008), Direkte Demokratie; Haller/Wirnsberger (2015), Politikverdrossenheit oder kritische Demokraten?
61 Vgl. Haller (2009), Europäische Integration als Elitenprozess, S. 169–172; zum Überblick https://de.wikipedia.org/wiki/Europ%C3%A4ische_Gemeinschaft_f%C3%BCr_Kohle_und_Stahl (abgerufen am 08.01.2024).
62 Als eine gute Einführung vgl. Hartmann (2012), Das politische System der Europäischen Union. Außerdem Haller (2009), Die europäische Integration als Elitenprozess, S. 431–506; Ginsberg (2007), Demystifying the European Union, S. 95–130.
63 Vgl. Anastasiou (2007), The EU as peace building system.
64 Rifkin (2004), Der Europäische Traum.
65 Vgl. dazu Haller (2008), Die europäische Integration als Elitenprozess, S. 380–389.
66 Dagdalen (2024), Die NATO. Eine Abrechnung mit dem Wertebündnis; vgl. dazu auch Lüders (2021), Die scheinheilige Supermacht; Ganser (2022), Illegale Kriege; Streeck (2022), Die EU, die NATO und die nächste Weltordnung.
67 Zumach (2021), Reform oder Blockade, S. 151ff.
68 Vgl. z.B. Fischler/Ortner (2006), Europa – der Staat, den keiner will.
69 Aus Coudenhove-Kalergi, Die Europäische Union, zitiert in Haller (2009), Die europäische Integration als Elitenprozess, S. 378.

70 Vgl. dazu Haller (2009), Die Europäische Integration als Elitenprozess, S. 401–404.
71 Vgl. dazu https://de.wikipedia.org/wiki/Gemeinsame_Sicherheits-_und _Verteidigungspolitik (abgerufen am 11.01.2024).
72 Haller (2009), Die Europäische Integration als Elitenprozess, S. 406.
73 Europäischer Rat 21.03.2022, https://www.consilium.europa.eu/de/pres s/press-releases/2022/03/21/a-strategic-compass-for-a-stronger-eu-sec urity-and-defence-in-the-next-decade/ (abgerufen am 08.02.2024).
74 Rat der Europäischen Union 21.03.2022, https://data.consilium.europa.e u/doc/document/ST-7371-2022-INIT/de/pdf (abgerufen am 08.01.2024).
75 Münkler (2023), Welt in Aufruhr, S. 401ff.
76 Özlem Alev Demirel/Jürgen Wagner, Telepolis.de 26.03.2024, https://ww w.telepolis.de/features/Strategischer-Kompass-weist-den-Weg-zur-Mi litaermacht-EU-6635215.html?seite=all (abgerufen am 08.01.2024).
77 Attac News 29.08.2018, https://www.attac.at/news/details/attac-an-eu-verteidigungsministerinnen-waffen-gehoeren-ins-museum (abgerufen am 08.01.2024).
78 Streeck (2021), Zwischen Globalismus und Demokratie.
79 Fernandez Sola (2013), Reasons for the current failure; König/Sicking (2004), Der Irakkrieg und die Zukunft Europas.
80 Vgl. 600 Milliarden US-Dollar für Waffen und Kriegsgerät, Süddeutsche Zeitung 05.12.2022, https://www.sueddeutsche.de/politik/sipri-waffen-ruestungsindustrie-1.5709428 (abgerufen am 12.01.2024).
81 Vgl. dazu Orbie (2006), Civilian Power Europe.
82 Solana war 1995–1999 Generalsekretär der NATO und 1999–2009 Hoher Vertreter für die Außen- und Sicherheitspolitik der EU.
83 Larsen (2002), The EU – A global military actor?
84 Vgl. dazu H. Müller (2012), The point of no return; weiters auch Haller (2009), Europäische Integration als Elitenprozess, S. 453–458; Zielonka (1998), Euro-Paralysis.
85 Vgl. Gemeinsame Sicherheits- und Verteidigungspolitik, https://www.e uroparl.europa.eu/factsheets/de/sheet/159/gemeinsame-sicherheits-un d-verteidigungspolitik (abgerufen am 10.01.2024).
86 In diesem Sinne argumentieren auch Anastasiou (2007), The EU as peace building system; Tardy (2007), The European Union; Stivachtis et al. (2013), The European Union as a peace actor; vgl. auch https://eplo.or g/wp-content/uploads/2017/05/EPLO_Programme_EUPeaceActor.pdf (abgerufen am 10.03.2024).

87 Vgl. Alger (1996), The emerging tool chest for peacebuilders.
88 Gerhard Mangott, Die Stilisierung der EU als Wertemacht, Wiener Zeitung 19./20.02.2022, S. 21.
89 Kant (1795), Zum ewigen Frieden.
90 Für Allgemeine Einführungen in das System der UNO und ihre Leistungen vgl. Unser (2004), Die UNO – Aufgaben, Struktur, Politik; Wolf (2016), Die UNO – Geschichte, Aufgaben, Perspektiven; sowie natürlich die UNO-Informationsseiten, z.B. UNRIC, Das System der Vereinten Nationen, https://unric.org/de/das-un-system/ (abgerufen am 26.01.2024); Müller (o.J.), Die UNO und ihre Generalsekretäre in der Epoche des Kalten Krieges.
91 Dazu gehören Gareis/Varwick (2014), Die Vereinten Nationen.
92 Rifkin (2004), Der Europäische Traum.
93 Philip Fabian/Filip Platov, Raus aus der UNO!, Bild 29.10.2023.
94 Der für die Krone wütete, Der Standard 06.02.2022.
95 Vgl. Gössler-Leirer (1977), Staberl: Eine Dokumentation.
96 Vgl. dazu Ganser (2022), Illegale Kriege.
97 Münkler (2023), Welt in Aufruhr, S. 209.
98 Zürn (1998), Regieren jenseits des Nationalstaates?
99 Vgl. Singer (2016), One World Now, S.169.
100 Kennedy (2007), Ein Parlament der Menschheit.
101 Gareis (2015), UNO; Wolf (2016), Die UNO – Geschichte, Aufgaben, Perspektiven; Unser (2004), Die UNO – Aufgaben, Strukturen, Politik; Kennedy (2007), Menschheit der Menschheit; Zumach (2021), Reform oder Blockade. Welche Zukunft hat die EU?
102 Eine ausführliche Darstellung dieses Völkermordes findet sich in https://de.wikipedia.org/wiki/V%C3%B6lkermord_in_Ruanda (abgerufen am 13.12.2023).
103 Vgl. dazu ausführlich Massaker von Srebrenica, https://de.wikipedia.org/wiki/Massaker_von_Srebrenica (abgerufen am 13.12.2023). Den Autor dieses Buches erschüttert der Völkermord von Ruanda auch deshalb bis heute, weil er im Dezember 2011 im Rahmen einer Reise nach Ruanda/Kigali mehrere Schauplätzen und Gedenkstätten dieser Ereignisse besuchen konnte; darunter war das Hotel des Milles Collines (damals genannt Hotel Ruanda) in Kigali, in dem über 1000 Menschen Zuflucht gesucht hatten und dank geschickter Leitung durch den Hotelmanager Paul Rusesabagina überleben konnten; wir besuchten auch mehrere katakombenartige Sammlungen von Schädeln Ermordeter.

104 Hinsch (2017), Die Moral des Krieges, S. 43.
105 Schlichte (2022), 3 x Ukraine.
106 Münkler (2023), Welt in Aufruhr. Die Ordnung der Mächte im 21. Jahrhundert.
107 Simmel (1923), Die quantitative Bestimmtheit der Gruppe. In: derselbe, Soziologie.
108 František Palacký, Brief an den Fünfzigerausschuss vom 13. April 1848, zitiert nach https://de.wikipedia.org/wiki/Franti%C5%A1ek_Palack%C3%BD (abgerufen am 13.12.2023).
109 Vgl. dazu Haller (2011), Values and Interests in Processes of Macro-Regional Integration.
110 Vgl. dazu Monroe Doktrin, https://de.wikipedia.org/wiki/Monroe-Doktrin (abgerufen am 20.01.2024).
111 Vgl. Tariq (2002), Fundamentalismus im Kampf um die Weltordnung, S. 433ff.; Galeano (2009), Die offenen Adern Lateinamerikas.
112 Vgl. Eckel (2014), Die Ambivalenz des Guten; Ishay (2022), The Human Rights Reader; Risse et al. (1999), The Power of Human Rights.
113 Vgl. dazu Haller (2011), Values and Interests in Processes of Macro-Regional Integration.
114 Vgl. dazu als Überblick https://de.wikipedia.org/wiki/Chinesisch-japanische_Beziehungen (abgerufen am 27.01.224
115 Tariq (2002), Fundamentalismus im Kampf um die Weltordnung, S. 499.
116 Rawls (1993), The Law of Peoples.
117 Vgl. dazu Brink (2013), Chinas Kapitalismus; Vogelsang (2019), Geschichte Chinas.
118 Senger (2018), Moluüe – Supraplanung, S. 241–244.
119 Vgl. Francesco Collini, Staaten geben mehr für Militär aus – trotz Pandemie, Der Spiegel 26.04.2021; China ist heute auch der zweitgrößte Rüstungsproduzent der Erde, WirtschaftsWoche 27.01.2024.
120 Vgl. https://www.zdf.de/nachrichten/politik/ausland/xi-biden-treffen-china-usa-100.html; allgemein zum Thema https://de.wikipedia.org/wiki/Sino-amerikanische_Beziehungen (beide abgerufen am 14.12.2023).
121 So etwa Doshi (2023), The Long Game. China's Grand Strategy to Displace American Order.
122 Rodrik (2011), The Globalization Paradox; Streeck (2021), Zwischen Globalismus und Demokratie.
123 Daniel Gros, Die Kosten der verlangsamten Globalisierung, Der Standard 12.04.2024, S. 21.

124 Vgl. Sullivan (2023), The Sources of American Power.
125 Vgl. Clark (2013), Die Schlafwandler.
126 Kennedy (1989), Aufstieg und Fall der großen Mächte, S. 386ff.
127 Einen sehr guten Überblick zu Funktionsweise und Aufgaben der OSZE gibt Vetschera (2000), Grenzen und Möglichkeiten kooperativer Sicherheitspolitik in Europa.
128 Vgl. https://de.wikipedia.org/wiki/Konferenz_%C3%BCber_Sicherheit_und_Zusammenarbeit_in_Europa (abgerufen am 11.01.2024).
129 Zumach (2021), Reform oder Blockade.
130 Vgl. dazu Yana Lysenko, Bundeszentrale für politische Bildung, https://www.bpb.de/themen/europa/russland-analysen/nr-414/346796/kommentar-die-osze-sonderbeobachtermission-in-der-ukraine-wunsch-und-wirklichkeit/ (abgerufen am 21.01.2024)
131 Vgl. Rüstungskontrolle, Abschnitt: Die Rolle der Vereinten Nationen in der Rüstungskontrolle, https://de.wikipedia.org/wiki/R%C3%BCstungskontrolle (abgerufen am 24.01.2024).

Abschließende Bemerkungen

1 Vgl. Joshua Shifrison (2022), What is America's interest in the Ukraine War? Ashford et al. (2024), What does America want in Ukraine?
2 Michael Zürn ist der Ansicht, dass ein kompromissorientierter Friedensvertrag zwischen der Ukraine und Russland unmöglich ist (er nennt es daher Nullszenario). Der Grund dafür sei, dass die Unrkainerinne entschlossen für die Einheit ihres Landes kämpfen und nur in einer aussichtslosen Situation zu Zugeständnissen bereit sein. Mir scheint diese Annahmen nicht begründet; ich denke (und auch in meinen Interviews hörte ich dies fallweise), dass man zum Aufgeben von Donezk/Luhansk und der Krim durchaus bereit sein könnte. Auch Putin könnte laut Zürn einer Kriegsbeendigung nie zustimmen, weil er die Restukraine dann politisch nicht kontrollieren könnte. Aber muss die Ukraine unbedingt und möglichst rasch in die NATO? Die Folgerung, der Krieg müsse militärisch entschieden werden, scheint mir angesichts der geschilderten Kräfteverhältnisse höchst problematisch. Vgl. Michael Zürn, Szenarien zum Ausgang des Kriegs, DER SPIEGEL 12.3.2022.
3 Helene Dallinger, Wie russische Aktivistinnen gegen den Ukraine-Krieg protestieren, Der Standard 19.08.2022.

4 Vgl. Armin Coerper, Frauen in Moskau: Mein Mann ist kein Soldat, zdfheute 17.12.2023, https://www.zdf.de/nachrichten/politik/ausland/soldaten-muetter-frauen-russland-100.html (abgerufen am 14.05.2024).
5 Vgl. dazu Haller (2002), Die revolutionäre Kraft der Ideen; Haller (2024), Radikale Werte.
6 Peter Thierry, Lateinamerika, Bundeszentrale für politische Bildung, https://www.bpb.de/themen/mittel-suedamerika/lateinamerika/44598/lateinamerika-politische-transformation-zur-demokratie/ (abgerufen am 14.05.2024).